21世纪应用技能型精品规划教材 · 财经系列

货币银行学基础

MONEY AND BANKING BASICS

理论 · 实务 · 案例 · 实训

李贺　纪晓丽　奚伟东　徐雯 / 主编

上海财经大学出版社

图书在版编目(CIP)数据

货币银行学基础:理论·实务·案例·实训/李贺等主编．一上海:上海财经大学出版社,2016.2

(21世纪应用技能型精品规划教材·财经系列)

ISBN 978-7-5642-2370-0/F·2370

Ⅰ.①货… Ⅱ.①李… Ⅲ.①货币银行学-教材 Ⅳ.①F820

中国版本图书馆CIP数据核字(2016)第021682号

□ 责任编辑 袁春玉

□ 书籍设计 杨雪婷

HUOBI YINHANGXUE JICHU

货币银行学基础

——理论·实务·案例·实训

李 贺 纪晓丽 奚伟东 徐 雯 主编

上海财经大学出版社出版发行

(上海市武东路321号乙 邮编200434)

网 址:http://www.sufep.com

电子邮箱:webmaster @ sufep.com

全国新华书店经销

同济大学印刷厂印刷

上海景条印刷有限公司装订

2016年2月第1版 2016年2月第1次印刷

787mm×1092mm 1/16 17.75印张 454千字

印数:0 001—4 000 定价:38.00元

前言

虽然货币是一个古老的概念，但货币银行学却是一门相对年轻的学科，它是基于货币现象来研究货币运动及其规律的一门学科。货币银行学不仅是当前我国高等院校财经类专业的核心课程，也是管理类专业必须掌握的一门基础理论课程。

国家教育部将货币银行学、国际金融学、证券投资学和保险学等专业合并为金融学，鉴于这一变化给金融学科带来了一定影响，使得金融专业的外延更加宽泛、内容更加丰富多彩，在中国金融改革日新月异的背景下，对传统金融专业的主干课程"货币银行学"带来了一定的机遇与挑战。对此，为了遵循高校教改的要求，按照教育部应用技能型人才培养模式，我们定位并编写了这本最新应用技能型的财经类通用教材《货币银行学基础》(理论·实务·案例·实训)。

本书紧紧围绕应用技能型教育人才培养目标和培养模式，理论联系实际，注重学生应用能力、实践能力和创新能力的培养。全书吸收了国内外金融理论与实践的最新成果，较系统地阐述了货币银行学基础的基本理论、基本知识和操作技能。在内容安排上，力求结构严谨、层次分明，在表述上力求语言平实凝练、通俗易懂。

为了体现货币银行学基础课程的特点，完整、清晰地反映其主要内容，我们在本教材的编写过程中总结了多位教师关于货币银行学教学的实践经验，借鉴多种国内外优秀的著作和教材之所长，体现培养应用技能型人才的特色，采用"项目引导，任务驱动，实操技能"的角度来撰写，力求做到：从知识目标出发，提出问题，引入含义，设计情境，详尽解读。

根据培养21世纪财经类应用技能型人才的需要，本书体现了如下特色：

1. 结构合理，体系规范。本书针对高等院校金融入门课程的特点，将内容庞杂的金融基础知识体系系统性地呈现出来，力求做到理论知识必需、够用，体系科学规范，内容简明、实用，帮助学生为今后从事金融类工作及取得金融类证书打下基础。

2. 内容求新，突出应用性，使理论与实训一体化。本书从高等教育教学规律出发，与实际接轨，介绍了最新的理论知识和案例，在注重货币银行学必要理论的同时，强调货币银行学基本技能的应用；主要引导学生"学中做"和"做中学"，一边学理论，一边将理论知识加以应用，实现货币银行学理论和实训一体化，体现课后的项目实训。

3. 栏目丰富，形式生动。本书栏目形式丰富多样，每个项目设有拓展阅读、关键术语、应知考核、应会考核、项目实训等栏目，丰富了教材内容与知识体系，也为教师教学和学生更好地掌握知识内容提供了首尾呼应、层层递进的可操作性教学方法。

4. 课程资源配套上网。为了配合课堂教学，我们设计并制作了教师课件、教学大纲、配套实训大纲、配套习题、模拟试卷等并实现网上运行，充分发挥网络课程资源的作用，探索课堂教学和网络教育有机结合的新途径。

本书由李贺、纪晓丽、奚伟东、徐雯主编。其中：李贺执笔项目一至项目八，纪晓丽执笔项目九至项目十，奚伟东执笔项目十一，徐雯执笔项目十二。本书由李贺负责总纂大纲和定稿。

本书适用于应用型教育层次财经类、管理类专业方向的学生以及相关专业在职人员的培训与学习。本书在编写过程中参阅了参考文献中所涉及作者的教材、著作，同时得到了上海财经大学出版社的大力支持，在这里谨此一并表示衷心的感谢！由于编写时间仓促，加之编者水平有限，本书难免存在一些不足之处，恳请专家与学者批评、指正，以便改进与完善。

编　者

2015 年 10 月

目　录

项目一　货币与货币制度

知识目标

理解：货币的起源和发展，区域本位货币和国际本位货币，货币与经济运行。

熟知：货币形态的发展及其变化，货币层次和货币流通，货币制度及其演变。

掌握：货币的本质与含义，货币的职能，货币的作用。

能力目标

能够分析货币、货币制度与经济的关系。

素质目标

能够运用货币基础理论和基础知识解释货币的相关经济现象。

任务一　货币的起源和发展

人类社会在地球上已有百万余年或更长的历史，货币却只不过是几千年前才开始出现在人类社会之中，那么，与我们生活息息相关的货币究竟是如何产生和发展的呢？

一、货币的起源

货币自问世以来，已经有几千年的历史。对于货币是怎样产生的这个问题，人们一直在探究。古今中外的众多学者从不同的角度进行了研究，形成了不同的货币起源学说。

（一）中国古代与西方早期的货币起源说

中国古代的货币起源学说主要是从两个角度解释货币的产生。一个是先王制币说，认为货币是圣王先贤为解决民间交换困难而创造出来的；另一个是司马迁的交换需要说，司马迁认为货币是用来沟通产品交换的手段，因而货币就是为使用商品交换的需要而自然产生的。

西方早期关于货币起源的学说大致有三种：一是创造发明说，认为货币是由国家或先哲创造出来的，主要代表人物如公元2～3世纪的古罗马法学家J．鲍鲁斯；二是便于交换说，认为货币是为解决直接物物交换的困难而产生的，主要代表人物如英国经济学家亚当·斯密；三是财富保存说，认为货币是为保存财富而产生的，主要代表人物如法国经济学家J．西斯蒙第。

【拓展阅读1－1】

战俘营里的香烟

第二次世界大战期间，在纳粹的战俘集中营中流通着一种特殊的货币：香烟。当时的红十字会设法向战俘营提供各种人道主义物品，如食物、衣服、香烟等。由于数量有限，这些物品只能根据某种平均主义原则在战俘之间进行分配，而无法顾及每个战俘的偏好。但是人与人的喜好显然是有所不同的，有人喜欢巧克力，有人喜欢奶酪，还有人则可能更想得到一包香烟。因此，这种分配显然无针对性，战俘就有进行交换的需要。

即便是在战俘营这样一个狭小的范围内，物物交换也显得非常不方便，因为它要求交易双方恰巧都想要对方的东西，也就是所谓的需求的双重巧合。为了使交换能够更加顺利地进行，需要有一种充当交易媒介的商品，即货币。那么，在战俘营中，究竟哪种物品适合做交易媒介呢？许多战俘营不约而同地选择香烟来扮演这一角色。战俘用香烟来进行计价和交易，比如一根香肠值10根香烟，一件衬衣值80根香烟，替别人洗一件衣服则可以换得2根香烟。有了这样一种记账单位和交易媒介之后，战俘之间的交换就方便多了。

（二）马克思的货币起源说

马克思认为，商品经济内部存在着商品的使用价值和价值之间的矛盾，商品交换中价值必然要得到体现，必须有商品价值的表现形式，即价值形式。价值形式随着商品交换的发展而发展，经历了四个阶段的漫长演变，最终产生了货币。

1. 简单价值形式

最初，在人类社会生产发展到刚刚有点剩余产品时，偶然会发生剩余产品的交换行为，一种商品价值偶然地、简单地表现在另一种商品的使用价值上，这就是简单的价值形式。简单价值形式产生了货币的胚胎。

简单价值形式的商品的价值表现为：1只羊交换2把石斧。在上述交换的过程中，羊的价值通过与石斧的交换而表现出来，1只羊等于2把石斧，石斧成为羊的等价物。虽然商品交换具有偶然性，商品价值表现不完善、不成熟，但已经具备了商品交换的基本内容。

2. 扩大的价值形式

在第一次社会大分工之后，畜牧业从农业中分离出来，劳动生产率得到了提高，剩余产品逐渐增多，商品交换变得经常而丰富，参加交换的商品也逐渐增多。一种商品不再是偶然地与另一种商品相交换，而是和越来越多的商品相交换，由更多商品来表现自己的价值，称为扩大的价值形式。例如，1只羊可以交换2把石斧或者1袋谷物，或者是2张兽皮，也可以是10尺布。此时，商品交换变得有目的并且可以进行选择，商品的价值形式也较简单价值形式完善、充分。货币的胚胎虽然开始发育、成长，但还没有分离出一种固定充当一般等价物的商品。

3. 一般价值形式

随着剩余产品的增加，商品记载表现的种类日益繁多，扩大的价值形式使商品交换变得困难了。为了商品交换简单方便，人们渐渐开始自发地用自己生产的商品先换成一种大家普遍接受的商品，然后再去交换自己所需要的其他商品，其结果是使某种商品从大量的商品中分离出来，成为表现其他各种商品价值的媒介，该商品就成了一般等价物。所有商品都由这一种商品表现价值的形式，称为一般价值形式。在一般价值形式下，2把石斧的价值由1只羊来表示，同时1袋谷物、2张兽皮、10尺布的价值都可以用1只羊的价值来表现。

从以上的描述中我们发现，一般价值形式和扩大价值形式只是等式两边的移位，但实质上人类历史上价值形式的发展由此出现了质的飞跃，由简单的物物交换发展为以一般等价物为媒介的间接交换，一般等价物已经具有了货币的一般性质。但一般等价物在初期是非固定的，在不同的时期、不同地区由不同商品充当，阻碍了商品交换在更多范围、更深程度上的进一步发展。

4. 货币价值形式

随着商品交换的不断扩大，人们发现许多充当一般等价物的商品本身存在着“不易分割、质地不均匀、不便于携带、难以保存”等缺点，而这些缺点阻碍了商品交换规模的扩大，干扰了商品交换的正常秩序，这在客观上要求有一种能弥补一般等价物上述缺陷并能固定充当一般等价物的商品出现，而这种商品就是金银贵金属。

一般等价物固定在贵金属身上，由贵金属来固定地充当商品交换的媒介，这就是货币价值形式。货币价值形式的价值表现表示为：2 把石斧的价值等同于 2 分黄金，同时 1 袋谷物、2 张兽皮、10 尺布的价值都可以用 2 分黄金的价值来表现。

货币是商品交换发展的必然产物，是商品价值形式发展的结晶。由于金银的自然属性适合于执行一般等价物的职能，因此，自然地分离出来固定地充当一般等价物，货币就产生了。至此，商品的内在矛盾对立完全转变为外部对立，价值在这里获得了独立的表现形式。

二、货币的本质与含义

研究货币的本质就是要弄清货币是什么的问题。马克思关于货币的起源揭示了货币的本质属性，认为货币是从商品世界中分离出来的固定地充当一般等价物的特殊商品，并能反映一定的生产关系。

首先，货币是商品，具有商品的基本属性，即具有商品的价值和使用价值。如果货币失去了商品的基本属性，它就失去了与其他商品相交换的基础，也就不可能在交换中被分离出来充当一般等价物。

其次，货币是特殊商品，具有特殊的使用价值。充当商品交换的一般等价物，货币具有两个特殊的功能：一是货币能够表现一切商品的价值。在商品交换中产生货币之后，普通商品进入交换领域，先与货币交换。一种商品只要能交换到货币，商品的价值就得到了确认和实现，因而货币就成为商品世界唯一的核算社会劳动的工具。二是货币具有同一切商品直接交换的能力。普通商品只能以其特定的使用价值来满足人类的需要，而货币是人们普遍接受的商品，是社会财富的一般代表，拥有它就意味着能随时换取任何商品，从而获得各种商品的使用价值。货币成了每个商品生产者追求的对象，也就具有直接同一切商品交换的能力。

最后，货币作为一般等价物可以体现一定的生产关系。商品与货币交换的实质是人类劳动的交换，货币作为交换的媒介，体现出商品经济条件下这种人与人之间劳动交换的相互关系。

三、货币形态的发展及其变化

（一）商品货币

商品货币是兼具货币与商品双重身份的货币。它在执行货币职能时是货币，不执行货币职能时是商品。它作为货币用途时的价值与作为商品用途时的价值相等，又称足值货币。在人类历史上，商品货币主要有实物货币和金属货币两种形态。

1. 实物货币

实物货币是指以自然界存在的某种物品或人们生产的某种物品来充当货币，是货币形式发展最原始的形式，与原始、落后的生产方式相适应。能否作为实物货币主要取决于两个要素：一是罕见或相对珍贵而受大家喜爱，这样才能作为一般等价物被广泛接受；二是容易转让，以便能够在交易中作为媒介而转手。古代的实物货币种类很多，如在古波斯、印度、意大利等地都有用牛、羊作为货币的记录。古埃塞俄比亚曾用盐作货币，美洲曾用烟草、可可豆作为实物货币。我国古代的贝、刀、铲、纺轮、弓、箭、皮、帛、牛、马、羊、猪等都曾经在不同的地域充当过交易的媒介，其中使用时间较长、影响较大的有贝币和帛，它们基本具备上述实物货币的两个要素。然而，以实物形式作为货币，并不能很好地满足交换对货币的要求。因为许多的实物货币都形体不一，不易分割、保存，不便携带，而且价值不稳定，所以并不是理想的货币形式。随着商品经济的发展，实物货币逐渐退出了货币历史舞台。

2. 金属货币

金属冶炼技术的出现，为实物货币向金属货币转化提供了物质条件。以金属如铜、银、金等作为材料的货币称为金属货币。与实物货币相比，金属货币具有价值稳定、易于分割、易于储藏等优势，更适宜充当货币。以贵金属作为币材是货币发展史上的重要演进。中国是最早使用金属货币的国家，从殷商时代开始，金属货币就成为中国货币的主要形式。但是在中国历史上，流通中的货币主要是由铁、铜等金属铸造的，金、银主要是作为衡量价值和储藏财富的工具。西方国家使用金银作为金属货币的历史比较久远。金属充当货币材料采用过两种形式：一是称量货币，二是铸币(Coin)。

称量货币是指以金属条块的形式按重量流通的金属货币。这种金属条块在使用时每次都要称重量，鉴定成色，所以称为称量货币。称量货币在中国历史上使用的时间很长，典型的形态是银两制度。从汉代开始实行银两制度，一直到1933年，国民政府实行“废两改元”，才从法律上废止了这种落后的货币形式。

铸币是铸成一定形状并由国家印记证明其重量和成色的金属货币。铸币的出现，克服了称量货币使用时的种种不便，便利了商品交易。最初的铸币形态各异，如中国历史上的铸币的形状有仿造贝币铸造的铜贝、银贝、金贝，有仿造工具铸造的刀币、布币等。最后，铸币的形态逐渐过渡并统一为圆形，因为圆形便于携带，不易磨损。中国最早的圆形铸币是战国中期的圜钱，流通全国的则是秦始皇为统一中国货币而铸造的秦半两。这种铸币为圆形，中间有方孔，一直沿用到清末。因为钱有方孔，所以，历史上称为“孔方兄”。西方国家金属铸币采用的是圆形无孔的形式，币面通常铸有统治者的头像。清朝末年，受流入我国的外国银元的影响，方孔铸币被圆形无孔铸币所取代。随着商品交换的发展，人们把货币金属铸成具有一定形状、一定重量并具有一定成色的金属铸币，从而大大便利了流通。图1—1为中国古代货币。

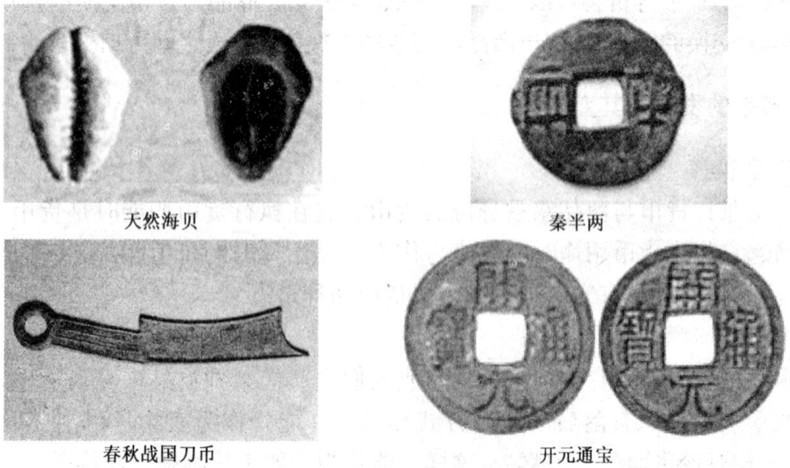

资料来源：杭州图书馆网站，http://www.hangtu.com/ysxs/gdqb/default.htm。

图1—1 中国古代货币

金属铸币的出现和使用，由于克服了称量货币的某些弊端，因而促进了商品交换的发展，但金属铸币也有以下缺陷或不足：①交易额小于铸币面值时，则难以行使交换媒介职能；②大额交易时，携带大量铸币显得过于沉重且有相当风险；③由于流通中磨损等原因而减轻分量，使铸币面值与实际价值不符。

为了克服上述缺陷，出现了用耐磨损的贱金属铸造的辅币（如铜钱等），以满足小额交易需要；出现了某种可随时兑换为金属货币的信用凭证（如银票等），以满足大额交易之需要。政府及时收回已磨损的铸币，重新铸造。但诸多行为使得花费在货币上的费用提高，更何况金属，特别是贵金属也存在自然资源和劳动生产率的限制问题，难以克服。于是，代用货币逐渐应运而生。

（二）代用货币

代用货币是指能代替金属货币执行一般等价物职能的纸质的信用凭证。由于货币作为商品交换的媒介，在流通中只起到转瞬即逝的媒介作用，人们更关心的是用货币能否买到价值相当的商品，而不是货币实体的价值量。事实上，流通中的被磨损的铸币被人们照常接受，并不影响商品交易，这就表明货币可以用象征的货币符号来执行流通手段的职能，这时，代替金属货币流通的纸质的信用凭证——代用货币产生了。就实质特征而论，代用货币本身的价值就是所代替货币的价值，但事实上，其本身价值低于（甚至远远低于）其所代表的货币价值。

世界上最早出现的纸质货币是中国北宋年间的“交子”。当时四川用铁钱，分量重，流通不便，一些富商联合发行了“交子”，代替铁钱流通，并负责兑现。19 世纪下半期，各国可兑换金币的银行券广泛流通。但此时的银行券仍是金的符号，以金为后盾，代替金币进行流通，流通中仍有大量的金币充当货币。银行券的出现是货币币材的一大转折，它为其后不兑现纸币的产生奠定了基础。

（三）信用货币

从历史的观点看，信用货币（Credit Money）是金属货币制度崩溃的直接后果。20 世纪 30 年代，由于世界性的经济危机接踵而至，各主要经济发达国家先后被迫脱离金本位和银本位，所发行的纸币不能再兑换金属货币，于是产生了信用货币。所谓信用货币，是由政府或银行通过信用程序发行和创造的，能行使货币全部或部分职能的信用工具。信用货币是代用货币进一步发展的产物，同代用货币一样，其自身价值也远远低于货币价值，区别在于信用货币不再像代用货币那样，以足值的金属作保证，而是以信用作保证，由政府强制发行流通，并且不可兑现。一般而言，信用货币作为一般的交换媒介，须有两个条件：一是人们对此货币的信心，二是货币发行的立法保障，二者缺一不可。目前，世界上几乎所有的国家都采用信用货币的形态。信用货币可以分为纸币和存款货币。

纸币是国家发行并强制流通的货币符号，是以纸张为币材、印制成一定形状、标明一定面额的货币。国家纸币作为不兑现的信用货币，由于其与财政赤字密切联系，容易导致货币流通的混乱。

存款货币（Deposit Money）是指能够发挥货币交易媒介和资产职能的银行存款，包括可以直接进行转账支付的活期存款和企业定期存款、居民储蓄存款等。用存款货币取代现金进行支付，具有快速、安全、方便的优点，特别是在大额异地交易中，很难用现金进行即时交易。因此，在发达的商品经济中，转账结算是一种重要的支付方式，绝大部分的交易都通过存款货币的转移实现支付。存款货币的出现，打破了实体货币的观念，将货币由有形货币引向了无形货币。

(四)电子货币

伴随着迅速发展的电子商务而出现的电子货币,从某种意义上代表了货币发展的未来。

关于电子货币的含义,巴塞尔银行监管委员会给出的含义较有概括性或代表性:电子货币是指在零售支付机制中,通过销售终端、不同的电子设备之间以及在公开网络上执行支付的"储值"或"预付支付机制"。所谓"储值",是指保存在物理介质(硬件或卡介质)如智能卡、多功能信用卡等中用来支付的价值。这种介质亦被称为"电子钱包",它类似于我们常用的普通钱包。当其储存的价值被使用后,可以通过特定设备向其追储价值。"预付支付机制"则是指存在于特定软件和网络中的一组可以传输并可用于支付的电子数据,通常被称为"数字现金"。它们由二进制数据(位流)和数字签名组成,可以直接在网络上使用。

电子货币作为一种货币,除了具有货币的一般属性外,还具有一些特殊属性,主要体现在以下几个方面:

(1)电子货币具有多元化的发行主体。电子货币的发行机构既有中央银行,又有一般的金融机构甚至非金融机构,而且后者占了很大的比重。

(2)电子货币是在线货币,即电子货币的流通必须有一定的基础设施。电子货币的传输需要有专用的网络,保管需要有存储设备,交换需要有通信手段,保持其安全需要有加密和解密用的计算机。如果以上基础设施不完备,电子货币将无法保管、流通,乃至无法使用。

(3)电子货币是虚拟货币。电子货币是在银行电子化技术高度发达的基础上出现的一种无形货币,是一种没有货币实体的货币。

(4)电子货币是信息货币。电子货币实际上是由一组含有用户身份、密码、金额、使用范围等内容的数字构成的特殊信息,以电子信息的形态出现,所以通过使用相应的技术即可以执行货币的某些职能。

电子货币的种类如下:

(1)银行卡。银行卡是银行发行的具有转账结算、存取现金和透支消费的部分或全部功能的电子卡片。它可以采用联网设备以在线刷卡记账、POS 结账、ATM 提取现金等方式进行支付,可以在商场、饭店及其他场所使用。

(2)IC 卡或智能卡。IC 卡是一种功能比较单一的储值卡,通常称为智能卡、智慧卡或电子钱包。

(3)电子支票。电子支票是运用银行系统的自动化或专业网络、设备、软件及一套完整的用户识别、数据验证等规范化协议完成的数据传输。

我国电子货币的发展主要表现为银行卡的发行和使用,我国第一张银行卡是在 1985 年 6 月由中国银行珠海分行发行的"中银卡"。1996 年,国务院决定成立国家经济信息化推动组,专门负责制定这一领域的国家战略和计划、有关政策和指导方针等。2002 年初,各银行联网通用的"银联卡"出现,以银行卡为代表的电子货币取得了长足的发展。

电子货币的使用对货币发行与流通必然会产生一系列的影响,中央银行在进行货币调控时也将面临更多的问题,从目前来看,各国尚未单独对电子货币进行统计,作为一种新的交易媒介,电子货币还有许多问题有待于深入研究。

【拓展阅读 1—2】

电子货币的应用

有关电子货币的含义至今尚无统一含义。国际清算银行 1996 年 10 月的报告和欧洲央行

1998年的报告较具有代表性，体现了电子货币的若干基本特点：①有电子储存的货币价值；②代表向发行者的索偿权；③具有一定的储值上限；④可在发行者业务系统之外广泛用于支付；⑤在支付过程中无卷入银行账户或发行方系统的必要。

电子货币的确用于电子支付，然而，并非所有用于电子支付的手段都是电子货币。电子商务的迅猛发展促使传统支付手段电子化，走向互联网、移动通讯网和数字电视网。例如，用普通的信用卡可以在网上购物，但如在商场购物一样，使用者必须提交信用卡卡号并需通过信用卡系统的授权，方可支付。另外，电子支票也继电脑银行和网上银行之后出现。然而，电子支票的支付需要收款人将其银行账号和支票路径序码通知付款人。付款方只能在本银行网银或本电脑银行软件上付款，电子货币之间与非传统支付手段相连。

经过20多年的发展，电子货币在整个支付系统中的份额仍然不大，对了解电子货币的微型付款属性的人来说，这些在意料之中。虽然物理现金与钱夹均未消失，但人们正逐渐认识到生活质量可以通过减少等待取款付款和寻找购物停车等来提高。看来，更为重要的是电子货币所带来的付款文化上的变化。

任务二　货币的职能与作用

一、货币的职能

对于货币的职能，马克思从历史和逻辑统一的角度，将典型的货币——金币的职能按照先后顺序排列为价值尺度、流通手段、贮藏手段、支付手段和世界货币五种。

（一）价值尺度

价值尺度职能是指货币具有衡量和表现商品价值大小的职能，这是货币最基本的职能。作为价值尺度，货币把一切商品的价值表现为量，使它们在质上相同，在量上可以比较。货币之所以能执行这种职能，是因为它本身也是商品，也具有价值。

为了比较不同商品的价格，货币必须具有一定的单位。货币单位包括货币单位的名称和单位货币的价值两方面的内容。各国法律规定的货币名称都是以习惯形成的名称为基础的。一国货币的单位名称往往就是该国货币单位的名称。如果几个国家共用一个单位名称，则在货币名称前面加上国家名。例如，目前世界上用“元”作货币名称的国家共有52个，如美元、日元等。我国有些特别，货币名称是人民币，货币单位是元。再如，用“镑”作货币名称的国家共有12个，如英镑、苏丹镑等。

在金属货币条件下，单位货币的价值就是确定单位货币所包含的货币金属重量、成色及其等分，称为货币的价格标准。在金属货币制度下，价格标准即货币所含金属量，而在纸币制度下，价格标准主要通过货币的购买力来表现。例如，英国的货币单位定名为“镑”，按照其1870年《铸币条例》的规定，其含金量为123.274格令（1格令＝64.789 91毫克）；美国的货币单位定名为“元”，根据其1934年1月法令的规定，1美元的含金量为13.714格令；中国在1914年《国币条例》中规定的货币单位名称为“圆”，每圆银币含纯银量为6钱7分9厘。

充当价值尺度职能的货币，可以是本身有价值的特殊商品，也可以是本身没有价值的信用货币。信用货币执行价值尺度职能的典型特征是价值尺度的可变性，它反映在货币购买力的变化上，这种价值尺度的可变性有损于货币价值尺度职能的发挥，因此，必须保持信用货币价值尺度的相对稳定性。

（二）流通手段

在商品交换中，当货币作为交换的媒介实现商品的价值时就执行流通手段的职能，这也是货币的基本职能之一。这种以货币为媒介的商品交换，称作商品流通。

当货币执行流通手段职能时不能是观念上的货币，而必须是现实存在的货币。因为货币作为商品交换的媒介，它是代表一定的价值量来同商品相交换，交易双方必须一手交钱，一手交货，等价交换，买卖行为才能完成。当然，我们所说的现实存在的货币，并不单指有形的货币，它也可以是无形的存款货币、电子货币。

充当流通手段货币的一个特点是它不一定具有十足的价值。因为货币作为流通手段时只是一种交易的媒介，商品所有者出售商品，换取货币，其目的是用货币去购买自己所需要的商品，只要货币能购得自己所需要的商品，货币本身的价值对商品所有者而言并不重要。也正是因为这一特点，货币才可以发展为现今的纸币，纸币作为一种货币符号才可以在当今的商品流通中发挥着巨大的作用。

但是，货币执行流通手段职能时，把商品交换分为买和卖两个独立的行为，买与卖在时间与空间上分开了，这就蕴藏着只买不卖或只卖不买、商品买卖可能脱节的危机，货币流通手段的产生，蕴藏了经济危机的可能性。一般而言，流通中所需的货币量取决于三个因素：一是待流通的商品数量；二是商品价格；三是货币流通速度。

$$\text{流通中所需要的货币量}=\frac{\text{商品价格总额}}{\text{货币流通速度}}=\frac{\text{商品价格}\times\text{待流通的商品数量}}{\text{货币流通速度}}$$

流通中所需要的货币量取决于待流通的商品数量、商品价格和货币流通速度，这一规律是不以人们的意志为转移的。只要有商品货币交换的地方，这一规律就必然存在并会起作用。

（三）贮藏手段

当货币被当作社会财富的独立代表，被人们贮藏起来退出流通领域而处于静止状态的时候，它就执行贮藏手段的职能。马克思认为，充当贮藏手段的货币应该是具有十足价值的金属货币，拥有贮藏手段职能的货币必须是现实的而且是足值的，因为人们贮藏货币的目的是贮藏财富，是保值，这就决定了作为财富代表的货币不能是虚幻和无价值的。拥有贮藏手段职能的货币主要是金属货币，如金、银等贵金属。

在金属货币制度下，货币的贮藏或者价值保存手段的职能，具有自发地调节货币流通的作用。当流通中需要的货币量减少时，多余的金属货币就会退出流通领域被贮藏起来；当流通中所需要的货币量增加时，贮藏的金属货币又会重新进入流通领域而成为流通手段。这样，贮藏货币就像蓄水池一样，自发地调节着流通中的货币数量，使货币流通量与商品流通的需要相适应。

值得注意的是，纸币因为本身没有价值，不能执行贮藏手段的职能。在现实生活中，在物价相对稳定的情况下，人们经常采取储蓄存款的方式来积累财富，这时的货币不再拥有贮藏手段职能。

（四）支付手段

货币作为交换价值的独立存在形态进行单方面转移时发挥支付手段的职能。随着商品流通的发展，出现了商品的交换与货币的支付在时间上不一致的情况，有的先买货后付款，有的先付款后取货，这样就在信用交易的同时建立了债权债务关系，货币就成为跨期支付手段。此时的货币不再简单地作为交换手段完成等值的商品和货币的互换，而是作为跨期交换行为的一个结清环节，或作为交换价值的绝对存在进行单方面转移，成为在信用交易中不足交换过程的独立环节。

货币执行支付手段职能的特点是与流通手段比较得来的。货币执行流通手段职能时，在时间上与商品运动是紧密联系的，是即期的、现实的购买手段；而在执行支付手段职能时，则是一种远期的购买，只有在约定支付日期到来时，货币才真正进入流通。充当支付手段职能的货币，不一定是足值的货币，可以由纸币、信用货币及电子货币来执行。只有稳定的货币才可以执行货币的支付手段职能。

在货币执行支付手段职能的条件下，由于赊销商品的部分当时不需支付货币，再加上债权债务关系相互抵消等因素，都会影响一定时期内市场对货币流通的需要量。这样，货币流通规律的公式即为：

货币流通必要量＝（商品价格总额－赊销商品价格总额＋到期支付总额－相互抵消的支付总额）/货币流通速度

与此同时，随着货币赊销的发展，商品生产者之间形成一个越来越立体交融的支付链条，一旦某个商品生产者不能按期还债，支付链条出现断裂就会引发连锁反应，从而发生经济金融危机。

（五）世界货币

随着国际贸易的发展，货币会越出国界，在世界市场上发挥一般等价物的作用，会在国际范围内执行价值尺度、流通手段、贮藏手段和支付手段的职能，成为世界货币。

世界货币的作用主要是作为国与国间的支付手段，以平衡国家贸易差额；作为国与国间的购买手段，用以购买外国商品；作为国与国间财富一般转移手段，用于战争赔款、跨国投资、国际信贷等。

货币的上述五个职能是相互联系的。货币的价值尺度职能和流通手段职能是与货币一同产生的，是货币的两个基本职能。由于货币能表现一切商品的价值，因而它具有价值尺度的职能；由于它能与一切商品相交换，因而它具有流通手段的职能。缺少价值尺度与流通手段中任何一种职能，就不能称其为货币。因此，马克思说："价值尺度和流通手段的统一是货币。"货币的其他三个职能是随着经济的发展，在两个基本职能的基础上派生出来的。正由于货币执行流通手段和支付手段职能，人们才愿意保存货币，货币才具有贮藏手段职能。货币的支付手段职能是由商品信用交易产生的，货币的价值尺度、流通手段、贮藏手段和支付手段在世界市场上发挥作用时，就执行世界货币的职能。

二、货币的作用

（一）货币在宏观经济中的作用

1. 货币是提高社会资源配置效率的工具

货币作为一般等价物，是社会财富的代表，谁拥有货币，就意味着他可拥有所需要的同货币价值相等的其他商品、劳务等资源。人们可以利用价格、利率、信贷等同货币直接有关的经济杠杆实现货币资金的分配，调剂资金余缺。通过资金分配和调剂，引导其他社会资源的重新分配，充分发挥现有资源的作用，提供资源配置的效率。如果没有货币，人们通过物物交换来配置资源，其效率将会极其低下。利用货币以及有关的经济杠杆能迅速实现社会资源的合理配置，并降低交易成本。

2. 货币是传递商品经济和市场供求信息的重要工具

在市场经济中，价格是商品价值的货币表现。在价格形成过程中，汇集了各种有关商品的经济信息。利用价格机制，人们可以向市场传递各种信息，也可以从价格变化中获取各种有用的信息。例如，价格变动可以及时地反映社会供给和社会需求的变化，有利于政府管理部门根据市场供求变动的信息，制定适当的宏观经济政策。

3. 货币是实现宏观经济调控的工具

在一国国民经济活动中，政府经常要利用财政政策和货币政策以及其他宏观经济政策手段来间接地调控经济，以实现宏观经济的均衡。无论是财政政策还是货币政策，都是以货币为基本工具的。财政收支要用货币数量来表示，货币政策的任何一种工具的使用都离不开货币计量。考核宏观经济政策的效果也是利用货币来完成的，例如，GDP 等指标最后都是以货币来表示的。

（二）货币在微观经济活动中的作用

1. 货币是商品生产的第一推动力和持续推动力

在商品经济中，任何企业和个人要从事商品生产，都离不开一定数量的货币。人们在开始从事生产活动之前，需要用货币资金购买生产资料和劳动力，没有这部分货币资金的垫付，生产就无法进行，此时，货币作为商品生产的第一推动力的作用就显现出来了。当生产启动后，需要追加资金，或者商品销售后，商品资本转化为货币资本，投入再生产过程，此时的货币就发挥着持续推动力的作用。一个企业一旦失去货币，其生产过程就难以为继。

2. 货币是实现经济核算的工具

货币具有价值尺度职能，人们可以利用货币作为记账单位来计算价格、成本和利润等，以此来衡量微观经济效益的高低。这有利于经营者做出正确的经营决策，也便于经营决策者对生产过程进行监督和控制。

3. 货币是实现收入分配的工具

在现行的商品货币经济条件下，企业的收入分配必须借助于货币来实现。企业要利用货币指标考核劳动者劳动的数量和质量，然后根据考核的结果，以货币方式支付报酬。用货币方式支付报酬，既方便又准确。

（三）货币发挥作用的内在要求

货币通过发挥它所具有的职能对社会经济生活产生重要影响。但是，要正常发挥货币的积极作用必须具备一定的条件。

1. 币值的稳定

只有当货币币值保持稳定时，货币才能正常发挥计价标准的职能，才能稳定地充当交换手段和支付手段。如果货币币值剧烈变动，无论是升值还是贬值，都会影响货币的交换媒介职能。货币币值的状况对货币发挥资产职能也有重要影响，如果币值不稳，人们就难以选择货币作为财富价值的贮藏手段，也难以利用货币实现资产的保值增值。

2. 有一个调节机制使货币流通量能够适应经济社会发展的需求

随着社会经济和商品市场状况的变化，货币需求量也在不断地增减变化，这就要求货币供给应该具有弹性，才能实现货币供求的均衡和货币的正常流通。在商品或金属货币制度下，有内在价值的货币供求具有自发调节的机制，但信用货币没有自我调节能力，需要中央银行通过货币政策来进行调控，使货币供给量能够根据货币需求的变化进行及时调整，否则货币难以正常发挥作用。

任务三　货币量层次划分和货币流通

一、货币量层次划分

（一）货币量层次划分的含义和依据

1. 货币量层次划分的含义

货币量层次划分，是指将流通中的货币量主要按照流动性的强弱进行相关排列，分成若干层次并用符号代表的一种方法。实际上，货币量的不同层次就是不同范围的货币含义。所谓的“流动性”是指金融资产转变为现实购买力，并使持有人不遭受损失的能力。换而言之，“流动性”是一种金额资产的变现能力。流动性越强的金融资产，现实购买力就越强；反之，则越弱。

2. 货币量层次划分的依据

以流动性作为货币量层次划分的主要依据，并不排斥各国的实际情况。在划分货币量层次时，应把握两个原则：一是现实性，即层次指标体系的划分宜粗不宜细，这样既能为实际工作者所接受，又可避免因各货币层次间组距过小反而不能明确反映其质的规定性弊端；二是可测性，即各层次的排列内容有准确、可靠的资料来源。

（二）国内外货币量层次的划分

1. IMF（国际货币基金组织）的货币量层次划分

（1）M_0＝现金

（2）M_1＝M_0＋商业银行活期存款

（3）M_2＝M_1＋准货币

2. 美国的货币量层次划分

（1）M_1＝通货＋旅行支票＋活期存款＋其他支票存款

（2）M_2＝M_1＋小面额定期存款＋储蓄存款＋货币市场存款账户＋货币市场互助基金余额＋隔日回购协议＋隔日欧洲美元＋合并调整

（3）M_3＝M_2＋大额定期存款＋货币市场互助基金余额（机构所有的）＋长期回购协议＋定期欧洲美元＋合并调整

（4）L＝M_3＋短期财政部证券＋商业票据＋储蓄债券＋银行承兑票据

3. 日本的货币量层次划分

（1）M_1＝现金＋活期存款

（2）M_2＝M_1＋定期存款＋可转让性存款＋CD

（3）M_3＝M_2＋邮政、农协、渔协、信用组合和劳动金库的存款＋货币信托和贷方信托存款

（4） L＝M3＋回购协议债券、金融债券、国家债券、投资信托和外国债券

4. 中国的货币量层次划分

（1）M_0＝现金

（2）M_1＝M_0＋企业活期存款＋机关团体部队存款＋农村存款＋个人持有的信用卡类存款

（3）M_2＝M_1＋城乡居民储蓄存款＋企业存款中具有定期性质的存款＋外币存款＋信托类存款

(4)M_3＝M_2＋金融债券＋商业票据＋大额可转让定期存单等

在上述四个层次中，M_1 是通常所说的狭义货币量（货币供应量），其流动性较强；M_2 是广义货币量；M_2 和 M_1 的差额为准货币，其流动性较弱；M_3 是为了适用金融创新的要求而设立的，但目前尚未公布，故数据暂缺。

二、货币流通

（一）货币流通的含义

货币流通是在商品交换或流通过程中，货币作为流通和支付手段所形成的连续不断的运动。

货币流通是由商品流通所引起，并为商品流通服务的，如图 1－2 所示。

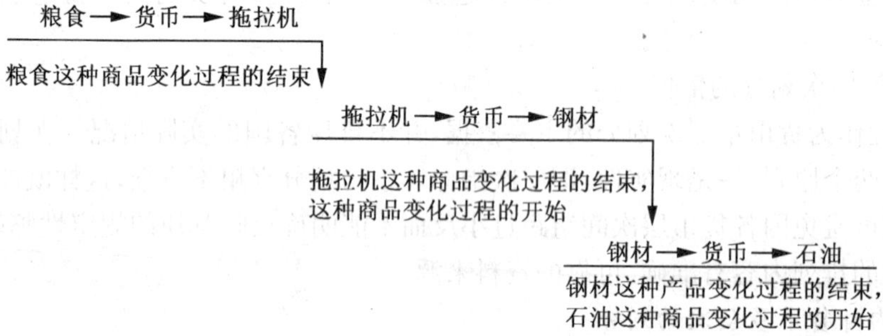

图 1－2　商品流通

如果再有若干种商品加进来，商品流通过程还会继续下去，系列不断延长。在这个过程中，货币始终留在流通中为商品流通服务，无休止地实现商品变换，成为商品流通的形态。

货币流通与商品流通的关系首先是商品流通决定货币流通，既决定其流通规模，也决定其流通速度。货币流通实际上是社会物质代谢借以实现的形式，它不仅为有形的商品流通服务，也为没有物质形态的劳务流通服务，因为后者也花费了人类劳动。因此，从广义上说，货币流通是由商品流通和劳务流通共同决定的，劳务是商品的特别形式。

（二）货币流通的范围

货币流通范围可以有狭义与广义之分：狭义的货币流通指金属货币和货币符号（现钞）的流通，通称为现金流通；广义的货币流通既包括现金流通，也包括非现金结算，即银行账户上的互相转账。

现金流通是整个货币流通的基础，非现金结算只是在银行信用的基础上用债权债务关系的转移代替现金的流通。非现金结算一方面可以节省金属货币材料和价值符号，从而可以大大节约社会流通费用；另一方面，开展非现金结算还可以促进社会货币资金向银行的集中，从而扩大银行的资金力量。

无论是现金流通，还是非现金流通，都有一个货币量的问题。流通中的现金和企业单位在银行的存款（活期存款），都是现实的购买力，都要有相应的商品（包括劳务服务）去平衡。从货币购买力与商品价格的对应及平衡关系来讲，现金流通与非现金结算都应包括在货币流通的范围之内。广义的货币流通，应是现金流通与非现金结算的统一与量的总和。

任务四　货币制度及其演变

一、货币制度的形成

货币制度(Monetary System)是针对货币的有关要素、货币流通的组织与管理等内容以国家法律形式或国际协议形式加以规定所形成的制度,简称币制。其目的是保证货币和货币流通的稳定,使之能够正常地发挥各种职能。

货币制度是伴随着金属铸币的出现而开始形成的,只是由于当时的商品经济不发达,简单商品经济处于自然经济之中,早期的货币与货币流通便呈现出极其分散、极其紊乱的特点。

由于早期铸币在形制、重量、成色等方面都有较大的差异,加上民间私铸、盗铸,货币流通比较混乱,这就要求国家对此加以管理。随着资本主义制度的确立,这种不严密的、混乱的货币制度很难适应资本主义经济发展对货币流通的要求,迫切需要国家通过法律程序,建立统一的货币制度。

二、货币制度的构成要素

(一)规定货币材料

确定以何种材料制造货币是一个国家建立货币制度的首要步骤,也是货币制度的基础。选用哪种材料制作货币是由国家法律规定的,但不是根据人的主观意愿任意规定的,而是由各国的生产力水平和客观经济条件所决定的。

不同的货币材料构成不同的货币制度,各国只有选定了不同的货币材料才能决定各国的货币怎样铸造、怎样发行、怎样调节和为保证货币稳定用哪种金属或财富作为货币的准备。目前,世界各国都实行不兑现的信用货币制度,不再对币材做出规定。

(二)规定货币单位

货币单位(Money Unit)是指货币计量单位。货币单位的规定主要有两个方面。

1. 规定货币单位的名称

货币单位的名称最早与商品货币的自然单位或重量单位相一致,如两、磅。后来由于铸造和兑现等的原因,货币单位与自然单位、重量单位逐渐相脱离,有的沿用旧名,有的重立新名。按国际惯例,往往加上该国简称,如美元、英镑、日元等。

2. 规定货币单位的值

在金属货币条件下,货币单位的值就是每一货币单位所包含的金属重量和成色。在不兑现的信用货币制度尚未完全脱离金属货币制度时,确定货币单位的值主要是确定每单位货币的含金量;当黄金非货币化后,纯粹信用货币制度一般不再硬性规定单位货币的值,货币单位的值主要体现在维持本国货币币值稳定而采用的一些措施上,如规定中央银行对币值稳定的责任与权力等。

(三)规定流通中的货币种类

规定货币种类主要是指规定主币和辅币。

1. 主币

主币就是本位币,是一个国家流通中的基本通货,一般作为该国法定的价格标准。主币的最小规格通常是一个货币单位。在金属货币制度下,主币是指用金属材料按照国家规定的货币单位铸造的货币;在信用货币制度下,主币的发行权集中于中央银行或政府指定的发行银行。

2. 辅币

辅币是本位货币单位以下的小面额货币,它是本位币的等分,主要解决商品流通中不足一个货币单位的小额货币支付问题。在金属货币流通条件下,为节约流通费用,辅币多由贱金属铸造,是一种不足值的货币,故铸造权由国家垄断并强制流通,但铸造数量一般都有限制,铸造收益归国家所有。

(四)规定货币的法定支付能力

货币的法定支付能力有两种:无限法偿和有限法偿。

1. 无限法偿

无限法偿是指不论支付数额多大,不论属于何种性质的支付(买东西、还账、缴税等),对方都不能拒绝接受。在金属货币制度下,本位币通常具有无限法偿的能力;在不兑现的信用货币流通下,中央银行发行的纸质货币具有无限法偿能力,而流通中的存款货币,在经济生活中是被普遍接受的,但大多数国家并未明确做出其是否具有无限法偿能力的规定。

2. 有限法偿

有限法偿是指在一次支付中若超过规定的数额,收款人有权拒收,但在法定限额内不能拒收。在金属货币制度下,不足值辅币通常为有限法偿,但是信用货币制度下则没有明确的规定。例如,我国目前仍然实行现金管理,国家对现金和非现金流通规定了适用范围和数量,但对本位币人民币"元"和辅币"角"、"分"未做明确的无限法偿或有限法偿的区分,只是规定它们都是法定货币,都具有法偿能力。

(五)规定货币铸造发行的流通程序

1. 自由铸造与限制铸造

这种规定是金属货币制度的内容之一。自由铸造即公民有权把法令规定的金属币材送到国家造币厂铸成金属货币;公民也有权把铸币熔化,还原为金属。限制铸造是指只能由国家来铸造金属货币,特别是不足值的辅币必须由国家铸造,其他机构和个人不得铸造。

2. 分散发行与垄断发行

信用货币出现后,货币制度必须对发行权做出规定。分散发行是指允许私人部门按照规定的条件发行信用货币。垄断发行是指信用货币只能由中央银行或指定机构发行。例如,早期的银行券允许商业银行分散发行,但后来为了解决银行券分散发行带来的混乱问题,各国逐渐通过法律把银行券的发行权收归中央银行。在不兑现的信用货币制度下,各国的信用货币的发行权都集中在中央银行或指定机构。

(六)货币发行准备制度的规定

货币发行准备制度是指发行者必须以某种金属或某几种形式的资产作为其发行货币的准备,从而使货币的发行与某种金属或某些资产建立起联系和制约关系。在金属货币制度下,法律规定以金或银作为货币发行准备,早期各国一般采用百分之百的金属准备。后来各国采用部分金准备制度以适应货币发行日益增加的需要,货币发行准备金的比例主要通过货币的含金量加以确定,在货币制度演化过程中,这个比例逐步递减,直至金属货币制度的崩溃。纯粹的信用货币制度下,货币发行的准备制度已经与贵金属脱钩,多数国家主要以外汇资产做准备,也有的国家以物资做准备,还有些国家的货币发行采取与某个国家的货币直接挂钩的方式。

三、货币制度的演变

(一)银本位制

早在中世纪,许多国家就采用过银本位货币制度。银本位制是以白银作为本位币币材的一种货币制度,规定银铸币的重量、成色、形状及货币单位,其基本内容包括:以白银作为本位币币材,银币为无限法偿货币,具有强制流通的能力;本位币的名义价值与本位币所含的一定成色、重量的白银相等,银币可以自由铸造、自由熔化;银行券可以自由兑换银币或等量白银;白银和银币可以自由输出与输入。银本位制在16世纪以后开始盛行,至19世纪末期被大部分国家放弃。

银本位制主要适用于商品生产不够发达的资本主义社会初期。从16世纪后半叶起,英国发生了资本主义工业革命,随后席卷欧洲,商品生产迅速发展,商品交易日益频繁,规模不断扩大,增加了货币需要量,白银供应虽然有了大幅度增加,但白银的价格很不稳定,仍不能满足商品生产和交换对货币材料的需求。同时,大宗交易急剧增加,价值较低的货币在交易中呈现出不便利性。此时,在巴西发现了丰富的金砂,黄金开采量也随之增加,大量黄金从美洲流入欧洲。为适应经济发展的需要,黄金进入流通领域,和白银一起共同充当货币材料,从而出现了金银复本位制。

(二)金银复本位制

按照金银两种贵金属的不同关系,金银复本位分为如下三种:

1. 平行本位制

金银复本位首先表现为平行本位,是两种金属货币均按其所含金属的实际价值流通,国家对这两种货币的交换比率不加规定,由市场去决定。因为违背了货币的独占性,国内的信用发展不起来,国际市场上黄金和白银大量流动。为了使货币制度稳定下来,从而推动资本主义经济的发展,资本主义国家通过法律将金币和银币的比价固定下来,平行本位制发展成为双本位制。

2. 双本位制

双本位制即金币和银币是按国家法定比价流通,与市场上黄金和白银比价的变化无关。例如,法国曾规定1金法郎=15.5银法郎。这样做虽然可以避免由于金银实际价值波动带来的金币和银币交换比率波动的情况,克服平行本位制下商品具有金银“双重价格”的弊病,但双本位制违背了价值规律的要求,当金银的法定比价与市场比价不一致时,就产生了“劣币驱逐良币”的现象。

由于这一现象是由16世纪英国伊丽莎白女王一世的财政大臣托马斯·格雷欣(Thomas Gresham)发现并提出的,所以这一现象发生的规律又被称为“格雷欣法则”(Gresham's Law)。“格雷欣法则”即“劣币驱逐良币”规律,在金属货币流通条件下,当一个国家同时流通两种实际价值不同,但法定比价不变的货币时,实际价值高于名义价值的货币(亦称良币)必然被人们熔化、储藏或输出而退出流通领域,而实际价值低于名义价值的货币(亦称劣币)反而充斥市场,作为商品交换的媒介。

3. 跛行本位制

为了解决“劣币驱逐良币”现象所带来的问题,西方国家取消了银币的自由铸造。跛行本位制是指金银币都是本位币,但国家规定金币能自由铸造,而银币不能自由铸造,已发行的银币照样流通,但停止自由铸造,并限制每次支付银币的最高额度。金币和银币按法定比价交换，这就决定了银币在现实流通中无法起到本位币的作用而仅仅充当辅币的角色。跛行本位制是由金银复本位制向金本位制过渡的一种货币制度。

（三）金本位制

金本位制（Gold Standard System）是以黄金为本位币的一种货币制度，在金属货币制度中占有重要地位。金本位有金币本位、金块本位和金汇兑本位三种形式。

1. 金币本位制

金币本位制是典型的金本位制。19 世纪初，英国首先过渡到金币本位制，到第一次世界大战前结束。其基本特点是：只有金币可以自由铸造，有无限法偿能力；辅币和银行券与金币同时流通，并可按其面值自由兑换为金币；黄金可以自由输出输入；货币发行准备金是黄金。

随着资本主义经济的发展，特别是帝国主义列强矛盾加剧所导致的战争，使金币流通的基础不断削弱，第一次世界大战期间，各国为阻止黄金外流，先后停止了金币流通、自由兑换和黄金的自由输出与输入，战后也难以恢复金币流通，故先后放弃了金币本位制，只能改行残缺不全的金本位制——金块本位制和金汇兑本位制。

2. 金块本位制

金块本位制又称生金本位制，是指国家规定黄金是本位币，但在本国内部铸造、不流通金币，而流通代表一定重量黄金的银行券，黄金集中存储于政府，银行券只能按一定条件向发行银行兑换金块的一种货币制度。英国于 1925 年率先实行此制度，规定银行券兑换金块的最低限是 1 700 英镑；法国 1928 年规定至少 21.5 万法郎才能兑换金块。这种兑换能力显然不是一般公众所能具备的，故有时又被称作富人本位制。

3. 金汇兑本位制

金汇兑本位制又称虚金本位制，是指国家规定黄金为本位币，但国家不铸造金币，且金币不参与流通，只发行流通具有含金量的银行券，并且银行券在国内不能兑换黄金，只能兑换成外汇，然后用外汇到国外才能兑换黄金的制度。实行这种制度的国家必须把外汇和黄金存于国外作为外汇基金，然后以固定价买卖外汇以稳定币值和汇价。金汇兑本位制实际上是使一国的本币依附于一些经济实力雄厚的外国货币，从而使该国在经济上受这些强国的影响和控制。实行金汇兑本位制的多为殖民地、半殖民地国家。我国在民国时期的法币制度就是典型的金汇兑本位制。

金块本位制和金汇兑本位制是残缺不全的金本位制，是不稳定的货币制度。一是因为二者都没有金币流通，金币本位制所具备的自发调节货币流通量、保持币值相对稳定的机制不复存在；二是因为银行券不能自由兑换黄金，削弱了货币制度的基础；三是发行基金和外汇基金存放他国，加剧了国际金融市场动荡的干扰作用，一旦他国币值不稳，必然连带本国金融随之动摇。因此，金块本位制和金汇兑本位制也没有维持几年。经过 1929～1933 年世界经济大危机后，各国的金本位制事实上已经不存在了。世界经济危机的风暴迅速摧毁了这种残缺不全的金本位制，使其彻底崩溃。随后，资本主义各国先后实行了不兑现的信用货币制度。

（四）不兑现信用货币制度

不兑现信用货币制度又称纯粹的信用货币制度，是以纸币为本位币，且纸币不能兑换黄金，也不以黄金作担保的货币制度。它是当今世界各国普遍实行的一种货币制度。20 世纪 30 年代金本位制崩溃以后，1944 年 7 月，由 44 国达成的《布雷顿森林协定》建立了以美元为中心的"双挂钩"国际货币体系（即美元与黄金挂钩，其他国家货币与美元挂钩），形成了一种特殊的美元—黄金本位制，有人把它称为变相的国际金汇兑本位制。但是，这一制度亦存在着自身不可克服的矛盾。随着美元危机和世界经济矛盾的加深，在20世纪70年代这一制度又彻底崩溃了。自此以后，各国货币与黄金既无直接联系，也无间接挂钩关系。这种黄金的非货币化意味着金属货币制度已经完全退出历史舞台，取而代之的是不兑现信用货币制度。20世纪70年代中期以来，各国实行的都是不兑现的信用货币制度。

不兑现的信用货币制度具有自身的特点，主要体现为：一是现实经济中的货币都是信用货币，主要由现金和银行存款构成；二是现实中的货币都是通过金融机构的业务投入到流通中去的；三是国家对信用货币的管理调控成为经济正常发展的必要条件。

四、我国的货币制度

我国现行的货币制度较为特殊。由于我国目前实行"一国两制"的方针，1997年和1999年香港与澳门回归祖国以后，继续维持原有的货币金融体制，从而形成了"一国多币"的特殊货币制度。目前，我国不同地区各有自己的法定货币：人民币是大陆地区的法定货币，港元是香港地区的法定货币，澳门元是澳门地区的法定货币，新台币是台湾地区的法定货币。各种货币都限于本地区流通，人民币与港元、澳门元之间按以市场供求为基础决定的汇价进行兑换，澳门元与港元直接挂钩，新台币主要与美元挂钩。

(一)我国货币制度的历史沿革

我国使用货币已经有几千年的历史了。原始货币主要有海贝、布帛、农具等。商周时期开始使用金属货币，秦始皇统一中国后就统一了币制，规定黄金为上币，铜钱为下币，统一铸造内方外圆的金属货币。

唐代经济以自然经济为主，商品经济处于复苏阶段，水平很低，实行了"钱帛兼行"的货币制度——钱即铜钱，帛则是丝织物的总称，包括锦、绣、绫、罗、绢、绮等，实际上是一种以实物货币和金属货币兼而行之的多元的货币制度。在这种情况下，"钱帛兼行"的货币制度既有多种实物货币，又有单位价值较小的铜钱，从而较好地适应了小额商品交易的需要。宋、辽、夏、金时期，我国的经济有了较大的发展，两宋的货币制度是以钱为主，绢帛等实物成了普通商品。白银日渐重要，纸币也已出现和流通。北宋真宗年间，由当时四川的富商首创了"交子"，交子是世界上最早的纸币。

我国用白银作为货币的时间很长，唐宋时期白银已普遍流通，仁宗景佑年间(1034～1037年)银锭正式取得货币地位。金、元、明时期确立了银两制度，白银是法定的主币。清宣统二年(1910年)4月政府颁布了《币制则例》，宣布实行银本位制，实际是银圆和银两并行。1933年4月，国民政府"废两改元"，颁布《银本位铸造条例》，1935年11月实行法币改革，在我国废止了银本位制。

在抗日战争和解放战争期间，国民政府采取通货膨胀政策，法币急剧贬值。1937年抗战前夕，法币发行总额不过14亿余元，到日本投降前夕，法币发行额已达5 000亿元。到1947年4月，发行额又增至16万亿元以上。1948年，法币发行额竟达到660万亿元以上，等于抗日战争前的47万倍，物价上涨3 492万倍，法币彻底崩溃。1949年5月，国民政府又发行了银圆券。随着解放战争的不断胜利，旧中国的货币制度彻底崩溃。

(二)我国的人民币货币制度

中国人民银行于1948年12月1日在河北省石家庄市成立，并于同一天发行人民币，这是新中国货币制度的开端。人民币制度是通过统一各解放区货币、禁止金银外币流通、收兑国民党政府发行的各种货币而确立下来的。

第一版人民币是在恶性通货膨胀的背景下发行的，1950 年流通的钞票，最小面额是 50 元券，最大面额是 50 万元券。随着新中国经济建设的恢复发展和物价的稳定，为了便利商品流通和货币流通，1955 年 3 月 1 日发行了第二版人民币，按 1∶10 000 的比例无限制、无差别地收兑了第一版人民币，并同时建立了主辅币制度，这个格局一直保持到现在。1962 年 4 月 20 日发行了第三版人民币。1987 年 4 月 27 日发行了第四版人民币，增发 50 元和 100 元面额的币种。1999 年 10 月 1 日，为纪念新中国成立 50 周年，发行了第五套人民币。

目前，人民币已经发行至第五套，其中第一套、第二套（角币及圆币）、第三套（纸币）已经停止使用。流通中的人民币主币有 1 元、5 元、10 元、20 元、50 元、100 元 6 种券别，辅币为 1 分、2 分、5 分和 1 角、2 角、5 角 6 种券别，其中，1 分、2 分和 5 分面额的纸币已经于 2007 年 3 月 25 日退出流通。人民币的符号为“￥”，取人民币单位“元”字的汉语拼音“YUAN”的第一个大写拼音字母“Y”加两横，读音同“元”。

人民币是我国大陆的法定货币，人民币主币的“元”是我国经济生活中法定计价、结算的货币单位，具有无限法偿能力；人民币辅币的货币单位有“角”和“分”两种，分、角、元均为十进制，辅币与主币一样具有无限法偿能力。人民币是由国家授权中国人民银行统一发行与管理。

国家规定，人民币是信用货币，人民币不规定含金量，是不兑现的信用货币。人民币以现金和存款货币两种形式存在，现金由中国人民银行统一发行，存款货币由银行体系通过业务活动进入流通，中国人民银行依法实施货币政策，对人民币总量和结构进行管理和调控。中国人民银行集中统一管理国家金银、外汇储备，作为国际支付的准备金，负有保持人民币对内和对外价值稳定的重要职责。

1. 人民币的发行原则

我国的人民币是信用货币，为保证人民币的稳定，我国坚持集中统一、经济发行和计划发行的原则。

人民币的发行实行高度集中统一原则。人民币的发行权属于国家，中国人民银行是我国唯一的货币发行机关。除中国人民银行外，任何地区、部门和单位都不准发行货币、变相货币和货币代用品。

经济发行原则是指中国人民银行发行的人民币数量由经济发展水平、社会生产和水平流通的客观需要决定，人民币的流通数量随着生产和流通规模变化而增减，从而保证人民币的稳定。

计划发行原则是指中国人民银行根据国家批准的货币发行量，编制人民币发行计划，按计划发行货币，调节货币流通。

由上述可知，我国的人民币制度具有独立自主、集中统一、计划管理和适应经济发展需要的特点，这些特点正是人民币币值相对稳定的基础和条件。

2. 人民币的发行渠道

中国人民银行发行人民币有两个渠道：直接发行渠道和间接发行渠道。

直接发行渠道是指中国人民银行到金融市场上购买黄金、外汇和国债，向社会直接投放货币。中央银行购买国债，是调控金融稳定的重要手段。

间接发行渠道是指中国人民银行向商业银行以及其他金融机构发放贷款，再通过商业银行业体系派生货币，这是中央银行的主要发行渠道。

（三）香港、澳门和台湾地区的货币制度

人民币在香港和澳门地区不是法定货币。香港和澳门地区按基本法自行决定发行港元和澳门元。

1. 香港地区的港元

港元,又称港币,是我国香港地区的法定流通货币。按照香港基本法和中英联合声明,香港的自治权包括自行发行货币的权利。港元正式的简称为HKD(Hong Kong Dollar),标志为HK$。

港元的纸币绝大部分是在香港金融管理局监督下由三家发钞银行发行的。三家发钞银行包括汇丰银行、渣打银行和中国银行(香港),另有少部分新款10元钞票,由香港金融管理局自行发行。硬币则由金融管理局负责发行。1997年回归前,香港流通的硬币上铸有英皇头像,曾一度成为收藏对象。1997年起,政府逐渐收回旧硬币,以背面上为香港市花洋紫荆的新硬币代替,但铸有英皇头像的硬币仍为合法货币,与新硬币同时流通。

自1983年起,香港建立了港元发行与美元挂钩的联系汇率制度。发钞行在发行任何数量的港币时,必须按当时的美元与港元的兑换汇率兑换美元,向金融管理局交出美元,记入外汇基金账目,领取了负责证明书后才可印钞。这样,外汇基金所持的美元就为港元纸币的稳定提供支持。

2. 澳门地区的澳门元

澳门元,又称澳门币,是中华人民共和国澳门特别行政区的法定流通货币,常用缩写MOP$,其正式的简称为MOP(Macao Pataca)。澳门的货币政策由澳门金融管理局管理。

现在,澳门币的纸币由澳门金融管理局授权大西洋银行与中国银行澳门分行发行,硬币则由澳门金融管理局负责发行。澳门币与港元之间实行联系汇率制度,澳门币与港元挂钩。由于港元与美元实行联系汇率制度,所以澳门币也间接与美元挂钩。澳门现在对澳门币与外币的进出境都没有管制,游客可以在澳门的酒店、银行、兑换店等地自由兑换货币。

3. 台湾地区的新台币

新台币的前身为台币(旧台币)。台币在1945年5月22日开始发行。当初台币被定位为一种过渡时期的货币,"日据"时期的台币与国民政府的台币一比一兑换。由于当时中国内地抗日战争后金融状况不稳定,因此台湾未使用当时通行于中国内地的法币、金圆券,而是另外再发行台币。但由于1948年上海爆发金融危机,连带也使旧台币大幅贬值,造成台湾物价急剧上涨。

1949年6月15日,台湾地区发行新台币,明确规定40 000元旧台币兑换1元新台币,新台币成为现在台湾地区的法定货币。另外,因应金门、马祖等地的特殊需要,也曾经发行限定流通于这些地区的新台币金门、马祖流通券,目前则已经取消。

新台币到2000年发行1 000元之前,都是由台湾地区的"中央银行"委托台湾银行发行,2000年后改由台湾"中央银行"发行。

任务五 区域本位货币和国际本位货币

国与国之间的贸易交往要求货币在国家之间流动,区域经济发展会形成区域统一的货币——区域本位货币;经济全球化的发展、国际贸易的支付和债权债务的了结等要求有一种能被多数国家接受的国际本位货币。

一、区域本位货币——欧元

所谓区域本位货币,是指在一定的地理区域内的国与国之间的经济往来中,各国出于经济条件和政策上的考虑，用法律的形式将本国货币与经济往来固定起来，作为衡量本国货币价值的标准，以及形成区域内经济往来的最终清偿手段。区域本位货币的终极目标是形成区域内单一货币。其理论基础是1999年获得诺贝尔经济学奖的蒙代尔于1961年提出的"最优货币区"理论。在该理论的指导下，欧洲各国基于政治和经济利益建立了区域本位货币——欧元。

欧元的实行分为以下四个阶段：

第一阶段：欧元的准备阶段，时间是从1991年欧共体12国在荷兰马斯特里赫特签订的《马斯特里赫特条约》至1998年年底。欧盟国家以全民公决的形式确定本国是否参加欧元区，各国为达到加入欧元区的标准而实行相关的财政和金融政策。1998年5月由欧盟财长理事会投票决定哪些国家符合欧盟统一货币的标准，同时选出欧洲中央银行的行长、副行长和董事，确定欧元区各国货币的双边汇率。

第二阶段：欧元区各国货币向欧元转换的过渡期，时间是从1999年1月1日至2001年12月31日。欧元汇率于1999年1月1日固定下来且不可撤销，欧洲货币单位也于1999年1月1日以1∶1的兑换汇率全部自动转换为欧元。金融批发市场的业务以欧元进行，企业和个人可以在银行开立欧元账户，欧元的收付可以在账户之间进行，但欧元的纸币和硬币未投入使用。

第三阶段：欧元纸币和硬币投入流通，欧元在欧元区内与成员国纸币和硬币同时流通，时间是从2002年1月1日至2002年6月30日。

第四阶段：从2002年7月1日起，欧元区内各国的货币完全退出流通，欧元成为欧元区内11个国家唯一的货币，欧洲统一货币正式形成。

区域本位货币——欧元突破了"一个国家、一种货币"的传统主权观念，真正从货币的职能（价值尺度、流通手段等）出发，构筑了"一个市场、一种货币"的新理念。欧洲本位货币的建立有效地消除了区域内各国货币汇兑风险，缩小了贸易与金融的交易成本，提高了价格的透明度，促进了市场竞争，实现了区域内各国的经济稳定增长。

截至2011年，欧元区已扩至17个国家，欧元影响范围日益广泛。这说明在一个区域内实行单一的货币制度有利于提高各成员国之间的经济依赖性，也有利于各成员国间的国际贸易和劳动力转移，减少各成员国间物价水平的差异，更有利于欧洲中央银行宏观货币政策调节。

二、国际本位货币——美元

国际本位货币的演变经历了以下三个阶段：

第一阶段：1944年以前的黄金本位阶段。在该制度下，各国都规定金币的法定含量，不同货币之间的比价是由它们各自的含金量的对比来决定的，世界各国的贸易往来主要以黄金结算。

第二阶段：从1944年7月至1978年3月1日的黄金—美元本位阶段。随着国际货币金融体系的发展演变，金本位制被以黄金—美元本位为特征的布雷顿森林体系取代。布雷顿森林体系实行美元与黄金挂钩、各国货币与美元挂钩的双挂钩机制：一方面锁定各国货币与美元的比价；另一方面确定了美元与黄金的兑换比例，各国政府可将所持有的美元与美国政府兑换黄金。

第三阶段：从1978年3月1日到现在的以美元为主体的多元化的国际本位制。1978年生效的《牙买加协议》废除了黄金与美元的联系，在法律上实行了黄金的非货币化。以后，国际货币本位制经历了短暂的无中心的多元化阶段（美元、欧元、日元三分天下），然后进入了以美元为主体的多元化阶段。

以美元为主体的多元化国际本位货币制，在一定程度上缓解了布雷顿森林体系黄金—美元本位下基础货币发行国与其他国家的相互牵连，解决了国际清偿手段不足的弊端，在某些方面促进了世界经济的发展。但是，它并没有使黄金—美元本位制所存在的根本问题得到解决。相反，国际汇率的波动大大加剧，国际货币金融秩序更加混乱，各国间特别是经济发达国家与发展中国家之间的矛盾冲突日趋尖锐，发展中国家经济政策的制定与执行效果很大程度上仍然受制于美元变动。要从根本上改变这一现状，就必须摆脱多数国家对少数国家个别信用货币的过度依赖，必须重新设计各国货币的共同定值标准——由若干国家货币所组成的多种货币的复合体——一篮子货币，其他国家的货币均与一篮子货币挂钩，与之保持某种形式的固定或可调整的法定比价。当然，这离不开多元化的世界货币体系，离不开一个由在世界经济中具有较大影响的、各国所共同认可的、组织较为健全的国际通货管理协调机构的存在。

【拓展阅读 1—3】

在欧洲债务危机下，欧元还能存在多久

区域性货币制度的理论依据是 20 世纪 60 年代西方经济学家蒙代尔率先提出的“最适度货币区”理论。他认为要使浮动汇率更好地发挥作用，必须放弃各国的国家货币制度而实行区域性货币制度。“区域”是指有特定含义的最适度货币区，由一些彼此间商品、劳动力、资本等生产要素可以自由流动，经济发展水平和通货膨胀率比较接近，经济政策比较协调的国家（地区）组成的一个独立货币区，在货币区内通过协调的货币、财政和汇率政策，达到充分就业、物价稳定和国际收支平衡。

在现实中，区域性货币制度一般与区域内多国经济的相对一致性和货币联盟体制相对应。20 世纪 60 年代后，一些地域相邻的欠发达国家首先建立了货币联盟，并在联盟内成立了由参加国共同组建的中央银行。例如，1962 年建立的西非货币联盟制度，1973 年建立的中非货币联盟制度和 1965 年建立的东加勒比货币联盟制度等。

欧洲货币制度则是区域性货币制度的一个典范。欧洲货币制度从起源到完全实施经历了一个较长的阶段。1950 年欧洲经济合作组织建立了“欧洲支付同盟”，启动了欧洲货币制度联合的进程。1957 年欧共体建立之后，正式提出了建立欧洲经济和货币联盟。1991 年欧共体更名为欧盟，规定最迟在 1999 年 1 月 1 日之前建立经济货币联盟（Economic and Monetary Union，EMU），统一货币进程加快。1994 年成立了欧洲货币局，1995 年 12 月正式决定欧洲统一货币的名称为欧元（EURO）。1998 年 7 月 1 日欧洲中央银行成立，1999 年 1 月 1 日欧元正式启动，法国、德国、卢森堡、比利时、荷兰、意大利、西班牙、葡萄牙、芬兰、奥地利、爱尔兰共 11 个国家为首批欧元国，希腊于 2000 年加入欧元区。2002 年 1 月 1 日起，欧元的钞票和硬币开始流通。欧元的钞票由欧洲中央银行统一设计，由各国中央银行负责印刷发行；欧元硬币的设计和发行则由各国完成。2002 年 7 月 1 日，各国原有的货币停止流通，与此同时，欧元正式成为各成员国统一的法定货币。至 2009 年年底，欧元区已经有 16 个成员国。欧洲货币制度的建立和欧元的实施，标志着现代货币制度又有了新的内容并进入了一个新的发展阶段，也为世界其他地区货币制度的发展提供了一个示范。

欧元启动后，不仅使欧元区内各成员国之间消除了货币兑换的成本，避免了汇率风险，还将有力推动成员国之间的贸易、金融和投资活动的扩展，使社会资源更有效地在整个欧洲货币联盟内得到合理的配置，同时改变了国际金融格局。自第二次世界大战以来，美国一直是世界上经济实力最强、政治环境最稳定的国家，美元至今仍是国际贸易往来的主要货币，并成为各国外汇储备中的主要货币。有资料统计显示：在国际商品贸易中，60%以上的贸易是用美元结算；各国外汇储备中65%是美元。欧元流通后，美元的这种霸主地位受到很大影响。随着欧洲经济和货币联盟的创立，欧元成为世界上第二重要的官方储备货币。

然而，2009年10月20日，刚刚上台的希腊社会党政府宣布，2009年财政赤字占GDP比例将超过12%，远高于欧盟允许的3%上限，希腊的债务问题就此浮出水面。同年12月，全球三大评级公司标普、穆迪和惠誉分别下调希腊的主权债务评级，此后欧洲多个国家也开始陷入危机，欧洲五国（葡萄牙、意大利、爱尔兰、希腊、西班牙）的信用评级被调低，经济下滑，债台高筑，整个欧洲面临严峻考验。在2009年12月初欧元兑美元汇率曾经再度突破1比1.50的历史高位，但随着希腊债务危机的爆发，欧元汇率急转直下，两个多月来降幅约为10%。截至目前，希腊政府降低赤字的措施尚未取得各方的信赖，欧元还在继续经受冲击。很多人开始担心，希腊债务危机已开始演变成欧元的危机。

资料来源：搜狐财经，2011年12月28日。

案例评析：

"高烧"不退的债务危机让欧元的一揽子梦想破碎了，与向霸主美元发起挑战的愿望也已背道而驰。问世十年，欧元成了债务危机和经济衰退的标志。从2010年年底到整个2011年，债务危机逐渐从欧元区边缘国家向核心国家蔓延，认为"欧元五年内崩溃"的理论在欧元区融资成本普遍升高时火热了起来。尤其是号称"欧洲最安全的国家债券"德国60亿欧元10年期国债遭遇市场冷眼的时候，欧元前景出现了由好到坏的历史性转折。

有分析人士甚至预测了欧元可能崩溃的两种方式：其一，希腊、爱尔兰、西班牙等几个弱国最终被踢出欧元区，重新使用新货币，并让新货币贬值；其二，德国退出欧元区，重新使用马克，再吸收荷兰、比利时、卢森堡、奥地利等组成"马克区"，让马克升值。

欧元为何走到了崩溃的地步？包括欧元区国家眼下面临的主权债务危机，几乎是从欧元问世起便已种下祸根，而欧洲领导人多年以来就无视财政制度缺陷，对成员国经济发展的不平衡问题也没妥善处理，才酿成了今天的惨剧。

★★★ 关键术语 ★★★

货币　　信用货币　　货币制度　　货币量层次划分　　区域本位货币

★★★ 应知考核 ★★★

一、单项选择题

1. 流通中的主币（　　）。

A. 是1个货币单位以下的小面额货币　　B. 是有限法偿货币

C. 主要用于小额零星交易　　D. 是一个国家的基本通货

2. 货币形态演变的历程是（　　）。

A. 金属货币→实物货币→信用货币→电子货币

B. 实物货币→金属货币→信用货币→电子货币

C. 实物货币→信用货币→金属货币→电子货币
D. 金属货币→信用货币→实物货币→电子货币
3. 货币在商品交换中起媒介作用时执行(　　)。
A. 价值尺度职能　B. 流通手段职能
C. 贮藏手段职能　D. 支付手段职能
4. 马克思认为货币是(　　)。
A. 价值尺度与流通手段的统一　B. 流通手段与支付手段的统一
C. 价值尺度与支付手段的统一　D. 流通手段与贮藏手段的统一
5. 银行券属于(　　)。
A. 实物货币　B. 商品货币　C. 金属货币　D. 信用货币
6. 货币的两个最基本的职能是(　　)。
A. 价值尺度与流通手段　B. 价值尺度与支付手段
C. 流通手段与支付手段　D. 价值尺度与价值贮藏
7. 能够签发支票办理转账结算的活期存款属于(　　)。
A. 纸币　B. 存款货币　C. 电子货币　D. 金属货币
8. 出现"劣币驱逐良币"现象的货币制度是(　　)。
A. 金本位制　B. 银本位制　C. 金银复本位制　D. 金块本位制
9. 在银行信贷业务中,货币发挥(　　)。
A. 价值尺度职能　B. 流通手段职能　C. 支付手段职能　D. 贮藏手段职能
10. 下列属于足值货币的是(　　)。
A. 纸币　B. 银行券　C. 金属货币　D. 电子货币

二、多项选择题

1. 货币制度的构成要素主要有(　　)。
A. 规定货币材料　B. 规定货币单位
C. 规定流通中货币的种类　D. 规定货币的法定支付能力
E. 规定货币的铸造或发行
2. 我国流通的货币是人民币,人民币是(　　)。
A. 不兑现的信用货币　B. 可兑现的信用货币
C. 中国人民银行发行的法定货币　D. 通过非信用程序发行的
E. 一般等价物
3. 金币本位制的特点是(　　)。
A. 金币自由铸造　B. 金币自由熔化　C. 黄金自由输入　D. 黄金自由输出
E. 银行券能够自由兑换为金币
4. 货币执行支付职能时的具体形式有(　　)。
A. 发放工资　B. 缴纳税款　C. 转移财富　D. 银行借贷
E. 分期付款
5. 港币的发行银行有(　　)。
A. 汇丰银行　B. 花旗银行　C. 渣打银行　D. 中国银行
E. 伦敦银行

三、填空题

1. 货币是商品，具有商品的基本属性，即具有________和________。

2. ________是为货币发挥价值尺度职能做出的技术性规定。

3. 以________作为货币量层次划分的主要依据，并不排斥各国的实际情况。在划分货币量层次时，应把握两个原则：一是________，二是________。

4. 流通中的货币总额与商品价格总额成________，与货币流通速度成________。

5."格雷欣法则"即________。

四、计算题

1. 设一定时期内待销售的商品价格总额为100亿元，流通中的货币量为10亿元，试计算同期的货币流通速度。若货币流通速度变为5，请计算流通中每单位货币的实际购买力。

五、简答题

1. 简述货币的本质、含义、货币的作用。

2. 简述金银复本位制下的"劣币驱逐良币"现象。

3. 简述货币流通与商品流通的区别。

4. 简述不兑现信用货币制度的特点。

5. 简述货币制度的构成要素。

★★★ 应会考核 ★★★

◎ 技能案例

德国尚未承认"比特币"合法货币地位

最近一段时间，一种名为"比特币"的虚拟货币受到广泛关注，并有报道称，德国已经率先承认了其合法货币地位。

"比特币"究竟为何物？德国到底是否已承认其作为货币的合法性？

"比特币"其实是一种用特定算法计算出来的加密数据包。其含义由一个化名为"中本聪"的人在2008年提出。随后，他以开放、对等、共识、直接参与的理念为基准，结合开源软件和密码学中块密码的工作模式，在P2P对等网络和分布式数据库的平台上，开发出"比特币"发行、交易和账户管理的操作系统，并于2009年1月3日发行第一批50个比特币。

生成"比特币"的过程被形象地称为"挖矿"。虽然理论上每个人只要有电脑都能做"矿工"，但生成"比特币"的运算过程相当复杂，也就是说，"比特币"通过计算机的运算能力消耗获得价值。此外，在技术层面上，"比特币"的供应量是受到控制的，至今共开发出大约1100万个，但其数量最多也只能达到2100万个。因为"挖"出的"比特币"越多，"挖矿"的难度就越大，"比特币"的增长就越慢，目前全世界每小时只不过产生150个比特币而已。据测算，最后一个"比特币"将在2140年产生。

一些人认为，"比特币"像黄金一样具有充当货币的一些特性：一是它具有一定的稀缺性，无法被大量随意生产、开采；二是可以被转让、被记录，具有一定流通性；三是它还具有一定的保值功能。

记者调查了解到，德国自民党议员、议会金融委员会成员弗兰克·舍弗勒今年7月底和8月初曾就“比特币”相关问题对联邦财政部提出过问询，而财政部对其问询的答复便成为德国媒体报道的依据。

为核实情况，记者专门联系了德国联邦财政部。该部的马丁·乔杜里先生向记者表示，“比特币”既不是电子货币，也不是法定支付手段。但是，德国联邦财政部承认“比特币”为“记账单位”。作为记账单位，“比特币”和外汇一样可具有结算功能，但不具备充当法定支付手段的功能。“比特币”可以作为“私人货币”，也就是说，基于私人之间的约定，“比特币”才可以作为支付手段使用。

乔杜里说，对于舍弗勒的答复并不是财政部对“比特币”含义的首次声明，而只是再次重申了他们对“比特币”的一贯态度。他说，当前对“比特币”的含义符合《德国金融事业管理法》的有关规定，而且德国联邦金融监管局早在2011年11月就出台了一份“金融工具”备忘录，赋予“比特币”与外汇同等的地位，并规定它为一种“记账单位”，而非法定支付手段。

由于投机商的炒作，1“比特币”曾经被炒到能兑换266美元。4月份，兑换率在数小时之内又暴跌至105美元。这种大起大落的兑换率，让“比特币”引起了人们的注意。此外，“比特币”还存在着被滥用和方便洗钱的潜在风险。因此，对其进行合理监管的呼声也逐渐高涨。

在中国，2013年11月19日，一个比特币就相当于6 989元人民币。2013年12月3日，中国人民银行、工业和信息化部、中国银行业监督管理委员会、中国证券监督管理委员会、中国保险监督管理委员会五部委发布的《关于防范比特币风险的通知》(以下简称《通知》)指出，比特币是一种虚拟货币，不具有与货币等同的法律地位，不能作为货币在市场上流通使用。此外，《通知》规定，金融机构和支付机构不得开展与比特币相关的业务。2014年1月7日，淘宝网发布公告，宣布将于1月14日起禁售比特币等互联网虚拟货币等商品。

资料来源：银行利率网，http://www.banklilv.com/content/20131009/15876.html。

【考核要求】

根据上述资料，对此案例进行分析。

★★★ 项目实训 ★★★

【实训内容】

不同面值的人民币。

【实训目标】

认识中国人民银行统一发行的人民币，能够尝试辨别伪币。

【实训步骤】

1. 收集第五套人民币(主币和辅币)；
2. 查看人民币的真伪；
3. 收集或发现可能遇到的假币，进行辨别。

项目二 信 用

知识目标

理解:信用的起源及发展。

熟知:信用的含义和特征,信用的形式及其特点。

掌握:信用的构成要素,信用工具的含义、特征及类型,短期信用工具,长期信用工具。

能力目标

能够用信用的基本知识解释信用经济与相关经济问题的能力。

素质目标

能够具有分析和解决信用问题的能力。

任务一 信用概述

一、信用的起源及发展

(一)信用的起源

人类最早的信用活动,起始于原始社会末期。社会生产力的发展使原始社会出现两次社会大分工:第一次是畜牧业与原始农业的分工;第二次是手工业与农业的分工。这两次社会大分工促进了商品的生产和交换,加速了原始社会公有制的瓦解和私有制的产生。私有制的出现,造成了财富占有的不均和分化,从而出现了贫富差别。这样,贫困家庭缺少生产资料和生活资料,为了维持生产和生活被迫向富裕家庭借债,通过借贷调剂余缺,这样就产生了信用。

(二)信用的发展

1. 实物借贷

原始社会时期的信用是实物信用,也是原始形态信用。实物信用是以信用方式进行物物交换。这种交换不可避免地会遇到物物交换时所带来的重重困难,从而使信用关系难以获得广泛的发展。货币的产生克服了物物交换的困难,并逐渐在信用领域里成为主要的借贷工具。随着货币支付手段职能的发展,实物借贷已被局限在极其狭小的范围内。在现代社会经济中,几乎所有的信用关系都是以货币为对象来建立的。

2. 货币借贷

随着商品生产和商品交换的发展,出现了货币,借贷的形式由实物借贷转化为货币借贷。由于生产上的季节性、生产周期长短不同等原因,使商品买卖与货币支付在时间上有时不能一致，要求商品买卖采取延期支付的形式，卖者成为债权人、买者成为债务人，到了约定还款期限，再偿还所欠货款。货币借贷在奴隶社会和封建社会采取高利贷的形式。高利贷是以极高利率为特征的借贷活动，例如，旧中国盛行于华北地区的“驴打滚”，以日计息，利率为4分～5分，以及广州地区形成的有名的“九扣十三归”等。高利贷的作用对社会生产力来说不起促进作用，而是起阻碍破坏作用。它使小生产者无力进行扩大再生产，简单再生产也难以维持。

在封建社会末期，高利贷放贷者手中积累了相当数量的货币资本，可以随时投入资本主义生产、创办资本主义企业，但他们留恋高利贷的剥削方式，而且利率过高，不适应资本主义发展对信贷的迫切需要。发展资本主义企业需要大量的货币资本，单靠资本家的个人财力不够，需要借助信用关系进行筹集，由此产生了新兴产业资本的发展与落后的高利贷信用关系之间的矛盾，直至资本主义信用的出现和资本主义银行的产生。借贷资本形成，新兴的资产阶级战胜顽固的高利贷者，生息资本才从属于产业资本。在产业资本的循环过程中，一方面必然形成一部分暂时闲置的货币资本，即形成了可以贷放出去的资本；另一方面也存在临时补充资本的需要，即需要贷款。因此，其必然使闲置资本寻找出路、贷出去谋利，为货币资本暂时不足的企业提供贷款的可能。可见，借贷资本的运动产生了资本主义信用。

信用产生于商品流通，又不局限于商品流通。随着商品货币经济的深入发展，货币的支付手段职能超过了商品流通的范围，而与货币支付手段相联系的信用关系，也就不仅仅表现为商品的赊购与赊销，而是日益表现为货币的借贷。由于货币在人们之间分布不均匀，一些人手中积累了货币，或者一些生产流通企业在生产流通过程中出现了闲置的货币，需要寻找运用的场所；另一些人或企业则需要货币去从事生活和生产经营，从而要求通过信用形式进行货币的调剂。这就使信用渗透到再生产过程的各个环节，而不局限于商品流通的范围。

【拓展阅读2—1】

春秋战国时期的信用

春秋战国时期关于放债取息的事情在很多古籍中都有记载。例如，公元前544年，宋国发生饥荒，大夫司城子罕建议平公“出公粟以贷”并命令大夫都参加借贷，做到了“宋无饥人”。《晋语》中有晋文公“弃责(债)”，也就是免除了债务。《管子》中的《轻重丁篇》也有关于借贷粟和钱的记载。战国时的孟尝君靠放债取息来豢养三千食客。这些记载都说明借贷行为在战国时期已经很普遍了。当时的借贷基本上都是信用放款，没有什么抵押品，因为放款人是官府、贵族、士大夫等统治阶层，而借款的都是农民、猎户、渔户等被统治阶级，债务人的行动很难逃脱债权人的掌控，他们离开所依附的土地就难以谋生。孟尝君曾放债于薛，薛是他的封地，借款的对象都是他所辖的子民，孟尝君对他们的财产和人身可以任意处分，借款抵押品就没有存在的必要了。关于高利贷，春秋战国时期也有明确的记载，孟尝君就是一个高利贷者，一年的利息收入超过10万钱。这个时期的私人借贷一般没有契约或凭证，但也有少数采用契约方式的，即由债务人出一张券契，分割两半，各持半张，到期合券以偿。孟尝君放债于薛就采用券契的方式。

二、信用的含义和特征

(一)信用的含义

简单地说，信用(Credit)是指以偿还本金和支付利息为前提条件的借贷行为。其本质是一种借贷行为，是价值运动的特殊形式。

理解信用含义要把握以下三点:①信用是一种借贷行为,信用关系即债权债务关系;②在信用活动中出让的是使用权,并不出让所有权,有借有还;③信用是价值的单方转移,不是对等转移,所以它是价值运动的特殊形式。

(二)信用的特征

信用作为一种特定的经济行为,与其他经济行为相比,具备以下三个特征:

1. 偿还性

信用是借贷行为,信用过程中商品或货币的所有权与使用权发生了分离。商品货币的所有者把以一定数量的商品或货币贷放出去,借者在一定时期内使用这些商品或货币,并按约定的期限偿还本金。

2. 付息性

即信用是以取得利息为条件的贷出,借贷行为是以借者支付利息为条件的,偿还本金和支付利息是信用的最基本的特征。

3. 时间的间隔性

与其他交易行为最大的不同是,信用行为是在一定的时间间隔下进行的,价值运动在时间上存在间隔,也是信用关系存在的必要条件。借贷在前,偿还在后,只有经过一定的时间间隔,受信人归还本金并支付利息后,信用行为才完结。也正因为这种时间间隔,也使信用具有一定的风险性。

三、信用的构成要素

(一)信用主体

信用主体即信用行为的双方当事人,信用的本质是借贷,借贷关系要建立,就至少需要两个或两个以上的当事人,即至少需要一个债权人和一个债务人才能够建立起借贷关系。其中,转移资产的一方为债权人,接受资产的一方为债务人。债权人通过授信取得一定的权利,即在一定时间内向债务人收回一定量货币和其他资产与服务的权利,而受信人则有偿还的义务。

(二)信用客体

信用客体即信用行为的交易对象,它或以货币的形式存在,或以商品的形式出现,既可以是有形的,也可以是无形的。

(三)信用工具

从理论上看,信用关系建立可以通过君子协议来完成,不一定非要书面协议,但一旦出现纠纷,没有书面协议,债权债务就无法得到法律的有效保护。更为重要的是书面的债权债务凭证可以使债权债务具有可流动性。因此,载明债权债务关系内容的书面凭证即信用工具是现代信用不可或缺的要素。

(四)信用的特征

1. 暂时性

信用关系是一种债权债务关系,商品或货币的所有者让渡其使用权是暂时的,有一定的期限。

2. 偿还性

商品或货币的使用权暂时让渡是以偿还为先决条件的。

3. 收益性

债权人在让渡商品或货币的使用权时,要求偿还,并且是有偿的,即债务人到期时必须向债权人还本付息。

4. 风险性

债务人得到的是商品或货币本身，而债权人仅持有所有权或债权凭证，到期能否得到偿还和付息，在很大程度上取决于债务人的信誉和能力。

任务二 信用形式

信用形式是表现信用关系的具体形式。随着商品经济的发展，为了满足各种融资的需要，出现了多种信用形式。信用的种类很多，根据发出信用的主体和表现形式不同可分为：商业信用、银行信用、国家信用、消费信用、国际信用、民间信用等。主要信用形式的划分标准如表 2－1所示。

表 2－1　　主要信用形式的划分标准

内容形式	当事人		经济内容（用途）	形态
	债权人	债务人		
商业信用	工商企业	工商企业	生产、销售	商品
银行信用	银行、其他金融机构	工商企业	生产、销售	货币
国家信用	银行、工商业、团体、个人	本国中央政府、地方政府	弥补国家财政赤字	货币
消费信用	商业企业、商业银行及其他金融机构	消费者个人	购买耐用消费品、住宅、个人其他消费开支	商品或货币

一、商业信用

商业信用(Commercial Credit)是指企业之间以赊销商品和预付货款等形式提供的信用。商业信用产生的时间最早，它是当代信用的基础。这种信用的具体表现形式很多，如赊销商品、预付货款、预付定金、延期付款等。

（一）商业信用的特点

(1)商业信用的规模和数量有一定限制，是经营者之间对现有的商品和资本进行再分配，不时获得新的补充资本。商业信用的最高界限不超过全社会经营者现有的资本总额。

(2)商业信用有方向性。往往是生产生产资料的部门向需要这种生产资料的部门提供，绝不能相反。例如，面粉商→面包商→批发商→零售商。商业信用的方向性要求严格遵循社会生产销售程序，遵循社会总生产的循环。因此，商业信用有其局限性，一般只在贸易伙伴之间建立。

(3)商业信用容易形成社会债务链。在经营者有方向地互相提供信用的过程中，形成了连环套的债务关系，其中一环出现问题，很容易影响整个链条，出现类似三角债的问题，严重者可引起社会经济危机。

(4)商业信用的动态与产业资本的动态是一致的。在经济繁荣阶段，商业信用随着生产和流通的发展及产业资本的扩大而扩张，在产业繁荣时，生产规模扩大，生产商品增多，以信用出售的商品也相应增加，对商业信用的需要也增加；在经济衰退阶段，商业信用又会随着生产和流通的消减及产业资本的收缩而萎缩。

（二）商业信用的局限性

1. 信用数量的局限性

由于商业信用是厂商之间相互提供的信用，因而它的规模只能局限在提供这种商业信用的厂商所拥有的资本额范围内。同时，由于厂商不是按照其全部资本额，而仅是按照其后备资本额来决定其所能提供的商业信用量，所以，商业信用在量上是有限的。

2. 授信方向的局限性

由于商业信用的客体是商品资本，因此它的提供是受商品流转方向的限制，它只能向需要该种商品的厂商提供，而不能向生产该种商品的厂商提供。例如，造纸厂商在购买造纸机械时，可以从机械制造商那里获得商业信用，但是，机械制造商反过来却无法从造纸厂商那里获得商业信用，因为造纸厂商生产的商品——纸不能成为机械制造商所需的生产资料。

3. 信用对象的局限性

只有信用双方比较了解，特别是授信一方相信受信一方能如期清偿债务，信用活动才能成立。

4. 信用期限的局限性

企业在由对方提供商业信用时，期限一般受企业生产周转时间的限制，期限较短，所以商业信用只能解决短期资金融资的需要。

二、银行信用

银行信用(Bank Credit)是指银行及其他金融机构以货币形式，通过存款、贷款等业务活动所提供的信用。银行信用是在商业信用发展到一定程度以后产生的，它的产生对商品经济的发展起着巨大的推动作用，标志着信用制度更加完善，它是当代信用的主导。

（一）银行信用的特点

(1)银行信用是以货币形态提供的间接信用，银行信用是一种中介信用，银行是货币资本所有者和使用者之间的中介。银行信用不受方向制约，不受数量限制，范围广、规模大、期限长。

(2)银行信用的信用性强，具有广泛的接受性。一般来说，银行是信誉最好的信用机构，它的很多债务凭证具有最广泛的接受性，被视为货币充当流通手段和支付手段。

(3)银行信用的发生集中统一，可控性强。社会资金以银行为中心集散，易于统计、控制和管理；以银行为中介，中断债务链，在促进经济活动的同时，稳定经济发展。因此，银行信用受到世界各国的重视及商业活动的推崇，成为当今世界最主要的信用形式之一。

（二）商业信用和银行信用的关系

1. 商业信用始终是信用制度的基础

历史上商业信用产生在先，它直接与商品的生产和流通相关联，直接为生产和交换服务。企业在购销过程中，彼此之间如果能够通过商业信用直接融通所需资金，就不一定依赖于银行。

2. 只有商业信用发展到一定程度后才出现银行信用

资本主义的银行信用体系，正是在商业信用广泛发展的基础上产生与发展的。

3. 银行信用的出现又使商业信用进一步完善

因为商业信用工具、商业票据都有一定期限，当商业票据未到期而持票人又急需现金时，持票人可到银行办理票据贴现，及时取得急需的现金，商业信用就转化为银行信用。由于银行办理的以商业票据为对象的贷款业务，如商业票据贴现、票据抵押贷款等，使商业票据及时兑现，商业信用得到进一步发展。

可见，二者之间是互相促进的关系，而不存在互相取代的问题。我们应该充分利用这两种信用形式促进经济发展。

三、国家信用

国家信用(National Credit)又称政府信用，是指以国家为一方的借贷活动，即国家作为债权人或债务人的信用。国家信用的主要表现形式是发行国债，又称公债，是政府举借的债务。国债是整个社会债务的重要组成部分，是指政府在国内外发行债券或向外国政府和银行借款所形成的国家债务。

(一)国家信用的特点

(1)国债发行主体是国家，可见，国家信用无疑是信用等级最高的一种。

(2)国债是特殊的财政范畴，是一种财政收入。

(3)用途具有专一性。利用国家信用筹集资金，都是为了特定的财政支出需要，或为国家和地方的重点建设项目举债，或为了社会公益事业建设借款，是取之于民、用之于民。因此，必须专款专用，不能随意用于其他开支。目前，世界各国国家信用有增无减，日益庞大。

(二)国家信用的基本形式

国家信用的基本形式包括国家公债、国家重点建设债券和国库券。

1. 国家公债

这是一种长期负债，一般在 1 年以上、10 年或 10 年以上。发行这种公债筹来的资金一般用来进行国家大型建设项目的建设。

2. 国家重点建设债券

这是一种在发行时指明用途并将筹集来的资金专项使用的债券。

3. 国库券

国际上的国库券一般是短期负债，多在 1 年期以下，以 1 个月、3 个月、6 个月的居多，也有超过 1 年的。

目前，我国主要发行普通国债和特种国债。

(1)普通国债包括凭证式国债、记账式国债和无记名国债。

凭证式国债：是一种国家储蓄债，可记名、挂失，以“凭证式国债收款凭证”记录债权，可提前兑付，不能上市流通，从购买之日起计息。

记账式国债：以电脑记账形式记录债权，通过无纸化方式发行和交易，可以记名、挂失。

无记名国债：是一种实物债券，以实物券的形式记录债权，不记名、不挂失，可上市流通。

(2)特种国债包括定向国债、特别国债和专项国债。

定向债券：为筹集国家建设资金，加强社会保险基金的投资管理，经国务院批准由财政部向养老保险基金、待业保险基金(简称“两金”)及其他社会保险基金定向募集的债券，称为“特种定向债券”，简称“定向债券”。

特别国债：经第八届全国人大常委会第 30 次会议审议批准，财政部于 1998 年 8 月向四大国有独资商业银行发行了 2 700 亿元长期特别国债，所筹集的资金全部用于补充国有独资商业银行资本金。

专项国债：经九届全国人大常委会第四次会议审议通过，财政部于 1998 年 9 月面向中国工商银行、中国农业银行、中国银行和中国建设银行4家国有商业银行发行了1 000亿元、年利率为5.5%的10年期附息国债,专项用于国民经济和社会发展急需的基础设施投入。

四、消费信用

消费信用(Consume Credit)是企业、银行和其他金融机构向消费者个人提供的,用于生活消费目的的信用。目的是解决消费者支付能力不足的困难,主要用于耐用消费品、支付劳务费用和购买住宅等方面的需要。

(一)消费信用的特点

(1)扩大需求,提高消费,刺激经济发展,缓解消费者有限的购买力与不断提高的生活需求的矛盾;是一种有利的促销手段,可开拓销售市场,促进商品生产和流通。

(2)给经济增加了不稳定的因素,容易造成需求膨胀。经济繁荣时,消费信用扩大,商品销量增加;经济萧条时,消费信用萎缩,商品销售更加困难,经济更加恶化。

(二)消费信用的方式

随着社会经济的不断发展,消费信用表现为赊销、分期付款和消费信贷三种方式。

(1)赊销,是指卖方提供给买方先提货后付款的完全信用形式,主要存在于有长期固定经济往来的买卖方之间。

(2)分期付款,是指消费者购买商品后,先支付部分现款,然后根据签订的合同,分期加息支付余下的贷款。在贷款未付清前,商品所有权属于卖者。

(3)消费信贷,是指银行或其他金融机构直接给个人用以购买住房和耐用消费品贷款。

新中国成立以来,我国的银行基本上是以企事业单位为服务对象,几乎没有开展服务个人的消费信用业务。中国建设银行于1997年首次承办居民住房抵押贷款,北京市商业银行于1999年首次推出个人耐用消费品贷款。继住房信贷、耐用消费品信贷之后,汽车贷款、助学信贷、家具信贷、装修信贷、旅游信贷、银行开始给予信用卡户一定额度的透支,使信用卡真正成为一种贷款品种。

(三)消费信用的作用

1. 积极作用

在现代经济生活中,消费信用在一定条件下可以促进消费商品的生产和销售,从而促进经济的增长。此外,企业通过以赊销方式对顾客提供信用等方式,这一信用形式对于促进新技术的应用、新产品的推销以及产品的更新换代,也有不可低估的作用。

2. 消极作用

若消费需求过高,生产扩张能力有限,消费信用会加剧市场供求紧张状态,促使物价上涨,引起虚假繁荣等消极影响。因此,消费信贷应控制在适度范围内。

五、国际信用

国际信用(International Credit)是指一切跨国的借贷关系和借贷活动,本质上体现着国际之间的资金流动。国际信用的具体形式可以分为两种:国外商业性借贷和国外直接投资。

(一)国外商业性借贷

国外商业性借贷是指跨国资金输出者和使用者构成借贷双方,主要包括出口信贷、国际商业银行贷款、政府贷款、国际金融机构贷款、国与国间债券发行等。

出口信贷:是指出口国政府为支持和扩大本国产品的出口,提高产品的国际竞争能力,通过提供利息补贴和信贷担保的方式，鼓励本国银行向本国出口商或外国进口商提供的中长期信贷。

国际商业银行贷款：是指一些大商业银行向外国政府及其所属部门、私营工商企业或银行提供的中长期贷款。

政府贷款：是指一国政府利用国库资金向另一国政府提供的贷款，这种贷款一般带有援助性质。

国际金融机构贷款：国际金融机构对会员国的贷款，主要包括国际货币基金组织、世界银行及其附属机构——国际金融公司和国际开发协会，以及一些区域性国际金融机构提供的贷款。这些机构的贷款大多条件优惠，主要目的是促进成员国长期经济发展和国际收支状况的改善。

国与国间债券发行：是指一国工商企业、政府机构、银行及其他金融机构等，在国际资本市场上以外国货币为面额发行有价证券筹集资金。它的投资者既可以是外国居民也可以是外国的非居民，因此可以看作一种混合的信用形式。

（二）国外直接投资

国外直接投资是指一国居民或企业直接对另一个国家的企业进行生产性投资，并由此获得对投资企业的管理控制权。

国外直接投资不是简单的借贷关系，但它们是国家之间债权债务总量的一部分，所以一般都将直接投资的国际资本流动概括在国际信用的范畴之内。

六、民间信用

民间信用(Private Credit)，又称民间借贷。西方国家指除国家信用之外的一切信用形式，包括商业信用和银行信用。我国《银行管理暂行条例》规定个人不得经营金融业务，因此，在中国，民间信用是指个人之间以货币或实物形式所提供的直接信贷，故又称个人信用。民间信用的发展在我国由来已久，在广大农村中普遍存在。

（一）民间信用的特点

1. 利率高

决定民间信用的因素主要是资金供求关系，银行利率只能起指导作用。从实际情况看，民间信用利率普遍高于银行利率。

2. 风险大

手续不全容易发生违约现象。民间信用是私人间的借贷，具有一定程度的隐蔽性、随意性和自发性，国家法规难以规范其行为，加上当事人多采取口头信用，因而违约现象盛行，风险较大。

3. 期限短

民间信用的需求者是由于生产和生活的急需而在民间求借，以解燃眉之急，所以期限短。

（二）民间信用的作用

民间商业信用是经济生活中不可或缺的因素，广泛存在于生产、流通、消费等各环节。它对经济的发展既有积极作用又有消极作用。

1. 积极作用

(1)通过民间资金的调剂，进一步发挥分散在个人手中资金的作用，加速资金运转，促进国民经济进一步繁荣。

(2)民间信用一般是在国家银行信用和信用社信用涉足不到和力不能及的领域发展起来的,特别是在个体商业、手工业、旅游和运输等行业,可起到拾遗补缺的作用。

2. 消极作用

民间信用毕竟是一种自发的、盲目的、分散的信用活动,是一种较为落后的信用形式,因此,在充分发挥民间信用积极作用的同时,也应防止其消极的一面,主要是风险大,具有为追求高盈利而冒险、投机的盲目性;利率高,有干扰银行和信用社正常信用活动、扰乱资金市场的可能性;借贷手续不严,容易发生违约,造成经济纠纷,影响社会安定。由于民间信用具有上述消极作用,这就要求在承认并利用其积极作用的同时,对这种信用活动适当地加以管理,采取积极措施,对其加以引导,使其逐步合法化、规范化。

任务三 信用工具

一、信用工具的含义及特征

(一)信用工具的含义

信用工具(Credit Instrument)是载明债权、债务关系的合法书面凭证。在现代经济中,人们融通资金往往要借助于信用工具,因此信用工具又被称为金融工具。狭义的信用工具就指金融工具类的信用工具。金融工具对其买进或持有者来说就是金融资产。在多种信用形式下,资金的融通是通过金融工具来实现的。

(二)信用工具的特征

信用工具种类繁多,但各种信用工具一般都具有以下四个特点:

1. 偿还性

偿还性是指信用工具的债务人按期还本付息的特征。信用工具一般都载明期限,债务人到期必须偿还信用凭证上记载的债务,但也存在着例外,如股票的偿还期是无限的。

2. 流动性

流动性是指信用工具在短时间内转变为现金而在价值上又不受损失的能力,又称变现能力。现金和活期存款是最具有流动性的,政府发行的国库券也具有较强的流动性,而其他信用工具或者不能随时变现,或者在变现时要蒙受损失。

3. 收益性

收益性是指信用工具(特别是有价证券)定期或不定期给持有者带来收益。例如,股票可获得股息收益,债券能获得债券利息,这是固定收入。另外,还可利用金融市场的行情变化,买卖信用工具,带来差价收入。信用工具的收益有三种:一是固定收益,是投资者按事先规定好的利息率获得的收益,如在债券和存单到期时,投资者即可领取约定利息。固定收益在一定程度上就是名义收益,是信用工具票面收益与本金的比例。二是即期收益,又称当期收益,就是按市场价格出卖时所获得的收益,如股票买卖价格之差即为一种即期收益。三是实际收益,指名义收益或当期收益扣除因物价变动而引起的货币购买力下降后的真实收益。在现实生活中,实际收益并不真实存在,而必须通过再计算。投资者所能接触到的是名义收益和当期收益。

4. 风险性

风险性是指投入的本金和预期收益遭受损失的可能性。风险主要来自两个方面:一是违约风险，指债务人不能按时履行契约，不能支付利息和偿还本金的风险。二是市场风险，是指市场上信用工具价格下降可能带来的风险。

二、信用工具的类型

随着信用在现代经济生活中的不断深化和扩展，信用工具种类越来越多。

(1)按融资方式可分为直接融资工具和间接融资工具。直接信用工具是工商企业、国家和个人发行或签署的商业票据(包括汇票、本票、支票等)、债券、股票和抵押契约。间接信用工具是银行和金融机构发行的银行券(或纸币)、存款单、人寿保险单和各种银行票据。

(2)按信用形式划分，可分为：商业信用工具，如各种商业票据等；银行信用工具，如银行券和银行票据等；国家信用工具，如国库券等各种政府债券；证券投资信用工具，如债券、股票等。

(3)按融资期限划分，可分为长期、短期信用工具。一般以一年为界，融资期限在一年以上的为长期信用工具，长期信用工具通常是指有价证券，主要有债券和股票。融资期限在一年以下的为短期信用工具，短期信用工具主要是指国库券、各种商业票据，包括汇票、本票、支票等。西方国家一般把短期信用工具称为“准货币”，这是由于其偿还期短、流动性强，随时可以变现，近似于货币。

三、短期信用工具

短期信用工具是指融通资金期限在一年以内(含一年)的信用工具，包括票据、国库券、大额可转让存单、回购协议、同业拆借、银行短期信贷等。

(一)票据

票据包括商业票据、银行票据和支票。

1. 商业票据

商业票据是商业信用工具，是证明债权债务关系的书面凭证，可分为商业期票和商业汇票两种。

(1)商业期票，又称为商业本票，是债权人(购货人)向债权人(出货人)开出的承诺在一定日期支付一定金额的书面凭证。它是由债务人向债权人发出的支付承诺书，承诺在约定期限内支付一定款项给债权人。它有两个当事人：一是出票人；二是受票人。本票必须记载以下事项表明本票的字样：无条件支付承诺；确定的金额；收款人名称；出票日期；出票人签章。

(2)商业汇票，简称汇票，是商品交易债权人通知债务人在一定日期支付一定金额给持票人的书面凭证。它是由债权人向债务人发出的支付命令书，命令他在一定的期限内支付一定款项给第三人或持票人。

商业汇票有三个当事人：一是出票人；二是付款人；三是受款人，即持票人。由于商业汇票是由债权人签发给债务人，所以商业汇票必须经过债务人承认后才能生效，这种票据行为称作承兑，即付款人在票据上签名盖章，承诺票据到期付款的行为。由债务人自己承诺到期付款的汇票，称作商业承兑汇票；由债务人委托银行承兑的汇票，称作银行承兑汇票。

汇票必须记载以下事项：表明汇票字样；无条件支付的委托；确定的金额；付款人名称；收款人名称；出票日期；出票人签章。

商业票据具有三个特征。第一，抽象性。票据只载明票据当事人对票据本身的权利和责任，如收付款项的金额、期限等，不说明票据产生和转让的原因。第二，无条件支付性。付款人对自己签发或承兑的到期票据，必须无条件支付，不得以任何借口拒付。第三，流通性。票据可以转让和流通。商业票据转让时,转让者必须在票据的背面签字,称为“背书”。经过“背书”的票据,可以充当流通手段和支付手段,用来购买商品或偿还债务。

以上是对商业票据的介绍,本票和汇票的区别如表2—2所示。

表2—2　　本票与汇票的区别

不同点	本　票	汇　票
当事人不同	只有出票人和收款人,付款人即出票人	有出票人、付款人和收款人三个当事人
责任范围不同	由出票人即付款人本人签发,因此由出票人负责,也无须承兑	在承兑前由出票人负责付款,承兑后则由承兑人负主要付款责任,出票人负次要责任
债权债务关系不同	债务人对债权人的一种支付承诺	债权人对债务人的一种支付命令

2. 银行票据

银行票据可分为银行本票、银行汇票。

(1)银行本票。银行本票是申请人将款项交存银行,由银行签发给申请人凭以在同城范围内办理转账结算或支取现金的票据。它有两个当事人:一是出票人,即银行;二是受款人,即持票人。银行本票见票即付,信用很高,所以客户愿意接受,票据持有者可以按票据的票面价值去流通、购买和支付。按票面是否记名及提取日期的规定,分为记名本票和不记名本票,即期本票和远期本票。

(2)银行汇票。银行汇票是银行开出的汇款凭证。它由银行签发,交由汇款人自带或寄给外地收款人,凭此向异地银行兑取现款。银行汇票有三至四个关系人:一是汇款人(如系自带,同时也是受款人);二是出票人,即汇出银行;三是受款人,即出票人;四是付款人,即汇入银行。银行汇票的使用流程如图2—1所示。

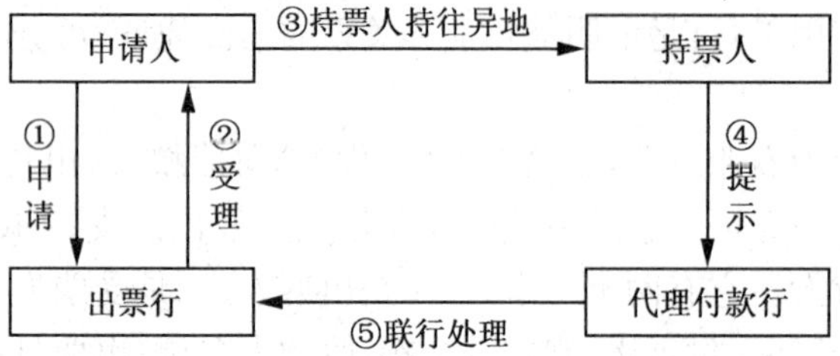

图2—1　银行汇票的使用流程

3. 支票

支票是存款户签发,要求银行从其活期存款账户上支付一定金额给指定人或持票人的凭证。凡在银行开立活期往来账户的,银行均给其空白支票簿,存户凭此在存款金额内签发支票。支票一般有三个当事人:一是出票人,即存款人;二是付款人,即银行;三是受款人,即持款人。支票的必要项目:写明其为“支票”字样;无条件支付命令;付款银行名称;出票人签字;出票日期和地点(未载明出票地点者,出票人名字旁的地点视为出票地);付款地点(未载明付款地点者,付款银行所在地视为付款地点);写明“即期”字样,如未写明即期者,仍视为见票即付;一定金额;收款人或其指定人。

支票按是否记载收款人姓名支票可分为记名支票和不记名支票;按支付方式可分为现金支票和转账支票。现金支票可以由存款人签发用于到银行为本单位提取现金,也可以签发给其他单位和个人用来办理结算或者委托银行代为支付现金给收款人；转账支票只能用于转账，不能提取现金。它适用于存款人给同一城市范围内的收款单位划转款项，以办理商品交易、劳务供应、清偿债务和其他往来款项结算；常常在票面上用两条平行线来表示，又称为划线支票。

支票在使用过程中遵循以下事项：第一，支票一律记名，转账支票可以背书转让；第二，支票提示付款期为十天（从签发支票的当日起，到期日遇例假顺延）；第三，支票签发的日期、大小写金额和收款人名称不得更改，其他内容有误，可以划线更正，并加盖预留银行印鉴之一证明；第四，支票发生遗失，可以向付款银行申请挂失，挂失前已经支付，银行不予受理；第五，出票人签发空头支票、印章与银行预留印鉴不符的支票、使用支付密码但支付密码错误的支票，银行除将支票做退票处理外，还要按票面金额处以5%但不低于1 000元的罚款。当存款人所签发的支票的票面金额超过其银行存款账户余额的时候，这种支票称为“空头支票”。空头支票是不能兑付的。在我国，如签发空头支票，要给予结算制裁。通常是按支票面额的一定比例处以罚款。

（二）国库券

国库券是国家财政当局为弥补国库收支不平衡而发行的一种政府债券。国家为了弥补年度内先支后收或短期收支不平衡，由财政部发行的以国家为债务人的信用凭证。国库券由中央银行具体办理发行和还本付息事宜。因国库券的债务人是国家，其还款保证是国家财政收入，所以它几乎不存在信用违约风险，是金融市场风险最小的信用工具。国库券是国库直接发行的用以解决短期财政收支失衡的一种债券，由于期限短、流动性强、安全性高，被视为零风险债券或“金边债券”。

（三）大额可转让定期存单

大额可转让定期存单，简称CD存单，是由商业银行发行的、可以在市场上转让的存款凭证。这种存单的主要特点是面额大、期限固定、比较安全、不记名、可自动转让。大额可转让定期存单的期限一般为14天到1年，金额较大，美国为10万美元起。

大额可转让定期存单储蓄是一种固定面额、固定期限、可以转让的大额存款定期储蓄。到期时，持有人可以向银行提取本息；到期前，持有人如需现金，可转让。可转让的意思是存单的购买者可于存单到期日之前在货币市场上把它们售出以回收资金，或者可以用来作为债务抵销工具，或者进行质押来获得流动资金，在到期日银行将对任何一个持有该存单的人付款。其发行对象既可以是个人，也可以是企事业单位。大额可转让定期存单无论单位或个人购买均使用相同式样的存单，分为记名和不记名两种。

【拓展阅读2-2】

我国的大额可转让定期存单发展历程

我国的大额可转让定期存单市场随着相关政策的变化经历了曲折的发展历程，1989年中央银行首次颁布《关于大额可转让定期存单管理办法》，1996年对该办法进行了修改，1997年由于大额存单业务出现了各种问题而被暂停。早在1986年交通银行就已经首先引进和发行大额存单，1987年中国银行和工商银行相继发行大额存单。当时大额存单的利率比同期存款上浮10%，同时又具有可流通转让的特点，集活期存款流动性和定期存款盈利性的优点于一身，因而面世以后即深受欢迎。由于全国缺乏统一的管理办法，在期限、面额、利率、计息、转让等方面的制度曾一度出现混乱，因此中央银行于1989年5月下发了《大额可转让定期存单管理办法》，对大额存单市场的管理进行完善和规范。但是，鉴于当时对高息揽存的担心，1990

年5月中央银行下达通知规定，向企事业单位发行的大额存单，其利率与同期存款利率持平，向个人发行的大额存单利率比同期存款上浮5%。由此导致大额存单的利率优势尽失，大额存单市场开始陷于停滞状态。1996年，央行重新修改了《大额可转让定期存单管理办法》，对大额存单的审批、发行面额、发行期限、发行利率和发行方式进行了明确。然而，由于没有给大额存单提供一个统一的交易市场，同时由于大额存单出现了很多问题，如盗开和伪造银行存单进行诈骗等，中央银行于1997年暂停审批银行的大额存单发行申请，大额存单业务因而被完全暂停。大额存单淡出人们的视野，至今已十多年。

（四）回购协议

回购协议是指在金融市场出售某种债券时，出售者与购买者之间达成的一项协议，由出售者在一定时间内重新买回债券。出售者在出售债券时借入资金，并在一定时间内偿还，实际上是以证券为担保的借款。回购协议通常为隔夜的短期交易，追偿不超过1年。回购协议实质上是一种短期抵押融资方式，那笔被借款方先售出后又购回的金融资产即是融资抵押品或担保品。回购协议有两种：一种是正回购协议，是指在出售证券的同时，和证券的购买商签订协议，协议在一定期限后按照约定价格回购所出售的证券，从而及时获取资金的行为；另一种是逆回购协议，是指买入证券一方同意按照约定期限和价格再卖出证券的协议。

四、长期信用工具

长期信用工具又称有价证券，是具有一定面额、代表财产所有权或债权并能定期取得一定收入的凭证。长期信用工具包括股票和各种债券，它们一般被称为有价证券。

（一）股票

股票是有价证券的一种主要形式，它是股份公司发行的、用以证明投资者的股东身份和权益，并据以获取股息和红利的凭证。股东是股份公司的所有者，他们在法律上由参加企业管理的权利，股票的持有人无权向企业要求撤回股金，但可以把股票转让给他人。

股票的分类如下所示：

1. 按股东的权利可以分为普通股和优先股

普通股是股份有限公司的最重要、最基本的一种股份，它是构成股份公司股东的基础。普通股有以下几个特征：经营参与权，普通股股东可以参与公司经营管理，拥有选举表决的权利；收益分配权，普通股股东有权凭其所持有的股份参加公司盈利分配，其收益与公司经营状况直接相关，具有不确定性，且普通股的盈利分配顺序后于优后股；认股优先权，如果股份公司增发普通股票，原有普通股股东有权优先认购新发行的股票，以保证其对股份公司的持股比例保持不变；剩余资产分配权，股份公司破产清盘时，在其清偿债务和分配给优先股股东之后，剩余资产可按普通股股东所持有股份进行分配；检查监督权，为保证公司资本的安全和增值，普通股的持有人拥有检查监督权，他们有权查阅公司章程、股东会议纪要和会计报告，监督公司的经营，提出建议和质询。

优先股是指股份有限公司在筹集资本时给予认购者某些优先条件的股票。优先股有以下几个特征：约定股息率，优先股股东的收益先于普通股股东支付，事先确定固定的股息率，其收益与公司经营状况无关；优先清偿剩余资产，股份公司破产清盘时，其分配优先于普通股股东；表决权受限制，优先股股东无经营参与权和选举权。一般不能上市交易，即优先股的流通性受到一定限制。目前在我国沪深两市上市的A、B股均为普通股，未上市流通的国家股、法人股基本上都属于普通股，我国优先股的数量已经比较少，且大多属于历史遗留问题。

2. 按投资主体的性质股票可发分国家股、法人股和社会公众股

国家股是指有权代表国家投资的部门或机构以国有资产向公司投资形成的股份，包括以公司现有国有资产折算成的股份。法人股是指企业法人或具有法人资格的事业单位和社会团体以其依法可经营的资产向公司非上市流通股权部分投资所形成的股份。社会公众股是指我国境内个人和机构投资可上市流通股票所形成的股份。内部职工股和转配股也属于社会公众股，除社会公众股、转配股和公司高层管理人员持股之外，其他社会公共股均可上市流通，可以上市流通的社会公众股也称为流通股。我国 2005 年后国家股和法人股逐渐减持，转为流通股。

3. 按股票交易场所不同，我国上市公司股票又可分为 A 股、B 股、H 股、N 股、S 股等

A 股，即人民币普通股，是由我国境内公司发行，供境内机构、组织或个人（不含台、港、澳投资者）以人民币认购和交易的普通股股票。B 股，即人民币特种股票。上海 B 股是以美元和港元计价，深圳 B 股以港元标价，面向境外投资者发行，在上海和深圳两个证券交易所上市交易。目前我国 B 股股票共有 100 余只。H 股，即在内地注册，以港元计价在香港发行并上市的境内企业的股票。香港的英文是 Hong Kong，取其字首，即为 H 股，依此类推，在纽约上市的股票为 N 股，在新加坡上市的股票为 S 股。

（二）债券

债券是由债券发行人为向社会公众筹措资金而面向投资者发行的按一定的利率支付利息并按约定的条件偿还本金的有价证券，其本身是一种表明债权债务关系的凭证，并具有相应的法律效力。债券持有人（即投资者）为债权人，而债券发行人即为债务人。债权人有权向债务人按约定的条件取得利息和收回本金。债券上一般均载有发行单位、面额、利率、偿还期限等内容。

1. 按债券的发行主体分为国家债券、地方债券、金融债券和企业债券

国家债券简称国债，是由中央政府发行的政府债券，其债务人为国家。国债是投资者接触最多的一种债券。地方债券是由省、市、自治区及其他地方政府所发行的债券，其债务人为地方政府。金融债券，是指银行和非银行金融机构为筹集资金而发行的债券。其债务人为发行债券的金融机构。企业债券又称为公司债券，是企业发行的债券，其债务人为发行债券的企业，较国债而言，其信誉要低一些，风险相对较高，利率也相对较高。

2. 按债券的偿还期限的长短，可分为短期债券、中期债券和长期债券

偿还期限在 1 年以下（含 1 年）的债券称为短期债券；偿还期限在 1～5 年的债券称为中期债券；偿还期限在 5 年以上的债券称为长期债券。

3. 按债券是否可以转换分为可转换债券和不可转换债券

可转换债券是指在特定时期内可以按某一固定的比例转换成普通股的债券，它具有债务与权益双重属性，属于一种混合性筹资方式。由于可转换债券赋予债券持有人将来成为公司股东的权利，因而其利率通常低于不可转换债券。若将来转换成功，在转换前发行企业达到低成本筹资的目的，转换后又可节省股票的发行成本。根据《公司法》的规定，发行可转换债券应由国务院证券管理部门批准，发行公司应同时具备发行公司债券和发行股票的条件。目前在深、沪证券交易所上市的可转换债券是指能够转换成股票的企业债券，兼有股票和普通债券双重特征。一个重要特征就是有转股价格。在约定的期限后，投资者可以随时将所持的可转券按股价转换成股票。可转换债券的利率是年均利息对票面金额的比率，一般要比普通企业债券的利率低，通常发行时以票面价发行。转换价格是转换发行的股票每一股所要求的公司债

券票面金额。

不可转换债券是指不能转换为普通股的债券，又称为普通债券。由于其没有赋予债券持有人将来成为公司股东的权利，所以其利率一般高于可转换债券。

4. 按债券的付息的方式分为零息债券、定息债券和浮息债券

零息债券，也称贴现债券，是指债券券面上不附有息票，在票面上不规定利率，发行时按规定的折扣率，以低于债券面值的价格发行，到期按面值支付本息的债券。从利息支付方式来看，贴现国债以低于面额的价格发行，可以看作是利息预付，因而又可称为利息预付债券、贴水债券，是期限比较短的折现债券。

定息债券，也称固定利率债券，是将利率印在票面上并按其向债券持有人支付利息的债券。该利率不随市场利率的变化而调整，因而固定利率债券可以较好地抵制通货紧缩风险。

浮息债券，也称浮动利率债券，它的息票率是随市场利率变动而调整的利率。因为浮动利率债券的利率同当前市场利率挂钩，而当前市场利率又考虑了通货膨胀率的影响，所以浮动利率债券可以较好地抵制通货膨胀风险。其利率通常根据市场基准利率加上一定的利差来确定。浮动利率债券往往是中长期债券。

（三）债券与股票的区别

(1)股票和债券代表的权利不同，债券是债权凭证，代表债权；股票是所有权凭证，表示对公司财产的所有权。

(2)股票和债券还本付息方式不同，债券的利息是固定的，到期还本付息，而股息收入是随着企业经营状况而定的，是不固定的，股票只能转让流通，不能退股，本金是不返还的。

(3)股票和债券的责任不同，债券持有人无权参与公司的经营管理，也不承担公司亏损的责任；而股票的持有人，有权参与公司的经营管理决策。

(4)债券的还本付息是由法律保护的，如果举债公司不能按期支付利息和偿还本金，债券的持有人有权对举债公司提起诉讼，使其承担法律责任；而股票的派发则由募股公司的董事会和公司利润状况决定，派发多少和派与不派，不受法律制约。

【拓展阅读2—3】

利率的风险结构

利率的风险结构是指期限相同的各债券因风险差异而产生的利率之间的关系，被称为利率的风险结构，有很多风险因素会影响利率的大小，主要有违约风险，流动性风险、税收风险、购买力风险等。

(1)违约风险，又称信用风险或倒账风险。债券发行人有可能违约，即不能支付利息或在债券到期时不能还本付息。有违约风险债券与无违约风险债券利率的差额，就是人们因为持有某种风险债券必须获得的额外利息，即风险升水或风险溢价。有违约风险的债券总是具有正的风险升水，且其风险升水将随着违约风险的增加而增加。

(2)流动性风险，是指因债券流动性不足，变现速度慢而可能遭受的损失。流动性强弱的衡量方法有证券转让过程中所发生的交易成本的高低，包括各种税费支出和价格折让等。交易活跃、流动性强的债券，需求会增加，价格就会向上移动；反之，则价格向下移动。

(3)税收风险。不同的税收待遇，造成不同的收入所得，税收风险就会产生。

(4)购买力风险。由于存在物价上涨，也就产生了名义利率和实际利率的含义。各种证券回避通货膨胀的能力是不一样的，比如股票相对于债券而言，其回避物价上涨影响的能力要好

得多，因而这方面的风险就相对较小。

★★★ 关键术语 ★★★

信用　商业信用　银行信用　国家信用　消费信用　国际信用　民间信用　信用衍生品　债券　长期信用工具　股票

★★★ 应知考核 ★★★

一、单项选择题

1. 商业信用最典型的做法是（　　）。

A. 银行贷款　B. 发行股票　C. 商品赊销　D. 政府拨款

2. 企业之间相互提供的与商品交易直接相联系的信用形式是（　　）。

A. 商业信用　B. 消费信用　C. 银行信用　D. 民间信用

3. 地方政府发行的市政债券属于（　　）。

A. 商业信用　B. 银行信用　C. 国家信用　D. 消费信用

4. 下列关于银行信用的表述中错误的是（　　）。

A. 银行信用在商业信用广泛发展的基础上产生

B. 银行信用的形成与商业信用无关

C. 银行信用是以货币形态提供的信用

D. 银行在信用活动中充当信用中介的角色

5. 在我国企业与企业之间普遍存在的“三角债”现象，从本质上讲属于（　　）。

A. 商业信用　B. 银行信用　C. 国家信用　D. 消费信用

6. 商业信用的基本形式是（　　）。

A. 银行贷款　B. 发行国债　C. 商品赊销　D. 政府拨款

7. 国家信用的主要形式是（　　）。

A. 发行政府债券　B. 向商业银行短期借款

C. 向商业银行长期借款　D. 自愿捐助

9. 债权人和债务人都是企业的信用形式是（　　）。

A. 商业信用　B. 银行信用　C. 国家信用　D. 消费信用

10. 银行信用属于（　　）。

A. 间接信用　B. 直接信用　C. 民间信用　D. 商业信用

二、多项选择题

1. 下列关于银行信用的表述中正确的有（　　）。

A. 突破了商业信用规模上的局限性　B. 突破了商业信用方向上的局限性

C. 是我国最主要的信用形式　D. 与商业信用相互支持、相互促进

E. 最主要采用“挂账信用”的形式

2. 下列关于商业信用的表述中正确的有（　　）。

A. 信用规模无限制
B. 商品赊销是其典型做法
C. 具有方便、简单、快速的特点
D. 与银行信用是一种相互支持、相互促进的关系
E.“口头信用”是其规范形式
3. 国家信用的工具主要有(　　)。
A. 中央政府债券　　B. 地方政府债券　　C. 金融债券　　D. 公司债券
E. 政府担保债券
4. 银行信用与商业信用的关系表现为(　　)。
A. 商业信用的广泛发展是银行信用产生的基础
B. 银行信用的发展是商业信用产生的基础
C. 银行信用与商业信用是替代关系
D. 银行信用克服了商业信用的局限性
E. 银行信用的出现进一步促进了商业信用的发展
5. 商业信用的主要表现形式有(　　)。
A. 商品赊销　　B. 预付定金或货款　C. 货币借贷　　D. 分期付款
E. 项目融资

三、填空题

1. 信用是一种借贷行为，信用关系即________。
2. ________和________是商业信用的两种基本形式。
3. 国家信用的基本形式包括________、________和________。
4. ________是商业信用与银行信用的补充。
5. ________的主要特点是面额大、期限固定、比较安全、不记名、可自动转让。

四、简答题

1. 简述信用的含义、特征、信用的构成要素。
2. 简述短期信用工具和长期信用工具包括的内容。
3. 简述商业信用、银行信用、国家信用、消费信用的区别。
4. 简述商业信用的特点和局限性。
5. 简述债券与股票的区别。

★★★ 应会考核 ★★★

◎ 技能案例

小企业融资方式

“不敢想象工行这么大的银行居然也有这么贴近中小企业的融资服务。”——小型高科技企业老板

● 企业描述：小型高科技企业，生产的通信电源技术含量高，专业性强，性能优良，产品主

要销售给国内大型通信设备制造商。

● 融资需求:由于该公司正处于起步阶段,研发资金投入较大,而公司规模小、自有资金有限,在扩大生产经营方面受到较大的阻碍。又由于该公司在行业中处于弱势,谈判和议价能力较弱,无法从其购货商和供应商处获得优惠的价格,经营成本居高不下,公司业务难以实现较大的突破——该公司面临资金"瓶颈"。

该公司管理者也意识到问题所在,但由于公司刚刚起步,规模小,效益尚未显现,且没有可供抵押的固定资产,因此,在融资方面频频碰壁。

● 转机:经业内人士介绍,该公司老板得知工行有专门针对中小企业的融资产品,与工行进行了接触。

● 工行的解决方案:工行了解了该公司的融资需求和经营特点后,向其推荐了应收账款融资业务,即公司可以将其对购货商的应收账款转让给工行,工行按照应收账款金额给予一定比例的融资。该项业务无须企业提供额外的抵押担保,并且在企业供货后就可以得到融资,在购货商到期支付货款后再归还融资,整个过程既快捷又方便,企业可以放心地使用融资资金进行原材料采购和扩大经营,而无后顾之忧。

● 融资收获:今年 3 月份尝试着做了第一笔应收账款融资业务,金额 200 万元。之后,又陆续在工行办理应收账款融资业务,融资金额不断扩大,累计融资金额达 3 000 万元,融资余额超过 1 000 万元,成为工行首家应收账款融资余额超 1 000 万元的中小企业。

● 融资感受:"我一开始将信将疑,几乎不敢想象工行这么大的银行居然也有这么贴近中小企业的融资服务。后来发现工行的服务完全超出我的预期,资金很快就到了公司的账户,而且工行也没有额外的条件和要求。"接受记者采访时,这家企业的老板对工行充满感激地说。

资料来源:搜狐咨询,http://roll.sohu.com/20110830/n317736510.shtml。

【考核要求】 以上融资属于什么信用形式?有什么特点?

★★★ 项目实训 ★★★

【实训内容】

信用交易。

【实训目标】

通过不同信用形式交易过程的模拟,深入理解各种信用形式的特点。

【实训步骤】

1. 将学生分组;
2. 各组选定不同的信用方式;
3. 各组信用交易过程设计及具体模拟;
4. 各组总结不同信用交易的特点,分析其过程和结果。

项目三　利息与利率

知识目标

理解：利息及本质，利率的含义。

熟知：利率的分类，利率管理体制，利率市场化，利率体系。

掌握：影响利率变化的因素，利率的作用，利率的功能和作用。

能力目标

单利和复利、名义利率和实际利率的计算方法。

素质目标

能够应用利息和利率本理论对现实金融问题进行一定的分析。

任务一　利息与利率概述

一、利息的含义及本质

利息(interest)作为资金的使用价格在市场经济运行中起着十分重要的作用，已成为现代金融的核心内容。

(一)利息的含义

利息是资金所有者由于借出资金而得到的报酬，即信贷资金的增值额。

利息从债权人的角度看，是债权人因贷出货币资金而从债务人那里获得的报酬；从债务人的角度看，利息是债务人为取得货币资金的使用权所花费的代价。

(二)利息的本质

1. 马克思的利率决定理论

马克思针对资本主义经济中的利息指出："贷出者和借入者双方都是把同一货币额作为资本支出的，但它只有在后者手中才执行资本的职能。同一货币额作为资本对两个人来说取得了双重的存在，这并不会使利润增加一倍。它所以能对双方都作为资本执行职能，只是由于利润的分割。其中，归贷出者的部分叫作利息。"因此，利息实质上是利润的一部分，是剩余价值的特殊转化形式。马克思从探究利息的来源角度研究利息的本质，进而认为利息不是产生于货币的自行增殖，而是产生于它作为资本的使用。他认为，第一，利息以货币转化为货币资本为前提。第二，利息和利润一样，都是剩余价值的转化形式。G－G′只是一个简化的没有意义的资本运动形式，实际上，货币资本只有借助于产业资本或商业资本循环，才能产生增值。如果借款人是商业资本家,则运动全过程为:G—G—W—G′—G′。从中可以看出,利息来源于剩余价值。第三,利息是职能资本家让渡给借贷资本家的那一部分剩余价值,体现的是资本家全体共同剥削雇佣工人的关系。

2. 西方经济学家关于利息来源与本质的理论

西方经济学家关于利息的本质分析的出发点不同,关于利息来源与本质的有不同的流派,主要观点如下:

(1)利息报酬论,由威廉·配第(古典政治经济学家)提出,是古典经济学中颇有影响的一种理论。他认为利息是因为所有者暂时放弃货币使用权而给贷出者带来不方便的报酬。利息报酬论描述了借贷的现象,但是没有真正理解剩余价值的本质。

(2)资本生产力论,由萨伊提出。他认为资本、劳动、土地是生产的三要素,在生产中它们各自提供了服务,资本具有生产力,利息是资本生产力的产物。资本生产力论否定了劳动价值论。

(3)节欲论,由西尼尔(英国)提出。他认为资本来自储蓄,要储蓄就必须节制当前的消费和享受,利息来自于对未来享受的等待,是对为积累资本而牺牲现在消费的一种报酬,是资本家节欲行为的报酬。评价:西尼尔用节欲来代替资本,他认为资本是节欲的结果,劳动和资本共同创造了财富,资本在生产中的作用是重要的。资本来源于储蓄,储蓄是来自节欲,所以,资本获得的利润是合理的。

(4)灵活偏好论,也叫流动性偏好论,是由凯恩斯(英国)提出的著名理论。他认为利息是在一个特定的时期内人们放弃货币周转灵活性的报酬,是对人们放弃流动性偏好,即不持有货币进行储蓄的一种报酬。评价:流动性偏好理论指出了人们对货币的一种心理偏好。人们流动性偏好的动机有三种:交易动机、预防动机和投机动机。从而提出流动性陷阱,这是其他货币理论学派无法解释的。凯恩斯学派的利率决定理论纠正了古典学派忽视货币因素的偏颇,然而它又走上了另一个极端,对储蓄与投资等实际因素完全不予以考虑,这显然也是不合适的。

(三)利息水平的指标——利率

利率是衡量利息水平高低的指标。根据计息方式不同,利率的计算分为单利和复利两种方法。

(1)单利是指以本金为基数计算利息,所生利息不再加入本金计算下期利息的计息方法。其计算公式为:

$$I=P\times r\times n$$

本利和的计算公式为:

$$S=P(1+r\times n)$$

其中,I 为利息额;P 为本金;r 为利息率;n 为借贷期限;S 为本金和利息之和,简称本利和。

【例 3—1】　一笔为期为 5 年,年利率为 6%,本金 10 万元贷款,求利息总额与本利和。

利息总额:I=P×r×n=100 000 元×6%×5=30 000 元

本利和:S=P(1+r×n)=100 000 元×(1+6%×5)=130 000 元

(2)复利是指在存款或贷款期内不但借贷本金计息,对这期间本金产生的利息也计息的计息方式。如按年计息,第一年本金计息;第一年末所得的利息并入本金,第二年则按第一年末的本利和计息;第二年末的利息并入本金,第三年则按第二年末的本利和计息;如此类推,直至

信用契约期满。我国将这种复利计息方法通俗地称为息上加息,其计算公式如下:

本利和的计算公式为:

$$S=P(1+r)^n$$

利息的计算公式为:

$$I=S-P$$

【例3-2】 在【例3-1】中,若其他条件不变,按复利计算,到期日的本利和为:

$$S=100\ 000(1+6\%)^5=133\ 822.56(\text{元})$$

利息为:

$$I=133\ 822.56-100\ 000=33\ 822.56(\text{元})$$

即按复利计息,可多得利息:33 822.56－30 000＝3 822.56(元)。

复利更能反映利息的本质特征,较好地反映了资金的时间价值,但是其计息方法过于麻烦,现代各国商业银行都按单利计息,但考虑到复利的因素,所以商业银行的利息期限越长,利率越高。我国现在商业银行的活期存款和保险公司的储蓄型、养老型险种按复利计息。

二、利率的含义及种类

(一)利率的含义

利息率,是指借贷期内所形成的利息额与所贷资金额的比率,日常简称为利率。利率是衡量利息数量大小的尺度,也体现了生息资本增值的程度。

(二)利率的种类

按不同的分类标准,利率可以划分为不同种类。

1. 按计息时间长短可以分为年利率、月利率和日利率

年利率是以年为计息时间单位计算的利息,通常以百分比表示,俗称“分”;月利率是以月为单位计算利息,通常以千分比表示,俗称“厘”;日利率也称为“拆息”,是以日为单位计算的利息,俗称“毫”,以万分比表示。它们三者的关系是:

$$\text{日利率}=\text{月利率}\div 30=\text{年利率}\div 360$$

通常以千分之几来表示。

2. 按是否剔除了通货膨胀率的影响可分为名义利率与实际利率

实际利率是指在物价不变、货币购买力不变条件下的利率,在通货膨胀情况下是剔除通货膨胀因素后的利率,而名义利率则是没有剔除通货膨胀因素的利率。报刊公布的利率、银行公布的利率都是名义利率。实际利率要将名义利率和通货膨胀率加以对比后求得。

【例3-3】 假定某年度物价没有变化,某甲从某乙处取得1年期的1万元贷款,年利息额500元,实际利率就是5%。但是在物价不断上涨的情况下,如果某一年的通货膨胀率为3%,某贷款者年末收回的1万元本金实际上仅相当于年初的9 707元,本金损失率近3%。为了避免通货膨胀给本金带来的损失,假设仍然要取得5%的利息,就必须把贷款利率提高到8%。才能保证收回的本金和利息之和无损失。

用r表示名义利率,i表示实际利率,P表示通货膨胀率,名义利率和实际利率的关系式为:

$$r=i+P$$

但是通货膨胀对于利息部分也有使其贬值的影响。考虑到这一点,名义利率还应作向上的调整。这样,名义利率的计算公式可以写成:

$$R=(1+i)(1+P)-1$$

这是目前国际上通用的计算实际利率的公式。在存在通货膨胀时，名义利率并不能反映投资者的真实收益水平；当实际利率低于名义利率时，对借款人有利，对贷款人不利。

3. 按在借贷期内是否调整可分为固定利率与浮动利率

固定利率是指在整个借贷期内，利率不随借贷资金供求变化而调整的利率，一般用于短期借贷，即在借贷期内不作调整的利率。我国人民币借贷一般以固定利率为主。实行固定利率，对于借贷双方准确计算成本与收益十分方便，是传统采用的方式。但是，由于近几十年来通货膨胀日益普遍并且越来越严重，实行固定利率，对债权人，尤其是对进行长期放款的债权人会带来较大的损失，因此，在越来越多的借贷中开始采用浮动利率。

浮动利率是指在借贷期内随市场利率变化而定期调整的利率。一般由双方协商，一方在规定的时间依据某种市场利率进行调整，一般调整期为半年。浮动利率一般适用于长期贷款以及市场物价利率变动较为频繁时期。浮动利率定期调整的利率尽管可以为债权人减少损失，但也因手续繁杂、计算依据多样而增加费用开支，因此，多用于 3 年以上的借贷及国际金融市场。

4. 按利率不同的决定方式可分为官定利率与市场利率

官定利率是指由政府金融管理部门或者中央银行确定的利率，是政府实现宏观调节目标的一种政策手段。市场利率是指由借贷资金的供求关系决定的利率。利率按市场规律自由变动是市场利率存在的前提条件，借贷资金供大于求时利率作为资金的价格会下跌，借贷资金供小于求时利率作为资金的价格会上升。因此，这种利率与供求关系呈反比。我国目前以官定利率为主。发达的市场经济国家以市场利率为主，发展中国家和地区的情况基本介于上述两类情况之间。加快利率市场化的问题是我国目前金融改革的重点。

5. 按地位的不同可分为基准利率与一般利率

基准利率是在利率体系中起决定作用的利率，通常是由一个国家中央银行直接制定和调整，在整个利率体系中发挥基础性作用的利率，在市场经济国家主要指再贴现利率。基准利率一旦发生变动，金融市场其他利率也伴随相应地同向变动，如美国联邦储备委员会公布的再贴现利率，就是美国的基准利率。基准利率有两重含义：一是基准利率决定着一个国家的金融市场利率水平，是金融机构系统制定存款利率、贷款利率和有价证券利率的依据；二是基准利率表明中央银行对于当期金融市场货币供求关系的总体判断，基准利率的变化趋势引导着一个国家利率的总体变化方向。

一般利率是金融机构按照一般标准发放贷款或吸收存款所执行的利率。比如存款利率和贷款利率，存款利率是金融机构吸收存款所付给存款人的利息与存款额的比率。存款利率的高低直接决定了存款者的利息收益和银行等金融机构的融资成本，包括中央银行存款利率和商业银行存款利率。贷款利率是金融机构对客户发放贷款所收取的利息与贷款本金的比率。贷款利率的高低直接决定着企业利润在银行与企业之间的分配比例，包括中央银行向商业银行和其他金融机构贷款利率和商业银行向社会贷款利率。

以上是各种利率的简介，其实各类利率之间或各类利率内部都有相应的联系，它们之间保持着相对的结构，共同构成一个有机整体，从而形成一国的利率体系。

三、影响利率变化的因素

（一）社会平均利润率

在社会主义市场经济中，利息仍然是平均利润的一部分，因而利率水平受制于平均利润率。也就是说，利率总水平不能太高，太高了大多数企业承受不了；同样，利率总水平也不能太低，太低了不能发挥利率的杠杆作用。因此，在制定利率时，要考虑企业的中等利润率水平，不能因少数企业利润低而降低利率，也不能按照少数高利润企业的水平而提高利率，而要根据平均利润率来制定利率。平均利润率越高，利率也就越高，但平均利润率是利率的最高限，利率总是在平均利润率和零之间上下波动。在我国，行业的平均利润率是能够计算的，全社会的平均利润率也可以求出一个近似值。如果大多数行业的平均利润率下降，全社会的平均利润率也会呈下降趋势。在这种情况下，利率的总水平应当调低。

（二）借贷资金供求状况

当平均利润率既定时，利率的变动则取决于借贷资金供求双方的竞争。因为在市场经济条件下，作为金融市场上商品的“价格”——利率，与其他商品的价格一样受供求规律的制约。在借贷市场上，资金供求双方构成两种对立的力量，其对立的原因在于利率的高低直接影响供求双方各自的经济利益。因此，无论是资金供给方还是资金需求方都希望利率的确定对自己有利。双方围绕利率的高低形成对立，利率的形成是竞争的结果。目前中国的利率水平不能完全由资金供求状况决定，但在制定利率时必须考虑资金供求状况。随着中国经济体制改革的深入和利率市场化进程的推进，利率受资金供求状况的影响越来越大，利率对资金供求关系的调节作用也越来越明显。

（三）物价变动幅度

在商品经济中，价格对社会经济生活的影响渗透到各个方面。当价格总水平上涨时，人们持有的货币贬值；当价格总水平下跌时，人们持有的货币升值。由于价格具有刚性，它的趋势一般是上涨，因而怎样使自己持有的货币不贬值，或遭受贬值后取得补偿，是经济生活中人们普遍关心的问题。这种关心使得从事货币资金经营业务的银行必须使吸收存款的名义利率适应物价上涨的幅度，否则难以吸收存款；同时也必须使贷款的名义利率适应物价上涨的幅度，否则难以获得投资收益。因此，名义利率水平与物价水平具有同步发展的趋势，物价变动的幅度制约着名义利率水平的高低。

（四）国家的经济政策

利率对社会再生产具有调节作用。因此，国家把利率作为调节经济的一种重要工具。利率不能完全随借贷资金的供应状况自由波动，而必须受到国家的调节，因此而产生的一些代表国家意向的经济政策就对利率产生直接的干预和影响。世界各国政府都根据本国的经济状况和经济政策目标，通过中央银行制定的金融政策影响市场利率，进而达到调节经济、实现其经济发展目标的目的。

（五）国际利率水平

国际利率水平对国内利率的变化具有一定的影响作用，因为国内利率水平的高低直接影响本国资金在国与国间的移动，进而对本国的国际收支状况产生影响。一个国家开放程度越高，国际利率水平对其国内利率的影响就越大。国际利率水平对国内利率水平的影响是通过国际资本流动实现的。当国际利率水平高于国内利率水平时，资本会外流，资本外流造成本国资本供给减少，在需求不变的前提下，国内利率水平上升；相反，国内利率水平下降。

（六）通货膨胀

通货膨胀使得货币的购买力随着时间的推移而逐渐降低，这就使得债权人通过贷出资金而获得的利息收益的购买力水平下降，其真正的收益率（实际利率）只是在获得的利率（名义利率）的基础上减去通货膨胀率之后的部分。因此，在名义利率一定的情况下，通货膨胀率越高，实际利率就越低。

影响利率变化的因素是多种多样的。除上面提及的各种因素外，经济周期、货币政策和财政政策、国际经济政治关系、银行经营成本、传统习惯、国际协议等，对利率的变动均有程度不同的影响。总之，影响利率波动的原因很多，往往又是多种因素交错在一起，综合影响利率的变动。

四、利率的作用

（一）利率对消费和储蓄的影响

利率直接影响个人收入在消费和储蓄之间的分配。在收入一定的情况下，利率提高促使人们减少当前消费，增加储蓄；利率降低，则促使人们增加当前消费，降低储蓄。储蓄是利率的递增函数，消费是利率的递减函数。

（二）利率对货币流通的影响

一般情况下，货币供给与利率呈正比，货币需求与利率呈反比。利率从两个方面影响货币流通：一是影响储蓄者对货币的供给；二是影响筹资者对货币的需求。对投资者来说，存款利率提高，会刺激他们供给货币的动机，使部分流通性货币转化为储蓄性货币；反之，则相反。对筹资者来说，贷款利率增加，会抑制他们货币需求动机，促使现实购买力缩减；反之，则相反。

（三）利率对投资的影响

就实物投资而言，利率提高，意味着筹资成本增加，投资后的相对获利减少，这会抑制投资；反之，利率降低会减少投资的利息负担，从而刺激投资的增加。利率对证券投资的影响主要是调节银行储蓄与有价证券的结构，以及对不同有价证券的选择。利率降低，使证券投资变得有利可图，证券投资需求增加，证券价格上涨；利率提高，证券投资吸引力减弱，证券投资需求减少，证券价格下跌。因此，一般来说，银行利率与有价证券价格呈反比。

（四）利率对物价的影响

利率是借贷资金的价格，利息作为借贷资金的成本，也是商品价格的组成部分。利率提高，商品价格也会相应提高；反之，就会下降。

（五）利率对国际收支的影响

对资本可自由流动的国家来说，提高利率，产生国与国间利差（本国利率高于外国利率），会促使外国资本流入，可改善该国国际收支逆差或加大国际收支顺差；降低利率，产生国与国间利差（本国利率低于外国利率），会促使本国资本外流，改善国际收支顺差或加剧国际收支逆差。但是，提高利率产生的资本流入会带来国内基础货币投放增加，货币供应量上升的效应，这会减弱提高利率紧缩银根的效果。

五、利率管理体制和利率市场化

（一）利率管理体制

利率与经济生活有着紧密的联系，它对消费、储蓄、投资都有重要影响，所以世界各国都把利率作为国家宏观经济调控的重要手段之一，并制定相应的利率政策。利率管理体制是利率政策的重要内容。各国采取的利率管理体制大致可分为三类：国家集中管理、市场自由决定、国家管理与市场决定相结合。大多数国家在相当长的时间内采取了最后一种做法，只是国家管理的程度和方式各有不同。从 20 世纪 70 年代开始，西方大多数国家逐步放松了利率管制，金融市场的利率更多由市场决定，呈现出一种利率自由化的趋势。

我国利率管理体制经过二十多年的改革，在放松利率管制、推动利率市场化方面取得了很大的进展。特别是1996年以来，利率市场化进程不断加快，利率体系的市场化程度逐渐提高，利率在经济运行中发挥的作用越来越重要。尽管如此，相对于已经实现市场化的微观经济而言，利率改革仍很滞后，我国仍属于利率管制的国家。

（二）利率市场化

1. 利率市场化的含义

利率市场化是指国家控制基准利率，其他利率基本放开，由市场即资金供求关系确定。它不仅包括利率决定、利率传导、利率结构和利率管理的市场化，而且要最终形成以中央银行基准利率为引导、各种利率保持合理利差和分层有效传导的利率体系。利率市场化是我国建设社会主义市场经济体制、优化资源配置的需要，是顺利实施货币政策目标的内在要求，是我国金融间接调控的关键，也是完善金融机构自主经营机制与提高竞争力的必要条件。

2. 我国利率市场化的进程

第一步（1996年），1996年6月1日放开银行间同业拆借利率。第二步（1997～1999年），1997年在创建银行间债券市场的同时放开债券市场利率。第三步（2000～2005年），推进存贷款利率市场化改革，至2005年实现“贷款利率管下限，存款利率管上限”的阶段性目标。第四步（2006～2007年），2007年推动货币市场化基准利率建设，培育上海银行间同业拆借利率。

任务二　利率体系

利率体系是指一个国家中存在的各种利率之间的互相依存和互相制约的系统。下面主要介绍中央银行利率和市场利率。

一、中央银行利率

中央银行利率又称为中央银行基准利率，或者简称为基准利率。基准利率是金融市场上具有普遍参照作用的利率，其他利率水平或金融资产价格均可根据这一基准利率水平来确定。基准利率是利率市场化的重要前提之一，在利率市场化条件下，融资者衡量融资成本，投资者计算投资收益，客观上都要求有一个普遍公认的利率水平作为参考。因此，基准利率是利率市场化机制形成的核心。

基准利率必须具备以下几个基本特征：

（一）市场化

利率市场化是指存贷款利率不由上级银行统一控制，而是由各商业银行根据资金市场的供求变化来自主调节。最终形成以中央银行基准利率为引导，以同业拆借利率为金融市场的基础利率，各种利率保持合理的利差和分层有效传导的利率体系。

价格是市场机制的核心，价格反映供求关系，为资源流动提供信号，最终引导资源的优化配置。现代市场经济学说则将利率看作最重要的价格。因为利率是资金的价格、资本的价格。资金作为一种投资、生产、消费等一切经济活动不可或缺的生产要素，其价格机制影响的不是某一局部市场的供求平衡，而是整个社会的供求状况和资源配置效率。因此，在市场经济条件下，利率作为一个重要的经济杠杆，对国家宏观经济管理和微观经济运行起着不可替代的、十分重要的调节作用。

由此可见，在市场经济条件下，基准利率必须由市场供求关系决定，同时反映实际市场供求状况和市场对未来的预期。

(二)基础性

基准利率在利率体系、金融产品价格体系中处于基础性地位,与其他金融市场的利率或金融资产的价格具有较强的关联性。

(三)传递性

基准利率所反映的市场信号,或者中央银行通过基准利率所发出的调控信号,能有效地传递到其他金融市场和金融产品价格上。

二、市场利率

市场利率是指由资金市场上供求关系决定的利率。市场利率因受到资金市场上的供求变化而经常变化。在市场机制发挥作用的情况下,由于自由竞争,信贷资金的供求会逐渐趋于平衡,经济学家这将种状态的市场利率称为“均衡利率”。与市场利率对应的是法定利率。所谓法定利率,是指由货币当局规定的利率。货币当局可以是中央银行,也可以是具有实际金融管理职能的政府部门。

在改革开放政策实施前,中国的利率基本上是法定利率。在30多年的改革开放过程中,随着资金分配和融资格局的变化,市场利率在利率体系中的比例已逐渐加大。法定利率和市场利率是从资金价格决定权的角度来分析利率形式的。实际上,在统一的法定利率背景下,由融资形式多样性、一国经济发展不平衡、市场分割等因素所决定,市场利率也会有多种表现。例如,在中国,经济较发达的沿海地区和经济发展较为落后的中西部地区,其市场利率水平也存在相当的差距。

在资金市场彻底开放、对利率的管理基本解除、把资金真正当作商品买卖的情况下,利率由市场上的资金供求状况所决定。资金紧张,供给小于需求,利率上升;资金宽松,供给大于需求,利率下降。反过来,利率又能影响资金的供给与需求,促进资金供求趋向平衡。当资金供大于求、市场资金多余、利率下降时,资金供给者的利息减少,能促使一部分投向资金市场的货币转而用于其他方面。例如,用于增加消费,囤积能够保值的商品,扩大本企业的生产与业务经营,使市场资金的供给量减少。同时,由于利率降低,从市场上筹集资金,利息负担减轻,使得筹资者增多,对资金的需求增加,这就可能使市场上的资金供求状况逐渐趋于平衡。反过来,如果市场上的资金求大于供、比较紧张、利率上涨时,则会引起一系列相反的经济活动。人们从各方面挤出来一些资金投向市场,以获取较多的利息收入;同时因筹集资金成本提高,运用这种资金可能获得的利润减少,而尽可能少从市场筹资使资金供不应求的紧张状况得以缓和。

【拓展阅读3—1】

LIBOR和CHIBOR

LIBOR是London Interbank Offered Rate的缩写,即伦敦银行同业拆借利率,是指欧洲货币市场上,银行与银行之间一年期以下的短期资金借贷利率。它代表的是在伦敦的第一流银行借款给伦敦的另一家第一流银行资金的利率。

LIBOR是一个英国银行同业之间的短期资金借贷款的成本(利息率),由英国银行家协会(British Banker's Association)按其选定的一批银行,于伦敦货币市场报出的银行同业拆借利率,再以抽样本的方式,计算出平均指标利率。此指标利率,每个银行营业日都可能 不同。现在LIBOR已经作为国际金融市场中大多数浮动利率的基础利率，以银行从市场上筹集资金进行转贷的融资成本，贷款协议中议定的LIBOR，通常是几家指定的参考银行在规定时间(一般是伦敦时间上午11:00)报价的平均利率。

CHIBOR是China Interbank Offered Rate的缩写，即全国同业拆借市场利率。1996年1月中国人民银行建立了全国统一的银行间同业拆借市场，同年6月放开了对同业拆借利率的管制，拆借利率由拆借双方根据市场资金供求状况自行决定，初步形成了全国统一的同业拆借市场利率(CHIBOR)。随着全国银行间同业拆借市场的建立和逐步完善，金融机构直接进行拆借交易的渠道已经开通，1997年下半年中国人民银行决定停办各地融资中心业务，清理并收回逾期拆出资金，撤销相应的机构。

资料来源：百度百科，http://baike.baidu.com/view/392264.html。

任务三　利率的功能和作用

一、利率的功能

利率作为“经济杠杆”，具有五个方面的经济功能，对经济发挥着重要作用。

(一)中介功能

该功能具体表现在三个方面。首先，它联系着国家、企业和个人三方面的利益，其变动将导致三方利益的调整。其次，它沟通着金融市场与实物市场，特别是两个市场上不同利率之间的联动性，使金融市场和实物市场之间相互影响、紧密相关。最后，它连接着宏观经济和微观经济，利率的变动可以把宏观经济的信息传达到微观经济活动中。

(二)分配功能

利率具有对国民收入进行分配与再分配的功能。第一，利率从总体上确定了剩余价值的分割比例，使收入在贷者和借者之间进行初次分配。第二，利率可以对整个国民收入进行再分配，调整消费和储蓄的比例，从而使盈余部门的资金流向赤字部门。

(三)调节功能

利率的调节功能主要是通过协调国家、企业和个人三者的利益来实现的。它既可以调节宏观经济活动，又可以调节微观经济活动。对宏观经济的调节，主要是调节供给和需求的比例，调节消费和投资的比例关系等；对微观经济的调节，主要是调节企业和个人的经济活动等，使之符合经济发展的需求和国家的政策意图。

(四)动力功能

实现一定物质利益是推动社会经济发展的内在动力。利率通过全面、持久地影响各经济主体的物质利益，激发他们从事经济活动的动力，从而推动整个社会经济走向繁荣。

(五)控制功能

利率可以把那些关系到国民经济全局的重大经济活动控制在平衡、协调、发展所要求的范围之内。例如，通过利率的调整，影响投资规模、物价等。总之，合理的利率有利于进行有效的宏观控制，从而保证国民经济良性循环。

二、利率在经济中的作用

（一）利率在宏观经济活动中的作用

1. 调节社会资本供给

一般情况下，利率提高，会导致国民储蓄率上升，借贷资本增多，最后增加社会资本供给；反之，社会资本供给就会减少。

2. 调节投资

利率对投资在规模和结构两方面都具有调节作用。企业进行投资使用借贷资本时，如利率降低，企业贷款成本降低，投资成本相对减少，就会增加投资，从而使整个社会投资规模扩大；反之，会导致社会投资规模萎缩。

3. 调节社会总供求

利率对供求总量的平衡具有一定的调节作用。这是因为，总需求与市场价格水平、利率之间有着相互联系、相互作用的机制。由于生产者和消费者进入市场从事经济活动，市场机制便能够通过价格水平和利率水平的变动在一定程度上调节企业和消费者的投资与储蓄活动，从而实现总供给和总需求的平衡。

（二）利率在微观经济活动中的作用

对企业来说，利率能够促进企业加强经济核算、提高经济效益，因为：企业利润收入＝销售收入－（产品成本＋利息＋税金）。在通常情况下，产品成本和税金是相对稳定的。企业利润取决于应付利息的多少，而利息的多少，又与企业占有信贷资金的多少、占用的时间长短以及利率高低有关。

对个人而言，利率影响其经济行为。一方面，利率能够诱发和引导人们的储蓄行为；另一方面，利率可以引导人们选择金融资产。在保证金融商品安全性与流动性的前提下，人们重点考虑的往往是主要由利率决定的收益率的高低。

三、限制利率作用的因素

（一）利率管制

利率管制作为国家宏观经济管理的一种手段，具有可控性强、影响力大的特点，但也可能因制定的利率水平不恰当或调整不及时，而限制利率作用的发挥。

（二）授信限量

授信限量包括授信配给制，还包括实施其他授信条件，如首期付款量、质押品、分期还款量限制等，使许多消费需求和投资需求得不到满足，进一步加剧信贷资金的供求矛盾，使银行利率与市场利率之间的距离不合理地扩大，阻碍了利率机制正常发挥作用，还会引起整个利率体系的结构和层次的扭曲。

（三）市场开放程度

如果国内资金流动受到各种限制，金融市场不能成为有机的统一市场，利率体系各组成部分之间就失去了有机联系，整个利率体系就会失去弹性，作用的发挥就有了很大的局限性。

（四）利率弹性

利率弹性表示利率变化后其他经济变量对利率变化的反应程度。某一变量的利率弹性越高，表示该变量受利率的影响越大，对利率变动的反应越灵敏，利率的作用就越能充分发挥出来；反之，利率对经济变量及对真实经济的影响就相对微弱。

★★★ 关键术语 ★★★

利息　利率　单利　复利　基准利率　名义利率　市场利率　现值　终值　利率体系

★★★ 应知考核 ★★★

一、单项选择题

1. 如果名义利率为3%,通货膨胀率为5%,则实际利率为(　　)。

A. 13%　B. 8%　C. 2%　D. −2%

2. 下列利率中可以承担基准利率作用的是(　　)。

A. 企业债券利率　B. 银行长期贷款利率

C. 政策性银行贷款利率　D. 同业拆借利率

3. 一般来说,当物价水平上升时,名义利率将(　　)。

A. 上升　B. 下降　C. 不变　D. 不确定

4. 在一国利率体系中起决定性作用的是(　　)。

A. 名义利率　B. 市场利率　C. 基准利率　D. 优惠利率

5. 目前我国商业银行的储蓄存款利率属于(　　)。

A. 市场利率　B. 公定利率　C. 官定利率　D. 实际利率

6. 按是否包含通货膨胀因素可将利率分为(　　)。

A. 名义利率与实际利率　B. 基准利率与一般利率

C. 固定利率与浮动利率　D. 官定利率与市场利率

7. 在多种利率并存的条件下起决定作用的利率是(　　)。

A. 基准利率　B. 名义利率　C. 实际利率　D. 市场利率

8. 货币的时间价值通常体现为(　　)。

A. 股票收益　B. 风险价值　C. 利息　D. 节俭观念

9. 利息率是指(　　)。

A. 利息额与利润的比率

B. 利息额与货币供应量的比率

C. 借贷期内所形成的利息额与所贷金额的比率

D. 利息额与金融资产的比率

10. 实际利率为负,则名义利率与通货膨胀率之间的关系是(　　)。

A. 名义利率高于通货膨胀率　B. 名义利率低于通货膨胀率

C. 名义利率等于通货膨胀率　D. 名义利率与通货膨胀率无关

二、多项选择题

1. 利率作为经济杠杆,其主要功能有(　　)。

A. 传递经济信息　B. 优化资源配置

C. 节约资金使用,加速资金的周转　D. 影响储蓄,引导消费

E. 调节投资需求,影响投资规模

2. 以下关于利息的理解中正确的有(　　)。

A. 从债权人的角度看,利息是债权人贷出资金而从债务人处获得的报酬

B. 从债务人的角度看,利息是债务人为获得货币资金的使用权所花费的代价

C. 利息是债务人使用资金的“价格”

D. 利息来源于货币资金的自行增值

E. 利息来源于利润

3. 根据名义利率与实际利率的比较,实际利率呈现(　　)三种情况。

A. 名义利率高于通货膨胀率时,实际利率为正利率

B. 名义利率高于通货膨胀率时,实际利率为负利率

C. 名义利率等于通货膨胀率时,实际利率为零

D. 名义利率低于通货膨胀率时,实际利率为正利率

E. 名义利率低于通货膨胀率时,实际利率为负利率

4. 马克思的利率理论认为(　　)。

A. 利息只存在于资本主义经济关系中

B. 利息属于信用范畴

C. 利息的本质是对价值时差的一种补偿

D. 利息就本质而言,是剩余价值的一种特殊表现形式

E. 以上都对

三、填空题

1. ________是衡量利息水平高低的指标。

2. 当实际利率低于名义利率时,对________有利,对________不利。

3. 我国人民币借贷一般以________为主。

4. 在收入一定的情况下,利率提高促使人们减少当前消费,增加________。

5. 一般情况下,货币供给与利率呈________,货币需求与利率呈________。

四、计算题

1. 王某向我国某商业银行存入10 000元5年期定期存款,现行的存款利率如下表:

项　目	年利率(%)
活期存款	0.5
定期存款	
1年	3.5
5年	5.5

试回答下列问题:

(1)5年后他应得利息是多少元?

(2)如果存入1年后,他全部提前支取,可获得利息多少元?

(3)如银行按复利计算,以现行的1年期利率为标准,5年期的定期存款可获利息多少元?

(保留两位小数。)

2. 假设某银行向其客户发放了一笔金额为100万元、期限为4年、年利率为6%的贷款，请用单利和复利两种方法计算该银行发放这笔贷款可以获得的利息额。(计算结果保留整数位。)

3. 某企业需要一笔为期3年的500万美元贷款，有两种贷款途径：一种是向本国商业银行贷款，实行单利计息，年利率为11%；另一种是向外国商业银行贷款，实行复利计息，年利率为10%。问：该企业应该选择哪种贷款方式？为什么？

五、简答题

1. 简述利息的含义及本质。
2. 简述影响利率变化的因素。
3. 简述利率的作用。
4. 简述利率的功能。
5. 简述利率在经济中的作用。

★★★ 应会考核 ★★★

◎ 技能案例

央行再次降息，货币政策再度出击

中国人民银行决定，自2015年8月26日起，下调金融机构人民币贷款和存款基准利率，以进一步降低企业融资成本。其中，金融机构1年期贷款基准利率下调0.25个百分点至4.6%；1年期存款基准利率下调0.25个百分点至1.75%；其他各档次贷款及存款基准利率、个人住房公积金存贷款利率相应调整。同时，放开一年期以上(不含一年期)定期存款的利率浮动上限，活期存款以及1年期以下定期存款的利率浮动上限不变。

自2015年9月6日起，下调金融机构人民币存款准备金率0.5个百分点，以保持银行体系流动性合理充裕，引导货币信贷平稳适度增长。同时，为进一步增强金融机构支持"三农"和小微企业的能力，额外降低县域农村商业银行、农村合作银行、农村信用社和村镇银行等农村金融机构准备金率0.5个百分点。额外下调金融租赁公司和汽车金融公司准备金率3个百分点，鼓励其发挥好扩大消费的作用。

资料来源：银行利率网，http://www.banklilv.com/content/20131009/15876.html。

【考核要求】

根据上述资料，对此案例进行分析。

★★★ 项目实训 ★★★

【实训内容】

利率调整。

【实训目标】

通过对我国利率调整的分析，了解我国利率调整的现状，分析利率调整对我国经济的影响。

【实训步骤】

1. 查找最近3年我国利率调整的数据；
2. 分组进行数据整理，分析我国利率调整的原因；
3. 判断我国利率调整的趋势；
4. 分析利率调整对我国经济的影响；
5. 汇报分析结果。

项目四 汇率和汇率制度

知识目标

理解:外汇和汇率的含义、种类,人民币汇率制度的演进。

熟知:汇率的各种决定理论,固定汇率制度和浮动汇率制度的优缺点。

掌握:汇率的标价方法,汇率的作用。

能力目标

能够合理选用汇率的标价方法并对外汇汇率进行换算。

素质目标

能够运用汇率和汇率制度的相关理论对现实金融问题进行一定的分析。

任务一 外汇与汇率

一、外汇

(一)外汇的含义

“外汇”是“国际汇兑”(Foreign Exchange)的简称,“汇”指资金转移,“兑”指货币兑换。国际经济交易和国际支付,必然会产生国际债权债务关系,由于各国货币制度的不同,所以国际债权债务的清偿需要用本国货币与外国货币兑换。这种兑换由银行来办理,往往不必用现金支付,而是由银行之间通过不同国家货币的买卖来进行结算,银行的这种国际清偿业务就是国际汇兑。这是一个动态的含义。

随着世界经济的发展,国际经济活动日益活跃,国际汇兑业务也越来越广泛,“国际汇兑”由一个过程的含义演变为国际汇兑过程中国际支付手段这样一个静态含义,从而形成了目前外汇的一般静态含义:外币或用外币表示的用于国际结算的支付凭证。静态的外汇含义又有广义和狭义之分。

广义的外汇是指国际货币基金组织和各国外汇管理法令中的外汇。国际货币基金组织(International Monetary Fund,IMF)对外汇的解释是:“外汇是货币行政当局(中央银行、货币机构、外汇平准基金及财政部)以银行存款、财政部库券、长短期政府债券等形式所持有的在国际收支逆差时可使用的债权。”从这个解释中,可看出国际货币基金组织特别强调外汇应具备平衡国际收支逆差的能力及中央政府持有性。我国政府根据我国国情,对外汇也有特殊的规定,2008 年 8 月 1 日实施了新修订的《中华人民共和国外汇管理条例》,第三条中明确规定,我国的外汇是指下列以外币表示的可以用作国际清偿的支付手段和资产：①外国货币，包括纸币、铸币；②外币支付凭证，包括票据、银行存款凭证、邮政储蓄凭证等；③外币有价证券，包括政府债券、公司债券、股票等；④特别提款权、欧洲货币单位（即欧元）；⑤其他外币资产，其中“其他外汇资金”主要是指各种外币投资收益，比如说股息、利息、债息、红利等。

狭义的外汇是我们通常所说的外汇，它是指以外币表示的用于国际结算的支付手段。狭义的外汇一般应具备三个基本特征：

(1)以外币表示的国外资产。用本国货币表示的信用工具和有价证券不能视为外汇。美元为国际支付中常用的货币，但对美国人来说，凡是用美元对外进行的收付都不算是动用了外汇，而只有对美国以外的人来说，美元才算是外汇。

(2)可以兑换成其他支付手段的外币资产。外国货币不一定是外汇。因为外汇必须具备可兑换性，一般来说，只有能自由兑换成其他国家的货币，同时能不受限制地存入该国商业银行的普通账户才算作外汇。例如，美元可以自由兑换成日元、英镑、欧元等其他货币，因而美元对其他国家的人来说是一种外汇。

(3)在国际上能得到偿还的货币债权。空头支票、拒付的汇票等均不能视为外汇。因为如果是这样，国际汇兑的过程也就无法进行，同时在多边结算制度下，在国际上得不到偿还的债权显然不能用作本国对第三国债务的清偿。

(二)外汇的种类

按照不同的标准，外汇可以划分为不同种类。

按照能否自由兑换和自由向其他国家进行支付，外汇可划分为自由外汇和非自由外汇两大类。自由外汇是指无需货币发行国货币管理当局批准，就可以随时自由兑换成其他国家的货币或者向第三国办理支付的外汇，美元、欧元、日元、瑞士法郎、港元等都是自由外汇。与此相反，非自由外汇是指不经货币发行国货币管理当局批准，不能自由兑换成其他货币或对第三国进行支付的外汇。

按照交割期限的不同，又可将外汇分为即期外汇和远期外汇。即期外汇又称现汇，是指在外汇买卖成交后2个营业日内进行交割的外汇。远期外汇又称期汇，是指按远期外汇合同约定的日期在未来办理交割的外汇。远期外汇的交割期限可以短到1周，在多数情况下是1～6个月，也可长达1年以上。

二、汇率

(一)汇率及其标价方法

汇率又称汇价、外汇行市或外汇牌价，是一国货币折算成另一国货币的比率，或者说是一国货币相对于另一国货币的价格。将两国货币兑换比率表示出来的方法叫汇率标价法。目前，国际上使用的汇率标价方法有三种：直接标价法、间接标价法、美元标价法。

1. 直接标价法

直接标价法是指以一定单位(100或1 000)的外国货币作为标准，折算成若干单位的本国货币来表示汇率。包括我国在内的世界上大多数国家采用直接标价法。在直接标价法下，外国货币数额固定不变，本国货币数额发生变化。如果单位外币所能换取的本国货币越多，即外汇汇率上升，则说明本国货币对外贬值；反之，如果单位外币所能换取的本国货币越少，即外汇汇率下跌，则说明本国货币对外升值。

2. 间接标价法

间接标价法是指以一定单位的本国货币为标准，折算成若干单位的外国货币来表示的汇率。英国一直采用间接标价法，美国从1978年9月1日起也改用间接标价法，但美元对英镑等少数货币则使用直接标价法。在此标价法下，如果一定单位的本国货币折算的外国货币数量增多，则说明本国货币汇率上升，即本币升值，外币贬值；相反，如果一定单位的本国货币折算的外国货币数量减少，则说明本国货币汇率下跌，即本币贬值，外币升值。

【例4－1】 在香港外汇市场上某银行给出的美元对港元的即期汇率为USD1＝HKD7.752 0/32，是直接标价法，则美元作为外汇，美元买入价为7.752 0，美元卖出价为7.753 2，每买卖1美元银行可获得0.001 2港元的收益；若在纽约外汇市场上某银行给出的美元对港元的即期汇率仍为USD1＝HKD7.752 0/32，则是间接标价法，港元作为外汇，港元买入价为7.753 2，港元卖出价为7.752 0，每买卖价值1美元的港元，银行可获得0.001 2港元的收益；若在伦敦外汇市场上某银行给出的美元对港元的即期汇率仍为USD1＝HKD7.752 0/32，则既不是直接标价法也不是间接标价法，美元和港元均为外汇，外汇银行根据贱买贵卖原则买卖外汇，银行若买入1美元，支付给客户7.752 0港元，银行若卖出1美元，收入7.753 2港元，因此，美元的买入价为7.752 0，美元的卖出价为7.753 2。由于银行买入美元而支付港元，也可以看作是银行卖出港元而买入美元，因此，在这里，美元的买入价就是港元的卖出价。同样道理，美元的卖出价，就是港元的买入价。

按照汇率标价惯例，无论何种汇率的标价方法，总是数字较小的在前面，数字较大的在后面，为了方便记忆，我们总结出买入汇率和卖出汇率的判断方法为：直接标价法，“前买后卖”（即买入价在前，卖出价在后）；间接标价法，“前卖后买”（即卖出价在前，买入价在后）；标准货币，“前买后卖”（即标准货币的买入价在前，卖出价在后）；报价货币，“前卖后买”（即报价货币的卖出价在前，买入价在后）。

3. 美元标价法

美元标价法是以一定单位的美元为标准来计算应兑换多少其他各国货币的汇率表示法。其特点是：美元的单位始终不变，汇率的变化通过其他国家货币量的变化来表现出来。这种标价方法主要是随着国际金融市场之间外汇交易量的猛增，为便于国际交易，而在银行之间报价时通常采用的一种汇率表示方法。目前已普遍使用于世界各大国际金融中心，这种现象某种程度反映了在当前的国际经济中美元仍然是最重要的国际货币。美元标价法仅仅表现世界其他各国货币对美元的比价，非美元货币之间的汇率则通过各自对美元的汇率进行套算。

（二）汇率的种类

1. 买入汇率、卖出汇率和中间汇率

从银行买卖外汇的角度区分，汇率可分为买入汇率、卖出汇率和中间汇率。买入汇率是银行向同业或客户买入外汇时所使用的汇率，卖出汇率是银行向同业或客户卖出外汇时所使用的汇率。在直接标价法下，买入汇率小于卖出汇率，即外币折合本币数较少的那个汇率是买入汇率，外币折合本币数较多的那个汇率是卖出汇率。在间接标价法下则相反。买入汇率与卖出汇率之间的差额是银行买卖外汇的收益。买入汇率与卖出汇率的算术平均数是中间汇率。中间汇率的计算公式是：中间汇率 ＝（买入汇率＋卖出汇率）÷2。

2. 基准汇率与套算汇率

根据制定汇率的方法不同，汇率分为基准汇率和套算汇率。由于外国货币种类繁多，一国货币当局通常无法制定本国货币与每一种外国货币之间的汇率水平，因此，各国往往会选定一种或几种外国货币作为关键货币，制定各关键货币与本国货币的兑换比率，这个汇率即被称为基准汇率。关键货币的选择标准一般是：可以自由兑换，在本国国际收支中使用较多，在外汇储备中占比大。美元、欧元、日元等货币在较多国家被选为关键货币。2006 年 8 月以前我国基准汇率有四种：人民币对美元、欧元、日元、港币的汇率，8 月以后基准汇率又增加了人民币对英镑的汇率。

套算汇率又称交叉汇率，是根据本国基准汇率套算出本国货币对国际金融市场上其他货币的汇率，或套算出其他外币之间的汇率。人民币对美元、欧元、日元、港币、英镑以外的其他外币的汇率为套算汇率。

套算汇率的具体套算方法可分为三种情况，简述如下：

(1)两种汇率的中心货币相同时，采用交叉相除法

【例 4－2】 即期汇率行市 1 USD＝7.797 2/7.801 2HKD，

1 USD＝109.510 0/109.910 0 JPY

港币对日元的套算买入价为：

$$1\ \text{HKD}=\frac{109.510\,0}{7.801\,2}\ \text{JPY}=14.037\,6\ \text{JPY}$$

港币对日元的套算卖出价为：

$$1\ \text{HKD}=\frac{109.910\,0}{7.797\,2}\ \text{JPY}=14.096\,1\ \text{JPY}$$

(2)两种汇率的中心货币不同时，采用同边相乘法

【例 4－3】 即期汇率行市 1 USD＝7.797 2/7.801 2HKD

1 GBP＝1.767 8/1.772 4 USD

英镑对港币的套算买入汇率为：

1GBP＝7.797 2×1.767 8 HKD＝13.783 9 HKD

英镑对港币的套算卖出汇率为：

1GBP＝7.801 2×1.772 4 HKD＝13.826 8 HKD

(3)按中间汇率求套算汇率

【例 4－4】 某日电讯行市：1 GBP＝1.770 1 USD，1 USD＝109.71 JPY

则英镑对日元的套算汇率为：1 GBP＝1.770 1×109.71 JPY＝194.197 6 JPY

3. 即期汇率与远期汇率

按照外汇交易的清算交割时间划分，汇率分为即期汇率和远期汇率。一般的外汇交易是在买卖双方成交后的当日或 2 个营业日内进行外汇交割，这种即期外汇交易所使用的汇率就是即期汇率，也叫现汇汇率。远期汇率是在未来一定时期进行外汇交割，而事先由买卖双方签订合同达成协议的汇率。到了交割日期，由协议双方按预定的汇率、金额进行钱汇两清。远期汇率的期限一般是 1～6 个月。在国际市场上，大多数商品交易从签订合同到实际收款或付款都会有一段时间，在这段时间内如果汇率发生变化，产品的成本就会相应变化，从而造成汇率风险，为了锁定产品成本、规避汇率风险，企业在签订出口产品合同的同时，通常会与银行签订远期外汇买卖合同，设定将来办理外汇买卖时的汇率，此汇率即为远期汇率。远期汇率与即期汇率之间存在差额，差额用升水、贴水或平价来表示。升水表示远期汇率比即期汇率高，贴水则表示远期汇率比即期汇率低，平价表示两者相等。

在实务中，远期汇率的报价有以下三种方式：

(1)完整汇率报价方式。又称为直接报价方式，是直接报出完整的不同期限远期外汇的买

入价和卖出价。银行对客户的远期外汇报价通常使用这种方法。例如:某日美元对日元的1个月远期汇价为:USD1=JPY 105.15/25。

(2)汇水报价方式。只标出远期汇率与即期汇率的差额,不直接标出远期汇率的买入价和卖出价。远期汇率与即期汇率的差额,称为汇水或远期差价(Forward Margin)。远期差价在外汇市场上是以升水(Premium)、贴水(Discount)和平价(Parity)来表示的。升水表示远期外汇比即期外汇贵,贴水表示远期外汇比即期外汇贱,平价表示两者相等。

由于汇率标价方法不同,计算远期汇率的公式也不相同。

在直接标价法下:

远期汇率=即期汇率+升水额

远期汇率=即期汇率−贴水额

在间接标价法下:

远期汇率=即期汇率−升水额

远期汇率=即期汇率+贴水额

【例4—5】 某日在纽约外汇市场上,即期汇率为GBP1=USD1.353 5/55,若一个月远期英镑升水10/20,则英镑一个月远期汇率为多少?

解:在纽约市场即期汇率GBP1=USD1.353 5/55为直接标价法,一个月远期英镑升水,所以,远期汇率=即期汇率+升水额,即GBP1=USD1.353 5+0.001 0/1.355 5+0.002 0=1.354 5/75。

(3)点数报价的方式。在实际远期外汇交易中,银行只报出远期汇率升、贴水的点数,而且并不说明是升水还是贴水。我们已经知道,实际的远期汇率可通过即期汇率加上或减去升、贴水得出,但上面报价中的数字并未标明是升水还是贴水,因此,我们必须首先进行判断,然后才能对升、贴水进行加减。

在外汇市场上,表示远期汇率点数的有前后两栏数字,分别代表了买价和卖价。判断升、贴水的方法是:当买价大于卖价时,即为贴水;当卖价大于买价时,即为升水。但是,在不同的标价法下,买价和卖价的位置不同。在直接标价法下,前面是买价,后面是卖价;在间接标价法下,前面是卖价,后面是买价。下面我们举例予以说明。

【例4—6】 某日在纽约外汇市场上,即期汇率为USD1=JPY100.48/58,若三个月远期差价为:10/20,则美元3个月远期汇率为多少?

解:首先判断标价方法。在纽约外汇市场上,即期汇率为USD1=JPY100.48/58,为间接标价法。然后,判断升水、贴水。间接标价法下,前面的数字是卖价,后面的数字是买价,这里买价大于卖价,所以是贴水。最后,根据公式进行计算。在间接标价法下,远期汇率等于即期汇率加上贴水额。即USD1=JPY100.48+0.001 0/100.58+0.002 0= JPY100.58/78。

最后需要说明一点,实际上无论是何种标价方法(直接标价法、间接标价法、美元标价法与非美元标价法),只要远期差价点数顺序是前小后大,就用加法;只要远期差价点数的顺序是前大后小,就用减法,即“前小后大往上加,前大后小往下减”。同时,远期差价点数“前小后大”说明标准货币升水,报价货币贴水;远期差价点数“前大后小”说明标准货币贴水,报价货币升水。

4. 官方汇率与市场汇率

按照国家对汇率管制的宽严程度可将汇率划分为官方汇率和市场汇率。官方汇率也称法定汇率,是指国家货币管理当局所公布的汇率。这种汇率具有法定性质,政府往往规定一国官方的外汇交易都应以该汇率为准。市场汇率是指在外汇市场上由外汇供求决定的汇率。

5. 名义汇率与实际汇率

以是否剔除通货膨胀因素为标准,汇率可分为名义汇率和实际汇率。外汇市场上公布的汇率通常都是名义汇率,没有剔除物价的因素。实际汇率是名义汇率用两国的价格水平调整后的汇率。实际汇率等于名义汇率用外国与本国价格水平之比调整后的值,公式为:实际汇率=名义汇率×(外国价格指数÷本国价格指数)。实际汇率使我们能够完整测度两国产品相对(价格)竞争力的强弱。理论界对实际汇率还有另外一种解释:各国政府为了增加出口和限制进口,经常对各类出口商品进行财政补贴或减免税收,对进口则征收各种类型的附加税,实际汇率便是名义汇率与这些补贴和税收之和或之差,公式可表示为:实际汇率=名义汇率±财政补贴和税收减免。

(三)有效汇率及其测算

有效汇率是指某种加权平均汇率,它是一种货币与其他多种货币双边汇率的加权平均数。我们知道,一国的产品出口到不同国家可能会使用不同的汇率,一国货币在对某一种货币升值的同时也可能对另一种货币贬值,即使该国货币同时对所有其他货币贬值(或升值),其程度也不会完全一样。因此,从20世纪70年代起,人们开始使用有效汇率来观察某种货币的总体波动幅度和变化趋势。

在计算一国货币的有效汇率时,通常会选择与该国外贸关系密切的几个国家的货币组成一个货币篮子,然后以该国与某一外国的贸易额在该国全部对外贸易总额中所占的比重为权重。用公式表示比较直观:

$$\text{甲国货币的有效汇率}=\sum_{i=1}^{n}\text{甲国货币对 i 国货币的汇率}\times\frac{\text{甲国同国的贸易值}}{\text{甲国的全部对外贸易值}}$$

任务二　汇率的决定与影响因素

一、汇率决定的各种理论解说

汇率决定理论是汇率理论的重要组成部分。汇率决定理论流派纷呈,日益复杂,本节择其主要进行简述。

(一)国际借贷说

在第一次世界大战前的金本位制度盛行时期,国际借贷说是阐述汇率变动原因的主要理论。国际借贷理论认为国际商品劳务进出口、资本输出(入)以及其他形式的国际收支活动会引起国际借贷的发生,国际借贷又引起外汇供求的变动,进而引起外汇汇率的变动,因而国际借贷关系是决定汇率变动的主要因素。国际借贷理论进而认为,国际借贷按流动性强弱可分为固定借贷与流动借贷,前者是尚未进入实际支付阶段的借贷,后者是已经进入支付阶段的借贷。只有流动借贷才对外汇供求进而对汇率产生影响。当流动债权(外汇应收)大于流动债务(外汇应付)时,外汇供大于求,外汇汇率下跌;当流动债权小于流动债务时,外汇供小于求,外汇汇率上升;只有当流动债权等于流动债务时,外汇供求也相等,外汇汇率保持稳定。这一理论中的国际借贷关系实际是指国际收支,因此国际借贷说又称国际收支说。

(二)购买力平价理论

购买力平价理论是第一次世界大战之后最有影响力的汇率决定理论之一。该理论的基本思想是:人们之所以需要其他国家的货币,是因为这些货币在其发行国具有购买商品和服务的能力，这样，两国货币的兑换比率就主要应该由两国货币的购买力之比决定。

购买力平价理论有绝对购买力平价和相对购买力平价两种形式。

绝对购买力平价理论以开放经济条件下的“一价定律”为基础。所谓“一价定律”，是指在不考虑交易成本的条件下，以同一货币衡量的不同国家的某种可贸易商品的价格应该是相同的。例如，一件衬衫在中国卖 140 元人民币，在美国卖 15 美元，如果当时人民币与美元的兑换比率是 1 美元＝7 元人民币，则该商品在中国的价格高于在美国的价格，价格差的存在提供了套利的可能性，即贸易商可以在美国以 15 美元的价格买入衬衫，将其运到中国，以 140 元人民币的价格卖出，如果不考虑运费等交易成本，则其一件衬衫将赚 5 美元的差价。但这种持续的套利行为将产生对美元需求的增加，美元升值，人民币贬值，直至一价定律成立。将开放经济条件下的一价定律用公式表示，即为：$Ra=Pa\div Pb$。其中，Ra 代表本国货币兑换外国货币的汇率，Pa 代表本国物价指数，Pb 代表外国物价指数。这便是绝对购买力平价理论，它表明当所有商品都满足一价定律，且在两国物价指数的编制中各种可贸易商品所占比重相等的情况下，两国货币在某一时点上的汇率水平取决于两国物价指数(即货币购买力，因为物价指数的倒数就是货币购买力)之比。

相对购买力平价理论则认为，交易成本的存在使一价定律并不能完全存在，同时在各国物价指数的编制中，不同国家所选取的样本商品及其所占的权重也不相同。在此情况下，该理论提出，一定时期两国汇率水平的变动是两国之间相对通货膨胀率决定的，通货膨胀率较高的国家货币应该贬值；反之，则应该升值。

购买力平价理论提出后影响很大，也受到了很高的评价。应该说，该理论从货币的基本功能——充当交易媒介(对商品和劳务的购买力)——角度出发研究汇率的决定问题，抓住了汇率决定的主要方面，为纸币制度下的汇率决定提供了理论依据，为两国间长期均衡汇率的发展趋势提供了分析思路。

购买力平价理论也存在局限性。首先，该理论将物价水平视为决定汇率的唯一重要因素，而在现实中，决定汇率的因素既多又复杂。其次，在不同国家，因生产效率、收入水平和消费偏好的差异而存在的不可贸易品的价格差异，不可能通过套利行为促使价格趋同，因而总会存在汇率与购买力平价的背离。即使是可贸易品交易，由于消费者偏好的存在及变动，当这些产品在不同国家生产时，并不总是可以完全相互替代，也不一定存在套利的机会。最后，由于各国之间存在诸多差异，难以在技术层面实现统计和计算口径的一致，购买力平价的精确计算较为困难，故影响了其可操作性。

(三)汇兑心理说

汇兑心理说强调人们的心理因素对汇率决定的影响，其理论基础是边际效用价值论。该理论的核心观点是：人们之所以需要外国货币，除了需要用外国货币购买商品外，还有满足债务支付、进行投资或投机、资本逃避等需求，正是这种需求使外国货币具有了价值。因此，外国货币的价值取决于人们对外国货币所作出的主观评价，而这种主观评价的高低又依托于使用外国货币的边际效用。由于每个经济主体使用外国货币会有不同的边际效应，他们对外币的主观评价也就不同，而不同的主观评价产生了外汇的供给与需求，供求双方通过市场达到均衡，均衡点就是外汇汇率。

(四)利率平价理论

利率平价理论侧重于分析利率与汇率的关系。该理论关注了金融市场参与者出于避险或盈利目的而进行的套利交易活动。所谓套利交易，是指套利者利用两国货币市场的利率差异，通过外汇买卖将资金从低利率国家转移投放至高利率国家，以赚取利差收益的交易行为。套利行为产生于市场的非均衡，但随着套利交易的持续进行以及市场供求机制的作用，汇率与利率的均衡关系或者说利率平价关系会得以重新恢复。该理论提出，套利性的短期资本流动会驱使高利率国家的货币在远期外汇市场上贴水，而低利率国家货币将在远期外汇市场上升水，并且升贴水率等于两国间的利率差。

利率平价理论是对汇率决定理论的重大发展，该理论对于分析远期汇率的决定以及即期汇率与远期汇率之间的关系具有重要价值，在当今金融全球化的背景下具有较强的适用性。但由于该理论成立的重要前提是资本自由流动，且不考虑交易成本，但这种状态在现实中并不完全存在，因此，其结果并不完全应验。同时，该理论片面强调利差对汇率的决定作用，而忽视了汇率是对经济基本面因素的综合反映和预期。

(五)货币分析说

货币分析说是从货币数量的角度阐释汇率决定问题的。该理论假定国内外资产之间具有完全的可替代性，认为本国与外国之间实际国民收入水平、利率水平以及货币供给水平对各自物价水平的影响决定了两国间的汇率水平。该理论提出，当本国货币供给相对于国外货币供给增长更多时，将导致本国价格水平等比例上升，进而在购买力平价机制的作用下，本国货币汇率将等比例下跌；当本国实际国民收入相对于国外实际国民收入增长更多时，将导致本国货币需求增加，在货币供给不变的情况下，国内价格水平下降，在购买力平价机制的作用下，本国货币汇率相应上升；当本国利率水平相对于国外利率水平提高更多时，会导致国内货币需求下降，价格上升，在购买力平价机制的作用下，本国货币汇率将下跌。

(六)资产组合平衡理论

较之其他汇率决定理论，资产组合平衡理论偏重于短期汇率决定的分析。该理论的核心思想是，一国的资产总量分布于本国货币、国内债券和国外债券之上，投资者会根据不同资产的收益率、风险及自身的风险偏好确定其最优的资产组合。在资产总量一定的情况下，均衡汇率就是投资者做出资产组合最佳选择时的汇率。一国货币供给量的变化、财政赤字增减导致国债发行规模的变化等因素都会导致原有的资产市场失衡，进而引起投资者调整其持有的国内外资产组合，引起资金在各国间的流动，影响外汇供求，使汇率发生相应变动。汇率的变动又将使投资者重新评价并调整其所持资产，直至资产市场重新恢复均衡，此时的汇率即为新的均衡汇率。

资产组合平衡理论的贡献在于运用一般均衡分析综合考虑多种变量、多个市场影响汇率变化的因素，纠正了本国资产与外国资产完全可替代的理论假设，使理论更加贴近实际。

二、影响汇率变动的主要因素

(一)通货膨胀

按照购买力平价说，两国货币之间的比率，从根本上来说是由各自所代表的价值量决定的。物价是一国货币实际价值在商品市场的体现，一国发生通货膨胀，意味着该国货币代表的实际价值量的下降，这将引起外汇市场上对该国货币的抛售，需求减少，该国货币对外贬值，外汇汇率上升，本币汇率下跌。另一方面，在国内外市场联系密切的情况下，一国较高的通货膨胀率会削弱本国商品在国际市场的竞争能力，减少出口，并提高外国商品在本国市场的竞争能力，增加进口，这也会导致对外汇的需求大于供给，促使该国货币在外汇市场上贬值。

(二)经济增长

一国的经济增长对汇率的影响是复杂的、多方面的。首先,一国经济增长率高,意味着该国居民收入水平上升较快,由此会造成对进口品需求的增加,外汇需求随之增加。其次,一国经济增长率高,往往也意味着生产率提高较快,由此通过生产成本的降低改善本国产品的竞争地位,从而有利于增加出口,抑制进口。第三,一国经济增长率高,意味着一国经济发展态势良好,具有较高的投资回报率,这会吸引国外资金流入本国进行直接投资,增加外汇供给,等等。总体来说,一国短期的经济增长往往会引起进口的增加,外汇需求增加,外汇汇率有升值的趋势;如果一国的经济增长率长期超过其他国家,则会由于上述各种作用的综合发挥,该国的货币通常会有对外长期升值的趋势。

(三)国际收支

所谓国际收支,简言之,是指一国商品、劳务的进出口及资本的流入和流出。一国国际收支出现逆差,意味着该国外汇市场上外汇供给小于外汇需求,会引起外国货币汇率上升,本币汇率下跌;反之,一国国际收支顺差,则意味着该国外汇市场上外汇供给大于外汇需求,会导致外国货币汇率下跌,本币汇率上升。

(四)利率

利率对汇率的影响主要是通过短期资本的跨国流动实现的。资金具有趋利性,一国的高利率水平会吸引国际资本流入该国套取利差,从而增加该国外汇的供给,导致即期外汇汇率下跌。反之,一国的低利率水平会引起国际资本流出该国,从而减少该国外汇的供给,导致即期外汇汇率上升。

(五)心理预期

随着市场发育程度的提高,心理预期因素对汇率的变化有着越来越重要的影响。心理预期因素主要影响短期汇率的变动:当预期某一国家货币在未来将会升值,则外汇市场上的投资者会大量买进该国货币,造成市场上外汇供给的增加,本币需求的上升,助推本币升值;相反,则会助推本币贬值。

(六)政府干预

20 世纪 70 年代布雷顿森林体系解体后,各国趋向实行浮动汇率制度,但各国中央银行为维护经济稳定实现一定的经济发展目标,都会对汇率进行不同程度的干预,把汇率稳定或调控到一个对本国经济发展有利的水平上。在汇率出现剧烈波动时,各国中央银行往往通过买卖外汇进行市场干预,使汇率变动有利于本国。一些主要发达国家在市场汇率波动剧烈时往往会协调它们之间的宏观经济政策,或采取联合干预的措施,共同影响汇率走势。干预或联合干预对汇率短期走势具有重大影响,但不能根本扭转汇率变动的长期趋势。

上述影响汇率变动的因素中,前三项属于长期影响因素,后三项属于影响短期国际资本流动的短期因素。除了上述因素外,还有许多其他因素也会影响汇率的变动,如财政货币政策、政治局势、社会状况,等等。在不同的外汇管理制度和经济体制下,各种因素对汇率作用的大小也各不相同。比如在实行外汇管制的国家,由于限制了本外币资产之间的转换,利率对于汇率的影响就相对较小。现实的汇率水平是多种因素共同作用的结果。

三、汇率的作用

(一)汇率对进出口贸易的影响

一国货币对外贬值一般能起到促进出口、抑制进口的作用。当一国货币对内购买力不变,而对外贬值时，将使该国出口商品的外币价格下降，有利于增强该国出口商品的竞争力，扩大出口；进口则与此相反。本国货币对外升值则会对进出口贸易产生抑制出口、促进进口的影响。需要注意的是，要发挥汇率变动对进出口的影响，需要同时考虑进出口商品的需求价格弹性，即商品价格的变动对商品需求的影响程度。如果进出口商品的需求价格弹性大，则一国货币对外贬值引起的出口需求增加较多，进口需求减少较多，该国的进出口贸易状况将得到较大的改善；反之，如果进出口商品的需求价格弹性较小，则一国货币对外贬值引起的出口需求增加较少，进口需求减少也不多，汇率的变动对该国进出口贸易的改善作用不大。通常来说，当出口商品需求价格弹性与进口商品需求价格弹性之和大于 1 时，汇率调整对该国进出口贸易收支状况会有较大的影响。

(二)汇率对资本流动的影响

汇率变动对长期和短期资本流动的影响程度是不同的，对长期资本流动影响相对较小，对短期资本流动影响相对较大。长期资本主要依据利润和风险在各国间进行转移与流动，在一国经济运行平稳、利润有保证、风险较小的情况下，一时的汇率波动不会造成长期资本的跨国流动。短期资本流动受汇率波动的影响较大，作用的关键在于市场对汇率的预期。如果市场上普遍预期一国货币将会贬值，为了防止货币贬值带来的损失，投资者不愿意持有以该国货币计值的各种金融资产，而将其转兑成外汇，引起资本外逃。当一国货币发生了对外贬值，但市场预期该货币贬值幅度还没有达到预期目标值时，也会引起资本的外流。与此相反，如果市场预期一国货币贬值过多，则会引起资本流入该国。

(三)汇率对物价水平的影响

汇率变动在影响进出口的同时也对物价产生影响。首先，从进口消费品和原材料来看，本币贬值，外汇汇率上升，会引起进口消费品和原材料国内价格的上涨，进口消费品价格的上升直接带来物价的上涨，进口原材料价格的上升会引起与之相关的产成品价格的上升。进口商品价格上升对一国物价总水平的影响程度取决于进口商品在该国国民生产总值中所占比重，比重越高，影响越大。反之，本币升值，外汇汇率下跌，会在一定程度上抑制一国物价水平的上涨。其次，从出口商品看，本币贬值，外汇汇率上升，会促进商品出口，在出口商品供给弹性较小的情况下，出口增加会加剧国内商品的供需矛盾，引起物价总水平的上升。

(四)汇率对资产选择的影响

汇率变动会引发以不同货币计值的各类资产价格的重估，促使人们改变资产配置。一国货币越趋向升值，人们越愿意持有该国货币和以该国货币计值的资产；相反，一国货币越趋向贬值，人们越倾向于减少持有该国货币和以该国货币计值的资产。

任务三　汇率制度

汇率制度是指一国货币当局对本国汇率变动的基本方式所做的安排或规定，如规定本国货币对外价值、规定汇率的波动幅度、规定本国货币与其他货币的汇率关系、规定影响和干预汇率变动的方式等。汇率制度的选择制约着汇率水平的波动幅度。

一、汇率制度的种类

(一)固定汇率制与浮动汇率制

传统上，金融理论通常将汇率制度分为两大类：固定汇率制和浮动汇率制。

1. 固定汇率制

固定汇率制是指两国货币的汇率基本固定，汇率的波动幅度被限制在较小的范围内，各国货币当局有义务维持本币币值基本稳定的汇率制度。金本位制下的汇率制度、第二次世界大战后至20世纪70年代初布雷顿森林体系下的汇率制度，都是固定汇率制度。动用外汇储备是货币当局维持固定汇率波动幅度的一种手段。当市场上对外国货币需求增加，以本国货币表示的外国货币价格上涨接近规定的波动上限水平时，该国货币当局可动用外汇储备，在市场上出售外国货币，增加外币供给，以平抑汇率上涨幅度。反之，可在外汇市场上买进外国货币，增加本国外汇储备。此外，外汇管制、举借外债、签订互换货币协议等都是一国货币当局维持固定汇率波动幅度时可以采取的措施。

2. 浮动汇率制

浮动汇率制是指一国货币当局不再规定本国货币与外国货币的比价，也不规定汇率波动的幅度，汇率由外汇市场的供求状况自发决定的一种汇率制度。在浮动汇率制度下，货币当局不再承担维持汇率波动界限的义务。20世纪70年代布雷顿森林体系崩溃后，西方主要发达国家先后实行了浮动汇率制度。

按照政府是否对汇率进行干预，浮动汇率制度可分为自由浮动和管理浮动。自由浮动又称为清洁浮动，是指货币当局不对外汇市场进行任何干预，完全由外汇市场供求决定本国货币汇率的涨落。管理浮动又称为肮脏浮动，是指货币当局按照本国经济利益的需要干预外汇市场，使汇率朝有利于本国的方向浮动。现实中，绝对的自由浮动汇率制度是不存在的，西方主要发达国家实行的基本上是管理浮动。

（二）国际货币基金组织对汇率制度的分类

1999年，国际货币基金组织基于其成员国事实上的汇率制度安排，将汇率制度分为八类：

(1)无独立法定货币的汇率安排，主要有美元化汇率和货币联盟汇率。即一国将另一国货币作为唯一法定货币在本国流通，如巴拿马将美元作为其法定货币在巴拿马境内自由流通；或一国属于货币联盟的成员，与联盟中的其他成员共用同一种法定货币，如欧元区统一使用欧元。

(2)货币局制度。即一国货币当局从法律上隐含地承诺本国货币按固定汇率兑换某种特定的外币，同时通过对货币发行权限的限制来保证履行法定承诺。我国香港特别行政区实行货币局制度。

(3)其他传统的固定盯住制。即一国货币当局将本国货币(公开或实际)按固定的汇率盯住一种主要外币或者是一篮子外币，汇率围绕中心汇率上下波幅不超过1%。1998～2004年我国人民币对美元的汇率波动区间较窄，被划归此类汇率安排。

(4)平行盯住的汇率安排。即一国汇率被保持在官方或者实际的固定汇率带内波动，其波动幅度超过中心汇率上下1%。

(5)爬行盯住汇率安排。即一国汇率按照固定的、预先宣布比率做较小的定期调整，或者根据若干量化指标的变动，定期小幅调整汇率。

(6)爬行带内的浮动汇率安排。即一国汇率在一定范围内围绕中心汇率上下浮动，同时中心汇率按照固定的、预先宣布的比率做定期调整，或者根据若干量化指标的变动，定期小幅调整中心汇率。

(7)不事先公布汇率干预方式的管理浮动制。即一国货币当局通过在外汇市场上积极干预来影响汇率的变动，但不事先宣布汇率的干预方式。

(8)浮动汇率制。即一国汇率水平基本上由市场决定,偶尔的外汇干预旨在缓和汇率变动,防止汇率过度波动,而不是为汇率建立一个基准汇率。

如果要将国际货币基金组织划分的八类汇率制度分别划入大的固定汇率制和浮动汇率制度,则前三类大体可划入固定汇率制,后五类大体可划入浮动汇率制。

二、汇率制度的比较与选择

(一)固定汇率制与浮动汇率制的优劣比较

1. 赞同浮动汇率制的观点

(1)认为浮动汇率制下汇率可以根据一国的国际收支变动情况进行连续微调,从而发挥汇率杠杆对国际收支的自动调节作用。同时,汇率经常性的小幅调整比周期性的大幅调整要好,这样可以避免因汇率剧烈变动而导致经济随之发生急剧波动。

(2)认为浮动汇率制下的投机是一种稳定性投机,因为投机活动还得承担汇率反方向变动的风险,因此,浮动汇率制降低了国际游资对一国汇率冲击的风险。

(3)认为浮动汇率制下一国的货币政策具有自主性。中央银行不再承担干预外汇市场、稳定汇率的义务,货币政策的有效性增强,既可让汇率自发调节实现外部平衡,又可让货币政策和财政政策实现经济的内部均衡。

2. 赞同固定汇率制的观点

(1)认为固定汇率制度下的汇率相对稳定降低了国际贸易和投资的汇率风险,有利于促进国际贸易和投资的发展。

(2)认为浮动汇率制下盛行非稳定性投机,投机者心理是非理性的,表现之一就是"羊群效应",容易扩大而非缩小市场价格的波幅,而固定汇率制下的投机行为一般具有稳定性,政府的介入并通过改变投机者的预期使汇率保持稳定,从而消除不确定性。

(3)认为固定汇率制可以防止中央银行对货币政策的滥用。政府在对固定汇率的维系中,会获得执行政策始终一致的声誉,而在浮动汇率制下,各国将本国经济目标放在首位,这会造成国际经济秩序的混乱。

(二)汇率制度的选择

1971 年汇率重新调整,美元对主要工业国的汇率第一次贬值。之后频繁的美元危机使布雷顿森林体系下的固定汇率制崩溃,大多数发达国家纷纷采用浮动汇率制。

初期实行浮动汇率制的这些国家的汇率也不是完全意义上的自由浮动。各国政府都密切注视着本国汇率的变化,通过买卖外国货币来周期性地干预市场,以抵消一些突发性的供求变化以及投机性资本的冲击。因此,该体系有时也被称为肮脏浮动或管理浮动。

同时,尽管实行的是有政府干预的管理浮动,浮动汇率制下的汇率波动程度仍超出了其支持者的想象。在实行固定汇率制的最后几年,全球货币供应迅速上升造成的滞后影响,造成重要国际贸易商品(如谷物、石油)的价格上升,但是浮动汇率没有抵消这些商品价格的上升,也未能防止 1974~1979 年高通货膨胀率从一国向另一国的传递,通货膨胀演变成全球性的通货膨胀。另一方面,固定汇率制拥护者对全球金融体系崩溃的预言也没有实现。

尽管浮动汇率制度更为市场化和灵活,但浮动汇率并不适用于所有国家,主要是由于:

第一,一般认为按照经济活动或 GNP 衡量标准,经济规模较小的国家不太适用浮动汇率制,因为它一般只与少数几个大国进行贸易往来,对它们的贸易依赖程度较高,汇率的浮动会给小国的国际贸易带来不便。

第二，通常认为，通货膨胀率较高的国家适宜采用固定汇率制，而通货膨胀率较低的国家适宜采用浮动汇率制。当一国存在高通货膨胀率时，浮动汇率制会进一步加剧通货膨胀率的提高，原因在于，本国的高通胀使本币不断贬值，本币贬值使进口商品价格进一步提高，这将进一步加剧本国的通货膨胀水平。相反，当一个国家通货膨胀率较低时，浮动汇率制可以防止从国外输入通货膨胀。

第三，一国在选择汇率制度时通常还要考虑国际条件的制约。例如，在国际资本跨国流动日益便利、规模日益庞大的全球化背景下，如果一国已经放松了对国际资本流入、流出本国的限制，而且货币当局手中没有掌握足以干预外汇市场的外汇储备数量，则在该国实施浮动汇率制比较适宜；反之，则适宜采用固定汇率制。

三、人民币汇率制度的演进

自 1949 年至今，人民币汇率制度经历了由官定汇率到市场决定汇率、从固定汇率到有管理的浮动汇率的演变。

（一）计划经济时期的人民币汇率制度（1949～1978 年）

1949 年 1 月 18 日，中国人民银行开始在天津公布人民币汇率。之后于 1950 年 7 月 8 日起全国实行统一的人民币汇率。1953 年我国进入计划经济时期，人民币汇率作为计划核算的工具，要求相对稳定。在当时以美元为中心的国际货币体系下，我国基本维持纸币流通下的固定汇率制度。当时人民币汇率盯住英镑，只在英镑出现币值变动时才做出顺应调整。1972 年 6 月 23 日，我国改按一篮子货币对人民币汇率计算调整。

（二）转轨经济时期的人民币汇率制度（1979～1993 年）

1. 实行贸易内部结算价和对外公布汇率的双重汇率制度

1981 年至 1984 年间，为解决人民币汇率水平相对贸易外汇价格偏低，而对非贸易外汇价格偏高的问题，人民币官方汇率实行了贸易内部结算价和非贸易公开牌价的双重汇率制度，进出口和非贸易外汇收支分别采取不同的汇价结算。1985 年 1 月 1 日，取消内部结算价，重新实行单一汇率，汇率为 1 美元折合 2.8 元人民币。这是人民币汇率的第一次并轨。

2. 根据国内外物价变化调整官方汇率

1985 年至 1990 年间，我国根据国内物价的变化多次大幅度调整汇率。由 1985 年 1 月 1 日的 1 美元折合 2.8 元人民币，逐步调整至 1990 年 11 月 17 日的 1 美元折合 5.22 元人民币。

3. 实行官方汇率和外汇调剂市场汇率并存的汇率制度

从 1980 年起各地开始陆续实行外汇调剂制度，设立外汇调剂中心，开办外汇调剂公开市场业务，外汇调剂量逐步增加，形成了官方汇率和调剂市场汇率并存的局面。

从 1991 年 4 月 9 日起，对官方汇率的调整由以前大幅度、一次性调整的方式转为逐步微调的方式，即实行有管理的浮动。至 1993 年年底，调至 1 美元折合 5.8 元人民币，同时，放开外汇调剂市场汇率，让其随市场供求状况浮动。

（三）社会主义市场经济时期的人民币汇率制度（1994 年汇率并轨至今）

1993 年底国务院发布《中国人民银行关于进一步改革外汇管理体制的通知》，宣布从 1994 年 1 月 1 日起实行以市场供求为基础的、单一的、有管理的浮动汇率制，我国自此实行有管理的浮动汇率制度。此后人民币官方汇率与（外汇调剂）市场汇率并轨，实行银行结售汇，建立全国统一的银行间外汇市场，实行以市场供求为基础的单一汇率。

1997 年亚洲金融危机后，其他亚洲国家的货币纷纷贬值，中国经济面临亚洲金融危机冲击和内部需求下降的双重挑战。在这一形势下，为了稳定亚洲经济，中国政府明确宣布坚持人民币汇率不贬值的方针，开始将人民币盯住美元，直至2005年7月21日，人民币对美元的汇率基本稳定在1美元兑8.27元人民币的水平上。

2005年7月21日，我国进一步推进汇率形成机制改革，开始实行以市场供求为基础、参考一篮子货币进行调节、有管理的浮动汇率制度。这次汇率机制改革的主要内容包括三个方面：

1. 汇率调控的方式

实行以市场供求为基础、参考一篮子货币进行调节、有管理的浮动汇率制度。人民币汇率不再盯住单一美元，而是参照一篮子货币、根据市场供求关系来进行浮动。篮子内的货币构成，将综合考虑在我国对外贸易、外债、外商直接投资等外经贸活动占较大比重的主要国家及地区的货币。

2. 中间价的确定和日浮动区间

中国人民银行于每个工作日闭市后公布当日银行间外汇市场美元等交易货币对人民币汇率的收盘价，作为下一个工作日该货币对人民币交易的中间价格。每日银行间外汇市场美元对人民币的交易价仍在人民银行公布的美元交易中间价上下0.3%的幅度内浮动，非美元货币对人民币的交易价在人民银行公布的该货币交易中间价上下3%的幅度内浮动。

3. 起始汇率的调整

中国人民银行授权中国外汇交易中心公布，2015年8月14日银行间外汇市场人民币汇率中间价为：1美元对人民币6.397 5元，1欧元对人民币7.132 5元，100日元对人民币5.144 1元，1港元对人民币0.825 21元，1英镑对人民币9.987 9元，1澳大利亚元对人民币4.710 9元，1新西兰元对人民币4.189 0元，1新加坡元对人民币4.575 5元，1加拿大元对人民币4.896 7元，人民币1元对0.624 75林吉特，人民币1元对10.098 5俄罗斯卢布。前一交易日，人民币对美元汇率中间价报6.401 0。中间价报价机制改革后，人民币对美元汇率中间价持续三个交易日大幅下跌，14日终于止跌反弹，市场认为人民币汇率波动将趋于平稳。

完善人民币汇率形成机制，是建立和完善社会主义市场经济体制、充分发挥市场在资源配置中的基础性作用的内在要求，也是深化经济金融体制改革、健全宏观调控体系的重要内容。我国汇率制度改革的总体目标是：建立健全以市场供求为基础的、有管理的浮动汇率制度，保持人民币汇率在合理、均衡水平上的基本稳定。在汇率制度改革中坚持的原则是主动性、可控性和渐进性。

★★★ 关键术语 ★★★

外汇　间接标价法　美元标价法　买入汇率　卖出汇率　中间汇率　基准汇率　套算汇率　即期汇率　远期汇率　官方汇率　市场汇率　名义汇率　实际汇率　有效汇率　固定汇率制　浮动汇率制　平行盯住的汇率安排　爬行盯住汇率安排　爬行带内的浮动汇率安排

★★★ 应知考核 ★★★

一、单项选择题

1. 按照交割期限的不同，可将外汇分为(　　)。

A. 自由兑换和非自由兑换　　B. 静态外汇和动态外汇
C. 即期外汇和远期外汇　　D. 外币现钞和外币有价证券

2. 资产组合平衡理论偏重于(　　)决定的分析。
A. 长期汇率　　B. 短期汇率　　C. 远期汇率　　D. 即期汇率

3. 利率平价理论片面强调(　　)对汇率的决定作用。
A. 利差　　B. 利率　　C. 利息　　D. 本利和

4. 利率平价理论成立的重要前提是(　　)。
A. 自由竞争　　B. 自由交易　　C. 资本自由流动　　D. 自由贸易

5. 在国际借贷说中,当流动债权小于流动债务时,外汇供(　　)求,外汇汇率(　　)。
A. 小于,上升　　B. 大于,上升　　C. 大于,下跌　　D. 小于,下跌

6. 有效汇率是指(　　)汇率。
A. 比值　　B. 加权平均　　C. 平均数　　D. 算术平均数

7. 中间汇率与买入汇率、卖出汇率的正确关系是(　　)。
A. 中间汇率=买入汇率÷2　　B. 中间汇率=卖出汇率÷2
C. 中间汇率=(买入汇率+卖出汇率)÷2　　D. 中间汇率=(买入汇率−卖出汇率)÷2

8. 套算汇率又称(　　)。
A. 基准汇率　　B. 间接汇率　　C. 交叉汇率　　D. 结算汇率

9. 在直接标价法下,如果单位外币能换取的本国货币越少,即外汇汇率(　　),则说明本国货币对外(　　)。
A. 下降,贬值　　B. 下降,升值　　C. 上升,升值　　D. 上升,贬值

10. 包括我国在内的世界上大多数国家都采用(　　)。
A. 间接标价法　　B. 直接标价法
C. 间接标价法和直接标价法　　D. 以上答案均不对

二、多项选择题

1. 按照政府是否对汇率进行干预,浮动汇率制度可分为(　　)。
A. 固定汇率　　B. 自由浮动　　C. 经济浮动　　D. 管理浮动
E. 政治浮动

2. 一国货币当局维持固定汇率波动幅度的措施有(　　)。
A. 在市场上出售外国货币　　B. 在市场上买进外国货币
C. 外汇管制　　D. 举借外债
E. 签订互换货币协议

3. 从银行买卖外汇的角度对汇率进行划分,可以有(　　)。
A. 买入汇率　　B. 即期汇率　　C. 卖出汇率　　D. 远期汇率
E. 中间汇率

4. 影响汇率变动的因素包括(　　)。
A. 通货膨胀　　B. 经济增长　　C. 国际收支　　D. 利率
E. 心理预期

5. 我国《外汇管理条例》中,认为外汇包括 (　　)。
A. 外币现钞　　B. 外币有价证券　　C. 外币支付凭证　　D. 特别提款权

E. 其他外汇资产

三、填空题

1. 国际上使用的汇率标价方法有两种：________和________。
2. 远期汇率的期限一般是________。
3. ________是指在外汇市场上由外汇供求决定的汇率。
4. ________是名义汇率用两国的价格水平调整后的汇率。
5. 一国国际收支出现逆差，意味着该国外汇市场上外汇供给________外汇需求。

四、计算题

1. 在直接标价法下，若100美元＝614.17/616.63元人民币：(1)客户向银行卖出100美元时能得到多少人民币？(2)计算中间汇率。

2. 某日中国银行外汇现汇牌价如下：1美元＝6.811 7－6.839 1元人民币，1欧元＝9.281 8－9.356 3元人民币，请计算欧元对美元的套算买入价与卖出价。

3. 已知2012年4月23日中国银行外汇牌价：100英镑＝1 011.04/1 019.16元人民币；100美元＝629.46/631.99元人民币，求1英镑可以换多少美元(保留4位小数)。

4. 已知外汇市场的汇率：USD1＝JPY121.00/121.90，USD1＝HKD7.745/7.7460，求，JPY1＝HKD?

5. 已知远期汇率点数报价表如下

币种	即期汇率	1个月远期点数	3个月远期点数
USD/JPY	110.35/47	65/59	150/159

求美元兑日元1个月远期汇率和3个月远期汇率。

五、简答题

1. 简述狭义外汇的含义和特征。
2. 简述汇率的种类、汇率的作用。
3. 简述汇率决定的各种理论解说。
4. 简述影响汇率变动的主要因素。
5. 简述固定汇率制与浮动汇率制的优劣。

★★★ 应会考核 ★★★

◎ 技能案例

人民币即期汇率强劲反弹

2014年5月在周二、周三(5月27、28日)连续两个交易日显著走贬之后，周四(5月29日)人民币兑美元(6.2545，0.0000，0.00%)即期汇价在中间价再创阶段新低的背景下，一举扭转跌势，出现单日157个基点的强劲反弹。

中国外汇交易中心公布，2014年5月29日银行间外汇市场上人民币兑美元汇率中间价报6.170 5,较28日小跌11个基点,再创2013年9月9日以来的逾8个月新低。

当日即期市场上,人民币兑美元即期汇价低开高走,一举扭转了前两个交易日的急速下跌势头。人民币即期汇价早盘曾低开48个基点于6.260 4,但随即在美元的逐波卖压下大幅反弹,尾盘收于6.239 9,全天下跌157个基点或0.25%。

分析人士表示,近期美元指数(80.330 0, −0.010 0, −0.01%)阶段性反弹,叠加年中企业分红购汇冲击,使得人民币汇率一度走软,但考虑到宏观基本面等人民币汇率主要影响因素并未发生显著变化,后市人民币汇率有望重新回到区间震荡的运行格局。

资料来源:中国新闻网,http://finance.chinanews.com/cj/2015/02—03/7029632.shtml。

【考核要求】

根据上述资料,对此案例进行分析。

★★★ 项目实训 ★★★

【实训内容】

汇率的换算。

【实训目标】

通过汇率的换算,理解和熟知汇率及其标价方法。

【实训步骤】

根据表格中的外汇牌价,回答下面四个问题:

中国银行外汇牌价

日期:2013年7月27日 (人民币元/100外币)

货币名称	现汇买入价	现钞买入价	现汇卖出价	中行折算价
英镑	939.68	910.67	947.23	949.25
港元	78.87	78.24	79.17	79.56
美元	611.82	606.92	614.28	617.20

(1)一位出国旅游者到中国银行兑换3 000元港币现钞,需要付出多少人民币现钞?

(2)一位客户欲将1 000英镑现钞兑换等值的人民币,该客户能兑换多少人民币?

(3)一家出口企业到中国银行以10 000美元即期结汇,兑换多少等值人民币?

(4)中国银行港币/人民币、美元/人民币买卖差价是多点?

项目五 金融市场

★ 知识目标

理解:金融市场的含义与功能。

熟知:金融市场的构成要素,金融市场的分类。

掌握:货币市场,资本市场,金融生工具市场。

★ 能力目标

能够运用金融市场工具进行金融市场操作。

★ 素质目标

能够运用所学的理论、知识和方法分析解决金融市场的相关问题。

任务一 金融市场的含义与功能

一、金融市场的含义

(一)金融市场的具体含义

金融市场有广义和狭义之分。广义的金融市场是指资金供应者和资金需求者双方通过信用工具进行交易而融通资金的市场,也就是说,金融市场是实现货币借贷和资金融通、办理各种票据和有价证券交易活动的市场。狭义的金融市场往往特指证券的发行与买卖的场所。一般将金融市场理解为以金融资产为交易对象而形成的供求关系及其机制的总和。其具体含义如下:

(1) 金融市场是进行金融资产交易的场所,这个市场既可以是有形的,如证券交易所,也可以是无形的,如外汇交易员通过计算机网络构成的看不见的市场进行着资金的调拨。

(2) 金融市场交易的对象是金融资产。金融资产表现为各种金融工具或产品,如债券、股票等,代表持有人对实物资产或未来现金流的索取权,对于持有人来说是资产或者财富。交易双方的关系不是简单的买卖关系,而是建立在信用基础上的资金使用权的有偿转让。

(3) 金融市场包含金融资产交易过程中所产生的各种运行机制,包括价格机制、发行机制、监督机制等,其中最主要的是价格机制。在金融市场上,最重要的价格机制是利率。

(二)金融市场与其他市场的区别

金融市场与其他市场的区别表现在以下几个方面:

(1) 交易对象的特殊性。一般商品的交易是普通商品或劳务,其本身含有一定的价值和使用价值，而且使用价值各不相同，一经交易就进入消费。金融市场的交易对象是货币资金这种特殊的商品，包括票据、债券、股票等，但是使用价值相同。

(2) 交易场所的特殊性。一般商品交易有其固定的场所，以有形市场为主；而金融市场既有有形市场，在更大的范围内也有通过电话、电报、电传、计算机等通信工具进行交易的无形市场，这种公开广泛的市场体系，可以将供求双方最大限度地结合起来。

(3) 交易方式的特殊性。一般商品的交易，遵循等价交换的原则，通过议价、成交付款、交货而使交易结束，双方不再发生其他关系；金融市场的交易是信用、投资关系的建立和转移过程，交易完成之后，信用双方、投融资双方的关系并未结束，还存在本息的偿付和收益分配等行为。可见，金融市场上的交易，作为金融商品的买卖关系虽然已经结束，但作为信用或者投资关系却没有结束。

(4) 交易动机的特殊性。一般商品交易的卖者为实现价值取得货币，买者则为取得使用价值满足消费的需求；金融市场上交易的目的，卖者为取得筹资运用的权利，买者则取得投融资利息、控股等权利，此外，还派生出保值、投机等种种动机。

(5) 交易价格的特殊性。普通商品市场上的商品价格是商品价值的货币表现，价格千差万别，围绕商品的价值在供求关系作用下上下波动。金融市场上的交易价格完全由市场供求关系决定，而且这种价格不是货币资金当时本身的价格，而是借贷资金到期归还时的价格即利息，因而具有一致性。

【拓展阅读 5—1】

金融体系、金融市场与金融中介

金融体系(Financial System)是一个经济体中资金流动的基本框架，是金融资产、金融中介(Financial Intermediaries)、金融市场和金融监管系统等各金融要素构成的综合体。金融中介是指在资金融通过程中，在资金供求者之间起媒介或桥梁作用的人或机构。与金融市场的资金转移机制不同，金融中介的运作机理是：它首先购买赤字单位发行的直接证券(Direct Securities)，然后再向盈余单位发行间接证券(Indirect Securities)，成为赤字单位和盈余单位之间名副其实的媒介。金融体系包括几个相互关联的组成部分：①金融部门(Financial Sector)，包括各种金融机构、市场，它们为经济中的非金融部门提供金融服务；②融资模式与公司治理(Financing Pattern and Corporate Governance)，居民、企业、政府的融资行为以及基本融资工具；协调公司参与者各方利益的组织框架；③监管体制(Regulation System)。金融体系不是这些部分的简单相加，而是相互适应与协调。现实中不同国家的金融制度差异较大，存在着不同的金融体系。一是以英、美为代表的市场主导型金融体系，二是以法、德、日为代表的银行主导型金融体系。在美国，银行资产占 GDP 的比重为 53%，只有德国的 1/3；美国的股票市值对 GDP 的比重为 82%，大约比德国高 3 倍。美国、英国的金融体制常常被称为“市场主导型”，而德国、法国、日本的则被称为是“银行主导型”。

二、金融市场的功能

(一)融通资金功能

融通资金是指储蓄转化为投资，是金融市场最基本的功能，通过这个功能可以有效地筹集和调剂资金。金融市场是一种多渠道、多形式、自由灵活地筹资与融资的场所。金融市场通过各种金融商品的买卖，为融资双方提供了各种可供选择的机会，以适应广大公众不同的金融投资和融资需求。在金融市场上,金融工具多种多样,能适应不同资金供应者在利率、期限、方式等方面的要求,具有高度的选择性。因此,通过金融工具的买卖既能使资金增强流动性,调节货币资金余缺,又可增加收益性;对资金需求者来讲,他可以根据生产经营活动状况如季节性、临时性的变化和资金需求的数量大小、期限长短,在金融市场上通过贷款和发行证券等方式去筹措资金;对金融机构来讲,它为金融机构之间的资金相互融通、交换金融票据或银行同业拆借、调剂金融机构的头寸提供了方便。这样,金融市场不仅起到了广泛动员、筹集调剂资金和分配社会闲散资金的功能,也有利于社会经济的发展。

(二)资源配置功能

在金融市场上,随着金融工具的流动,相应地发生了价值和财富的再分配。金融是物资的先导,随着金融资产的流动,带动了社会物质资源的流动和再分配,将社会资源由低效部门向高效部门转移。金融市场中的供求双方通过竞争决定了金融资产的价格,或者说确定了金融资产要求的收益率。显然,公司获取资金的动力取决于投资者要求的回报率。而公司所发行的金融资产,其回报越是丰厚,金融资产的价格也就越高;营运效率越高的公司,其股价也就越坚挺。金融市场的这一特点引导着资金在金融资产间进行分配。金融市场能够将资源从低效率利用的部门转移到高效率利用的部门,从而实现稀缺资源的合理配置和有效利用。

市场信息的变化和金融工具价格的起落都给人以启示,引导人们放弃一些金融资产而追求另一些金融资产,使资源通过金融市场不断进行新的配置。随着资源的配置,金融市场上的风险也在发生新的配置,风险和收益并存,有的人在转让风险追求安全的同时,也就转让了收益;而另一些人在承受风险的同时,也就获得了收益。金融市场实现资金转移功能有着其他融资方式所不可比拟的优势。

(三)流动性提供功能

金融市场为投资者出售金融资产提供了便利。由于这个特点,它对被迫或主动出售金融资产的投资者有很大的吸引力。如果缺乏流动性便利,投资者将被迫持有债务工具直至其到期或者持有权益工具直至公司自愿或破产清算,那么损失可能非常大。

金融市场所提供的流动性便利在两个方面体现得尤为突出:第一方面是为股东提供了“用脚投票”来监控公司的机制。对于股东来说,有两种监控机制,首先是“用手投票”即参与公司决策的主动型监控,再者是“用脚投票”,即抛售所持有的股份的被动型监控。在成熟的金融市场上,“用脚投票”的监控机制往往对公司影响巨大,通常情况是:公司股票的大量甩卖会使股价急剧下降,既会影响管理层与股票挂钩的收入,也容易被外部接管。金融市场所提供的流动性便利的第二个方面的表现是这种便利能加快信息的流通。金融市场配置资金的效率依赖于价格信息的准确性。只有当金融资产的价格如实反映了该公司所有基本面的信息,金融市场才是有效率的,它对资金的配置才是有效率的。因此,金融市场的流动性便利可以使信息尽快地反映到价格中去,提高市场的资金配置效率。

(四)风险分散功能

在市场经济中,经济主体面临各种各样的风险,无论是投资于实业还是投资于金融资产,都可能面临价格风险、通货膨胀风险、利率风险、汇率风险、经营风险等。风险是客观存在的现象,人们无法消灭风险,但可以利用金融市场分散风险、回避风险。金融市场为它的参与者提供了分散、降低风险的机会,利用组合投资,可以分散投资于单一金融资产所面临的非系统性风险,如金融衍生工具已成为各类经济主体进行风险管理的重要工具。

(五)信息反映功能

金融市场之所以有信息反映功能,是因为金融市场产生与高度发达的市场经济是一国整个市场体系的枢纽。首先,金融市场是反映微观经济运行状况的指示器。由于证券买卖大部分都在证券交易所进行,人们可以随时通过市场了解各种上市证券的交易行情,并据此制定投资决策。在一个有效的市场中,证券价格的涨跌实际上反映着发行企业的经营管理情况和发展前景。一个健全、有序的市场要求证券上市公司定期或不定期地公布其经营信息和财务状况,以帮助投资者及时、有效地了解及推断上市公司及其相关企业、行业的发展前景。其次,金融市场交易直接和间接反映国家货币供应量的变动。货币是宽松还是紧缩均是通过金融市场为媒介而实现的,实施货币政策时,金融市场通过出现相应的波动来反映货币放松或紧缩的程度。金融市场反馈的宏观经济运行方面的信息,有助于政府部门及时制定和调整宏观经济政策。再次,金融市场有大量专门人才长期从事商情研究和分析,他们与各类工商企业保持着不间断的直接接触,能及时、充分了解企业的发展动态。同时,金融市场有着广泛而及时收集和传播信息的通信网络,使人们可以及时了解世界经济的变化情况。

(六)公司控制功能

金融市场的信息生产功能主要解决投资决策做出前的非对称信息问题,即逆向选择(Adverse Selection);而监控与激励机制则主要解决投资决策做出后的非对称信息问题,即道德风险(Moral Hazard)。金融市场的监控机制主要包括两类。一类是作为投资者的股东通过"用手投票"和"用脚投票"等方式对公司进行直接干预。"用手投票"的主动型监控是指股东可以参加股东大会,选举董事会成员,或就公司有关经营管理的重大事项进行投票表决,从而对管理层的经营构成直接约束;股东也可以实施"用脚投票"的被动型监控,也就是说,股东大量抛售股票所引发的股价下跌,会影响公司在市场上的再筹资,也会向市场传递该公司经营不善的信号,因此就会给信息驱动交易者提供盈利机会,他们通过外部接管行动或恶意收购等行为直接威胁管理层的生存以及在职业经理人市场上的声誉。另一类监控机制则是金融市场提供了激励公司管理层的有效机制,即对经理人的报酬采取股票期权制度,从而使职业经理人自身的效用最大化行为与公司的利润最大化重合起来。其具体做法是,职业经理人报酬的很大份额是股票或股票认购证(Warranty)、股票期权(Stock Option)等与股票挂钩的权证,那么公司未来的绩效就直接与经理人自己的期望收入联系起来。当然,这种激励机制也是以市场的有效性为前提的。如果公司业绩提高不能在股价中反映出来,即使管理层收入与股票挂钩,也不能激发他们改善经营管理的积极性,相反则可能诱使他们的短期投机行为。

(七)宏观调控功能

宏观调控功能是指金融市场作为政府宏观调节机制的重要组成部分,具有宏观控制经济的作用。在现代市场经济中,货币像一根无形的纽带,把众多的分散的局部经济运行联合起来,形成社会经济的整体运动。国家对国民经济运行的计划调控,转换成一系列金融政策,通过中央银行传导到金融市场,引起货币流量和流向的变动。货币流量和流向变动产生的一系列金融信号又通过金融市场传导到国民经济的各个部门,引起国民经济的局部变动或整体变动。中央银行正是利用金融市场宏观调控功能,通过公开市场业务,在金融市场上买卖有价证券,回笼货币,收缩货币供应量;当流通中货币量过少时,中央银行在金融市场上购买有价证券,增加货币供应量,从而使货币供给与需求相适应。中央银行货币政策对各个金融市场的影响如表5—1所示。

表 5－1　　中央银行货币政策对各个金融市场的影响

金融市场类型	受货币政策影响的相关因素	主要的机构参与者
货币市场	目前货币市场工具在二级市场的价值； 货币市场新发行证券的收益率	商业银行、储蓄机构、货币市场基金、信用社、保险公司、金融公司、养老基金
债券市场	债券二级市场价值； 正在发行债券的收益率	商业银行、储蓄机构、信用社、金融公司、货币市场基金、保险公司、养老基金
股票市场	股票预期收益率进而影响其市场价值； 公司的收入预期进而影响其价值	股票共同基金、保险公司、养老基金
抵押贷款市场	住房需求进而影响住房抵押贷款需求； 住房抵押贷款在二级市场的价值； 新的住房抵押贷款利率； 住房抵押贷款的溢价	商业银行、储蓄机构、信用社、保险公司、养老基金
外汇市场	货币需求影响货币价值，进而影响货币衍生产品价格	受到汇率风险影响的金融机构

中央银行的货币政策、利率政策和信贷政策，都是国家宏观调控经济发展通常采用的手段，它首先引起金融市场的货币波动，然后再传递到商品市场和其他要素市场，最后达到调节整个国民经济运行的目的。

五、金融市场的国际化

（一）外国债券与欧洲债券

国际债券市场上的传统工具是外国债券，它指的是在国外发行并以该国货币计值的债券。例如，中国公司在美国发行以美元计值的债券，即属于外国债券。几个世纪以来，外国债券一直是国际金融市场上的重要融资工具。

欧洲债券是国际金融市场上最近的一次创新，这种债券虽然在国外发行，但并不以该国货币计值。举例来说，在伦敦发行的以美元计值的债券便是一种欧洲债券。近年来，欧洲债券市场规模发展迅速，已经占据了国际债券的大部分市场。

（二）世界股票市场

随着计算机技术和先进通信设备的广泛应用，股票交易日益国际化，越来越多的国家建立了股票市场，全世界的股票交易总额近些年来也增长迅速，其中，大部分股票成交集中在纽约、东京和伦敦三大股票市场。

股票市场在世界范围内的发展为国内公司在外国发行股票筹措资金提供了可能。如今，中国公司不仅可以在国内发行 A 股，而且可以在纽约、伦敦、新加坡等证券交易所发行股票。随着我国经济改革的进一步深化和金融市场的逐步开放，我国金融市场的国际化进程也在稳步推进。

任务二　金融市场的构成要素

从金融市场的构成要素来看，虽然世界各国金融市场的发展存在很大的差异，但所有金融市场都是由主体、客体和交易机制构成的。

一、金融市场参与者

金融市场的参与者是金融市场主体，主要包括政府部门、工商企业、居民、存款金融机构、非存款金融机构和中央银行等。它们参与金融交易的动机，主要有筹措货币资金、对金融资产投资、套期保值、套利、投机，或者是金融监管、调控宏观经济。

（一）根据参与交易的动机划分金融市场主体

从参与交易的动机看，金融市场的主体可以划分为筹资者、投资者、套期保值者、套利者及监管者5类。筹资者是金融市场上资金的需求者。投资者是金融市场上资金的供给者，是指为了获取各种收益而购买各种金融工具的主体，按照交易动机、时间长短，广义投资者可以再划分为投资者和投机者两类。套期保值者是利用金融市场来转嫁风险的主体。套利者是利用金融市场来赚取无风险利润的主体。监管者则是对金融市场进行宏观调控和监管的中央银行以及其他各种金融监管机构。

（二）根据参与市场交易的部门划分金融主体

从参与市场交易的具体部门看，金融市场的主体可以分为政府部门、中央银行、金融中介、工商企业、居民个人和外国参与者等。各种参与者的特性不同，在金融市场上起到的作用也各不相同。

1. 政府部门

政府部门（包括中央政府、中央政府的代理机构和地方政府）是金融市场上资金的需求者，主要通过发行财政部债券或者地方政府债券来筹集资金，并用于国家基础设施建设、弥补财政预算赤字等；同时，国家财政筹集的大量收入在支出前形成的资金积余又可以使其成为资金的供给者。在国际金融市场上，不同国家的政府部门可以是资金的需求者，也可以是资金的供给者。此外，很多国家的政府部门同时担负金融市场的调节和监督职能，也是金融市场的监管者。

2. 中央银行

中央银行在金融市场中具有双重角色，它既是金融市场的行为主体，又是金融市场的主要监管者。中央银行在金融市场中担任着最后贷款人的职责，从而成为金融市场的资金供给者。同时，中央银行参与金融市场是以实现国家货币政策、稳定货币、调节经济为目的。中央银行通过买卖金融市场工具、投放或者回笼货币来调节和控制货币供应量，并会对金融市场上资金的供求以及其他经济主体的行为产生影响。一些国家的中央银行还接受政府委托，代理政府债券的还本付息，以及接受外国中央银行的委托在金融市场上买卖金融工具，参与金融市场活动。

3. 金融中介

金融中介是金融市场上的特殊参与者，也是专业参与者。从表面上看，金融中介是金融市场上最大的买方和卖方，但实质上金融中介并不是资金的初始供给者和最终需求者，其买卖最终是为了金融市场上其他参与者的买和卖，这就是金融中介的特殊性所在。同时，金融中介又是金融市场上唯一的专业参与者，其专业就是参加金融市场活动，为潜在的和实际的金融交易双方创造交易条件，为买卖双方降低寻找成本，使潜在的金融交易的可能性变成现实。因此，金融中介也被称为市场创造者。金融中介可以分为存款类金融中介和非存款类金融中介两大类。

（1）存款类金融中介

存款性金融机构是指通过吸收存款获得可利用的资金，并将资金贷给经济主体中的资金需求者，或者进行投资以获得收益的金融机构。存款性金融机构在金融市场中是十分重要的中介，同时也是套期保值和套利的主体。

①商业银行。商业银行是存款性金融机构中最重要的一种。早期的商业银行吸收存款，并通过承兑或者贴现的方式提供资金融通服务。现代的商业银行则发展成为金融市场中资金规模雄厚、业务领域广泛的重要的存款性金融机构。现代商业银行全面参与了金融市场中的各种活动，既是资金的需求者又是资金的供给者，同时还可以通过创造派生存款来扩张或者收缩货币，从而对整个金融市场的供求产生重大的影响。我国目前的商业银行有中国工商银行、中国农业银行、中国银行、中国建设银行这四大国有商业银行，还有股份制商业银行、城市商业银行等。

②储蓄机构。储蓄机构以专门吸收储蓄存款作为资金的来源，资金的运用则主要是发放不动产抵押贷款、投资国债和其他证券。与商业银行相比，储蓄机构的资产业务期限长，抵押贷款比重高。一国政府经常利用储蓄机构实现其特定经济目标，如房地产政策目标等，因此，储蓄机构往往能够得到政府的特别扶持。与商业银行一样，储蓄机构在金融市场上既是资金的供给者，又是资金的需求者。

③信用合作社。信用合作社是指由一些具有共同利益的人们组织起来的、具有互助性质的会员组织。其资金来源主要是会员的存款，也有非会员的存款，资金运用则是提供短期贷款、消费信贷、票据贴现及从事证券投资等。信用合作社为金融体系起到了拾遗补缺的作用，在经济生活中广泛动员了社会资金，弥补了现代金融服务难以覆盖的地区，促进了社会闲散资金的聚集和利用。随着金融的不断发展，信用合作社的业务不断拓展，资金来源与运用从以前的以会员为主逐渐向多元化方向发展，并且在金融市场上发挥着越来越大的作用。

(2)非存款类金融中介

非存款性金融机构的资金来源和存款性金融机构不同，它是通过发行证券或者以契约性的方式来聚集社会闲散资金，主要有以下几种类型：

①投资银行。投资银行是资本市场上从事证券发行、买卖及相关业务的金融机构，主要通过发行股票和债券筹集资金。随着金融市场的发展，投资银行的业务领域不断拓展，涉及证券承销和自营买卖、公司理财、企业并购、咨询服务、基金管理和风险资本管理等各个方面。投资银行既为资金需求者提供筹资服务，又充当投资者买卖证券的经纪人和交易商。目前，投资银行已经成为资本市场上重要的金融中介机构，在一级和二级市场上发挥着重要作用。

②保险公司。保险公司主要包括人寿保险公司和财产及灾害保险公司两大类型。这两种保险公司的资金来源主要都是按照一定标准收取的保险费。人寿保险公司为人们因为意外事故或死亡造成的经济损失提供保险，财产及灾害保险公司为企业及居民的财产意外损失提供保险。人寿保险具有保险金支付的可预测性，因此资金可以投入收益相对较高、期限较长的项目中，如股票等，是金融市场上资金供给者之一。财产及灾害保险公司事故的发生具有不确定性，因此资金运用更注重流动性，主要投资于货币市场上的金融工具和安全性较高的政府债券、高级别企业债券等。

③投资基金。投资基金是通过向社会公众出售其股份或者受益凭证来募集资金，并将所获资金分散投资于多样化的证券组合的金融机构。投资基金的当事人有 4 个：委托人是基金的发起人；受托人是基金经理公司，代理投资机构经营基金所募资金；受益人是投资者，即持有基金份额的人；信托人负责基金资产的保管，一般由投资银行、信托公司和商业银行等大型金

融机构充当。投资基金按照基金份额的变现方式可以划分为开放式基金和封闭式基金。

④养老基金。养老基金是类似于人寿保险公司的一种金融组织，其资金来源是公众为退休后生活所准备的储蓄金，通常由劳资双方共同缴纳，有的只由资方缴纳。养老金的缴纳一般由政府立法规定，资金来源有可靠保障。养老基金由于能够比较精确地估计未来的支付，因此其资金运用主要是投资于长期公司债券、优质股票及发放长期贷款。养老基金是金融市场上资金供给者之一。

⑤风险投资公司。风险资本家将资金投资于新的企业，帮助管理队伍将公司发展到可以"上市"的程度，即将股份出售给投资公众。一旦达到这一目标，典型的风险投资公司将售出其在公司的权益，转向下一个新的企业。

⑥信息咨询、资信评估等金融中介。这类机构主要是指资信评估公司及其他以金融信息资讯服务业务为主的金融机构。这类金融机构既为企业和社会服务，也为其他金融机构提供服务。最早的信息服务公司是评级机构，比如为证券业评级的穆迪和标准普尔，以及为保险行业评级的 Best's。最近发展起来的行业是提供财务数据（如彭博资讯和路透社）或进行共同基金业绩统计（如 Lipper、Morningstar 和 SEI）的公司或公司的部门。

4. 工商企业

工商企业在金融市场的运行中无论是作为资金的需求者还是资金的供给者，都具有重要的地位。在生产经营过程中，经常会有一些企业出现暂时性的资金盈余，而另一些企业则出现暂时性的资金短缺。此时企业不仅可以通过向金融中介机构进行资金余缺的融通，还可以在金融市场上发行或者购买各种金融工具，从而实现盈余资金的投资或者得到所需资金，以此实现企业生产经营过程中的不同目的。工商企业还可以通过发行股票或者中长期债券等方式来筹集资金，用于扩大再生产和经营规模。此外，工商企业为了控制财务风险，也经常在金融市场上进行套期保值等活动。

5. 居民个人

居民个人主要是金融市场上的资金供给者和金融工具的购买者。居民个人除掉必要的消费外，为了筹集资金或者留存部分资金以备不时之需，往往会将手中的资金存入银行或者在金融市场上购买股票、债券等金融工具，通过这些金融投资组合，既可以满足居民个人日常的流动性需求，又可以达到保值增值的目的。居民的投资可以用于直接购买金融工具投资，也可以通过金融中介进行间接投资，如投入保险、购买共同基金等，最终都是向金融市场提供资金。此外，居民有时也会有资金需求，如用于耐用消费品的购买以及住房、汽车消费等。

6. 外国参与者

外国参与者（Foreign Participants）构成了外国部门。这个部门包括所有来自国外的参与者，包括家庭、非金融机构、政府及中央银行。随着世界各国逐步放开其金融市场，外国参与者参与国内金融市场和国际金融市场的现象将越来越普遍。

金融机构是金融市场最重要的参与者，表 5—2 汇总了金融机构资金来源和运用情况。

表 5—2　　金融机构资金来源和运用情况

金融机构	主要资金来源	主要资金运用
商业银行	家庭、企业和政府机构存款	购买政府和公司债券；发放贷款
储蓄机构	家庭、企业和政府机构存款	购买政府和公司债券；发放住房抵押贷款；发放贷款

续表

金融机构	主要资金来源	主要资金运用
信用社	信用社会员	向信用社会员贷款
金融公司	向家庭、企业出售证券	发放贷款
基金公司	向家庭、企业发行基金	购买政府债券、公司证券
货币市场基金	向家庭、企业发行基金	购买政府债券、公司证券
保险公司	保费收入和投资收益	购买政府债券、公司证券
养老基金	雇员、雇主缴纳	购买政府债券、公司证券

二、金融市场工具

金融市场工具是指金融市场主体交易的对象(交易的标的物),是金融市场上资金运行的载体,通常称为"金融工具"。对于金融工具,可以理解为金融工具持有人对发行人的债权或权益。对金融工具的发行人而言是金融负债,对金融工具持有人而言是金融资产,是以价值形态存在的资产。金融市场发挥着将资金从储蓄者引导向投资者的职能,这一过程需要借助于某种金融工具才能实现。金融工具在促使资金从盈余单位向短缺单位流动的同时,也使收益与风险在双方重新分布。为此,金融工具具有三种特性:偿还性、收益性、风险性和流动性。一般来说,流动性与收益性呈反向相关,风险性与收益性则呈正向相关。流动性、风险性、收益性、偿还性的不同组合体现着金融工具的多样性,从而使之满足各种资金供求者的不同需求。

(一)金融工具分类

金融工具种类繁多,分类方法也有多种。按照金融工具的性质不同,可以分为债权凭证和所有权凭证。①债权凭证是发行人依法定程序发行,并约定在一定期限内还本付息的有价证券。债权凭证反映了发行人与持有人之间的债权与债务关系,对还本付息的条件有所约定。②所有权凭证一般是指股票,它是股份有限公司发行的,用以证明投资者的股东身份和权益,并据此获得股息红利的有价证券。

按金融工具的市场属性和期限,金融工具可划分为货币市场工具、资本市场工具和金融衍生工具。①货币市场工具是期限在一年以内的金融工具,包括短期政府债券、商业票据、银行承兑汇票、大额可转让定期存单、同业拆借、回购协议等。货币市场工具具有期限短、流动性强、安全性高的特征。②资本市场工具是期限在一年以上、代表债权和股权关系的金融工具,包括股票、债券等。与货币市场工具相比,资本市场工具期限长、价格波动幅度较大。③金融衍生市场工具是建立在基础金融工具之上,价格取决于基础工具的派生工具,主要包括金融远期、金融期货、金融期权、金融互换等。表5－3列出了主要的金融市场工具。

表5－3　金融市场工具

货币市场	资本市场
A. 固定收益货币市场工具	B. 固定收益资本市场工具
国库券	国债和国库票据
存单	中央政府机构债券
商业票据	市政债券

续表

货币市场	资本市场
银行承兑汇票	公司债券、企业债券
回购协议	公司中期票据
央行票据	抵押支撑证券
短期融资券	C. 权益市场工具
联邦基金	普通股
同业拆借市场	优先股
	D. 衍生市场工具
	远期和期货
	互换和期权

(二)金融工具的特征

金融工具的种类虽然很多,而且各具特点,但它们都具有偿还性、流动性、风险性和收益性的特征。

1. 偿还性

金融工具的偿还性是指金融工具的债权人或投资人可以按照金融工具上所记载的应偿还债务的时间,到期收回投资本金。债券一般有明确的还本付息期限,以满足不同筹资者和投资者对融资期限和收益率的不同要求。对于股票,虽然它属于长期投资,但可以通过卖出股票收回投资,仍然具有偿还性。还有一种永久性债务,这种公债借款人同意以后无限期地支付利息,但始终不偿还本金,这是长期的一个极端。在另一个极端,银行活期存款随时可以兑现,其偿还期实际等于零。

2. 流动性

金融工具的流动性是指金融工具在不受或少受损失的情况下能迅速变现的能力。能随时在市场上出卖而换取现金的金融工具,表明它的流动性强;反之则弱。衡量金融工具流动性强弱的标准:一是金融工具能否及时变现;二是变现过程中价格的损失程度和交易成本的大小。

3. 风险性

风险性是指金融工具的持有人预期收益不能实现,甚至连本金也遭受损失的可能性。风险性是未来经济状况的不确定性带来的。在现代社会经济条件下,未来的经济变化有些是可预测的,有些是不可预测的,这些变化会影响金融工具发行人的经营状况和盈利能力,使金融工具具有预期收益不确定性的风险。金融工具的风险性不仅取决于发行人的资信水平、经营能力和盈利能力,还受宏观经济状况、金融市场完善程度等因素的影响。

4. 收益性

收益性是指金融工具能定期或不定期给持有人带来收益的特性。金融工具收益性的大小是通过收益率来衡量的,其具体指标有名义收益率、实际收益率和平均收益率等。

三、金融市场组织方式

(一)拍卖方式

金融市场上的拍卖方式(Auction)是指所有的金融交易都采取拍卖的方式成交,买卖双方通过公开竞价来确定买卖的成交价格。目前,公开竞价有两种方式:一种是人工拍卖,即由金融工具的出售方呼喊加手势报出要价，购买方之间激烈竞争报出买价，出价最高的购买方将最终获得所售金融工具；另一种方式是计算机自动撮合，即买卖双方不必直接见面，而是分别将欲买和欲售金融工具的价格输入计算机，由计算机按照时间优先、价格优先的原则自动配对，实现成交。时间优先是指同样的价格先提出的优先成交。价格优先是指对购买方而言，同一时间价格高的优先成交；对出售方而言，同一时间价格低的优先成交。金融市场工具的拍卖在交易所内进行。但交易所内除了真正要买卖金融工具的市场参与者之外，还有受人委托代理买卖的经纪人和股票交易商。他们由作为交易所会员的经纪人公司和证券公司派出，这些公司受实际投资人、筹资人、保值人或者投机人的委托，按照委托人的要求以尽可能有利的价格进行交易。这是拍卖方式的一大特点。

拍卖方式可以分为单向拍卖(One-Way Auction)和双向拍卖(Two-Way Auction)。①单向拍卖方式的交易双方中一方是一个交易群体(Trading Crowd)。例如，一批要购买或要出售的同一金融工具，而另一方是一个交易单位。后者报出买卖金融工具的出价或要价，前者中的各个交易单位围绕报价展开竞争，竞相抬价以求买进或者竞相压价以求售出。最后，后者将要出售的金融工具卖给出价最高的交易方，或以最低的价格购得要购买的金融工具。②双向拍卖方式的交易双方都是交易群体，交易双方在买卖某种交易工具时，以该种工具上次成交的价格为基础，分别提出各自的出价和要价。买方希望以较低价格买入，卖方希望以较高价格卖出。买方群体中不断有人为买进而提高出价，卖方群体中不断有人为卖出而降低要价，这样双方的报出价格逐渐接近，到双方群体中最高出价和最低要价相等时便可以成交。

(二)柜台方式

柜台方式(Over-The-Counter)是指通过作为交易中介的证券公司来买卖金融工具，而不是通过交易所竞价方式确定交易价格。这种方式中金融工具的买卖双方都分别同证券公司进行交易，或者将出售的金融工具卖给证券公司，或者从证券公司买进欲购买的金融工具。

在柜台方式组织的金融交易中，买卖价格不通过交易双方直接竞争来确定，而是由证券公司根据市场行情和供求关系自行确定。对于同意交易的某种金融工具，证券公司以双价制(Ask and Bid System)的方式进行挂牌，即同时报出该工具的买入价格(Bid Price)和卖出价格(Asked Price)，表示愿意以所报出价格买入或者卖出金融工具。证券公司一旦对某种金融工具报出双价，则在报出新的价格之前，不得拒绝以已经报出的买入或者卖出的价格来买卖该种工具。一般证券公司的报价中买入价格低于卖出价格，价差(Spread)就是证券公司的主要利润来源。

任务三　金融市场的分类

金融市场是由许多具体子市场组成的庞大的市场体系。根据不同的标准对金融市场进行划分，可以分出存在差异的许多具体的子市场。

一、货币市场和资本市场

按要求权的期限可将金融市场分为货币市场和资本市场。

(一)货币市场

货币市场是短期金融资产市场，是指以期限在一年以下的金融资产为交易标的的市场。期限在一年以上的金融资产市场则称为资本市场。债务工具等短期金融资产在一年期或一年期以下，是货币市场的一部分，而一年期以上就归到了资本市场。

货币市场的主要功能是保持金融资产的流动性，将金融资产转换成现实的货币。货币市场主要进行国库券、商业票据、银行承兑汇票、可转让定期存单、回购协议、联邦资金等短期金融工具的买卖，交易量庞大。政府、金融机构、工商企业等是货币市场的主体。货币市场是无形市场，交易量巨大，因此也是批发市场。货币市场又是公开市场，按照市场价格进行交易，具有很强的竞争性。

货币市场的发展，为中央银行有效实施以公开市场操作为主的间接货币调控提供了必要的基础性条件，有力地促进了央行货币调控机制从行政性为主向市场化为主的转换。通过市场所形成的银行间市场的回购利率、现券交易利率及同业拆借市场利率，不仅为全社会的金融资源配置提供了越来越重要的基准价格，也为货币当局判断市场资金供求状况提供了一个更为接近真实的参照系。

(二)资本市场

资本市场是专门融通期限在一年以上的中长期资金的市场。资本市场包括两大部分：银行中长期存贷款市场和有价证券市场，证券市场是资本市场中最重要的部分。资本市场与货币市场相比，除了期限不同和交易的金融工具各异之外，融资目的、风险程度、收益水平、资金来源等方面也不相同。同时，二者又在很多方面相互联系、相互影响，如资金的相互流动、利率同向变动趋势、资金存量相互影响、金融工具相互重合等。

我国的资本市场自1990年沪、深两市开办至今，已经形成了主板、中小板、创业板、三板(含新三板)市场、产权交易市场、股权交易市场等多种股份交易平台，初步建立了多层次资本市场。

根据要求权的不同，金融市场还可区分为权益市场及债务市场，前者是指股票市场，股票市场上主要流通的凭证即为公司股票，持有股票的股东，除非是公司结束营业，其股权资产只有每年的股息收入，对公司资产不能有立即请求权。债务市场工具投资者按事先规定好的利息率获得收益，如债券和存单在到期时，投资者即可领取约定利息。固定收益类投资指投资于银行定期存款、协议存款、国债、金融债、企业债、可转换债券等固定收益类资产，所以也叫固定收益市场。图5—1显示了货币市场、资本市场、权益市场和债务市场之间的关系。

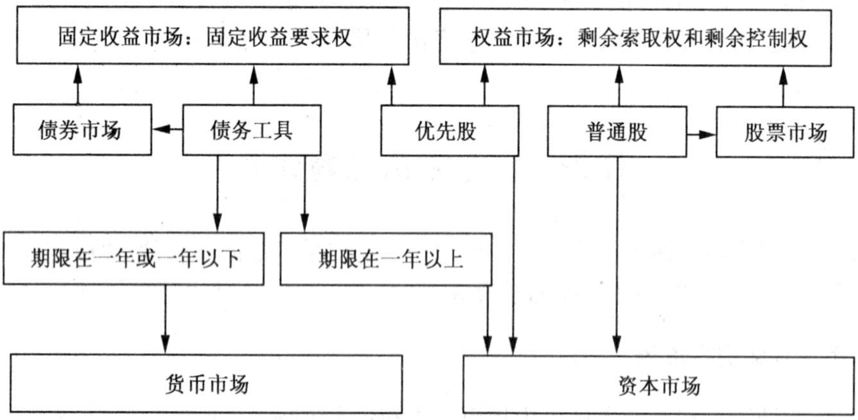

图5—1　货币市场、资本市场、权益市场和债务市场之间的关系

二、现货市场、期货市场和衍生产品市场

根据金融交易合约性质的不同,可以把金融市场划分为现货市场、期货市场和衍生产品市场。

(一)现货市场

现货市场是指必须在交易协议达成后的若干个交易日内办理交割的金融交易市场。现货交易是金融市场上最普遍的一种交易方式,包括现金交易、固定方式交易及保证金交易。现金交易是指成交日和结算日在同一天的交易;固定方式交易是成交日和结算日相隔 7 天以内的交易;保证金交易也叫垫头交易,是在投资者资金不足但又想获得较多投资收益时,采取交付一定比例的现金,其余资金由经纪人贷款垫付买卖金融工具的交易方式。目前,现货市场上主要是固定方式交易。

(二)期货市场

广义上的期货市场(Future Market)包括期货交易所、结算所或结算公司、经纪公司和期货交易员;狭义上的期货市场仅指期货交易所。期货交易所是买卖期货合约的场所,是期货市场的核心。比较成熟的期货市场在一定程度上相当于一种完全竞争的市场,是经济学中最理想的市场形式。因此,期货市场被认为是一种较高级的市场组织形式,是市场经济发展到一定阶段的必然产物。期货市场是交易双方达成协议或成交后,不立即交割,而是在未来的一定时间内进行交割的场所。

(三)衍生产品市场

衍生产品市场是各种衍生金融工具进行交易的市场。衍生金融工具是指由原生性金融商品或者基础性金融工具创造出的新型的金融工具,一般表现为一些合约,合约的价值由其交易的金融资产的价格决定,包括远期合约、期货合约、期权合约、互换等。20 世纪 80 年代,金融衍生市场开始快速增长,美国的交易所由于积极进行金融创新、率先开发出股指期货等金融衍生产品而获得了国际投资者的青睐,在国际金融市场占据了绝对优势。20 世纪 90 年代后,衍生产品市场进入加速发展的轨道,大力提倡和扩张电子交易的欧洲期货交易所上升为衍生产品市场的主角。进入 21 世纪,亚洲市场迅速崛起并成为衍生产品市场的新主力,而且很可能成为下一个衍生产品市场中心。由于具有交易速度快、流动性强、透明度高、风险监控体系严密等优势,不管是在吸引投资者还是在防范金融风险方面,衍生产品市场都发挥了至关重要的作用。

三、发行市场、流通市场、第三市场和第四市场

按金融资产的发行和流通特征划分,可分为发行市场、流通市场、第三市场和第四市场。

(一)发行市场

资金需求者将金融资产首次出售给公众时所形成的交易市场称为发行市场或一级市场。金融资产的发行有公募和私募两种方式。前者的发行对象是社会公众,后者的发行对象是机构投资者,两者相比公募涉及的范围大、影响广、成本高、准备的手续复杂、需要的时间长。私募发行又分为包销、代销和自销。包销是由银行等承销机构按照商定的条件把全部证券承接下来负责向公众销售,包销期满后无论金融资产是否已经全部销售出去,包销机构都要如数付给发行人应得资金。代销是发行人自己承担全部发行风险,代销商如投资银行接受委托收取手续费用,销售多少是多少,不必承担任何风险。自销是发行人通过私下洽商的方式直接销售

给少数的个人或者团体投资者。

(二)流通市场

流通市场又称二级市场(Secondary Market),是指金融工具发行后在投资者之间买卖、转让所形成的市场。金融工具通过流通市场而更具有流动性,使社会范围内的资源能够得到充分利用。按照其组织形式,流通市场又可以分为场内交易市场和场外交易市场。前者有证券交易所,后者有柜台交易或者店头交易市场,是在证券交易所之外进行证券买卖的市场,一般针对未上市的证券提供交易服务。

发行市场和流通市场是密不可分的,发行市场是流通市场的基础和前提,没有发行市场就没有流通市场;而流通市场是发行市场存在与发展的重要条件之一,无论在流动性上还是在价格的确定上,发行市场都要受到流通市场的影响。

(三)第三市场和第四市场

在发达的市场经济体中还存在第三市场和第四市场,它们都是场外市场的一部分。第三市场是原来在交易所上市的证券转移到场外进行交易所形成的市场,相对于交易所来说,其交易限制更少、成本更低。第四市场是投资者和证券的出卖者直接交易形成的市场,其形成的主要原因是机构投资者在证券交易中所占的比重越来越大,买卖数额巨大,因此希望避开经纪人直接交易以降低成本。

四、国内金融市场和国际金融市场

金融市场按其作用的地域范围来划分,又可以分为国内金融市场及国际金融市场。

(一)国内金融市场

国内金融市场是指金融交易的作用范围仅仅限于一国之内的市场,包括全国性的以本币计值的金融资产交易市场和一国范围内的地方性金融市场。国内金融市场又可分为两部分:本国证券市场和外国证券市场,居住于本国的发行人发行的证券及其交易的市场称为本国证券市场;外国证券市场是指证券的发行人不居住在本国,但在本国发行和交易证券的市场。外国证券的发行遵守所在国监管当局法令的限制,如美国的外国证券市场被称为“扬基市场”、日本的外国证券市场被称为“武士市场”、英国称“猛犬市场”、荷兰称“伦勃朗市场”、西班牙称“斗牛士市场”等。

(二)国际金融市场

国际金融市场是金融资产的交易跨越国界、进行国际交易的场所。该市场上的证券的显著特点是:它们同时向许多国家的投资者发行,且不受一国法令的制约。国际金融市场有广义和狭义之分。广义的国际金融市场又称传统的国际金融市场,是指进行各种国际金融业务的场所,包括货币市场、资本市场、外汇市场、黄金市场以及衍生产品市场等。狭义的国际金融市场是指同市场所在国的国内金融体系相分离,主要由市场所在国的非居民从事境外交易,既不受所使用货币发行国政府法令的管制,又不受市场所在国法令管制的金融市场,又称离岸金融市场或欧洲市场。离岸金融市场是无形市场,只存在于某一城市或地区而不在一个固定的交易场所,由所在地的金融机构和金融资产的国际性交易形成。欧洲市场并不只局限于欧洲,由于该类型市场在欧洲产生,因此是习惯称谓。

【拓展阅读5—2】

世界三大金融市场

1. 纽约金融市场

纽约是世界主要的金融中心之一。由于美国凭借两次世界大战期间膨胀起来的经济实力登上了资本主义世界金融霸主的宝座，建立了以美元为中心的国际货币制度，使美元成了主要的国际支付手段和储备货币，纽约也就成了国际金融中心。纽约金融市场主要包括外汇市场、货币市场和资本市场。纽约外汇市场并无固定的交易场所，所有的外汇交易都是通过电话、电报和电传等通信设备，在纽约的商业银行与外汇市场经纪人之间进行。这种联络就组成了纽约银行间的外汇市场。此外，各大商业银行都有自己的通信系统，与该行在世界各地的分行外汇部门保持联系，又构成了世界性的外汇市场。纽约货币市场即纽约短期资金的借贷市场，是世界主要货币市场中交易量最大的一个。除纽约市金融机构、工商业和私人在这里进行交易外，每天还有大量的短期资金从美国和世界各地涌入和流出。和外汇市场一样，纽约货币市场交易都是供求双方直接或通过经纪人进行的。在纽约货币市场的交易，按交易对象包括联邦基金市场、政府库券市场、银行可转让定期存单市场、银行承兑汇票市场和商业票据市场等。纽约资本市场是世界最大的经营中、长期借贷资金的资本市场，可分为债券市场和股票市场。纽约债券市场交易的主要对象是政府债券、公司债券、外国债券。纽约股票市场是纽约资本市场的一个组成部分。在美国，有10多家证券交易所按证券交易法注册，被列为全国性的交易所。其中，纽约证券交易所、纳斯达克(NASDAQ)和美国证券交易所最大，它们都设在纽约。

2. 伦敦金融市场

伦敦是资本主义世界最早的和最大的国际金融中心。它位于伦敦的泰晤士河北岸2.54km^{2}的地区内，又称为“伦敦城”。在18世纪60年代至19世纪40年代，英国的工业革命推动了英国资本主义的发展，经济实力不断增强，对外贸易扩展尤为迅速。这样，英国经济和政治的中心——伦敦便成为世界贸易的中心，英镑也成为最主要的国际支付工具。伦敦金融市场的国际信贷、外汇交易量均居世界第一，证券交易居世界第二，外国银行的集中程度也超过纽约、东京居世界第一。经过两次世界大战之后，英国经济遭到严重破坏，伦敦的国际金融地位大为削弱，但由于它具有悠久的历史、广泛的联系和便利的市场条件，至今仍然保持着作为一个重要国际金融中心的地位。20世纪50年代末，欧洲美元市场在伦敦的形成，以及后来以伦敦为主要基地的欧洲货币市场的迅速发展，1973年以美元为中心固定汇率制度的崩溃，把伦敦的地位推到新的高度，重新成为世界上最重要的金融中心之一。

3. 瑞士苏黎世外汇市场

苏黎世是一个有历史传统的外汇市场，在国际外汇交易中处于重要地位。这一方面是由于瑞士法郎是自由兑换货币；另一方面是由于第二次世界大战期间瑞士是中立国，外汇市场未受战争影响，一直坚持对外开放。其交易量原先居世界第四位，但近年来被新加坡外汇市场超过。

在苏黎世外汇市场上，外汇交易是由银行自己通过电话或电传进行的，并不依靠经纪人或中间商。由于瑞士法郎一直处于硬货币地位，汇率坚挺稳定，并且瑞士作为资金庇护地，对国际资金有很大的吸引力，同时瑞士银行能为客户资金严格保密，吸引了大量资金流入瑞士。因此，苏黎世外汇市场上的外汇交易大部分是由于资金流动而产生的，只有小部分是出自对外贸易的需求。

任务四 货币市场

一、货币市场的特点

货币市场是指以期限在1年以内的金融工具为媒介进行短期资金融通的市场。总体来看,货币市场的特点主要有:

(一)交易期限短

这是由金融工具的特点决定的。货币市场中的金融工具一般期限较短,最短的期限只有半天,最长的不超过1年,这就决定了货币市场是短期资金融通市场,即筹资者只能在此市场中筹集短期临时性资金。

(二)流动性强

此特点与货币市场的上一个特点紧密相连。货币市场金融工具偿还期限的短期性决定了其较强的流动性。此外,货币市场通常具有交易活跃的流通市场,这意味着金融工具首次发行后可以很容易地找到下一个购买者,这进一步增强了货币市场的流动性。

(三)安全性高

货币市场是个安全性较高的市场,主要的原因在于货币市场金融工具发行主体的信用等级较高,只有具有高资信等级的企业或机构才有资格进入货币市场来筹集短期资金,也只有这样的企业或机构发行的短期金融工具才会被主要追求安全性和流动性的投资者所接受。

(四)交易额大

货币市场是一个批发市场,大多数交易的交易额都比较大,个人投资者难以直接参与市场交易。

二、货币市场的功能

一般认为,货币市场作为短期资金市场,其特有的功能主要体现在:

(一)它是政府、企业调剂资金余缺、满足短期融资需要的市场

政府的国库收支经常面临先支后收的矛盾,解决这个矛盾的一个较好的方法就是政府在货币市场上发行短期政府债券——国库券,因而国库券市场是货币市场的一个非常重要的子市场。流动资金快速周转的特征决定了短期融资是企业生产经营过程中最大量、最经常的融资需求,通过签发合格的商业票据,企业可以从货币市场及时、低成本地筹集大规模的短期资金满足这种需求。与此同时,流动资金暂时闲置的企业也可以通过购买国库券、商业票据等货币市场工具达到安全性、流动性和收益性相统一的投资目的。

(二)它是商业银行等金融机构进行流动性管理的市场

商业银行等金融机构的流动性是指其能够随时应付客户提取存款或满足必要的借款要求的能力。由此可见,流动性管理是商业银行等金融机构资产负债管理的核心,流动性的缺乏意味着偿付能力的不足,有可能引发挤兑危机。商业银行等金融机构通过参与货币市场的交易活动可以保持业务经营所需的流动性。

(三)它是一国中央银行进行宏观金融调控的场所

在市场经济国家,中央银行为调控宏观经济运行所进行的货币政策操作主要是在货币市场中进行的。例如,公开市场业务作为各国中央银行最经常采用的一种货币政策操作,就是指

中央银行在货币市场上与商业银行等金融机构买卖政府债券等货币市场工具，用以影响商业银行等金融机构的可用资金额和货币市场利率水平，进而影响商业银行等金融机构的信贷规模和其他利率水平，最终引起投资量和消费量的变动实现中央银行货币政策操作的目的。

（四）它是市场基准利率生成的场所

基准利率是一种市场化的无风险利率，被广泛用作各种利率型金融工具的定价标准，是名副其实的市场利率的风向标，货币市场交易的高安全性决定了其利率水平作为市场基准利率的地位，发挥基准利率特有的功能。

三、货币市场工具

货币市场工具是期限为一年以下的短期债务工具，主要包括国库券、商业票据、银行承兑汇票、大额可转让定期存单（CD）、同业拆借、回购协议等。

（一）国库券

国库券是政府发行的期限不超过一年的短期证券。发行国库券的目的主要有两个：一是满足政府部门短期资金周转的需要，调节政府收支季节性的不平衡；二是为中央银行实施货币政策提供公开市场操作的工具。

国库券的发行方式通常实行招标制，具体形式包括竞争性投标和非竞争性投标。每次发行前，财政部根据近期短期资金的需求量和中央银行实施货币政策调控的需要等因素确定国库券的发行规模，并向社会公告。投标人在规定的发行规模的约束下，分别报出自己拟购买的价格和数量，出价最高者首先中标，然后按出价顺序，由高到低依次配售，直至售完为止，这就是竞争性投标。也有一些小规模的金融机构无力或不愿参与竞争性投标，便按照投标最高价和最低价的平均价购买，这便是非竞争性投标。

国库券的发行价格一般采用贴现价格，即以低于票面金额的价格发行，到期时按票面金额偿还。票面金额与发行价格的差即是投资者的收益。国库券发行价格的计算公式如下：

$$发行价格=面值[1-贴现率\times(发行期限\div 360)]$$

由于国库券是政府发行的债券，几乎没有违约风险，因此通常被称为无风险债券。国库券还具有很强的流动性，它在交易成本和价格风险较低的情况下能迅速变现。此外，国库券的面额相对较小，这有利于众多小投资者购买，而且其投资收益通常是免税的。以上优点使得国库券在市场上极受欢迎。

我国国库券从1981年开始发行，但与发达国家相比有较大差别，主要原因是期限较长，实际是中长期公债。因此，在我国目前的货币市场体系中还缺乏真正的国库券市场。随着我国金融体系的不断完善，以及财政政策、货币政策协调与配合关系的加强，政府债券期限结构的多样化将是必然的发展趋势，届时，真正的国库券市场必将得到充分的发展。

（二）商业票据

商业票据是由一些大银行、财务公司或企业发行的一种以短期融资为目的、直接向货币市场投资者发行的无担保票据，主要分为本票和汇票两种。本票又叫期票，是债务人向债权人开出的在约定期限偿付欠款的债务凭证。因此，买方是出票人，卖方是持票人。本票到期，出票人必须按票面金额向持票人付款；未到期限的本票，持票人必须在它背面作专门签署（即背书）后方能转让流通。本票可以多次转让，但每次转让须经过一次背书。对于转让后的本票，若出票人到期不能偿付，则背书人负有付款的责任。汇票是出票人（债权人）发给付款人（债务人）的支付命令书，命令付款人在约定的时间、地点，以一定的金额支付给指定的收款人。汇票分为远期汇票和即期汇票,前者是指出票或见票后在将来特定日期付款的汇票,后者是指提示或见票后立即付款的汇票。

商业票据是不记名的,发行方式分为两种:直接发行和间接发行。直接发行是由发行公司或企业直接将票据出售给投资者;间接发行则是通过票据交易商承销发行,发行人不承担销售工作,但须向承销商支付手续费。商业票据没有票面利率,按折扣面额的一定比率发售,发行利率表现为折扣利率。

由于商业银行的信用度高、期限短、信息透明,因此受到广大投资者的青睐,这些投资者包括投资公司、货币市场共同资金、商业银行的信托部、保险公司、工商企业及政府机构等。

经过 20 多年的发展,我国票据的融资功能得到了很大增强,票据贴现市场的融资规模稳步扩大。如表 5—4 所示,商业票据发生额从 2001 年的 1.3 万亿元增长到了 2011 年的 15.1 万亿元,10 年间增长了 10.6 倍。但与西方发达国家相比,我国的票据市场尚处于发展的初级阶段,在运行中还存在很多问题,例如,票据种类少;票据信用度不高,很多票据到期不能偿付;贴现市场规模较小,办理贴现业务的金融机构只有商业银行;不能发行融通票据;等等。随着金融改革的逐步深化和信用制度的不断健全,我国的票据市场将会日臻完善。

表 5—4　　我国货币市场主要工具成交额　　单位:万亿元

年　份	商业票据市场	回购市场	同业拆借市场
2001	1.3	4.0	0.8
2009	10.3	70.3	19.4
2010	12.2	87.6	27.9
2011	15.1	99.5	33.4

数据来源:中国人民银行。

(三)银行承兑汇票

银行承兑汇票是由在承兑银行开立存款账户的存款人出票,向开户银行申请并经银行审查同意承兑的,保证在指定日期无条件支付确定的金额给收款人或持票人的票据。

银行承兑汇票一般由信誉卓著的银行承兑,所以其市场风险很低;又由于银行承兑汇票具有公开的贴现市场,可以随时转售,因而其流动性较好。银行承兑汇票与商业票据有所不同,商业票据的担保人仅为其发行者,而银行承兑汇票由承兑银行额外担保,因此,银行承兑汇票的收益率略低于商业票据。但与商业票据一样,银行承兑汇票也没有票面利率,汇票的价格是按其面额打一定的折扣,买价和面额的差额即为持有人的利润,汇票到期由承兑行按面额偿付。

银行承兑汇票的转让流程如下:

(1)背书。背书是持票人将票据权利转让给他人的票据行为。背书时背书人要在汇票背面或粘附于汇票背面的粘单上签章,以承担保证后手所持汇票承兑和付款的责任,并证明前手签章的真实性和背书的连续性,以证明票据权利的正当。如果被背书人向付款人要求付款时遭到拒绝,有权向背书人追索要款,因此,汇票背书人越多,责任人就越多,持票人的权利就越有保障。

(2)贴现。贴现是指汇票持有人以未到期的票据向银行换取现金,并贴付自贴现日至汇票到期日的利息的一种票据行为。从性质上看,贴现是银行以现款买入未到期票据上的债权,等票据到期再获得买入票据日至票据到期日这一段时间的利息，因此，对银行来讲，实质上是一种票据买卖行为，同任何金融工具的买卖性质一样。在银行承兑汇票市场上将承兑汇票贴现，国外的做法是持票人可以在任何银行(包括承兑银行)贴现。

贴现利息＝票面金额×贴现率×(未到期天数 ÷ 360)

贴现金额＝票面金额－贴现利息＝票面金额×[1－贴现率 ×(未到期天数÷360)]

(3)转贴现。转贴现是指办理贴现的银行，将其贴进的未到期票据，再向其他银行或贴现机构进行贴现的票据转让行为，是金融机构之间相互融通资金的一种形式。在西方发达国家的票据市场上，转贴现行为非常普遍，银行和市场上其他投资者往往利用银行承兑汇票进行多次转贴现，以保证资金运用的灵活性和良好的收益性。

(4)再贴现。再贴现是指商业银行或其他金融机构将贴现所获得的未到期汇票向中央银行再次贴现的票据转让行为。一般情况下，再贴现是最终贴现，票据经过再贴现即退出流通过程。再贴现是中央银行对商业银行和其他金融机构融通资金的一种形式，也是中央银行调节市场银根松紧的重要手段。

(四)大额可转让定期存单

大额可转让定期存单(Certificate of Deposit，CD)是由商业银行发行的一种定期存款凭证，凭证上印有一定的票面金额、存入和到期日以及利率，到期后可按票面金额和规定利率提取全部本利，逾期存款不计息。存单到期前银行通常不兑现。

与一般定期存款相比，CD主要有以下特点：发行面额标准化且数额巨大；不记名，不能提前支取，但可在二级市场流通转让；利率比同期限的定期存款利率高，可以固定，也可以浮动；偿还期限短，最短期限为两周，最长期限大多数在一年以内，一般偿还期限为3～6个月。

我国的大额可转让定期存单起步较晚，最初由中国银行和交通银行于1986年开始发行，1989年起，其他专业银行也陆续发行。目前，面向个人发行的大额定期可转让存单期限有1个月、3个月、6个月、9个月、12个月5种，面额为500元及其整数倍；向企业发行的CD面额是5万元及其整数倍。我国CD的投资者主要是个人，由于没有交易市场，缺乏流动性，只是利率略高于同期储蓄存款，故几乎成为一种变相的定期储蓄存款。

(五)同业拆借

同业拆借是指金融机构同业之间为弥补短期资金的不足、票据清算的差额而进行的短期资金借贷。同业拆借市场交易量较大，对资金供求和货币政策的变化反应敏感，能够影响货币市场利率，是货币市场的重要交易工具。

同业拆借主要有以下几个特点：

(1) 融通资金的期限比较短。融通资金的期限有1日、2日、5日不等，以1日为主，一般不超过1个月，期限最短的甚至只有半日。

(2) 同业拆借基本是信用拆借。拆借活动在金融机构之间进行，其市场准入条件严格，参与拆借的机构基本上都在中央银行开立存款账户，因此信誉较高，并主要以其信誉参与拆借活动。

(3) 利率由双方协商决定，随行就市，拆借利息变动频繁，对资金供求变化反应灵敏。因此，银行间同业拆借利率通常被视作基准利率，成为其他资产的报价基础。

(4) 利率较低。由于拆借双方都是信誉卓著的金融机构，拆借风险较小，加之期限很短，所以利率水平较低。

我国的同业拆借市场于1984年开始起步，经过30多年的发展，初步形成了全国统一的同业拆借市场格局，成为金融机构调节流动性的重要场所。1996年之后，随着全国银行间同业拆借市场的建立，我国同业拆借市场规模不断扩大。从表2—2中可以看出，同业拆借市场成交额近十年的增长十分迅速，2001年为0.8万亿元，2011年则增长到了33.4万亿元。

（六）回购协议

回购协议是商业银行进行短期融资的一种方式，是指出售证券等金融资产时签订某一协议，约定在一定的期限后按原定价格或约定价格进行回购，从而获得可用资金。回购协议涉及的证券主要是国债。尽管涉及证券的买卖，但实质上回购协议相当于以证券为抵押品。按照期限的不同可将其分为隔夜、定期和连续性三种，其中最普遍的是隔夜回购，隔夜回购是指卖出和买回证券相隔1天；定期回购则意味着卖出和买回证券的相隔天数是定期的，但一般不超过30天；连续性回购是指按不同利率连续几天交易。

回购协议的收益主要是买卖双方协定的利息，其计算公式如下：

$$回购收益=投资金额\times利率\times(天数/360)$$

【例5—1】 投资者在国债回购市场上买入债券100万元，2天卖出，利率6%，求其收益。

$$1\ 000\ 000\times6\%\times(2/360)=333.33(元)$$

尽管回购协议是一种高质量的抵押贷款，但仍然具有一定的信用风险。如果所抵押的证券价格下降，则卖方有可能到期不购回证券；相反，当所抵押的证券价格上升，买方有可能不愿意将证券卖回给卖方。鉴于此，市场参与者一般采取设置保证金和调整回购协议的办法来规避风险。

任务五　资本市场

一、资本市场的含义

资本市场工具是指期限在1年及1年以上的中长期债务和股权工具。与货币市场工具相比，资本市场工具的价格波动幅度更大，是风险较高的投资工具。资本市场工具是世界上持有最为广泛的金融资产之一，因此对全球经济具有重要而深远的影响。其主要包括股票、公司债券、政府债券等。

二、资本市场的特点

资本市场的主要特点是：

(1)交易期限长，至少在1年以上，最长可达数10年。

(2)交易目的主要是解决长期投资性资金供求矛盾，充实固定资产。

(3)资金借贷量大，以满足大规模长期项目的需要。

(4)作为交易工具的有价证券与短期金融工具相比，收益率高，但流动性差，风险也较大。

三、资本市场工具

（一）股票

1. 股票的含义

股票是股份有限公司在筹集资本时向出资人发行的股份凭证，代表着持有者（即股东）对股份公司的所有权。这种所有权是一种综合权利，如参加股东大会、投票表决、参与公司重大决策、收取股息、分享红利等。作为公司的所有者，股东以其出资额为限对公司负有限责任、承担风险与分享收益。

2. 股票的特征

(1) 不可偿还性。投资者认购股票后，不能再要求退股，只能在二级市场上将股票卖给第三者，因此股票是一种无偿还期限的有价证券。

(2) 参与性。股票持有者的投资意志和享有的经济利益通常是通过行使股东参与权来实现的。股东有权出席股东大会，选举公司董事会，参与公司重大决策。股东参与公司决策的权力大小，取决于其所持有的股票数额占公司总股本的比例。

(3) 收益性。股票的收益性体现在两个方面。首先，股东凭其所持有的股票，有权从公司领取股息或红利，这主要取决于公司的盈利水平和盈利分配政策。其次，通过低价买入和高价卖出股票，投资者可以赚取价差，实现投资收益。

(4) 流通性。股票的流通性是指股票在不同投资者之间的交易性，通常以可流通的股票数量、股票成交量以及股价对交易量的敏感程度来衡量。可流通的股数越多，成交量越大，价格对成交量越不敏感，股票的流动性就越好；反之就越差。通过股票的流通和股价的变化，可以看出人们对相关行业和上市公司的发展前景和盈利潜力的判断。

(5) 价格波动性和风险性。由于股票价格受到公司经营状况、供求关系、银行利率、大众心理等多种因素的影响，其波动有很大的不确定性，因此投资者会面临遭受损失的风险。价格波动的不确定性越大，风险就越大。因此，股票是一种高风险的投资产品。

3. 股票的发行方式

股票的发行主要有两种方式：公募和私募。公募是指面向市场上大量的非特定的投资者公开发行的股票。其筹资规模大，但工作量也较大，通常需要承销者协助发行。私募是指只向少数特定的投资者发行股票。在个人投资者方面，其募集对象主要是本公司的员工或使用股票公司发行公司产品的用户；在机构投资者方面，其募集对象通常是大型金融机构或与发行公司有密切业务往来关系的公司。私募具有节省发行费用等优点，但也有缺点，如需向投资者提供高于市场平均条件的特殊优厚条件、股票难以转让等。

4. 股票的发行价格

(1)平价发行：以股票票面规定的面值作为发行价格。

(2)溢价发行：以超过股票票面规定的面值的价格发行。

(3)折价发行：以低于股票票面规定的面值的价格发行。

20 世纪 70 年代末期以来的中国经济改革大潮，推动了股票市场在我国境内的产生和发展。在过去的近 20 年内，我国股票市场逐渐发展壮大，相关法规体系和会计规则日益完善，上市公司数量快速增长，二级市场交易日趋活跃。截至 2011 年底，沪、深两市共有上市公司 2 344 家，投资者 18 830 万户，股票总市值达到 214 757.9 亿元。表 5－5 列出了我国股票市场在 21 世纪以来的发展概况。

表 5－5　　2001～2011 年我国资本市场主要工具市场概况

年份	上市公司数/家	筹资额/亿元	投资者开户数/万户	股票市价总值/亿元	股票流通市值/亿元	股票成交金额/亿元	企业债券发行额/亿元	国债发行额/亿元
2001	1 160	1 182.1	6 965.9	43 522.2	14 463.2	38 305.2	147	4 884.0
2002	1 224	779.8	7 202.2	38 329.1	12 484.6	27 990.5	325	5 934.3

续表

年份	上市公司数/家	筹资额/亿元	投资者开户数/万户	股票市价总值/亿元	股票流通市值/亿元	股票成交金额/亿元	企业债券发行额/亿元	国债发行额/亿元
2003	1 287	823.1	7 344.4	42 457.7	13 178.5	32 115.3	358	6 280.1
2004	1 377	862.9	7 588.3	37 055.6	11 688.6	42 334.0	327	6 923.9
2005	1 381	338.1	7 712.3	32 403.3	10 630.5	31 664.8	2 047	7 042.0
2006	1 434	2 463.7	8 249.3	89 403.9	25 003.6	90 469.0	3 938	8 883.3
2007	1 550	7 728.2	13 887.0	327 140.9	93 064.4	460 554.9	5 059	23 139.1
2008	1 625	3 534.9	15 198.0	121 366.4	45 213.9	267 112.6	8 435	8 558.2
2009	1 718	6 084.0	17 149.67	243 939.1	151 258.7	535 986.8	16 629	17 927.2
2010	2 063	11 300.0	18 858.3	265 422.6	193 110.4	545 633.5	16 812	19778.3
2011	2 344	5 799.0	18 830.0	214 757.9	165 000.0	422 000.0	23 103	17 100.0

注:① 企业债券包括企业债、短期融资券、中期票据、中小企业集合票据、可转债、可分离债和公司债。

②国债含财政部代理发行的地方政府债券。

数据来源:中国人民银行、中国证监会:《中国证券期货统计年鉴(2011)》。

(二)债券

1. 公司债券

公司债券是指由工商企业和金融企业发行的偿还期在一年以上的债权,通常半年支付一次利息,到期归还本金。公司债券是针对企业资产的债权,其具有一定的风险性,对于信用等级低的公司,其需要用抵押品担保,称为抵押债券,但信用等级较高的企业通常不需要以抵押品作担保,此时的公司债券称为无抵押债券。

【拓展阅读 5—3】

债券的基本要素

债券一般具备以下几个基本要素:票面金额或面值、息票或息票率、偿还期限或到期日、付息次数(一年两次或一次等)和发行主体。

票面金额是指债券票面上所标明的金额,它代表了发行人的债务和持有人的债权。票面金额确定了债券到期时发行人必须向持有人偿还的金额,该金额通常被称为本金。债券的票面金额包括计价币种和面额两个内容。比如美国中长期国债的面值一般为 1 000 美元,我国国债的面值一般为 100 元。

债券每次支付的利息由息票或息票率确定。息票是指债券每年支付的利息额,息票率则是指息票与面值的比率。息票率为 0 的债券被称为零息债券。例如,对于面值为 100 元、息票率为 8%、每半年付息 1 次的债券,它的息票或年利息额为 8 元,因此,半年的利息额为 4 元。

债券在发行时,一般要规定债券的到期日。债券的到期日是指债券偿还本金的日期。债券的偿还期限是指从债券发行之日起至清偿本息之日止的时间,而债券剩余偿还期是指发行一段时间之后的债券距离到期日剩余的时间长度。例如,某 10 年中期国债是 2008 年 8 月 8 日发行的,该债券的偿还期为 10 年,到期日为 2018 年 8 月 8 日,在 2012 年 8 月 8 日,该债券的剩余偿还期为 6 年。

债券发行主体是指债券的发行人,有政府债券、政府机构债券、市政债券、公司债券等。

与股票发行类似，公司债券的发行也可以分为公募与私募两种方式。采用公募的债券发行人必须向社会公开公司的一切情况，取得社会公认的证券评级机构的评定。公司债券的发行价格可以高于、低于或等于债券的面额，这是由债券的票面利率和债券发行时的市场利率所决定的。当票面利率低于市场利率时，发行价格就会低于债券面额，这种发行被称为折价发行；如果票面利率高于市场利率，则发行价格高于债券面额，称为溢价发行；如果票面利率和市场利率相等，则发行价格等于债券面额，称为平价发行。

例如，假设当前市场融资利率水平是8%，某公司拟发行票面金额为100元的1年期债券，若债券票面利率是6%，则债券发行价格肯定要比100元低，即折价发行，这样才能吸引投资者来购买该债券；若债券票面利率是10%，则债券发行价格肯定要比100元高，即溢价发行，这样可以降低企业高于市场的融资成本；若债券票面利率是8%，即债券提供的回报水平和市场回报率是一样的，则平价发行。

公司债券的风险相对于股票来说较小，其收益相对于政府债券来说又较高，因此，它是诸如保险公司、储蓄银行、投资公司等这类长期资金比重较大的金融机构乐于投资的对象。在我国，国有企业属于独资企业，从理论上讲不能发行公司债券，但是按照我国相关的法律法规，我国的国有企业有不同于其他国家的国有企业的产权特征，也可以发行债券，因此便将国有企业发行的债券与公司债券合称为企业债券。

2. 政府债券

政府债券是指政府为筹集财政资金或建设资金而发行的一种债券，是政府向投资者出具的、承诺在一定时期支付利息和到期偿还本金的债权债务凭证。中央政府发行的债券称为国债，发行的目的主要是为了弥补国家财政赤字或投资于一些大型建设项目；而由各级地方政府发行的债券称为地方政府债券，其发行的目的一般是为地方建设筹集资金，因此期限较长。由于政府债券以政府信用作为担保，其信用程度高、风险较小，因而被称为“金边债券”。

由于我国1995年起实施的《中华人民共和国预算法》规定地方政府不得发行地方政府债券，因此，目前我国的政府债券主要是中央政府债券。“地方政府债券”的禁令一直保持至2009年，此后，我国开始考虑授权地方政府发行债券。目前，地方政府债权可以通过财政部代理发行。

（三）投资基金

投资基金是一种集合投资方式，它集中了投资者众多分散资金而交由专门的投资管理机构进行范围广泛的投资与管理以获取资金增值，投资者按出资比例分享收益并承担风险。投资基金通常可分为三类：产业投资基金、风险投资基金和证券投资基金。这里主要介绍证券投资基金。

1. 证券投资基金的含义

证券投资基金是指通过发售基金份额，将众多投资者的资金集中起来，形成独立财产，由基金托管人托管，基金管理人管理，并以投资组合的方式进行证券投资的一种利益共享、风险共担的集合投资方式。

投资基金在不同的国家或地区有不同的称谓，美国称“共同基金”或“互助基金”，也称“投资公司”，英国和中国香港称“单位信托基金”，日本、韩国和中国台湾称“证券投资信托基金”。

与直接投资股票和债券不同，证券投资基金是一种间接投资工具：其一，证券投资基金以股票、债券等金融证券为投资对象；其二，基金投资者通过购买基金份额的方式间接进行证券投资。

2. 证券投资基金的起源与发展

证券投资基金在发达国家已经有上百年的历史，是证券市场发展的必然产物。一般认为，证券投资基金起源于英国。19世纪英国产业革命推动了生产力的解放与发展，社会和个人财富大幅增加，国内资金十分充裕。于是，人们为了谋求资本的最大增值，希望投资海外，但又苦于资金量小和缺乏国际投资经验，由此萌发了集合众多投资者的资金委托专人经营和管理的想法。1868年，英国成立"海外及殖民地政府信托基金"，委托具有专门知识的代理人，投资于美国、俄罗斯等国的政府债券，该基金被称为证券投资基金的雏形，为现代基金的产生奠定了基础。

第一次世界大战后，美国经济空前繁荣，大大刺激了美国国内外投资活动，英国的投资信托制度被引入。1921年4月，美国组建了第一家基金组织——美国国际证券信托，其经营运作方式也是依照英国的投资基金运作方式。1924年3月21日，"马萨诸塞投资信托基金"在美国波士顿成立，与以往基金不同的是，基金公司必须按基金的净资产值持续地出售股份给投资者，或者随时准备赎回它发行在外的股份，这是世界上首只公司型开放式基金。

1929年，美国爆发经济危机，许多投资基金纷纷倒闭，证券投资基金发展处于低谷。1940年，美国政府颁布了《投资公司法》和《投资顾问法》，以法律形式明确规定了投资基金的组成、托管及管理，不但规定了对投资公司的监管，而且规定了对投资顾问、销售商、公司董事、管理人员等的管理，包括公司形态组成、财务公开、董事、监事的任命以及销售和宣传方式等方面的规定，为投资者提供了完整的法律保护，此后证券投资基金被置于严格的管制和监督之下。

根据美国投资公司协会(ICI)的统计，2007年末美国共同基金业资产规模为12万亿美元，约有50%的家庭投资于基金，基金占家庭资产的40%左右。证券投资基金已经成为一种广泛接受的投资工具。

我国证券投资基金发展的时间比较短，1998年3月，两只封闭式基金——基金金泰、基金开元设立，开始了我国基金规范发展的新时期；2004年6月1日，我国《证券投资基金法》正式实施，以法律形式确认了证券投资基金在资本市场及社会主义市场经济中的地位和作用，成为中国证券投资基金业发展史上的一个重要里程碑。

1998～2000年是我国封闭式基金发展阶段，在此期间，我国证券市场只有封闭式基金。2000年10月8日，中国证监会发布了《开放式证券投资基金试点办法》；2001年9月我国第一只开放式基金华安创新基金诞生。此后，我国进入开放式基金发展阶段，开放式基金成为基金设立的主要形式，封闭式基金的发展陷入停滞状态。截至2014年年底，我国共有证券投资基金1 897只，在1 897只基金中，有1 763只开放式基金，净值总额合计40 951.78亿元，占全部基金净值总额的67%，封闭式基金只有134只。

3. 证券投资基金的特点

(1)集合理财、专业管理。证券投资基金将众多投资者的资金集中起来，积少成多、共同投资，表现出一种集合理财的特点，有利于发挥资金的规模优势，降低投资成本。基金由基金管理人进行投资管理和运作，而基金管理人一般拥有大量的专业投资研究人员和强大的信息网络，能够更好地对证券市场进行全方位的动态跟踪与分析，因此中小投资者通过投资基金将资金交给基金管理人进行投资管理，可以享受到专业化的投资管理服务。

(2)组合投资、分散风险。为降低投资风险，我国《证券投资基金法》规定，基金必须以组合投资的方式进行基金的投资运作，从而使"组合投资、分散风险"成为基金的一大特色。"组合投资、分散风险"的科学性已为现代投资学所证明。中小投资者由于资金少，一般无法通过购买不同的股票分散投资风险。基金通常会购买几十种甚至上百种股票,投资者购买基金就相当于用很少的资金购买了一篮子股票,某些股票下跌造成的损失可以用其他股票上涨的盈利来弥补,可以充分享受到组合投资、分散风险的好处。

(3)利益共享、风险共担。基金投资者是基金的所有者。基金投资人共担风险,共享收益。基金投资收益在扣除由基金承担的费用后的盈余全部归基金投资者所有,并依据各投资者所持有的基金份额比例进行分配。为基金提供服务的基金托管人、基金管理人只能按规定收取一定的托管费、管理费,并不参与基金收益的分配。

(4)严格监管、信息透明。为切实保护投资者的利益,增强投资者对基金投资的信心,监管部门对基金业实行比较严格的监管,对各种有损投资者利益的行为进行严厉的打击,并强制基金进行较为充分的信息披露。在这种情况下,严格监管与信息透明也就成为基金的一个显著特点。

(5)独立托管、保障安全。基金管理人负责基金的投资操作,本身并不经手基金财产的保管。基金财产的保管由独立于基金管理人的基金托管人负责。这种相互制约、相互监督的制衡机制对投资者的利益提供了重要的保护。

4. 证券投资基金的作用

(1)为中小投资者拓宽了投资渠道。对中小投资者来说,存款或购买债券较为稳妥,但收益率较低;投资于股票有可能获得较高收益,但风险较大。证券投资基金作为一种投资工具,把众多投资者的小额资金汇集起来进行组合投资,由专家来管理和运作,经营稳定,收益可观,可以说是专门为中小投资者设计的间接投资工具,大大拓宽了中小投资者的投资渠道。

(2)通过把储蓄转化为投资,从而促进了产业发展和经济增长。设立基金可以吸收社会上的闲散资金,为企业在证券市场上筹集资金创造了良好的融资环境,实际上起到了把储蓄资金转化为生产资金的作用。这种储蓄转化为投资的机制为产业发展和经济增长提供了重要的资金来源,而且随着基金的发展壮大,这种作用也越来越大。

(3)有利于证券市场的稳定和发展。首先,基金的发展有利于证券市场的稳定。证券市场的稳定与否同市场的投资者结构密切相关。基金的出现和发展,能有效地改善证券市场的投资者结构,成为稳定市场的中坚力量。基金由专业投资人经营管理,其投资经验比较丰富,信息资料齐备,分析手段较为先进,投资行为相对理性,客观上能起到稳定市场的作用。其次,基金一般注重资本的长期增长,多采取长期的投资行为,较少在证券市场上频繁进出,能减少证券市场的波动。其次,基金作为一种主要投资于证券的金融工具,它的出现和发展增加了证券市场的投资品种,扩大了证券市场的交易规模,起到了丰富活跃证券市场的作用。随着基金的发展壮大,它已成为推动证券市场发展的重要动力。

(4)有利于证券市场的国际化。很多发展中国家对开放本国证券市场持谨慎态度,在这种情况下,与其他国家合作组建基金,逐步、有序地引进其他国家资本投资于本国证券市场,不失为一个明智的选择。与直接向其他国家投资者开放证券市场相比,这种方式使监管当局能较好地控制利用外资的规模和市场开放程度。

5. 证券投资基金的分类

(1)根据运作方式的不同,可以将基金分为封闭式基金和开放式基金。

封闭式基金是指基金的发起人在设立基金时,限定了基金单位的发行总额,筹足总额后,基金即宣告成立,并进行封闭,在一定时期内不再接受新的投资。基金单位的流通采取在证券交易所上市的办法,投资者日后买卖基金单位,都必须通过证券经纪商在二级市场上进行竞价交易。

开放式基金是指基金发起人在设立基金时，基金单位或股份总规模不固定，可视投资者的需求，随时向投资者出售基金单位或股份，并可应投资者要求赎回发行在外的基金单位或股份的一种基金运作方式。投资者既可以通过基金销售机构购买基金，使基金资产和规模由此相应增加，也可以将所持有的基金份额卖给基金并收回现金，使得基金资产和规模相应减少。目前，开放式基金已成为国际基金市场的主流品种，美国、英国、中国香港和中国台湾的基金市场90%以上是开放式基金。

(2)根据法律形式的不同，可以将基金分为契约型基金和公司型基金。

契约型基金是指把投资者、管理人、托管人三者作为当事人，通过签订基金契约的形式发行受益凭证而设立的一种基金。契约型基金依据基金(信托)契约募集投资者资金；基金经理人根据基金(信托)契约进行基金管理活动；基金收益依据基金(信托)契约在当事人之间进行分配。

公司型基金是按照公司法，以发行股份的方式募集资金而组成的公司形态的基金，认购基金股份的投资者即为公司股东，凭其持有的股份依法享有投资收益。不同国家(地区)具有不同的法律环境，基金采用法律形式也会有所不同。目前，日本、韩国、我国台湾的证券投资信托基金和英国与我国香港的单位信托以及我国大陆的证券投资基金都是契约型基金。美国投资公司一般为公司型基金，香港互惠基金、英国投资信托均为公司型基金。

2004年6月1日生效的《中华人民共和国投资基金法》是我国基金发展史上的里程碑，考虑到种种原因，该法只明确规定了开放式及封闭式的契约型投资基金，且其投资方向只限于证券投资，因此，中国的证券投资基金都属于契约型基金。

(3)根据投资对象的不同，可以将基金分为股票基金、债券基金、货币市场基金、混合基金等类别。

股票基金是指以股票为主要投资对象的基金。股票基金在各类基金中历史最为悠久，也是各国主要采用的一种基金类型。

以国债、金融债等固定收益类金融工具为主要投资对象的基金称为债券基金。根据投资股票的比例不同，债券型基金又可分为纯债券基金与偏债券基金。纯债券基金不投资股票，而偏债基金可以投资少量的股票。

货币市场基金是以货币市场金融工具为投资对象的一种基金，其投资对象为期限在一年以内的金融工具，包括银行短期存款、国库券、公司短期融资券、银行承兑票据及商业票据等货币市场工具。

混合基金是指可以投资股票、债券和货币市场工具但没有明确投资方向的基金。凡基金名称中出现混合基金或混合型基金，以及无法明确股票、债券或货币类别的基金为混合基金。

(4)根据投资目标不同，可以将基金分为成长型基金、收入型基金和平衡型基金。

成长型基金以资本长期增值为投资目标，其投资对象主要是市场中有较大升值潜力的小公司股票和一些新兴行业的股票。为达到最大限度的增值目标，成长型基金通常很少分红，而是经常将投资所得的股息、红利和盈利进行再投资以实现资本增值。成长型基金主要把股票作为投资对象。

收入型基金是指以追求稳定的经常性收入为基本目标的基金，主要投资对象是那些绩优股、债券、可转让大额存单等收入比较稳定的有价证券。收入型基金一般把所得的利息、红利都分配给投资者。这类基金虽然成长性较弱，但风险也相应较低.

平衡型基金是既追求长期资本增值，又追求当期收入的基金，这类基金主要投资于债券、优先股和部分普通股，这些有价证券在投资组合中有比较稳定的组合比例，一般是把资产总额的25%～50%用于优先股和债券，其余的用于普通股投资。

一般而言，成长型基金的风险大、收益高；收入型基金的风险小、收益较低；平衡型基金的风险、收益介于成长型基金与收入型基金之间。不同的投资目标决定了基金的基本投向和投资策略，也适应了不同投资者的投资需求。

(5)依据投资理念的不同，可以将基金分为主动型基金和被动(指数)型基金

主动型基金是以寻求取得超越市场表现为目标的一种基金；与其对应的是被动型基金(通常被称为指数型基金)，往往选取特定的指数成分股作为投资对象，不主动寻求超越市场的表现，而是试图复制指数的表现。

(6)根据募集方式的不同，可以将基金分为公募基金和私募基金。

公募基金是指向不特定投资者公开发行受益凭证的证券投资基金，这些基金在法律的严格监管下，有着严格的信息披露制度、利润分配和运行限制等行业规范。私募基金是指通过非公开方式，面向少数投资者募集资金而设立的基金。由于私募基金的销售和赎回都是通过基金管理人与投资者私下协商来进行的，因而它又被称为向特定对象募集的基金。

与公募基金相比，私募基金不能进行公开的发售和宣传推广，投资金额一般要求高，投资者的资格和人数常常受到严格的限制。和公募基金严格的信息披露要求不同，私募基金这方面的要求低得多，加之政府监管也相应比较宽松，因而私募基金的投资更具隐蔽性，运作也更为灵活，相应获得高收益回报的机会也更大。私募基金的基金发起人、基金管理人通常也会以自有的资金进行投资，从而形成利益捆绑、风险共担、收益共享的机制。

(7)根据基金的资金来源和用途的不同，可以将基金分为在岸基金和离岸基金。

在岸基金是指在本国筹集资金并投资于本国证券市场的证券投资基金。由于在岸基金的投资者、基金管理人、基金托管人及其他当事人和基金的投资市场均在本国境内，所以基金的监管部门对基金的投资运作行为比较容易监管。

离岸基金是指一国的证券基金组织在他国发行证券基金单位并将募集的资金投资于本国或第三国证券市场的证券投资基金。离岸基金的主要作用是规避国内单一市场的风险，帮助客户进行全球化的资产配置。

(8)特殊基金类型。

首先是系列基金。系列基金又被称为伞形基金，是指多个基金共用一个基金合同，子基金独立运作，子基金之间可以进行相互转换的一种基金结构形式。

其次是基金中的基金。专门投资于其他证券投资基金的基金被称为"基金中的基金"，它是一种结合了基金产品创新和销售渠道创新的基金品种。在美国，基金中的基金在20世纪90年代取得了很快发展，短短10年间数量增加了十余倍。由于中国基金法的限制，国内基金不允许投资于其他基金。

再次是保本基金。保本基金是指通过采用投资组合技术，保证投资者在投资到期时至少能够获得投资本金或一定回报的证券投资基金。保本基金的投资目标是在锁定下跌风险的同时力争有机会获得潜在的高回报。我国香港地区最早发行的一批保本基金是2000年3月推出的花旗科技保本基金和汇丰90%科技保本基金，封闭期分别为2.5年和2年。

最后是交易所交易的开放式基金。交易所交易的开放式基金是把封闭式基金的交易便利性与开放式基金可赎回性相结合的一种新型基金。目前，我国深圳、上海证券交易所已经分别

推出了交易型开放式指数基金和上市型开放式基金两类交易所交易的开放式基金。

6. 证券投资基金的运行

(1)证券投资基金当事人

我国的证券投资基金依据基金合同设立,基金份额持有人、基金管理人与基金托管人是基金的当事人。

基金份额持有人即基金投资者,是基金的出资人、基金资产的所有者和基金投资收益的受益人。

基金管理人是基金产品的募集者和基金的管理者,其主要职责就是按照基金合同的约定,负责基金资产的投资运作,在风险控制的基础上为基金投资者争取最大的投资收益。在我国,基金管理人只能由依法设立的基金管理公司担任。基金管理人在基金运作中具有核心作用,基金产品的设计、基金份额的销售和注册登记、基金资产的管理等重要职能主要由基金管理人承担。

为了保证基金资产的安全,《证券投资基金法》规定,基金资产必须由独立于基金管理人的基金托管人保管,从而使得基金托管人成为基金的当事人之一。在我国,基金托管人只能由依法设立并取得基金托管资格的商业银行担任。基金托管人的职责体现在基金资产的保管、基金资金的清算、会计复核以及对基金投资运作的监督等方面。

(2)证券投资基金的运行

①证券投资基金的设立。

证券投资基金是由基金发起人发起设立的。所谓投资基金的发起人,是指设立或拟设立基金的创办人。在我国,基金的主要发起人应当是依法设立的证券公司、信托投资公司和基金管理公司,其他市场信誉较好、运作规范的机构(如保险公司、各类投资公司等)也可以作为发起人参与基金的设立。

在投资基金设立过程中,发起人要负责各种筹备工作,包括订立发起人协议、成立发起人组织或基金筹备组织、起草申请设立报告和基金公司章程或信托契约等文件、设计基金的具体方案、负责实施各项设立行为等。如果基金不能设立,也要承担一定的责任。

②证券投资基金的销售。

根据基金不同运作方式,其销售方式也不尽相同。

第一,封闭式基金的销售。在我国,封闭式基金的基金管理人应当自收到中国证监会核准文件之日起6个月内进行基金的发售,募集期一般为3个月。封闭式基金份额的发售,由基金管理人负责办理,基金管理人一般会选择证券公司组成承销团代理基金份额的发售。我国封闭式基金的发售价格一般采用1元基金份额面值加计0.01元发售费用的方式加以确认。

第二,开放式基金的销售。开放式基金份额的发售,也由基金管理人负责办理。与封闭式基金一样,基金管理人应当自收到中国证监会核准文件之日起6个月内进行开放式基金的募集,募集期一般为3个月。基金管理人可以委托商业银行、证券公司等经认定的其他机构代理基金份额的发售。在募集期内购买基金份额的行为通常被称为基金的“认购”。开放式基金的认购需缴纳一定比例的认购费用。认购费用、净认购金额、认购份数之间的关系可以用公式表示为:

$$认购费用=认购金额\times认购费率$$

$$净认购金额=认购金额-认购费用$$

$$认购份数=净认购金额\div基金份额面值$$

【例5—2】 某基金认购费率为1%，某投资者以10 000元认购该基金，请确定该投资者认购基金的份额数量。

解：认购费用＝10 000×1% ＝ 100(元)

净认购金额＝10 000－100＝9 900(元)

认购份数＝9 900/1 ＝9 900(份)

该投资者认购基金的份额数量是9 900份。

第三，交易型开放式指数基金(ETF)的销售。在我国，交易型开放式基金在募集期内，根据投资者认购的渠道不同，可以分为场内认购和场外认购。场内认购是指投资者通过基金管理人指定的基金发售代理机构，使用证券交易所的交易网络系统进行的认购。场外认购是指基金投资者通过基金管理人或指定的发售代理机构进行认购。

第四，上市型开放式基金(LOF)的销售。在我国，上市型开放式基金的募集可分为场外募集和场内募集两部分。场外募集与普通的开放式基金的募集无异，投资者可以通过基金管理人或银行、证券公司等基金代销机构进行认购。场内募集，即上市型开放式基金通过交易所募集基金份额，除要遵循一般开放式基金的募集规则外，基金管理人还需向深圳证券交易所提出发售申请，经确认后，上市型开放式基金在深交所挂牌发售。

③证券投资基金的投资

世界各国基金管理法规都规定，基金的主要投资范围为有价证券，包括股票、认股权证、地方公债、政府公债、公司债券、政府担保公债、可转换公司债券、金融债券等。

由于基金的运作方式不同，封闭式基金和开放式基金的投资策略也不尽相同。封闭式基金在封闭期内基金规模不会减少，因而从理论上可以把资金大部分甚至全部用来长期投资，基金资产的投资组合能有效地在预定计划内进行。开放式基金因基金份额可以随时赎回，为了应付投资者随时赎回的兑现，所以募集的资金不能全部用来投资，更不能把全部资金用于长期投资，必须保持基金资产的流动性，在投资组合上必须保留一部分现金和高流动性的金融工具。

④证券投资基金的信息披露

为了加强对基金投资运作的监管，提高基金运作的透明度，保障基金投资者的合法权益，基金必须履行严格的信息披露义务。基金管理人除了要按期公布投资组合公告、中期报告、年度报告等，还要定期公布基金资产净值，并保证所披露信息的真实性、准确性和完整性。对于开放式基金，公开披露的信息还包括基金份额申购、赎回价格。在我国，由于基金的运作方式不同，封闭式基金和开放式基金对于基金份额资产净值公布的要求也不同。封闭式基金一般每周或者更长时间公布一次，开放式基金一般在每个交易日连续公布。

⑤收益、费用和收益分配

基金的收益是基金资产在运作过程中所产生的超过自身价值的部分。基金的收益包括以下五类：股利收入、利息收入、资本利得、资本增值和其他收入。

基金的费用包括：基金管理费、基金托管费和其他费用。

基金收益分配的方式一般有以下三种：分配基金、分配基金单位和不分配。

7. 证券投资基金的交易

(1)封闭式基金的交易

封闭式基金在设立时，即限定了基金单位的发行总额，在基金合同期限内基金份额可以在依法设立的证券交易所交易，基金份额持有人不能申请赎回。

我国封闭式基金的交易和交易所上市公司股票的交易一样，采用集合竞价和连续竞价两种方式。集合竞价是指对一段时间内接收的买卖申报一次性集中撮合的竞价方式。连续竞价是指对买卖申报逐笔连续撮合的竞价方式。封闭式基金交易的原则是“价格优先、时间优先”。价格优先是指较高价格买进申报优先于较低价格买进申报，较低价格卖出申报优先于较高价格卖出申报。时间优先是指当买卖方向和价格相同时，先申报者优先于后申报者成交。

(2)开放式基金的申购与赎回

开放式基金的交易价格以基金份额净值为基础，其申购价一般是基金份额净资产值加一定的申购费，赎回价是基金份额净资产值减去一定的赎回费。

①基金资产净值。基金资产净值是衡量基金经营业绩的主要指标，也是基金份额交易价格的内在价值和计算依据。

基金资产净值＝基金资产总值－基金负债

单位基金份额净值＝基金资产净值÷基金总份额

其中，基金资产总值是指基金所拥有的各类证券的价值、银行存款本息、基金应收的申购基金款以及其他投资所形成的价值总和。

②申购费用。开放式基金份额的申购需收取申购费。

申购总额＝申购金额＋申购费用

申购金额＝申购份额×申购日单位基金份额净值

申购费用＝申购金额×申购费率

申购份额＝申购总额/(单位基金份额净值＋申购费)

＝申购总额/[单位基金份额净值×(1＋申购费率)]

【例5—3】 某开放式基金的资产净值为每份额2元，基金的申购费率为2%，某投资人欲申购10万份的基金，试问该投资者支付的申购费和申购总额是多少。

解：申购金额＝申购份数×申购日单位基金份额净值＝100 000×2 ＝20(万元)

申购费用＝申购金额×申购费率 ＝20×2% ＝0.4(万元)

申购总额＝申购金额＋申购费用＝20＋0.4 ＝ 20.4(万元)

那么，该投资者申购10万份的基金需要支付的申购费是0.4万元，申购总额为20.4万元。

【例5—4】 某A开放式基金的资产净值为每份额2元，基金的申购费率为2%，某投资人欲申购10万元的A基金，试问该投资者可以申购多少份额A基金。

解：申购份额＝申购总额/[单位基金份额净值×(1＋申购费率)]＝100 000/[2 ×(1+2%)]

＝100 000/2.04 ＝49 019.6 ＝49 019(份额)

也就是说，如果不考虑基金申购最小单位限制，该投资者可以申购49 019份额A基金。

③赎回费用

开放式基金份额的赎回收取赎回费。

赎回金额＝赎回总额－赎回费用

其中，赎回总额是指赎回基金的净值总额，赎回金额是指投资者按照基金净值赎回基金扣除赎回费用后得到的资金数额，赎回费用是指赎回一定份额或一定金额基金付出的费用。

赎回总额＝赎回数量×赎回日单位基金份额净值

赎回费用＝赎回总额×赎回费率＝赎回数量×赎回日单位基金份额净值×赎回费率

赎回金额＝赎回数量×赎回日单位基金份额净值×(1－赎回费率)

【例5—5】 某投资者持有开放式A基金100 000份,基金单位份额净值为2元,基金的赎回费率为2%,该投资者欲赎回其持有的100 000份A基金,请问该投资者可以收回多少投资?

解:赎回金额=赎回数量×赎回日单位基金份额净值×(1—赎回费率)=100 000×2×(1—2%)

=196 000(元)

也即,该投资者可以收回196 000元投资。

8. 证券投资基金的变更与终止

(1)基金的变更

所谓基金的变更,是指基金在运作过程中,基金当事人依据有关法律和基金公司章程或信托契约的规定,在履行规定的审批手续之后,更改对基金各当事人影响重大的基本事项的行为。

我国《证券投资基金法》规定,按照基金合同的约定或者基金份额持有人大会的决议,并经国务院证券监督管理机构核准,可以转换基金运作方式。封闭式基金扩募或者延长基金合同期限,应当符合下列条件,并经国务院证券监督管理机构核准:①基金运营业绩良好。②基金管理人最近两年内没有因违法违规行为受到行政处罚或者刑事处罚。③基金份额持有人大会决议通过。④证券投资基金法规定的其他条件。

(2)基金的终止

所谓基金的终止,是指投资基金在符合一定的条件之后,基金当事人依据有关法律和基金公司章程或信托契约的规定,办理基金的清算、解决当事人债权债务关系及基金持有人的资产分配,终止基金运作的行为。

根据《证券投资基金法》的规定,有下列情形之一的,基金应当终止:①基金合同期限届满而未延期的;②基金份额持有人大会决定终止的;③基金管理人、基金托管人职责终止,在6个月内没有新基金管理人、新基金托管人承接的;④基金合同约定的其他情形。

任务六 金融衍生工具市场

前面所讨论的货币市场工具和资本市场工具都是基础金融工具,下面介绍由基础金融工具衍生出来的金融工具。按照交易方法的不同,衍生金融工具可分为远期、期货、期权和互换四大类。

一、金融衍生工具的含义

金融衍生工具,又称金融衍生产品,与基础性金融工具相对应,是指在一定的基础性金融工具的基础上派生出来的金融工具,一般表现为一些合约,其价值由作为标的物的基础性金融工具的价格决定。

二、金融衍生工具的特点

(一)价值受制于基础性金融工具

金融衍生工具是由传统的基础性金融工具派生出来的。由于它是衍生物,不能独立存在,因此其价值的大小在相当程度上受制于相应的基础性金融工具价格的变动。基础性金融工具主要有三大类:货币(包括本币和外汇)、债务工具和股权工具。

(二)具有高杠杆性和高风险性

金融衍生工具在运作时多采用财务杠杆方式,即采用缴纳保证金的方式进入市场交易。市场的参与者只需动用少量资金即可买卖交易金额巨大的金融合约。期货交易的保证金和期权交易中的期权费都属于这种情况。

近些年来,一些国际性大型金融机构在衍生工具交易方面的失利真实地显现了金融衍生工具交易的高风险性:1995 年,有 233 年历史的英国巴林银行因其年仅 28 岁的交易员在股票指数期货投机中失败而宣布倒闭;2008 年,法国兴业银行交易员热罗姆·盖维耶尔在未经授权情况下大量购买欧洲股指期货,最终给银行造成 49 亿欧元损失,等等。

(三)构造复杂,设计灵活

相对于基础性金融工具而言,金融衍生工具具有构造复杂、设计灵活的特征。期货、期权等金融衍生工具本身已是在基础性金融工具基础上的派生,其构造已较为复杂,更何况,在基本的期货、期权基础上,运用灵活的组合技术,又创新出众多组合性的金融衍生工具,如期货与期权组合、期货与期货组合、期权与期权组合,等等。

三、金融衍生工具的市场功能

创设与交易金融衍生工具的市场被称为金融衍生工具市场。总体来说,金融衍生工具市场的主要功能有:

(一)价格发现功能

金融衍生工具交易不同于现货交易,属于跨期交易。衍生工具通常是一些规范化、标准化合约,合约中载明买卖双方交易的品种、价格、数量、交割时间和地点等内容。交易品种(更通常称为交易的标的物)的价格在合约签订时就已确定,这个价格的确定是基于买卖双方对交易标的物未来价格的预期。在衍生工具的存续期内(从衍生工具签发日到终止日的时间段),衍生工具的市场价格会伴随着交易者对交易标的物未来价格预期的改变而波动,因此,如果市场竞争是充分和有效的,那么,衍生工具的市场价格就是对标的物未来价格的事先发现,能够相对准确地反映交易者对标的物未来价格的预期。

(二)套期保值功能

套期保值是金融衍生工具市场最早具有的基本功能。所谓套期保值,是指交易者为了配合现货市场的交易,而在期货等金融衍生工具市场上进行与现货市场方向相反的交易,以便达到转移、规避价格变动风险的交易行为。具体地说,就是在期货等金融衍生工具市场上买进或卖出与其将在现货市场上卖出或买进的现货资产数量相同的该资产的金融衍生合约。套期保值是一种有意识的风险防御性措施,它是通过现货市场与期货等金融衍生工具市场的反方向运作,形成现货与期货一盈一亏的结果,经过盈亏相抵,达到减少或规避价格变动风险的目的。

(三)投机获利手段

金融衍生工具市场的出现还为投机者提供了更多的盈利机会。只要存在资产价格的波动,就有投机获利的可能,投机的目的是为了获取价差。投机者通过对标的资产市场价格变化的预期,买卖金融衍生工具,期望在价格出现对自己有利的变动时对冲平仓获取利润。投机者与套期保值者所不同的是,投机者的投机行为完全是一种买空卖空的行为,他们没有也不需要在现货市场上拥有现货资产。

四、金融衍生市场工具

(一)金融远期合约

1. 金融远期合约的含义

远期合约是相对简单也是最早出现的一种衍生金融工具。它是指交易双方签订的、在未来确定的时间按事先确定的价格购买或出售某项金融资产的合约。在合约中,交易双方约定买卖的资产称为“标的资产”,约定的成交价格称为“协议价格”或“交割价格”,同意以约定的价格在未来卖出标的资产的一方称为“空头”或“空方”,同意以约定的价格在未来买入标的资产的一方称为“多头”或“多方”。

2. 金融远期合约的分类

按金融资产的性质划分,远期合约主要有远期利率合约、远期外汇合约、远期股票合约和债券远期合约。

远期利率合约是买卖双方以商定的名义本金和期限为基础,同意在未来一定时间(清算日)由一方将协定利率与参照利率之间差额的贴现额度付给另一方的协议。

远期外汇合约是指双方约定在将来某一时间按约定的远期汇率买卖一定金额的某种外汇的合约。

远期股票合约是指在将来某一特定时间按特定价格交付一定数量单只股票或股票组合的协议。

债券远期合约是指交易双方约定在未来某一时间以约定价格和数量买卖标的债券的协议。

3. 金融远期合约的特点

远期合约最主要的特点在于它是由交易双方通过谈判后签署的非标准化合约,因此合约中的交割地点、交割时间、交割价格以及合约的规模、标的物的品质等细节都可由双方协商决定,具有很大的灵活性,可以尽可能地满足交易双方的需要。远期合约非标准化的特点决定了其一般不在规范的交易所内进行交易,而是在场外市场进行交易。由于场外交易比较松散,这使远期合约的履约缺乏保证,当价格变动对一方有利时,对方有可能无力或无诚意履行合约,由此造成远期合约的违约风险较高。非标准化合约的特点还给远期合约的流通造成较大不便,因而远期合约的流动性也较差。

4. 远期利率协议

远期利率协议是交易双方承诺在某一特定时期内按双方协议利率借贷一笔确定金额的名义本金的协议。远期利率协议的买方是名义借款人,其订立远期利率协议的目的主要是为了规避利率上升的风险或者从利率上升中牟利;远期利率协议的卖方则是名义贷款人,其订立远期利率协议的目的主要是为了规避利率下降的风险或者从利率下降中牟利。之所以称为“名义”,是因为借贷双方不必真正借贷,只是在结算日根据协议利率和参考利率之间的差额以及名义本金额,由交易一方付给另一方结算金。

远期利率协议最重要的功能在于通过固定将来实际支付的利率而避免了利率变动风险。签订远期利率协议后,不管市场利率如何波动,协议双方将来收付资金的成本或收益总是固定在合同利率水平上。

(二)金融期货合约

1. 金融期货合约的含义

金融期货合约是指交易双方同意在约定的将来某个日期按约定的条件买入或卖出一定标

准数量的某种金融工具的标准化合约。所谓金融期货的标准化合约，是指期货合约的合约规模、交割日期、交割地点等都是标准化的，价格是期货合约的唯一变量。

2. 金融期货合约的特点

标准化合约决定了金融期货合约的一系列特点：

(1)金融期货合约都是在交易所内进行交易，交易双方不直接接触，而是各自跟交易所的清算部或专设的清算公司结算。

(2)金融期货合约还克服了远期合约流动性差的特点，具有很强的流动性。

(3)金融期货交易采取盯市原则，每天进行结算。

3. 金融期货交易所

金融期货交易所是专门组织各种金融期货交易并为交易提供服务的经济组织。金融期货交易所在组织形式上有非营利性会员制和营利性公司制两种。会员制交易所是由全体会员共同出资组建，缴纳一定会员费作为注册资本的非营利性会员制法人机构。会员制作为一种传统的期货交易所组织形式，已经有150多年历史。截至目前，世界上大多数期货交易所仍然采取会员制。会员制期货交易所的特点是：会员缴纳会员资格费是取得会员资格的基本条件之一；交易所的建立和营运资本由会员以缴纳会员费的形式筹得；交易所收入有结余时，会员不享有取得回报的权利；而当交易所出现亏空时，会员必须以增加会费的形式承担；交易所会员投票权分配实行一人一票制，与会员出资多少无关，因而会员相互之间享有同等的权利和义务。公司制交易所是由投资人以入股形式组建并设置场所和设施，以股份有限公司或有限责任公司形式设立的经营交易市场的营利性企业法人。公司制交易所的主要特点是：交易所不参与合约买卖交易，但按规定对参与交易者收取交易费用，投资人从中分享收益；交易所按投资人出资多少分配投票权，实行一股一票制；交易所的经营重视盈利性，注重扩大市场规模，提高经营效率，但忽视公益性，影响市场稳定等。目前，国际上金融期货交易所的组织形式有向公司制转化的倾向。

2006年9月8日，经中国证监会批准，由上海期货交易所、郑州商品交易所、大连商品交易所、上海证券交易所和深圳证券交易所共同发起设立的中国金融期货交易所在上海成立。中国金融期货交易所采用公司制，5位股东分别出资1亿元人民币。股东大会是交易所的最高权力机构。交易所设董事会，对股东大会负责，并行使股东大会授予的权力。董事会设执行委员会，作为董事会日常决策、管理和执行机构。董事会下设交易、结算、薪酬、风险控制、监察调解等专门委员会。

中国金融期货交易所的主要职能是：组织安排金融期货等金融衍生品上市交易、结算和交割；制定业务管理规则；实施自律管理；发布市场交易信息；提供技术、场所、设施服务；中国证监会许可的其他职能。

中国金融期货交易所实行会员制度。会员是指根据有关法律、行政法规和规章的规定，经交易所批准，有权在交易所从事交易或者结算业务的企业法人或者其他经济组织。会员分为结算会员和交易会员，结算会员具有与交易所进行结算的资格，交易会员可以从事经纪或者自营业务，不具有与交易所进行结算的资格。交易所会员享有的权利为：在交易所从事规定的交易、结算和交割等业务；使用交易所提供的交易设施，获得有关期货交易的信息和服务；按照交易所交易规则行使申诉权等。会员应当履行的义务包括：遵守交易所的章程、交易规则及其实施细则和有关决定；按照规定缴纳各种费用；接受交易所监督管理；履行与交易所所签订协议中规定的相关义务；等等。

4. 金融期货市场的交易规则

(1)交易品种为规范的、标准化的期货合约

期货市场品种已经涵盖了农产品、有色金属、能源、化工、纺织以及贵金属等领域，基本覆盖了国际上主要的大宗商品类别。期货合约由交易所统一制定，主要条款包括合约标的、报价单位、最小变动价位、合约月份、交易时间、最低交易保证金、每日价格最大波动限制、最后交易日、交割方式、交易代码等。

(2)交易实行保证金制度

如中国金融期货交易所的交易规则中规定，交易所向结算会员收取保证金，结算会员向交易会员收取保证金，用于结算和担保期货合约的履行。

(3)交易实行当日无负债结算制度，即盯市制度。

(4)交易实行价格限制制度

价格限制制度分为熔断制度与涨跌停板制度。熔断与涨跌停板幅度由交易所设定，交易所可以根据市场风险状况调整期货合约的熔断与涨跌停板幅度。

(5)交易实行强行平仓制度

如果会员或者客户存在违规超仓、未按照规定及时追加保证金等违规行为或者交易所规定的其他情形的，交易所有权对相关会员或者客户采取强行平仓措施。

5. 金融期货合约的种类

依据标的物不同，金融期货可分为外汇期货、利率期货、股价指数期货等。

(1)外汇期货

外汇期货又称货币期货，是以外汇为标的物的期货合约，是金融期货中最早出现的品种。每一份外汇期货的资产标的物是一定数量的该种货币。交易者或者利用外汇期货合约来规避汇率风险，或者从事投机活动，以期望从汇率变动中获利。

(2)利率期货

利率期货是继外汇期货之后产生的又一个金融期货品种，其标的物是一定数量的与利率相关的某种金融工具，即各种固定利率的有价证券。利率期货主要是为了规避利率风险而产生的。固定利率有价证券的价格受到现行利率和预期利率的影响，价格变化与利率变化一般呈反向变动关系。

(3)股票价格指数期货

股票价格指数期货即是以股票价格指数作为标的物的期货交易。

(三)金融期权

1. 金融期权的含义

期权交易是买卖权利的交易。期权合约规定了在某一特定时间以某一特定价格买卖某一特定种类、数量、质量的资产的权利，也可以放弃行使这一权利。为了取得这样一种权利，期权合约的买方必须向卖方支付一定数额的费用，即期权费或期权价格。

2. 金融期权的分类

(1)按期权权利性质划分，期权可分为看涨期权和看跌期权

看涨期权也称买权，是指赋予期权的买方在给定时间或在此时间以前的任一时刻以执行价格从期权卖方手中买入一定数量的某种金融资产权利的期权合约。投资者通常会在预期某种金融资产的价格将要上涨时买入看涨期权。

看跌期权也称卖权，是指赋予期权的买方在给定时间或在此时间以前的任一时刻以执行

价格卖给期权卖方一定数量的某种金融资产权利的期权合约。投资者通常会在预期某种金融资产的价格将要下跌时买入看跌期权。

(2)按期权行权时间的不同,期权可分为欧式期权和美式期权

欧式期权是只允许期权的持有者在期权到期日行权的期权合约,美式期权则允许期权持有者在期权到期日前的任何时间执行期权合约。对期权的买方来说,美式期权比欧式期权更为有利,买进这种期权后,他可以在期权有效期内根据市场价格的变化和自己的实际需要比较灵活、主动地选择执行时间。相反,对于期权的卖方来说,美式期权比欧式期权使他承担着更大的风险,但必须随时为履约做好准备。因此,在其他情况一定时,美式期权的期权费通常比欧式期权的期权费要高一些。

(3)按期权合约的标的资产划分,期权可分为股票期权、外汇期权、期货期权

股票期权是指以单一股票作为标的资产的期权合约,一般是美式期权。外汇期权是以各种货币为标的资产的期权。期货期权又可进一步分为基于利率期货、外汇期货和股指期货等标的资产的期权,其标的资产为各种相应的期货合约。

3. 金融合约

金融期权合约的主要内容一般包括以下几个方面:

(1)期权合约的买方与卖方

期权合约的买方是买进期权,付出期权费的投资者,也称期权持有者或期权多头。在支付期权费后,期权合约的买方就拥有了在合约规定的时间内行使其购买或出售标的资产的权利。当然,如果行使权利对其不利,期权合约的买方也可以放弃行使这个权利,而不用承担任何义务。相反,期权合约的卖方是卖出期权并收取期权费的投资者。在收取买方所支付的期权费之后,期权合约的卖方就承担了在规定时间内根据买方要求履行合约的义务,而没有任何权利。也就是说,当期权合约的买方按合约规定行使其买进或卖出标的资产的权利时,期权合约的卖方必须依约相应地卖出或买进该标的资产。

(2)期权费

期权是一种权利的交易,期权费就是这一权利的价格。所谓期权费,又称权利金、期权价格或保险费,是指期权买方为获得期权合约所赋予的权利而向期权卖方支付的费用。它的大小取决于期权合约的性质、到期月份及执行价格等多种因素。

(3)合约中标的资产的数量

每份期权合约都规定了相应的标的资产的交易数量,这个数量的多少有的是由合约的买卖双方协商确定的,有的是由交易所规定的。

(4)执行价格

执行价格是指期权合约中确定的、期权买方在行使其权利时实际执行的价格(标的资产的买价或卖价)。显然,执行价格一经确定,期权买方就必然根据执行价格和标的资产实际市场价格的相对高低来决定是否行使期权合约。

(5)到期日

到期日是指1份期权合约的最终有效日期。到了到期日如果期权合约的买方不行权,则意味着其自愿放弃了这一权利。

4. 金融期权合约与金融期货合约的区别

金融期权交易是从期货交易中发展来的,也是出于规避价格、利率、汇率等风险的需要而开发设计的金融衍生工具,但比期货更灵活、方便。表5－6列出了金融期权合约与金融期货

合约的差异。

表 5－6　　金融期货合约与金融远期合约的区别

	金融远期合约	金融期货合约
标准化程度	标准化程度低，合约中的相关条约，如标的物的质量、数量、交割地点、交割时间等都由双方协商确定	是标准化合约，合约中的相关条件，如标的物的质量、数量、交割地点、交割时间等都由期货交易所统一确定，期货价格是唯一变量，由成交时的市场行情确定
流动性强弱	非标准化不利于远期合约的转让流通，使远期合约的流动性较弱	标准化便利了期货合约的订立和转让，使期货合约具有很强的流动性
交易场所	没有固定交易场所，一般是银行同业之间，或与客户之间通过电话、电传等通信工具进行，或在银行柜台交易	交易所内交易，一般不允许场外交易
违约风险	合约的履行仅以约定双方的信誉为担保，违约风险高	合约的履行由交易所或清算公司提供担保，违约风险低
价格确定方式	交割价格由交易双方直接谈判确定	期货价格由交易所中众多买家和卖家公开竞价确定
交割方式	大部分实物交割	大部分平仓
结算方式	到期结算	每日结算
履约保证	买卖双方信用保障	交易所提供履约担保

（四）金融互换

1. 金融互换的含义

金融互换是指交易双方利用各自筹资机会的相对优势，以商定的条件将不同币种或不同利息的资产或负债在约定的期限内互相交换，以避免将来汇率和利率变动的风险，获取常规筹资方法难以得到的币种或较低的利息，实现筹资成本降低的一种交易活动。

2. 金融互换的类型

利率互换和货币互换是最常见的两大互换形式。

(1)利率互换

利率互换是指交易双方对两笔币种与金额相同、期限一样但付息方法不同的资金进行互相交换利率的一种预约业务。双方进行利率互换的主要原因是双方在固定利率和浮动利率市场上各自具有比较优势。比较优势理论是金融互换合约产生的理论基础。

(2)货币互换

货币互换是指交易双方互相交换金额相同、期限相同、计算利率方法相同但货币币种不同的两笔资金及其利息的业务。货币互换交易的进行，首先需要存在两个期限和金额上具有共同利益但币种需求相反的交易方。货币互换与利率互换最大的区别在于本金在期初和期末都要交换。货币互换的交易要点有：交易双方以约定的协议汇率进行本金的互换；之后在协议有效期内，双方以约定的利率和本金为基础进行利息支付的互换；协议到期时，交易双方以预先商定的协议汇价将原本金换回。

通过互换，企业不仅可以更好地管理资产负债组合的利率风险和汇率风险，还能在全球各市场之间进行套利，因此，金融互换的发展历史虽然较短，但是其数量扩张迅速，越来越受国际金融界的重视。

★★★ 关键术语 ★★★

金融市场　金融市场工具　货币市场工具　资本市场工具　金融衍生工具　拍卖方式　柜台方式　现货市场　期货市场　衍生产品市场　国库券　商业票据　银行承兑汇票　大额可转让定期存单(CD)　同业拆借　回购协议　公司债券　政府债券　投资基金　开放式基金　封闭式基金　金融远期合约　金融期货合约　金融期权　金融互换

★★★ 应知考核 ★★★

一、单项选择题

1. 以下关于期货合约的表述中正确的是(　　)。

A. 可以用来套期保值,但不能用来投机　B. 可以用来投机,但不能用来套期保值

C. 既可用来套期保值,又可用来投机　D. 既不能用来套期保值,又不能用来投机

2. 对期权合约的购买者来说(　　)。

A. 买进期权的风险有限,卖出期权的风险无限大

B. 买进期权的风险无限大,卖出期权的风险有限

C. 买进期权和卖出期权的风险都无限大

D. 买进期权和卖出期权的风险都有限

3. 狭义的金融市场是指(　　)。

A. 商品市场　B. 货币市场　C. 证券市场　D. 衍生产品市场

4. 如果预期标的物价格上升,投资者可以选择(　　)。

A. 购买买进期权　B. 购买卖出期权　C. 售出买进期权　D. 售出标的物

5. 还本付息并以国家财政做担保的债券是(　　)。

A. 金融债券　B. 国家债券　C. 地方政府债券　D. 公司债券

6. 下列不属于货币市场的是(　　)。

A. 同业拆借市场　B. 商业票据市场　C. 回购市场　D. 股票市场

7. 股票市场属于(　　)。

A. 货币市场　B. 资本市场　C. 期货市场　D. 期权市场

8. 下列不属于金融衍生工具市场功能的是(　　)。

A. 价格发现　B. 套期保值　C. 投机获利　D. 融通资金

9. 基金份额总数可变且投资者可在每个营业日申购或赎回基金份额的是(　　)。

A. 公司型基金　B. 契约型基金　C. 开放式基金　D. 封闭式基金

10. 以追求稳定的经常性收入为基本目标的基金是(　　)。

A. 成长型基金　B. 收入型基金　C. 平衡型基金　D. 套利基金

二、多项选择题

1. 下列金融工具中属于衍生金融工具的是(　　)。

A. 商业票据　B. 期权　C. 期货　D. 股票

E. 债券

2. 下列属于货币市场的是(　　)。

A. 国库券市场　　B. 商业票据市场　　C. 股票市场　　D. 同业拆借市场

E. 回购协议市场

3. 金融市场的参与主体有(　　)。

A. 各类金融机构　　B. 居民个人　　C. 中央银行　　D. 工商企业

E. 政府部门

4. 国库券的特点有(　　)。

A. 发行期限在3年以内　　B. 发行期限在1年以内

C. 高安全性　　D. 高流动性

E. 以国家信用做支撑

5. 期货合约的特点有(　　)。

A. 每份合约都有买卖双方当事人

B. 每份合约都要持有到期并进行实物交割

C. 期货合约需要设立保证金账户

D. 期货合约账户是每天交割的

E. 期货合约都是标准化的

三、填空题

1. 在金融市场上,最重要的价格机制是________。

2. 金融中介可以分为________和________两大类。

3. 金融工具具有三种特性:________、________和________。

4. 金融市场的组织方式主要有________和________两种。

5. ________是指可以投资股票、债券和货币市场工具,没有明确投资方向的基金。

四、计算题

1. 某企业持有一张9个月后到期的1年期汇票,面额为5 000元,到银行请求贴现,该票据的贴现率为3%,请计算贴现利息和贴现金额。

2. 某企业持有一张面额为10 000元、3个月之后到期的票据到银行去办理贴现,银行经计算后提出,在扣除贴现息之后,将向该企业支付9 920元。请先写出贴现公式,然后据以计算当前的年贴现率。

3. 某企业持有一张6个月后到期的1年期汇票,面额为4万元,到银行请求贴现,银行确定该票据的市场贴现率为4%,贴现金额是多少?(一年以360天计算。)

4. 某基金于2014年3月1日发行,基金单位净值为1元,发行总份数为100亿份。到2012年6月8日,该基金的总资产市值为160亿元,无负债。期间该基金共有6次分红,每份基金累计分红1.00元。试计算该基金在2016年6月8日的单位净值与累计单位净值。

5. 某期限为60天的凭证式国库券每张面额10 000元,采取贴现方式发行,若年收益率为3%,请计算该国库券的实际发行价格。(一年按360天计算。)

五、简答题

1. 简述金融市场的功能。
2. 简述货币市场的特点、功能。
3. 简述资本市场的含义、特点。
4. 简述证券投资基金的含义、特点、作用。
5. 简述金融衍生工具的含义、特点及金融衍生工具市场的功能。

★★★ 应会考核 ★★★

◎ **技能案例**

2013年第一季度金融市场总体运行平稳

中国人民银行日前发布《2013年3月份金融市场运行情况》。情况显示，2013年1～3月，金融市场总体运行平稳。3月份，银行间市场债券发行量同比增加，5年期以下债券发行比重有所上升；银行间市场同业拆借量和回购量较上月均有增加，货币市场利率水平回落；现券交易活跃，银行间债券指数和交易所国债指数小幅上升。3月份，上证指数振荡下跌，成交量减少。从债券发行情况看，2013年1～3月，银行间债券市场累计发行债券17 984.2亿元，同比增长25.9%。3月份，银行间债券市场发行债券7 802.1亿元，同比增长9.4%，较2月份增长57.1%。截至3月底，债券市场债券托管量为27.3万亿元(含央行票据托管量)，其中，银行间债券市场债券托管量为26万亿元，占债券市场债券托管量的95.1%。1～3月份，银行间债券市场发行的债券中5年期以下债券占比最高。3月份，同业拆借市场累计成交3.7万亿元，较2月份增长31.2%。交易品种仍以1天为主，1天品种共成交3.1万亿元，占本月全部拆借成交量的83.9%。3月份，同业拆借利率较上月有所下降，同业拆借加权平均利率为2.47%，较2月份下降30个基点。从回购交易情况看，1～3月份，回购市场交易相对活跃，债券质押式回购成交36.6万亿元，同比增长24.0%。3月份，债券质押式回购成交量为13.3万亿元，较2月份增长34.7%。交易品种仍以1天为主，1天品种共成交10.9万亿元，占本月全部质押式回购成交量的82.3%。

2013年3月份，回购利率整体水平较上月有所回落。3月份，债券质押式回购加权平均利率为2.46%，较2月份下降43个基点。从现券交易情况看，1～3月份，银行间债券市场现券成交21.7万亿元，同比增长46.1%。3月份，银行间债券市场现券交易全月累计成交8.5万亿元，较2月份增长63.6%。3月份，银行间债券指数和交易所国债指数均小幅上升。3月末，银行间债券指数为146.66点，较上月末上升0.5点，涨幅为0.34%；交易所国债指数月末收盘为136.96点，较上月末上涨0.37点，涨幅为0.27%。从股票交易情况看，3月份，上证指数振荡下跌，上证指数月末收于2 236.6点，较2月末收盘下降128.97点，跌幅为5.45%。上证A股市场日均交易量971.3亿元，较上月减少113.5亿元。

资料来源：银行利率网，http://www.banklilv.com/content/20131009/15876.html。

【考核要求】

根据上述资料，对此案例进行分析。

★★★ 项目实训 ★★★

【实训内容】

模拟股票市场交易。

【实训目标】

通过股票交易过程的模拟，深入理解股票市场交易的风险性和收益性，提高自己投资的分析判断能力。

【实训步骤】

1. 根据自己熟悉的领域分析一到两个行业；
2. 从行业中独立选出几只股票，说明理由；
3. 在股票模拟操作中买入并观察行情；
4. 写出每日操作心得；
5. 总结股票模拟中遇到的问题并加以改善。

项目六　金融机构体系

知识目标

理解：金融机构的含义及分类，国际金融机构体系的构成与功能。

熟知：银行金融机构的体系与结构，非银行金融机构的体系与结构，我国的政策性金融机构。

掌握：金融机构的功能。

能力目标

能够分析我国目前金融中介机构体系的合理性和缺陷。

素质目标

能够用金融中介机构基础知识识别金融金钩，初步掌握国际金融体系格局。

任务一　金融机构概述

一、金融机构的界定

（一）金融机构的含义

金融机构是指从事金融活动的组织，也被称为金融中介或金融中介机构。它通常以一定量的自有资金为运营资本，通过吸收存款、发行各种证券、接受他人的财产委托等形式形成资金来源，而后通过贷款、投资等形式运营资金，并且在向社会提供各种金融产品和金融服务的过程中取得收益。

（二）金融机构与一般经济组织的共性及特殊性

金融机构与一般经济组织之间既有共性，又有特殊性。共性主要表现为金融机构首先需要具备普通企业的基本要素，如有一定的自有资本、向社会提供特定的商品（金融工具）和服务、必须依法经营、独立核算、自负盈亏、照章纳税等。特殊性主要表现在以下几个方面：

1. 经营对象与经营内容的特殊性

一般经济组织的经营对象是具有一定使用价值的商品或普通劳务，经营内容主要是从事商品生产与流通活动；而金融机构的经营对象是货币资金这种特殊的商品，经营内容主要是货币的收付、借贷及各种与货币资金运动有关的金融活动。

2. 经营关系与经营原则的特殊性

一般经济组织与客户之间是商品或劳务的买卖关系，其经营活动遵循等价交换的原则；而金融机构与客户之间主要是货币资金的借贷或投融资的信用关系,在经营中遵循安全性、流动性和盈利性原则。

3. 经营风险及影响程度的特殊性

一般经济组织的经营风险主要来自于商品生产与流通过程,集中表现为商品是否产销对路。这种风险所带来的至多是因商品滞销、资不抵债而宣布破产。单个普通企业破产造成的损失对整体经济的影响较小,冲击力不大。金融机构则因其业务大多是以还本付息为条件的货币信用业务,故其风险主要表现为信用风险、挤兑风险、利率风险、汇率风险等。这一系列风险所带来的后果往往不局限于对金融机构自身的影响,一家大型金融机构因经营不善而出现的危机有可能对整个金融体系的稳健运行构成威胁。一旦发生系统风险,导致金融体系运转失灵,在现代货币经济中必然会危及整个社会再生产过程,引发社会经济秩序的混乱,甚至会爆发严重的社会或政治危机。2007 年美国爆发的次贷危机就是金融机构风险外溢引发连锁反应的典型案例。

二、金融机构的产生

(一)货币经营业及其向银行业的转变

在古代,随着商业的产生和发展而出现了古代货币经营业,这就是历史上最早的金融机构。货币经营业,就是经营货币商品的行业。古代货币经营业是现代资本主义银行的先驱,后者由前者演变而来。古代货币经营业包括铸币兑换业、货币保管业和汇兑业。货币的兑换业务和货币的保管及汇兑业务是古代货币经营业发展的两个阶段。银行业的出现是古代金融业发展的重大转折。

(二)古代银行业的发展和资本主义银行的产生

在西欧古代社会中,就已经有了银行业的存在。比如,在公元前 2000 年左右的古巴比伦庙宇和公元前 500 年左右的古希腊神庙,就有了经营、保存货币和贷款业务;而在公元前 400 年的雅典,银行业就有了显著的发展;在公元前 100 年的罗马帝国,已经有了关于银行和信用的法规。

到了中世纪,商品流通进一步发展,欧洲各国贸易集中于地中海沿岸各国,并且以意大利为中心,因而银行业者首先在意大利各共和国内出现并发展起来,12 世纪末叶开始传播到欧洲其他国家。当时银行的业务有:接受存款;在客户之间作为支付的中介人;汇兑业务;贷款。

上述银行由于主要贷款给政府,而政府利用权力不归还贷款的事时有发生,所以是不稳定的。1567 年,法国、西班牙和葡萄牙国王同时停止归还贷款,造成中世纪银行业的衰落。在这种情况下,商界和政府产生了一种意图,想把银行事业从私人手中夺过来,并把它变为当局管理下的合法企业。1580 年,威尼斯成立这种类型的银行。此后,1593 年在米兰,1609 年在阿姆斯特丹,1621 年在纽伦堡,1619 年在汉堡以及其他城市相继成立了这类银行。这类银行通常称为"划拨银行",因为它们最初只接受商人的存款和为商人办理结算,后来才开始进行贷款业务。它们所经营的贷款业务仍属于高利贷性质,同时由于和政府联系密切,贷款风险还是很大的。

高利贷的银行业不能满足资本主义发展对信用的需求。因为新兴资产阶级需要的贷款的利息不会吞噬全部资本主义利润,所以客观需要建立资本主义银行;而资本主义银行既能汇集闲置的货币资本,又能按照适度利率(利息率)向资本家提供贷款。资本主义银行体系是通过两条途径产生的:一条是改造旧的高利贷银行业,使其逐步适应新条件而变为资本主义的银行;另一条途径是根据资本主义原则组织股份银行。这两条途径在工业资本主义最早发展的英国表现最为明显。

在英国,资本主义银行体系是在17世纪产生的,最初是从经营高利贷与兑换业的金匠中独立出来一些专门在资本家之间从事信用中介的银行家中产生的。但是,这一转变过程非常缓慢,差不多到18世纪才告完成,主要是这些人不愿放弃高额利息收入,而他们当时的年利率在20%～30%之间,这种情况当然是工商业资本家所不愿接受的。因此,1694年,在英国政府倡议和帮助下,成立了英格兰银行。这是一家规模巨大的股份制银行,它的正式贴现率一开始就规定为4.5%～6%。英格兰银行的成立,标志着适应资本主义生产方式要求的银行制度开始建立。同时,随着新银行制度的诞生和发展,旧的高利贷银行不得不降低贷款利率,改造成适应资本主义制度需要的银行。

三、金融机构的分类

(一)按照业务性质和功能的不同,将金融机构分为管理性金融机构、商业性金融机构和政策性金融机构

管理性金融机构是在一个国家或地区具有金融管理监督职能的机构,主要有中央银行、金融管理局、证监会、保监会等。商业性金融机构是指以经营存放款、证券交易与发行、资金管理等一种或多种业务,以追求利润为其主要经营目标,自主经营、自负盈亏、自求平衡、自我发展的金融企业,包括商业银行、商业性保险公司、投资银行、信托公司、投资基金、租赁公司等。政策性金融机构的业务经营不以盈利为目的,主要是贯彻落实政府的经济政策,如国家开发银行、中国农业发展银行、中国进出口银行等。

(二)按照业务内容的不同,将金融机构划分为银行类金融机构和非银行类金融机构

银行类金融机构是指可以发行存款凭证的金融机构,包括中央银行、商业银行、政策性银行以及信用合作社等存款机构;非银行类金融机构则包括保险公司、证券公司、信托公司、投资基金等。

(三)按照业务活动的地理范围,将金融机构分为国际性金融机构、全国性金融机构和地方性金融机构

国际性金融机构主要是指业务活动跨越不同国家和地区的金融机构,如花旗银行、汇丰银行等。此外,国际货币基金组织、世界银行以及区域性的开发银行也可归为此类,但基本从事政策性金融业务。全国性金融机构的业务活动局限在一国的范围之内。地方性金融机构业务活动的地域范围更加狭小,主要局限在某一地域内,如一省内或一个城市内。目前,我国大多数的城市商业银行都属于地方性金融机构。

金融机构还有其他的分类方法,例如,依据资本和业务规模等可以划分为大、中、小型金融机构,等等。

四、金融机构的功能

(一)提供支付结算服务

金融机构提供支付结算服务功能是指金融机构通过一定的技术手段和流程设计,为客户之间完成货币收付或清偿因交易引起的债权债务关系服务。提供有效的支付结算服务是金融机构适应经济发展需求而较早产生的功能。银行业的前身——货币兑换商最初提供的主要业务之一就是汇兑。金融机构尤其是商业银行为社会提供的支付结算服务,对商品交易的顺利

实现、货币支付与清算和社会交易成本的节约具有重要的意义。

(二)促进资金融通

资金从盈余单位向赤字单位的流动与转让就是资金融通,简称融资。融通资金是所有金融机构都具有的基本功能。不同的金融机构会利用不同的方式来融通资金。例如,银行类机构一方面作为债务人发行存款类金融工具和债券等动员和集中社会闲置的货币资金,另一方面作为债权人向企业、居民等经济主体发放贷款。

(三)降低交易成本

金融机构利用筹集到的各种期限不同、数量大小不一的资金进行规模经营,可以合理控制利率、费用、时间等成本,使投融资活动能够最终以适应社会经济发展需要的交易成本来进行,从而满足不断增长的投融资需要。

(四)提供金融服务便利

提供金融服务便利功能是指金融机构为各部门的投融资活动提供专业性的辅助与支持性服务,主要表现在对各种企业和居民家庭、个人开展广泛的理财服务以及对发行证券筹资的企业提供融资代理服务。如果金融机构出面为各种客户提供投资或筹资方面的服务,则会大大提高投资效果或筹资效率。

(五)改善信息不对称

所谓信息不对称,是指交易的一方对交易的另一方不充分了解的现象。例如,对于贷款项目的潜在收益和风险,借款者通常比贷款者了解得更多一些。金融机构可以改善信息不对称正是由于其具有强大的信息收集、信息筛选和信息分析优势。

(六)转移与管理风险

金融机构转移与管理风险的功能是指金融机构通过各种业务、技术和管理,分散、转移、控制或减轻金融、经济和社会活动中的各种风险。金融机构转移与管理风险的功能主要体现为它在充当金融中介的过程中,为投资者分散风险并提供风险管理服务,如商业银行的理财业务及信贷资产证券化活动、信托投资公司的信托投资、投资基金的组合投资、金融资产管理公司的资产运营活动都具有该功能。此外,通过保险和社会保障机制对经济与社会生活中的各种风险进行的补偿、防范或管理,也体现了这一功能。

五、资本主义银行体系的发展

资本主义银行是资本主义金融机构的主体。随着资本主义发展变化,银行制度也在发展变化。开始时,资本主义银行主要是存款银行,即吸收存款,为顾客办理结算,也发放贷款。这类银行通称为商业银行。商业银行一般吸收的是企业和居民暂时闲置的短期资金,发放短期贷款。为了维持银行信誉,商业银行一般不发放大量长期贷款。但是,扩大投资是资本主义发展的规律,于是,在商业银行之外,又出现了专门吸收长期资金(主要以债券的形式),专门发放长期投资贷款的银行即投资银行。随着资本社会分工的发展,要求有专门为某种产业、行业或某项专业金融服务的专业银行,如农业银行、外汇银行、储蓄银行等。

随着资本主义的银行事业和其他非银行金融业的发展,金融活动越来越复杂化,对社会经济发展的影响越来越大,既有正面影响,也有负面影响。因此,需要把某些金融业务集中起来加以管理,根据国家利益、资本主义整体利益或宏观利益进行监督与管理。于是,在众多的银行之上成立了中央银行。中央银行成为唯一的货币发行银行、银行的银行和政府的银行。

除了银行之外,根据经济发展的需要,还成立了许多非银行金融机构。这些机构主要包括:证券公司、证券交易所、保险公司、信托公司、租赁公司及各种基金、财务公司等,它们都是金融机构不可分割的一部分,对银行起着补充作用。

六、我国的金融业

中国关于高利贷的记载颇多,关于政府放款机构的记载也较早,但关于银行业的记载则较晚。较早的记载是南北朝之际寺庙经营的典当业。有关这方面的大量记载则始于唐代,有经营典当业的质库、有保管钱财的柜房、有打制金银(饰品)和经营金银买卖的金银铺。至于汇兑业务,不仅有商人经营,更主要的是官府经营。此外,还有专门放债收息的官府机构。经过宋元到明清,钱庄、银号、票号兴起,银钱业有长足发展,但由于封建社会发展的长期停滞,中国古老的银钱业,一直未能发生向现代银行业的质的转化。

直到1845年,我国才出现第一家新式银行,不过这是一家外国银行,是由英国人开设的丽如银行。中国人自己开办的银行是1897年成立的中国通商银行,它的成立标志着中国现代银行信用事业的开始。这家银行是以商办面目出现的股份银行,实质上是受控于官僚、买办集团的。

民国时期,国民党政府直接控制着中央银行、中国银行、交通银行和中国农业银行。属于官商合办的"小四行"的中国通商银行、四明银行、中国实业银行和中国国货银行,属于江浙财团的"南三行"的浙江兴业、浙江实业和上海商业储蓄银行,都受官僚资本控制。号称"北四行"的盐业银行、金城银行、中南银行、大陆银行,它们虽未被官僚资本直接控制,但实际上也不是全然独立的。其他银行也都或多或少、或直接或间接地受控于国民党官僚资本银行体系。

新中国成立以后,没收了官僚资本主义银行,改造了民族资本主义银行。1952年底,全国银行基本上都属于社会主义性质的银行了。在改革开放前,中国银行业是高度集中统一的,虽然一直保持有中国银行(专营外汇)、时断时续的农业银行,但实际上中国人民银行统管一切,中国银行、中国农业银行仅是中国人民银行内部机构的一部分。中国人民银行集中央银行与商业银行于一身,既集中人民币的发行,也集中对中国金融的管理。应当指出,在那个时期,金融业的经营,主要体现在对金融活动的管理上,资金按计划分配,而且实行低利率政策,盈亏最终由国家负责。

我国现代金融事业和金融机构的建立与完善,是改革开放以后的大事。随着有计划商品经济体制和中国特色的社会主义市场经济体制的确立与逐步完善,适应现代市场经济的金融机构体系也逐渐建立与完善起来。可以说,从基本框架上,中国现代金融机构体系已基本上建立起来,即以中国人民银行为领导和核心,以国有商业银行为主体,其他银行和非银行金融机构为补充的体系基本建立起来。下一步的工作是:如何完善各金融机构的内部机制并合理调整结构和比例,各金融机构之间如何建立起既有竞争又有合作且更加适合社会主义经济发展要求的金融体系和体制。

【拓展阅读6—1】

全面深化金融业改革开放,加快完善金融市场体系

党的十八届三中全会提出全面深化改革,加快完善现代市场体系。金融作为现代经济的核心,是社会主义市场体系的重要组成部分。我们要认真学习贯彻全会精神,紧紧围绕市场在资源配置中的决定性作用,全面深化金融业改革开放,加快完善金融市场体系,不断提升金融业服务实体经济能力,促进经济持续健康发展。

改革开放以来,我们坚定不移地推进金融改革,基本建立了与社会主义市场经济相适应的金融体制,金融业配置资源和服务实体经济的能力大幅提升,整体实力和风险抵御能力明显提高,金融宏观调控的科学性、前瞻性和有效性稳步增强,成功经受住了国际金融危机的严峻考验,为我国经济持续健康发展做出了重要贡献。未来相当长一个时期,我国经济社会发展仍将处于重要战略机遇期,既面临难得的发展机遇,也面对诸多风险和挑战。做好今后一个时期的金融工作,关键是要牢牢把握金融服务实体经济的本质要求,坚持市场配置金融资源的改革导向,坚持创新与监管相协调的发展理念。金融系统要按照全会的决策部署,全面推动金融改革、开放和发展,加快完善种类齐全、结构合理、服务高效、安全稳健的现代金融市场体系。同时,构建更具竞争性和包容性的金融服务业。扩大金融业对内对外开放,在加强监管前提下,允许具备条件的民间资本依法发起设立中小型银行等金融机构。践行党的群众路线,发展普惠金融。

资料来源:《人民日报》,2013年11月28日。

任务二 金融机构的体系与结构

一、银行金融机构的体系与结构

(一)中央银行

中央银行是一国金融机构的核心和领导,它集中全国的货币发行,执行国家或政府的货币金融政策,集中经营性银行和其他金融机构的支付准备金,对经营性银行等进行资金支持,故中央银行又被称为货币发行银行、政府的银行和银行的银行。

中央银行因为地位特殊、作用特殊,故在银行体系中自成一大类,但大多数国家是集中和单一制的,即一国只有一家这种银行。个别国家也采取复合制度,如美国设有12家联邦储备银行,都起中央银行的作用,在其上设有联邦储备委员会。中央银行在各国金融业管理、国家宏观经济和金融调控上起重大作用。欧洲中央银行也是一个特例。

(二)商业银行

传统的商业银行也称存款银行或存款货币银行,它是各国金融体系中的骨干力量。这类银行由于集中了社会上工商企业绝大部分的活期存款,有些国家的商业银行还集中定期存款和居民储蓄作为自身放款的资金来源,同时起着创造存款货币的作用,故被称为存款货币银行。

(三)投资银行

投资银行是专业银行的一种,之所以把它从商业银行中分立出来,主要是为了与商业银行相对应。当前,商业银行仍然以吸收企业短期存款、发放短期贷款,为企业日常生产和商业活动服务。与商业银行截然不同的是,投资银行是对工商企业办理长期投资、长期贷款、包销或代销新发行的有价证券业务的专业银行,这类银行又称“长期投资信贷银行”。这类银行有各种各样的形式和名称,主要有投资银行、长期信贷银行、金融公司、实业银行、开发银行、证券公司、持股公司等。

(四)专业银行

专业银行是指专业从事某项金融业务和提供专门金融服务的银行机构。这类银行一般都有自己特定的客户。随着社会分工的发展,要求银行必须具备某一方面的专门知识和专门职能，为社会提供专门的金融服务，于是从事专门性金融业务的银行就应运而生。专业银行按其服务对象和借贷资金运动特点的不同，可划分为许多种，如开发银行、储蓄银行、不动产抵押银行、农业银行、进出口银行及外汇银行等。

二、非银行金融机构的体系与结构

（一）证券类金融机构

1. 证券交易所

证券交易所是买卖股票、公债、公司债券等有价证券的组织，它有固定场所。交易所本身并不买卖有价证券，而是为买卖证券者提供交易的场所。证券交易所的组织形式在欧美经济发达国家多是会员制，发展中国家有的采取会员制，有的也采取股份公司制。

证券交易所的最高决策机构是会员大会，但决定业务经营方针的是理事会（或董事会）。证券交易所是商品经济发展的必然产物，它的产生和发展为证券买卖创立了一个常设市场。证券交易所是集聚社会资金、调节资金投向和转换的中心，在市场经济中有重要作用。

2. 证券公司

证券公司是专门从事有关证券经营及相关业务的金融企业。证券公司的主要业务包括有价证券的自营买卖业务、委托买卖业务、认购业务和销售业务四种。自营买卖业务是指证券公司根据自身对证券市场信息的掌握与分析，自己出资、自己购买、自己销售或兑付证券，从中获取利息和差价收入的业务。委托买卖业务则是受客户委托，根据客户提出的要求进行买卖，从中收取佣金或手续费的业务。认购业务主要是指参与政府债券、公司债券的承购、竞价认购的业务。销售业务主要是对政府债券、公司债券的包销、代销和助销等业务活动。

证券公司是证券交易所的重要成员，大的证券公司大多是证券交易所的会员，有权参加证券交易所的管理，参与证券交易所的证券买卖，主要是代客买卖，也有部分自营买卖。

3. 证券经纪人

证券经纪人是在证券交易中充当双方的中介、收取佣金的商人。

经纪人包括个人经纪人和法人经纪人。个人经纪人必须具有一定学历、信誉，有较丰富的经验和资产保证等条件才能充当。法人经纪人通常是具有一定资金实力的银行、信托公司、证券公司、投资公司或财务公司等机构，由它们按规定指派代表参加交易所的交易活动。

4. 证券商

证券商是专门从事有价证券买卖业务的商号和商人。它（他）们是证券市场的主要参加者。如前所述，证券交易是涉及许许多多投资者的特殊交易，公开竞价买卖，但又需要集中进行，证券经纪人和证券交易商必然要发展起来。根据证券商活动的内容不同，可以分为证券公司、交易所交易商和零股交易商。

（二）保险公司

保险公司是经营保险业务的企业，是金融机构的一个组成部分。保险公司经营的基础是集中多数单位和个人的风险，用收取保险费的形式建立保险基金，用于弥补投保人因自然灾害或意外事故造成的损失，或对个人因伤残死亡等给予物质补偿。中国人自己最早创办的保险公司是中国轮船招商局于1885年创办的“仁和”保险公司，这是中国的第一家保险公司。

（三）信托公司

信托公司是以代人理财为主要经营内容，以受托人身份经营现代信托业务的金融企业。现代信托业务起源于英国，但在历史上最早的信托公司却产生于美国，美国“马萨诸塞慈善人寿保险公司”于 1818 年被核准许可营业，英国第一家信托公司“伦敦受托遗嘱执行和证券保险公司”则成立于 1886 年。

信托公司的业务主要分为货币信托和非货币信托两大类。货币信托包括信托贷款、养老金信托、有价证券信托投资、养老金和投资基金信托、其他货币信托。非货币信托包括有价证券信托、债权信托、不动产信托、动产信托、担保权信托。

中国最早的信托公司是 1921 年在上海成立的“上海通商信托公司”。1979 年，中国银行恢复设立信托咨询部；同年 10 月，中国国际信托投资公司成立。

（四）租赁公司

租赁公司是指通过融资形式起融物作用的企业。第一家租赁公司于 1952 年 5 月由 H. 叙恩费尔德在美国旧金山创立，名为美国金融贴现公司，现为美国国际租赁公司。

租赁按其性质可分为两大类：金融租赁和经营租赁。

金融租赁是融资和融物相结合的一种信用方式。金融租赁是租赁公司根据客户需要购进机器设备等，租给企业使用；企业则付给一定量的租金，待租期届满时，承租人有竞购、续租、退还的选择权。租赁和贷款不同之处是融资和融物相结合，融资和融物都是所有权和使用权相分离。

经营租赁是出租人将自己经营出租的设备或用品反复出租的租赁行为。这种租赁的特点是时间短，一般在一年以内，所租用物不是企业常用设备或物资。

（五）财务公司

财务公司也称“财务有限公司”，是经营部分银行业务的非银行金融机构。其业务主要有发放贷款、投资，经营耐用品租赁或分期付款的销货业务。其资金来源有：向银行借款，出卖商业票据，推销企业股票、债券和发行本公司证券（大额存款证），多数财务公司还接受定期存款。西方财务公司的业务逐渐扩大，几乎与投资银行无大差异，且在发放消费信贷方面占有特殊重要位置。

中国的财务公司多为产业集团分公司集资而成，宗旨和任务是为本企业集团内部各企业筹资和融通资金，促进其技术改造和技术进步，一般不向企业集团之外吸收存款。

（六）风险投资公司与私募股权基金公司

风险投资（VC）又称创业投资，是指向具有高增长潜力的未上市的创业企业进行股权投资，并通过提供创业管理服务参与所投资企业的创业过程，以期在所投资企业相对成熟后通过股权转让等形式，实现资本增值收益的资本运作方式。

私募股权融资（PE），是指企业通过协商、招标等非社会公开方式，向特定投资人出售股权进行的直接融资。通过私募股权融资引入风险投资是中小企业融资的一个重要途径。企业从创立、发展到上市，大多经过初始融资—私募股权融资—公开上市融资三个阶段。私募股权融资在企业上市融资过程中起着承上启下的作用。

任务三　国际金融机构

国际金融机构有广义和狭义之分。广义的国际金融机构包括政府间国际金融机构、跨国银行、多国银行集团等。狭义的国际金融机构主要指各国政府或联合国建立的国际金融机构组织，分为全球性国际金融机构和区域性国际金融机构。

一、全球性国际金融机构

(一)国际货币基金组织

国际货币基金组织是为协调国际货币政策和金融关系,加强货币合作而建立的国际性金融机构,于1945年12月成立,总部设在华盛顿。在成立初期,成员国只有39个,到2008年9月26日增至185个,基金总份额为2 173.727亿特别提款权,总的投票权为221.619 3万个。我国曾是该组织的创始国之一,但新中国建立以后,一直被排斥在外,1980年才正式恢复席位。

国际货币基金组织的最高权力机构是理事会,由成员国选派理事和副理事各1人组成,理事会对有关国际金融重大事务的方针、政策做出决策,并就一些重大问题提交国际货币基金组织的常设机构——执行董事会处理。执行董事会由22人组成,董事由占有基金份额最多的国家及地区推选任命,其中7人分别由美、英、德、法、日、沙特和中国单独指派。

成员国认缴的基金份额是国际货币基金组织最主要的资金来源。份额大小的重要性表现在两个方面:一是份额多少决定一国的地位和投票权,认缴的份额占总份额的比例越大,投票权就越多,进而一国在决定重大国际金融事务中就具有重要的影响作用。二是份额的多少决定成员国获得基金组织贷款的多少。

国际货币基金组织的贷款对象只限于成员国官方财政金融当局,而不与任何私营企业进行业务往来。贷款用途只限于弥补成员国国际收支逆差或用于经常项目的国际支付。国际货币基金组织的贷款都是短期贷款,1年至5年不等,贷款利率按贷款期限和额度的累进递增收取。贷款额度有限制,与借款国认缴的基金份额大小呈正比。贷款种类目前主要有普通贷款、出口波动补偿贷款、缓冲库存贷款、中期贷款、补充贷款、信托基金贷款等。

(二)世界银行集团

世界银行集团由世界银行、国际金融公司、国际开发协会、国际投资争端处理中心、多边投资担保机构五个机构构成。下面介绍其中四个。

世界银行又称国际复兴开发银行,是1945年与国际货币基金组织同时成立的国际金融机构,于1946年6月正式营业,总部设在华盛顿。世界银行与国际货币基金组织的组织结构相似,但世界银行历任行长都是美国人。与国际货币基金组织一样,世界银行的资金来源中最主要的是成员国认缴的份额。世界银行认缴份额与投票权的规定也与国际货币基金组织相同。另外,世界银行还从各种渠道筹集资金:来自官方的占30%,向国际市场借款占70%,这些资金均以固定利率借入。此外,世界银行还采用在国际资本市场发行中长期债券和将贷出款项的债权转让给商业银行等方式进行业务活动。同时,世界银行还从事向会员国提供技术援助、担任国际银团贷款的组织工作、协调与其他金融机构的关系等活动。世界银行的贷款对象可以是成员国政府,国有企业和私有企业则要由政府担保。世界银行的贷款用途较广,包括工业、农业、能源、运输、教育等,一般都是项目贷款。贷款期限为20年左右,并有5年宽限期,利率比较优惠。贷款额度要考虑借款国人均国民生产总值、还债信用强弱、借款国发展目标和需要、投资项目的可行性及在世界经济发展中的次序等。中国是世界银行的创始国之一,1980年5月恢复合法席位。

国际金融公司是专门向经济不发达成员国的私有企业提供贷款和投资的国际性金融组织,属世界银行集团,总部设在华盛顿,1956年建立。国际金融公司是世界上为发展中国家提供贷款最多的多边金融机构。资金来源主要是成员国认缴的股本、借入资本和营业收入;资金运用主要是提供长期的商业融资。其业务宗旨是促进发展中国家私营部门投资，从而减少贫困，改善人民生活。国际金融公司利用自有资源和在国际金融市场上筹集的资金为项目融资，同时向政府和企业提供技术援助和咨询。

国际开发协会是专门向较贫穷的发展中国家发放条件较宽的长期贷款的国际金融机构，属世界银行集团，1960 年建立，总部设在华盛顿。其活动宗旨主要是向最贫穷的成员国提供无息贷款，促进它们的经济发展。这种贷款具有援助性质。我国曾是这类无息贷款的承受国，但随着综合国力的增强，于 1999 年 7 月 1 日不再接受国际开发协会无息贷款。国际开发协会的资金来源中最主要的是成员国认缴的份额，同时依靠发达国家成员国增资、世界银行拨款和营业收入来扩大资本。国际开发协会的贷款对象按规定是官方和公私营企业，但实际上都是较贫穷的成员国政府。贷款多用于农业、乡村发展项目、交通运输、能源等。贷款条件优惠，还款年限为 50 年，宽限期为 10 年，且不收利息，每笔贷款只需支付 0.75%的手续费。

多边投资担保机构成立于 1988 年，其宗旨是通过向外国私人投资者提供包括征收风险、货币转移限制、违约、战争和内乱风险在内的政治风险担保，并通过向成员国政府提供投资促进服务，加强其吸引外资的能力，从而促使外国直接投资流入发展中国家。多边投资担保机构积极支持中国吸引外国直接投资，曾为我国的制造业、基础设施等提供了多项担保。

(三)国际清算银行

国际清算银行是西方主要发达国家中央银行和若干大商业银行合办的国际金融机构，成立于 1930 年 5 月 17 日，总部设在瑞士巴塞尔。初建的目的是处理第一次世界大战后德国赔款的支付和解决协约国之间的债务清算问题。国际货币基金组织成立后，国际清算银行主要办理国际清算，接受各国中央银行存款并代理买卖黄金、外汇和有价证券，办理国库券和其他债券的贴现、再贴现等；此外，还负责协调各成员国中央银行的关系，故有“央行的央行”之称。目前，国际清算银行的主要任务是促进各国中央银行之间的合作并为国际金融业务提供新的便利，促进国际金融稳定。其主要职能包括：为各国中央银行提供各种金融服务，帮助各国中央银行管理外汇储备；研究货币与经济问题，并协调国家间的货币政策；协助执行各种国际金融协定。

国际清算银行领导下的常设监督机构称作巴塞尔银行监管委员会，致力于跨国性银行的监管工作。该委员会签署的《巴塞尔协议》和《〈巴塞尔资本充足协议〉的补充协议》成为国际统一的银行监督管理协议。中国人民银行已于 1996 年 9 月加入该行。目前，国际清算银行在我国香港设有代表处。

二、区域性的金融机构

(一)亚洲开发银行

亚洲开发银行是西方国家与亚洲太平洋地区发展中国家合办的政府间的金融机构，1966 年在东京成立，总行设于菲律宾的首都马尼拉。最初有成员国 31 个，2008 年年底增加到 67 个，其中 48 个来自亚太地区，其余 19 个来自其他地区。我国于 1986 年 3 月正式恢复在亚洲开发银行的合法席位。

亚洲开发银行是一个致力于促进亚洲及太平洋地区发展中国家经济发展的区域性金融机构。它不以盈利为目的，经营宗旨是通过发放贷款、进行投资和提供技术援助，促进亚太地区的经济发展与合作。

亚洲开发银行的资金来源主要是成员国认缴的股本，其次是借款、发行债券以及某些国家的捐赠款和由营业收入积累的资本。截至2008年年底,中国持有亚行总股份中的228 000股,占总股份的6.429%;中国在亚行有241 232个投票权,占总投票权的5.442%。亚行的主要业务是向亚太地区的成员国政府及其所属机构、境内公私企业以及与发展本地区有关的国际性或地区性组织提供长期贷款。贷款分为普通贷款和特别基金贷款两种。普通贷款期限为12～25年,年利率为7.5%;特别基金贷款期限为25～30年,有的长达40年,年利率为1%～3%。自亚行成立以来,其贷款业务发展十分迅速,涉及众多部门,其中,农业和农产品加工业、能源及交通运输业是亚行发放贷款的重点部门。

(二)非洲开发银行

非洲开发银行是非洲国家政府合办的互助性国际金融机构,成立于1963年9月,1966年7月正式开业,行址设在科特迪瓦首都阿比让。最初只有除南非以外的非洲国家才能加入该行。为了广泛吸收资金和扩大该行的贷款能力,该行理事会在1980年5月第十五届年会上通过决议欢迎非洲以外的国家入股。1985年5月,我国正式参加了非洲开发银行。截至2009年年底,非洲开发银行有77个成员国,非洲53个国家全部为其成员,此外,还有包括中国在内的区外成员24个。

非洲开发银行的宗旨是为成员国经济和社会发展提供资金,促进成员国的经济发展和社会进步,帮助非洲大陆制定发展的总体规划,协调各国的发展计划。资金来源主要是成员国认缴的股本,主要任务是向成员国提供普通贷款和特别贷款。特别贷款条件优惠,期限很长,最长可达50年,贷款不计利息,主要用于大型工程项目建设,贷款对象仅限于成员国。

(三)泛美开发银行

泛美开发银行是由美洲及美洲以外的国家联合建立、主要向拉丁美洲国家提供贷款的金融机构,成立于1959年,1960年10月正式营业,行址设在华盛顿。该银行最初的成员国有以美国为首的20个美洲国家,到2009年12月其成员国增加到48个,其中26个来自拉丁美洲和加勒比地区,22个来自欧洲、北美洲和亚洲。1991年中国成为泛美开发银行的观察员,1993年正式提出加入该行的申请,2007年3月19日中国人民银行行长周小川代表中国政府与泛美开发银行行长签署了关于中国加入该行的谅解备忘录。

泛美开发银行的宗旨是集中美洲各国财力,对中、南美洲发展中成员国的经济和社会发展提供资金和技术援助。该银行的资金来源有成员国认缴的股本和银行借款两大部分,资金运用主要是向成员国提供贷款,包括普通贷款和特别业务基金贷款。普通贷款向政府、公私团体的特定经济项目提供,贷款期限为10年至25年,用发放贷款时所使用的货币偿还,贷款利率为8%。特别业务基金贷款对象为以公共工程为主的特别经济项目,贷款期限为10年至30年,利率低于普通贷款利率,并可部分或全部用本国货币偿还。

三、国际金融机构的作用与局限性

(一)国际金融机构的作用

在现行的国际货币制度和国际金融活动中,国际金融机构具有重要的作用,主要体现在六个方面:一是维持汇率稳定;二是对金融业的国际业务活动进行规范、监督与协调;三是提供长短期贷款以调节国际收支的不平衡和促进经济发展;四是积极防范并解救国际金融危机;五是就国际经济、金融领域中的重大事件进行磋商;六是提供多种技术援助、人员培训、信息咨询等服务,借此加强各国经济与金融的往来,推动全球经济共同发展。

（二）国际金融机构的局限性

国际金融机构也有其局限性，例如，一些机构的领导权被主要的发达国家控制，发展中国家的呼声、建议往往得不到重视；向受援国提供贷款往往附加限制性的条件，要求受援国满足某些前提性的要求之后才能使用贷款，而这些要求大多是对一国经济体系甚至政治体系的不恰当干预，不对症的干预方案常常会削弱或抵消优惠贷款所能带来的积极作用。

任务四　我国的政策性金融机构

1994年以前，我国没有专门的政策性金融机构，国家的政策性金融业务，分别由当时几家国有的专业银行承担。1994年，根据国务院《关于金融体制改革的决定》，我国建立了国家开发银行、中国进出口银行、中国农业发展银行三家政策性银行；2001年又设立了中国出口信用保险公司。

一、国家开发银行

国家开发银行于1994年3月17日正式成立。国家开发银行成立之初的注册资本金为500亿元人民币，从国家财政逐年划拨的经营性建设基金和经营基金回收资金（含原“拨改贷”）中安排。其总部设在北京，经批准可在国内外设置必要的办事机构。1998年12月11日，经中国人民银行批准，中国投资银行并入国家开发银行。后来，适应业务发展的需要，国家开发银行在各省、直辖市、自治区（除西藏外）以及大连设立了分行，在西藏、厦门和香港设立了代表处。2008年年底，国家开发银行总资产达38 212亿元。

国家开发银行设立之初的主要任务是：建立长期稳定的资金来源，确保重点建设资金需要，办理政策性重点建设贷款和贴息贷款业务；对固定资产投资总量和结构进行调节；逐步建立投资约束和风险责任机制，按照市场经济的运行原则办事，提高投资效益。

经国务院批准，国家开发银行于2008年12月11日整体改制为商业银行——国家开发银行股份有限公司，股份总数为3 000亿股，其中，财政部出资1 539.08亿元人民币，持有1 539.08亿股，占比51.3%；中央汇金有限责任公司出资1 460.92亿元人民币，持有1 460.92亿股，占比48.7%。因此，国家开发银行现在属于国有商业银行。该行注册资本为3 000亿元。改制后的国家开发银行承继了原国家开发银行的全部资产、负债、业务、机构网点和人员，依法承担和履行原国家开发银行在有关具有法律效力的合同或协议中的权利、义务以及相应的债权债务关系和法律责任。

二、中国进出口银行

中国进出口银行于1994年7月1日成立，总行设在北京。截至2008年年底，中国进出口银行在国内设有11家营业性分支机构和4个代表处；在境外设有东南非代表处、巴黎代表处和圣彼得堡代表处；与500多家银行建立了代理行关系。

中国进出口银行的主要职责是贯彻执行国家产业政策、外经贸政策、金融政策和外交政策，为扩大我国机电产品、成套设备和高新技术产品进出口，推动有比较优势的企业开展对外承包工程和境外投资，促进对外关系发展和国际经贸合作，提供政策性金融支持。

三、中国农业发展银行

为了集中力量解决农业和农村经济发展合理的政策性资金需要，促进主要农产品收购资金的封闭运行，国务院决定成立农业方面的政策性银行，即中国农业发展银行。中国农业发展银行于1994年11月18日正式成立，注册资本金为200亿元。中国农业发展银行的资金来源主要是中国人民银行的再贷款，同时，该行也发行少量的政策性金融债券。

四、中国出口信用保险公司

中国出口信用保险公司于2001年12月18日正式成立，注册资本为40亿元人民币，资本来源为出口信用保险风险基金，由国家财政预算安排。中国出口信用保险公司目前是我国唯一承办出口信用保险业务的政策性保险公司。

中国出口信用保险公司的主要任务是：积极配合国家外交、外贸、产业、财政、金融等政策，通过政策性出口信用保险手段，支持货物、技术和服务等出口，特别是高科技、附加值大的机电产品等资本性货物出口，支持中国企业向海外投资，为企业开拓海外市场提供收汇风险保障，并在出口融资、信息咨询、应收账款管理等方面为外经贸企业提供快捷、完善的服务。

★★★ 关键术语 ★★★

金融机构　管理性金融机构　商业性金融机构　政策性金融机构　银行类金融机构　非银行类金融机构　国际性金融机构　全国性金融机构　地方性金融机构

★★★ 应知考核 ★★★

一、单项选择题

1. 金融机构又被称为(　　)。

A. 金融中介　B. 金融企业　C. 金融单位　D. 金融组织

2. 以下不属于商业性金融机构的是(　　)。

A. 商业银行　B. 信托公司　C. 租赁公司　D. 开发银行

3. 以下不属于银行类金融机构的是(　　)。

A. 中央银行　B. 证券公司　C. 政策性银行　D. 信用合作社

4. 亚洲开发银行的成立时间为(　　)。

A. 1958年　B. 1965年　C. 1966年　D. 1988年

5. 泛美开发银行的行址设在(　　)。

A. 伦敦　B. 东京　C. 温哥华　D. 华盛顿

6. 国际货币基金组织的总部位于(　　)。

A. 华盛顿　B. 芝加哥　C. 纽约　D. 伦敦

7. 世界银行的总部位于(　　)。

A. 芝加哥　B. 纽约　C. 伦敦　D. 华盛顿

8. 国际开发协会的总部位于(　　)。

A. 华盛顿　B. 纽约　C. 东京　D. 伦敦

9. 中国农业发展银行是一家(　　)。

A. 商业银行　B. 投资银行　C. 中央银行　D. 政策性很行

10. 专门对工商业办理投资和长期信贷业务的银行是(　　)。

A. 商业银行　B. 中央银行　C. 投资银行　D. 储蓄银行

二、多项选择题

1. 按照业务性质和功能的不同,可将金融机构分为(　　)。

A. 经营性金融机构　B. 管理性金融机构

C. 商业性金融机构　D. 政治性金融机构

E. 政策性金融机构

2. 按照业务活动的地理范围,可将金融机构分为(　　)。

A. 国际性金融机构　B. 全国性金融机构　C. 地方性金融机构　D. 涉外金融机构

E. 涉内金融机构

3. 新中国金融机构体系中的四大主体是指(　　)。

A. 中国工商银行　B. 中国农业银行　C. 中国交通银行　D. 中国建设银行

E. 中国银行

4. 下列各项中,属于我国股份制商业银行的有(　　)。

A. 广东发展银行　B. 华夏银行　C. 招商银行　D. 民生银行

E. 恒丰银行

5. 全球性国际金融机构主要包括(　　)。

A. 世界交易组织　B. 国际货币基金组织

C. 亚太经济交易组织　D. 世界银行集团

E. 国际清算银行

三、填空题

1. 现代银行种类繁多,主要有四大类,即________、________、________、________。

2. ________为买卖证券者提供交易的场所。

3. 国际金融公司是世界上为发展中国家提供贷款最多的多边金融机构。

4. 中国农业发展银行的资金来源主要是中国人民银行的________。

5. ________是目前是我国唯一承办出口信用保险业务的政策性保险公司。

四、简答题

1. 简述金融机构与一般经济组织的共性及特殊性。

2. 简述金融机构的功能。

3. 简述银行金融机构的体系与结构。

4. 简述非银行金融机构的体系与结构。

5. 简述我国的政策性金融机构。

★★★ 应会考核 ★★★

◎ 技能案例

赖小民:互联网金融是国家金融体系的有益补充

第十八届(2014 年度)中国资本市场论坛于 2014 年 1 月 11 日在北京中国人民大学举行。本届论坛的主题是互联网与金融变革。华融资产管理股份有限公司董事长赖小民在做主题报告时表示,互联网金融充其量是我们国家金融体系的有益补充,是金融资本市场的一个组成部分。

赖小民说,互联网金融当前发展非常之快,已经成为我们国家一种金融产品的一种新型的创新工具,而且大家都非常关注。但大家把互联网金融的作用看得有点过大、过强、过高了。互联网金融充其量是我们国家金融的有益补充,是金融资本市场的一个组成部分,也是一个重要的产品。互联网金融这几年发展很快。2013 年有很多人说是互联网金融的元年。因为互联网金融产品包括第三方支付,同时包括 B2B、网贷、大数据的金融、电子商务企业的融资和在线产品理财,让人们眼花缭乱,改变了人们对金融业传统的物理格局的看法。现在互联网金融的发展改变了传统的看法,在家点击鼠标就可以从事商业、金融、买卖的交易。互联网缩短了我们的空间,拉近了金融消费者与金融从业者的距离,更重要的是它改变了人们的生活。

赖小民表示,毫无疑问,我们要满腔热情地呵护互联网金融业的发展,但传统的金融业永远会占据中国金融业主渠道的地位,互联网金融业再怎么发展也颠覆不了传统金融业的地位。人们感觉互联网金融发展是比较快的,跟人们生活切身利益相关的余额宝吸收了 1 800 亿元的存款,造成银行存款的搬家,这是不争的事实,今后仍然存在这种状况。但银行存贷款余额 80 多万亿元,1 800 亿元的存款转移绝对不可能颠覆传统银行业。互联网金融将冲击传统金融,但是没有颠覆替代的作用。

资料来源:中证网,http://www.cs.com.cn。

【考核要求】

根据上述资料,对此案例进行分析。

★★★ 项目实训 ★★★

【实训内容】

我国金融机构的职责划分。

【实训目标】

认识我国现有的各种金融机构。

【实训步骤】

1. 各组进行实地考察;
2. 各组选出两种以上与个人有关的金融业务并选择金融机构进行办理;
3. 分组讨论,加深对各种金融机构的认识。

项目七 商业银行

知识目标

理解：商业银行的经营管理。

熟知：商业银行的负债业务、资产业务、中间业务。

掌握：商业银行的性质、职能与经营原则。

能力目标

能够分析安全性、流动性、盈利性之间的矛盾与协调关系；能够用风险管理理论分析商业银行风险管理状况。

素质目标

能够运用现代的经营理念对我国商业银行进行简单的评价与分析，提出自己的设想。

任务一 商业银行的性质、职能与经营原则

一、商业银行的性质

（一）商业银行是一种企业

它具有现代企业的基本特征。和一般的工商企业一样，商业银行也具有业务经营所需的自有资金，也须独立核算，自负盈亏，也要把追求最大限度的利润作为自己的经营目标。就此而言，商业银行与工商企业没有区别。

（二）商业银行是一种特殊的企业

主要表现在：一是商业银行的经营对象和内容具有特殊性。一般工商企业经营的是物质产品和劳务，从事商品生产和流通；而商业银行是以金融资产和负债为经营对象，经营的是特殊的商品——货币和货币资本，经营内容包括货币收付、借贷以及各种与货币运动有关的或者与之联系的金融服务。二是商业银行对整个社会经济的影响要远远大于一般工商企业，同时，商业银行受整个社会经济的影响也较任何一个具体企业更为明显。三是商业银行责任特殊。一般工商企业只以盈利为目标，只对股东和使用自己产品的客户负责；商业银行除了对股东和客户负责之外，还必须对整个社会负责。

（三）商业银行是一种特殊的金融企业

商业银行既有别于国家的中央银行，又有别于专业银行（指西方指定专门经营范围和提供专门性金融服务的银行）和非银行金融机构。中央银行是国家的金融管理当局和金融体系的

核心，具有较高的独立性，它不对客户办理具体的信贷业务，不以盈利为目的。专业银行和各种非银行金融机构只限于办理某一方面和几种特定的金融业务，业务经营具有明显的局限性。商业银行的业务经营则具有很强的广泛性和综合性，它既经营“零售”业务，又经营“批发”业务，已成为业务触角延伸至社会经济生活各个角落的“金融百货公司”和“万能银行”。

二、商业银行的职能

（一）信用中介职能

信用中介职能是商业银行最基本也是最能反映其经营活动特征的职能。这一职能的实质是通过商业银行的负债业务，把社会上的各种闲散资金集中到银行，再通过商业银行的资产业务，把它投向社会经济各部门。

（二）支付中介职能

商业银行除了作为信用中介融通货币资本以外，还执行着货币经营业的职能。通过存款在账户上的转移，代理客户支付；在存款的基础上，为客户兑付现款等，成为工商业团体和个人的货币保管者、出纳者和支付代理人。这样，以商业银行为中心，形成了经济社会无始无终的支付链条和债权债务关系。支付中介职能的发挥，大大减少了现金的使用，节约了社会流通费用，加速了结算过程和货币资金周转，促进了经济发展。

（三）信用创造职能

商业银行的信用创造职能是在信用中介与支付中介职能基础上产生的。商业银行利用吸收的存款发放贷款，在支票流通和转账结算基础上，贷款又转化为派生存款，在这种存款不提取或不完全提现的情况下，就增加了商业银行的资金来源。最后，在整个商业银行体系，形成数倍于原始存款的派生存款。

（四）金融服务功能

随着经济的发展，各个经济单位之间的联系更加复杂，各金融中介机构之间的竞争也日益激烈。人们对财富的管理要求也相应提高，商业银行根据客户的要求不断拓展自己的金融服务领域，如信托、租赁、咨询、经纪人业务及国际业务等，并在商业银行经营中占据越来越重要的地位。

三、商业银行的经营原则

（一）安全性

安全性是指商业银行应努力避免各种不确定因素对它的影响，保证商业银行的稳健经营和发展。商业银行之所以必须首先坚持安全性原则，其原因在于商业银行经营的特殊性：

第一，商业银行自有资本较少，经受不起较大的损失。

第二，商业银行经营条件的特殊性，尤其需要强调它的安全性。

第三，商业银行在经营过程中会面临各种风险。因此，保证安全性经营就必须控制风险。

概括起来，商业银行面临的风险主要有：①国家风险；②信用风险；③利率风险；④汇率风险；⑤流动性风险；⑥经营风险；⑦竞争风险

（二）流动性

流动性是指商业银行能够随时满足客户提存和必要的贷款需求的支付能力，包括资产的流动性和负债的流动性两重含义。资产的流动性是指资产在不发生损失的情况下迅速变现的能力。它既指速动资产，又指在速动资产不足时其他资产在不发生损失的情况下转变为速动

资产的能力。

商业银行是典型的负债经营，资金来源的主体部分是客户的存款和借入款。存款是以能够按时提取和随时对客户开出支票支付为前提的，借入款是要按期归还或随时兑付的。资金来源流动性这一属性，决定了资金运用方即资产必须保持相应的流动性。

一般来说，商业银行的速动资产被称为第一级准备，它的特点是流动性强。证券资产，特别是短期证券资产以及随时可以收回的通知贷款等，则构成商业银行流动性的第二道防线，称为第二级准备。商业银行负债的流动性则是通过创造主动负债来进行的，如向中央银行借款、发行大额可转让存单、同业拆借、利用国际货币市场融资等。

（三）盈利性

一切经营性企业都有一个共同的目标——追求盈利。商业银行作为经营货币信用的企业，当然也不例外。商业银行通过吸收存款、发行债券等负债业务，把企事业单位和个人的闲置资金集中起来运用出去，弥补一部分企、事业单位和个人的暂时资金不足。商业银行通过这种资金运动，把社会资金周转过程中暂时闲置的资金融通到暂时不足的地方去，解决了社会资金周转过程中资金闲置和不足并存的矛盾，使社会资金能够充分运用，这不仅对社会经济的发展起到有益的促进作用，而且使商业银行从资金运用中得到利息收入和其他营业收入。这些收入扣除付给存款人的利息，再扣除支付给职工的工资及其他有关费用，余下的部分形成商业银行的利润。

（四）商业银行经营原则的矛盾及其协调

商业银行经营的安全性、流动性和盈利性之间往往是相互矛盾的。盈利性原则要求提高盈利资产的运用率，而流动性原则却要求降低盈利资产的运用率；资金的盈利性要求选择有较高收益的资产，而资金的安全性却要求选择有较低收益的资产。这样，使得商业银行的安全性、流动性和盈利性之间产生了矛盾。商业银行的某些经营决策往往会产生有利于某一原则，但同时又有损于另一个原则；某一原则的实现，经常以另一个原则的放弃为代价的情况。这种矛盾关系要求商业银行的管理者必须对"三性"原则进行统一协调。

任务二　商业银行的负债业务

商业银行的负债业务是指商业银行筹集资金来源的业务。

一、存款类的负债

以西方国家商业银行为例，存款服务的种类主要有以下几种：

（一）交易账户

所谓交易账户，是私人和企业为了交易目的而开立的支票账户，客户可以通过支票、汇票、电话转账、自动出纳机等提款或对第三者支付款项。它包括活期存款、可转让支付命令账户、货币市场存款账户、自动转账制度等种类。

1. 活期存款

活期存款是指顾客不需预先通知、可随时提取或支付的存款，也称为支票存款。这种存款传统上只能由商业银行经营，是商业银行创造存款货币的基础。

2. 可转让支付命令账户（NOWS）

可转让支付命令是一种对个人、非营利机构开立的，计算利息的支票账户，也称付息的活期存款。它起源于1970年，由美国马萨诸塞州的一家互助储蓄银行创造的，并很快得到推广。

3. 货币市场存款账户(MMDA)

货币市场存款账户也起源于美国，其产生的背景是：在银行活期存款不付利息且美国货币市场基金会于20世纪70年代末开办了货币市场存款这种新型的活期存款。其性质介于储蓄存款和活期存款之间，开户时的最低金额为2 500美元，平均余额(每月、每旬或每周的平均余额都由各银行自定)不低于2 500美元；对存款最高利率无限制，如余额低于2 500美元，利率则改按储蓄存款计息，利率每周按货币市场利息调整，每天复利，于月底打入该账户：对存款不规定最短期限，但银行规定客户提取存款应在7天前通知银行；存户使用该账户进行收付，每月不得超过6次，其中用支票付款不得超过3次；存户对象不限，个人、非营利机构、工商企业都可开户。

目前，在西方国家，货币市场账户和可转让支付命令账户得到非常普遍的应用，似乎有取代储蓄存款账户之势。

4. 自动转账制度(ATS)

这类账户在1978年以后开始出现，是由早期的电话转账制度演变而来的。其主要内容是：存户同时在银行开立储蓄账户和活期存款账户，活期存款账户的余额始终保持1美元，其余存款存入储蓄账户可取得利息收入。当需要签发支票时，存户可用电话通知开户行。该账户与NOWS账户类似，都属于转账账户，银行需交存款准备金，对于银行提供的转账服务，存户要支付一定的服务费。

(二)非交易账户(储蓄账户)

1. 储蓄存款

储蓄存款一般是个人为积蓄货币和取得利息收入而开立的存款账户。储蓄存款不使用支票，而是用存折或存单，手续比较简单。储蓄存款有活期和定期两种。活期储蓄存款无一定期限，只凭存折便可提现。存折一般不能转让流通，存户不能透支款项。定期储蓄存款类似于定期存款，须先约定期限，利率较高。

2. 定期存款

定期存款是相对于活期存款而言的，是一种由存户预先约定存储期限的存款。期限一般为3个月、6个月和1年不等，但也有1年以上、3年、5年甚至更长的。利率也随着期限的长短而高低不等，但总是高于活期存款利率。定期存款存期固定，而且期限较长，从而为商业银行提供了稳定的资金来源，对商业银行长期放款和投资具有重要意义。

【拓展阅读7—1】

降息首夜多家商业银行上调存款利率：市场竞争加剧

2015年3月央行宣布降息的当晚，浙商银行随即宣布存款利率一浮到顶。与此同时，恒丰银行宣布，即日起决定将所有期限存款利率在央行基准利率的基础上均上浮30%。此外，还有包商银行、青岛银行也在当晚宣布上浮存款利率。加之此前光大银行公告利率下调的举措，业内人士指出，利率市场化进程正在加速，值得注意的是，尽管在一定条件下，利率可以浮动，但未来不可能所有银行都一浮到顶。

“小银行的负债成本将会比大银行高，资产收益要求将直接导致资产短的风险偏好进一步差异化，利差也不再固定，部分经营不善的银行将面临倒闭。”一位银行业资深人士称。

据浙商银行官微发布的消息称，根据中国人民银行下调存贷款基准利率的决定，浙商银行自2015年3月1日起全面调整人民币存贷款利率。存款利率一浮到顶，全部执行央行基准利率的1.3倍。更有活期存款、通知存款利率全面上升。

"利率上浮，可以吸引存款，但是大银行例如工商银行，如果利率也上浮到顶，成本会大幅增加，操作性相对较差。"深圳一家银行相关人士表示。

实际上，去年年底央行宣布降息0.25个百分点，并将存款利率浮动上限由基准利率的1.1倍扩大到了1.2倍的时候，就有多家银行利率按照1.2倍的上限进行了浮动。业内人士认为，随着利率市场化进程的不断加快，商业银行之间的存款竞争也会越来越激烈。

值得一提的是，不久前，光大银行却在其官网发布公告，从2月5日开始下调多个期限人民币定期存款利率：3个月的利率由之前2.82%下调至2.7%，半年期的利率由3.06%下调至2.93%，一年期的利率由3.3%调整至3.16%。对比后发现，上浮幅度均由此前的20%下调至14.9%。另外，该行还对1天与7天通知存款利率进行下调。

"这就是市场化的表现，如果大家都统一上调，怎么能叫市场化。有差异才是市场化。"前文所述银行业资深人士认为，利率市场化后，将导致商业银行无论在资产端还是负债端都要差异化经营，过去那种"躺"着就能赚钱的时代将一去不复返了。

资料来源：新浪财经，2015年2月28日。

二、非存款类的负债

（一）同业拆借

银行间的同业拆借是银行获取短期资金的简便方法。通常，同业拆借要在会员银行之间通过银行间资金拆借系统完成。同业拆借的利率一般是由拆出行和拆入行共同协商确定的。我国的同业拆借利率也已实现了市场化，基本体现了市场对资金的供求关系。参与银行间同业拆借的金融机构也由原来的若干家银行扩展到有非银行金融机构参与的较大范围。

在同业拆借市场上，主要的拆借方式有隔夜拆借和定期拆借两种。前者是指拆借资金必须在次日偿还，一般不需要抵押。后者是指拆借时间较长，可以是几日、几个星期或几个月，一般有书面协议。

（二）从中央银行的贴现借款

商业银行为满足资金需求，还可以从中央银行取得贴现借款。此时，商业银行需持中央银行规定的票据向中央银行申请抵押贷款。商业银行获得贴现借款的利率由中央银行规定，而这一利率恰是中央银行调节商业银行准备金的最重要的利率之一。如果中央银行调高它的贴现率，则意味着中央银行将实施紧缩的货币政策；相反，贴现率的降低则意味着货币政策的放松。因此，通过调节中央银行的贴现率，可以起到紧缩或放松银根的作用。

我国商业银行从中央银行申请贴现资金有一部分是通过票据贴现完成的，有一部分则以再贷款方式取得，即信用贷款。

（三）证券回购

近一个时期以来，银行持有政府短期债券的规模越来越大，作为流动性强、安全性高的优质资产，商业银行可以用签订回购协议的方式融资。回购协议的一方暂时出售这些资产，同时约定在未来的某一日以协商的价格购回这些资产。回购协议可以是隔夜回购，也可以时间较长。

利用回购协议进行资金融通，不仅可以使银行充分利用这些优质资产，而且由于回购协议利率较低，如果银行以此融资用于收益较高的投资，则会带来更高的盈利。但是，回购协议也不是绝对安全的，有时也会发生违约风险。

（四）国际金融市场融资

商业银行利用国际金融市场也可以获取所需的资金，最典型的是欧洲货币存款市场。当银行所接受的存款货币不是母国货币时，该存款就称为欧洲货币存款，它最早起源于欧洲。

在国际金融市场上，融资利率有固定的，也有浮动的。近年来，浮动利率广泛应用，尤其是中长期融资，参考的是伦敦同业拆借利率。

（五）发行中长期债券

发行中长期债券是指商业银行以发行人身份，通过承担债券利息的方式，直接向货币所有者举借债务的融资方式。银行发行中长期债券所承担的利息成本较其他融资方式要高，好处是保证银行资金的稳定。但是，资金成本的提高又促使商业银行不得不去经营风险较高的资产业务，这从总体上增大了银行经营的风险。

对于商业银行发行中长期债券，各国都有自己的法规限制。一般来说，西方国家比较鼓励商业银行发行长期债券，尤其是资本性债券，而我国则对此有非常严厉的限制。商业银行通过发行中长期债券获得的融资比例很低。

任务三　商业银行的资产业务

一、现金资产

狭义的现金资产是指银行库存现金。从一般意义上理解，现金资产是指广义上的现金资产，即包括现金和准现金。从构成上看，以下四类资产都属于银行现金资产的范畴：

（一）库存现金

这一部分现金是银行为了满足日常交易之需而持有的通货。库存现金属于非盈利性资产，其所需防护和保险费用较高。银行一般只保持必要的最低额度，超出额度的部分存入中央银行或其代理行。

（二）托收中的现金

托收中的现金是在银行间确认与转账过程中的支票金额。当个人、企业或政府部门将其收到的支票存入银行时，不能立即调动该款项，而必须在银行经过一定时间确认之后方可提现使用。托收中的现金是资金占用，其规模取决于托收票据的数量以及票据清算时间。

（三）在中央银行的存款

各国货币当局均规定商业银行应在中央银行开设账户，作为银行准备金的基本账户。在中央银行的存款由两部分组成：一是法定准备金；二是超额准备金。法定存款准备金是指按照法定比率向中央银行缴存的存款准备金。规定缴存准备金的最初目的是为了保证银行备有足够的资金，以应付存款人的提取，避免发生挤兑而引起银行倒闭。法定存款准备金具有强制性，商业银行必须按法律规定缴纳，一般不得动用，并要定期按银行存款额的增减而进行相应调整。超额准备金是指在中央银行存款准备金账户中超出了法定存款准备金的那部分存款。银行可以用来进行日常的各种支付和贷放活动，如支票的清算、电子划拨和其他交易。当银行库存现金不足时，也可随时从该账户上提取现金。超额准备金是商业银行的可用资金。

（四）存放同业存款

存放同业存款是指存放在其他银行的存款。存放同业的款项主要是为了便于银行之间的票据清算以及代理收付等往来业务。同业存款为活期存款性质，可随时动用，因而通常被视为银行的现金资产，作为其营运资金的一部分。

二、银行贷款

（一）按贷款的期限可以分为短期贷款和中长期贷款

1. 短期贷款

银行对企业发放的短期贷款通常是指企业临时性、季节性贷款，也可称为流动资金贷款。银行对企业发放的短期流动资金贷款具有自动清偿的性质。用借入的现金购买原材料、半成品或产成品等，然后进行生产和销售，再用收取的现金偿还银行贷款。这样，银行贷款的期限就是企业购买存货到产品销售的完成，通常会持续几个星期或几个月。

2. 中长期贷款

这是指贷款期限在1年以上的贷款。由于企业中长期贷款不具有自动清偿性质，只能用企业的收益或借新债来偿还，因此，贷款风险较大。

（二）按贷款的偿还期限可以分为活期贷款和定期贷款

活期贷款也称通知贷款。这类贷款银行在发放时不确定偿还期限，银行可以根据自己资金调配的情况随时通知收回贷款。定期贷款是指具有固定偿还期限的贷款，按偿还期限的长短，可以分为短期贷款、中期贷款和长期贷款三种。

（三）按贷款的保障程度可以分为抵押贷款和信用贷款

抵押贷款是以特定的担保品作为保证的贷款，如果借款人不履行债务，银行有权处理用作担保的担保品。作为抵押品的资产必须是容易销售的。当借款人破产清算时，银行可以成为优先债权人，抵押品可以在一定范围内减少银行的信贷风险。信用贷款是指完全根据借款人的信用发放的、无须任何担保品的贷款。信用贷款一般只贷给那些信誉卓著的大公司。

（四）按贷款的偿还方式可以分为一次性还清贷款与分期偿还贷款

一次性还清贷款是指借款人在贷款到期时一次性还清贷款的本息，一般适用于借款金额较小、借款期限较短的贷款。

分期偿还贷款是指借款人按贷款协议规定在还款期内分次偿还贷款，还款期结束，贷款全部还清。这种贷款适合于借款金额大、借款期限长的贷款项目。

（五）按贷款数量可分为“批发”贷款和“零售”贷款

“批发”贷款是指数额较大、对工商企业、金融机构等发放的贷款，借款者的借款目的是经营获利。“批发”贷款可以采用抵押贷款也可以是信用贷款，借款期限也可以是短期的、中期的或长期的。

“零售”贷款主要是指对个人发放的贷款，包括个人消费信贷、个人证券贷款等。“零售”贷款一般是抵押贷款方式。

（六）按风险程度可分为正常贷款、关注贷款、次级贷款、可疑贷款和损失贷款

正常贷款是指借款人能够履行合同，没有足够理由怀疑贷款本息不能按时足额偿还。

关注贷款是指尽管借款人目前有能力偿还贷款本息，但存在一些可能对偿还产生不利影响的因素。

次级贷款是指借款人的还款能力出现明显问题，完全依靠其正常营业收入无法足额偿还贷款本息，即使执行担保，也可能会造成一定损失。

可疑贷款是指借款人无法足额偿还贷款本息，即使执行担保，也肯定要造成较大损失。

损失贷款是指在采取所有可能的措施或一切必要的法律程序之后，本息仍然无法收回，或只能收回极少部分。

正常、关注贷款通称正常贷款，次级、可疑、损失贷款通称为不良贷款。

三、证券投资

（一）商业银行证券投资的目的

1. 获取收益

从证券投资中获取收益是商业银行投资业务的首要目标。商业银行最重要的业务是吸收存款，发放贷款，以获得差额利润。但是，激烈的银行竞争，贷款的高风险等多种因素都可能使银行无法找到合适的贷款对象，从而使资金暂时搁置。证券投资就是使闲置资金产生效益的好办法，银行从事证券投资，使闲置资金得到了充分利用，增加了收益。

2. 分散风险

商业银行从事证券投资的第二个目的是分散风险。如果商业银行将资产全部集中在贷款上，那么，一旦贷款收不回来，银行就必须承担全部风险。银行若在从事贷款业务的同时，将部分资金用于证券投资业务，就有助于避免和抵消放款业务可能存在的各种风险损失；同时，以证券投资分散风险比贷款更有利，证券投资的选择面广。

3. 增强流动性

商业银行保持一定比例的高流动性资产是保证其资产业务安全性的重要前提。西方商业银行一般要保持相当部分的短期投资，银行短期证券往往要占银行购入证券的25%左右。此外，银行购入的中长期证券也可在一定意义上满足流动性要求，只是相对而言，短期证券的流动性更强一些而已。

（二）商业银行证券投资的种类

1. 政府债券

政府债券有三种类型：中央政府债券、政府机构债券和地方政府债券。

(1)中央政府债券（又称国家债券）是指由中央政府的财政部发行的借款凭证。国家债券是银行证券投资的主要种类，主要原因如下：一是安全性高。国家债券是所有证券中风险最低的，因而被投资者誉为“金边债券”。国家债券发行者是中央政府，而中央政府在一般情况下是不会破产的，所以国家债券拒付的可能性几乎是不存在的，银行购买国家债券后，按期收回本息的可靠程度很高。二是流动性强。国家债券风险小，安全性高，转手比较容易；同时，它的供给需求的弹性均较小。一般不存在大起大落的价格变化，银行在出售国家债券时，不会遭受太大的损失。三是抵押代用率高。商业银行持有的国家债券，可以作为向中央银行再贷款的抵押品。

(2)政府机构债券是指除中央政府以外，其他政府部门和有关机构发行的借款凭证。政府机构债券通常以中长期债券为主，流动性不如国库券，但它的收益率比较高。它虽然不是政府的直接债务，但通常也受到政府担保，因此，证券信誉比较高，风险比较低。

(3)地方政府债券是中央政府以下的各级地方政府发行的债务凭证。地方政府债券通常按面值出售，由于投资地方政府债券可以免缴投资收益的国家所得税和地方所得税，因而地方政府债券的税后收益率比较高。因此，在西方国家，商业银行成为地方政府债券的最大买主。

2. 公司债券

公司债券是指公司为筹措资金而发行的债务凭证，发行债券的公司向债券持有者做出承诺，在指定的时间，按票面金额还本付息。商业银行对公司债券的投资一般比较有限，其主要原因是：①公司债券的收益一般要缴纳中央和地方所得税，税后收益比其他债券低。②公司作为私人企业，其破产倒闭的可能性比政府和政府机构大，因此，公司债券的风险很大。③由于公司债券的税后收益率比较低，风险又比较高，因而公司债券在二级市场上的流动性不如政府债券。

3. 股票

由于工商企业股票的风险比较大，因而大多数西方国家在法律上都禁止商业银行投资工商企业股票，只有德国、奥地利、瑞士等少数国家允许。但是随着政府管制的放松和商业银行业务综合化的发展，股票作为商业银行的投资对象已成为必然趋势。

4. 商业票据

如果是由一些信誉卓著的大公司发行的商业票据，它们的安全性可能要比企业贷款更高。同时，由于期限短，流动性强，适合银行提高资产流动性的需要。目前，较为发达的商业票据市场是欧洲票据市场和美国票据市场。前者的市场规模大，风险高于美国的票据市场，但有较高的利率。因此，也吸引了不少银行投资者。

5. 银行承兑票据

银行承兑票据是指银行对从事进出口等业务的客户提供的一种信用担保，银行承诺在任何条件下都会偿付其客户的债务，银行从中收取费用。由银行承兑的票据是一种安全的投资工具，有较大的市场规模。信誉高的银行承兑票据还可以申请获得中央银行的贴现。银行承兑票据的交易可以增加银行的流动性资产和获得投资收益。

6. 创新的金融工具

20 世纪 70 年代以来，由于金融创新的加快，金融衍生工具的交易也成为银行投资的新选择，典型的包括金融期货与期权、资产证券化债券等。这些金融衍生工具的交易量在有些西方发达国家的银行里，已超过原生金融工具的交易规模。它们为银行开辟了新的投资渠道，也为银行增加了新的投资风险。

任务四 商业银行的中间业务

市场经济的发展要求商业银行发挥更多的中介服务功能，而商业银行服务功能的最大转变集中体现在中间业务的发展上。各家商业银行和金融机构，无一不把中间业务作为展示其个性的大舞台，致使中间业务不断创新，服务品种层出不穷，为商业银行注入了活力。

一、中间业务的种类

中间业务是指商业银行提供的在资产负债表外获取非利息收入的业务。

中间业务可以按不同的标准进行分类。

（一）按中间业务的功能和形式划分

1. 结算性中间业务

这是由商业银行为客户办理因债权债务关系引起的、与货币收付有关的业务，如结算业务，是一种最典型的中间业务。此外，还包括进口押汇、信用卡业务等。其主要功能是结算。

2. 担保性中间业务

这是由商业银行向客户出售信用或为客户承担风险引起的有关业务。这类业务往往是以信用业务的替代形式出现的，通常称为“表外业务”。

3. 融资性中间业务

这是由商业银行向客户提供传统信贷以外的其他融资服务引起的有关业务，如租赁、信托投资等就属于融资性中间业务。此外，出口押汇业务、代理理财服务中的代理融通业务也可认为是一种融资性中间业务。

4. 管理性中间业务

这是由商业银行接受客户委托、利用自身经营管理上的职能及其优势，为客户提供各种服务引起的有关业务，如各种代保管、代理理财服务、代理清债服务及现金管理业务等。

5. 衍生金融工具业务

这是由商业银行从事与衍生金融工具有关的各种交易引起的有关业务，如金融期货、期权、互换业务等。

6. 其他中间业务

所有除上述业务以外的各种中间业务，如咨询、评估、财务顾问、计算机服务等业务。这些业务大多属于纯粹的服务性中间业务。

(二)按银行在开展中间业务时的身份划分

1. 委托性业务

委托性业务是指银行在接受客户委托后，以自己的名义开展业务的各类中间业务，如各种结算业务、信托业务中的委托类业务等。在这些业务中，银行都是受当事人一方的委托，以受托人的身份参与的，通常对这些业务的后果不需负责。例如，在支票结算中，银行受理他行的支票存款后，有责任向付款行托收，但对托收是否能够成功，就不承担责任。如果这张支票是一张空头支票而遭到付款行退票，受理这笔他行支票转存业务的银行并不承担责任。

2. 代理性业务

代理性业务是指银行在接受客户委托后，以客户的名义开展业务的各类中间业务，如代理收款、代理保险、代理融通、代发工资、代销国债等各种代理业务就属于代理性中间业务。在这些业务中，由于银行只是以代理人的身份参与，要以委托人(客户)的名义代理业务，所以通常不承担什么责任。

3. 自营性业务

自营性业务是指银行自己直接主动参与的各类中间业务，如担保性中间业务等。在这些业务中，银行都是直接作为当事的一方参与的，需要承担同这些业务有关的一切责任。需要指出的是，我们说开展自营性业务“需要承担同这些业务有关的一切责任”，并不一定包括承担风险损失的责任，因为有许多中间业务是没有风险的，如评估就没有通常意义上的风险(直接的资财损失)，但银行却要为评估的结果负全部责任。

(三)按是否与信用活动有关划分

1. 信用性中间业务

信用性中间业务是指所有同信用业务有关的中间业务，如担保性中间业务、融资性中间业务、衍生金融工具业务等就都属于信用性中间业务。

2. 非信用性中间业务

非信用性业务是指所有同信用业务没有关系的中间业务，如结算业务、各种管理性中间业务，以及咨询、评估等其他中间业务。这些业务是银行为了增加利润、扩大业务范围而推出的，同传统的资产表内业务没有什么必然的联系。

二、我国商业银行的中间业务发展现状

2002年，中国人民银行颁布了《商业银行中间业务条例》，对我国商业银行现在及未来可以从事的中间业务范围做出了规定。在这个条例中，将中间业务含义为：不构成商业银行表内资产表内负债，形成银行非利息收入的业务。

我国银行中间业务的范围包括九大类：①支付结算类中间业务。②银行卡业务。③代理类中间业务。④担保类中间业务。⑤承诺类中间业务。⑥交易类中间业务。⑦基金托管业务。⑧咨询顾问类业务。⑨其他类中间业务，包括保管箱业务以及其他不能归入以上八类的业务。

任务五 商业银行的经营管理

一、资产管理理论

(一)商业贷款理论

商业贷款理论产生于商业银行发展初期，当时商品经济不够发达，信用关系不够广泛，社会化大生产尚未普遍形成，企业规模较小。企业主要依赖内源融资，需向银行借入的资金多属于商业周转性流动资金；此时，中央银行体制尚未产生，没有作为最后贷款人角色的银行在银行发生清偿危机时给予救助，银行经营管理更强调维护自身的流动性，而不惜以牺牲部分盈利性作为代价。因此，银行资金运用结构单一，主要集中于短期自偿性贷款上。

然而，随着资本主义的发展，商业贷款论的理论局限性逐渐显露出来。首先，该理论没有认识到活期存款余额具有相对稳定性，而使银行资产过多地集中于盈利性较差的短期自偿性贷款上。尽管活期存款流动性很强，但按“续短为长”的原理，在活期存款的存取之间，总会存在一个相对稳定的余额。这部分资金可用于发放长期贷款而不会影响其流动性；其次，该理论忽视了贷款需求的多样性。商业贷款理论不主张发放不动产贷款、消费贷款、长期性设备贷款和农业贷款，这样就限制了商业银行自身业务的发展和盈利能力的提高。最后，该理论忽视了贷款清偿的外部条件。贷款的清偿受制于贷款性质，同时也受制于外部的市场状况。在经济萧条时期，就难以自动清偿，因此，短期自偿性贷款的自偿能力是相对的，而不是绝对的。

(二)资产转移理论

20世纪20年代，金融市场不断发展、完善，尤其是短期证券市场的发展，为银行保持流动性提供了新的途径。与此相适应，资产转移理论应运而生。这种理论是美国经济学家莫尔顿在1918年的《政治经济学杂志》上发表的《商业银行及资本形成》一文中提出的。该理论认为：银行流动性的强弱取决于其资产的迅速变现能力，因此，保持资产流动性的最好方法是持有可转换的资产。这类资产具有信誉好、期限短、流动性强的特点，从而保障了银行在需要流动性时能够迅速转化为现金。最典型的可转换资产是政府发行的短期债券。

资产转移理论沿袭了商业贷款理论银行应保持高度流动性的主张。同时资产转移理论扩大了银行资产运用的范围，丰富了银行资产结构，突破了商业贷款理论拘泥于短期自偿性贷款的资金运用的限制，是银行经营管理理念的一大进步。资产转移理论的不足之处在于过分强调资产通过运用可转换资产来保持流动性，限制了银行高盈利性资产的运用。此外，可转换资产的变现能力在经济危机时期或证券市场需求不旺盛的情况下会受到损害，从而影响银行的

流动性和盈利性的实现。

(三)预期收入理论

预期收入理论产生于20世纪40年代,由美国经济学家普鲁克诺于1949年在《定期存款及银行流动性理论》一书中提出的。该理论认为,银行资产的流动性取决于借款人的预期收入,而不是贷款的期限长短。借款人的预期收入有保障,期限较长的贷款可以安全收回,借款人的预期收入不稳定,期限短的贷款也会丧失流动性。因此,预期收入理论强调的是贷款偿还与借款人未来预期收入之间的关系,而不是贷款的期限与贷款流动性之间的关系。预期收入理论产生于第二次世界大战后西方各国经济的恢复和发展的背景之下。

从政策导向上看,此时凯恩斯的国家干预经济的理论在西方非常盛行,该理论主张政府应该扩大公共项目开支,进行大型基础建设项目;鼓励消费信用的发展,以扩大有效需求从而刺激经济的发展。因此,中长期贷款及消费贷款的需求扩大了。从市场竞争来看,随着金融机构多元化的发展,商业银行与非银行金融机构的竞争日益激烈,这迫使银行不得不拓展业务种类,增加利润率回报较高的中长期贷款的发放。

资产管理理论强调银行经营管理的重点是资产业务,强调流动性为先的管理理念。其管理的手段、内容及对银行流动性保持的认识也逐渐深化。在20世纪60年代以前的100多年里,其对整个商业银行业务的发展以及商业银行在金融业地位的巩固起到了重要作用。

二、负债管理理论

负债管理理论兴起于20世纪60年代,该理论主张银行可以积极主动通过借入资金的方式来维持资产流动性,支持资产规模的扩张,获取更高的盈利水平。负债管理理论开辟了满足银行流动性需求的新途径,改变了长期以来资产管理仅从资产运用角度来维持流动性的传统做法。

1961年花旗银行率先发行了大额可转让定期存单,随后又出现了诸如回购协议等多种创新的融资工具。这些流动性很强的新型融资工具极大地丰富了银行的资金来源渠道,为银行主动型负债创造了条件。西方各国存款保险制度的建立和发展,也激发了银行的冒险精神和进取意识。在这种背景和经济条件下,20世纪六七十年代负债管理理论盛行一时。

负债管理理论主张以负债的方法来保证银行流动性的需要,使银行的流动性与盈利性的矛盾得到协调。同时,使传统的流动性为先的经营管理理念转为流动性、安全性、盈利性并重;使银行在管理手段上有了质的变化,将管理的视角由单纯资产管理扩展到负债管理,使银行能够根据资产的需要来调整负债的规模和结构,增强了银行的主动性和灵活性,提高了银行资产盈利水平。但同时也应看到负债管理依赖货币市场借入资金来维持主动性,必然会受货币市场供求状况的影响,外部不可测因素的制约增大了银行的经营风险,借入资金要付出较高的利息,增加了银行的经营成本。因此,负债管理不利于银行的稳健经营。

三、资产负债综合管理理论

资产负债管理理论产生于20世纪70年代中后期,该理论并不是对资产管理、负债管理理论的否定,而是吸收了前两种管理理论的合理内涵,并对其进行了发展和深化。资产负债综合管理理论认为,商业银行单靠资金管理或单靠负债管理都难以达到流动性、安全性、盈利性的均衡。银行应对资产与负债两方面业务进行全方位、多层次的管理,保证资产与负债结构调整的及时性、灵活性,以此保证流动性供给能力。

20 世纪 70 年代末，市场利率大幅上升，使得负债管理在负债成本提高和经营风险增加等方面的缺陷越来越明显。单纯的负债管理已经不能满足银行经营管理的需要。这一时期各国金融管制放松，使得银行吸收存款的压力减小，因此，商业银行由单纯偏重资产或负债管理转向资产负债综合管理。资产负债综合管理理论既吸收了资产管理理论和负债管理理论的精华，又克服了其缺陷，从资产、负债平衡的角度去协调银行安全性、流动性、盈利性之间的矛盾，使银行经营管理更为科学。

任务六　商业银行的风险管理

一、风险的类型

（一）信用风险

信用风险是指债务人或交易对手未能履行合同所规定的义务或信用质量发生变化，影响金融产品价值，从而给债务人或金融产品持有人造成经济损失的风险。

（二）市场风险

市场风险是指由于市场价格（包括金融资产价格和商品价格）波动而导致商业银行表内、表外头寸遭受损失的风险。

（三）操作风险

操作风险是指由于人为错误、技术缺陷、操作流程或不利的外部事件所造成损失的风险。

（四）流动性风险

流动性风险是指商业银行无法获得充足的资金或无法以合理的成本获得充足资金以应对资产增长或到期债务支付的风险。按照产生原因分类，可以将流动性风险分为融资流动性风险和市场流动性风险。融资流动性风险是指商业银行在不影响日常经营或财务状况的情况下，无法有效满足资金需求的风险；市场流动性风险是指由于市场深度不足或市场动荡，商业银行无法以合理的市场价格出售资产以获得资金的风险。

（五）国家风险

国家风险是指经济主体在与非本国居民进行国际贸易与金融往来时，由于他国经济、政治和社会等方面的变化而遭受损失的风险。一般来说，可将国家风险分为社会风险、经济风险和政治风险。社会风险是指由于经济或非经济因素造成特定国家的社会不稳定，而使得贷款商业银行不能把在该国的贷款汇回本国而遭受损失的风险。经济风险是指境外商业银行仅仅受特定国家的直接或间接经济因素的限制，而不能把在该国的贷款汇回本国而遭受损失的风险。政治风险是指商业银行受特定国家的政治因素限制，不能把在该国贷款汇回本国而遭受损失的风险。

（六）声誉风险

声誉风险是指由于社会评价降低而对商业银行造成损失的风险。良好的声誉是一家银行多年发展积累的重要资源，是银行的生存之本，是维护良好的投资者关系、客户关系以及信贷关系等诸多重要关系的保证。良好的声誉风险管理对增强竞争优势、提升商业银行的盈利能力和实现长期战略目标起着不可忽视的作用。

（七）法律风险

法律风险是指在金融交易中，因合同不健全、法律解释的差异以及交易对象是否具备正当的法律行为能力等法律方面的因素所形成的风险，包括因合同内容不充分、不适当而导致合同无法执行所造成的经济方面的风险。另外，法律风险有时也包括顺从风险，即由于遵守法律法规、行业习惯和公司制度而引发的经济方面的损失（如罚款、停业损失、业务改进费）。

（八）战略风险

战略风险是指商业银行在追求短期商业目的和长期发展目的系统化管理过程中，不适当的未来发展规划和战略决策可能威胁商业银行未来发展的潜在风险。这种风险主要来自四个方面：商业银行战略目标缺乏整体兼容性；为实现这些目标而制定的经营战略存在缺陷；为实现目标所需要的资源匮乏；整个战略实施过程的质量难以保证。

二、风险管理的含义及本质、目标

1. 风险管理的含义及本质

风险管理是金融体系中的基本活动，也是金融体系配置风险的具体形式。从微观上看，金融风险管理是金融机构针对所面临的各种风险暴露而制定的一系列政策和采取的程序与措施的总和。从风险管理实施的步骤看，金融风险管理的内容包括风险识别、风险衡量、风险决策与实施和风险监控。风险管理的本质就是金融机构通过对其承担的风险进行科学、合理定价，获得与其承担风险相匹配的风险补偿。风险管理本质上说就是对风险暴露的管理，对目标实现的管理，是一个防范损失、追求盈利的过程，从根本上说是把风险转化为实际盈利的过程。

2. 风险管理的目标

从某种意义上讲，商业银行就是经营风险的机构，承担和管理风险是其职责所在。从风险的双侧定义出发，风险既是损失的可能，又是盈利的机会，因而对商业银行而言并不是承担的风险越低越好，不承担风险也意味着盈利机会的丧失。商业银行应根据风险的性质、自身的管理专长、资本金规模和管理风险的能力等因素，将风险分为目标风险和非目标风险，分别采取积极管理和主动规避的不同策略，从而达到既防范损失又把握盈利机会，最终促进商业银行实现稳定的盈利。

★★★ 关键术语 ★★★

安全性　流动性　效益性　交易账户　同业拆借　现金资产　银行贷款　短期贷款　中长期贷款　活期贷款　定期贷款　抵押贷款　信用贷款　一次性还清贷款　分期偿还贷款　“批发”贷款　“零售”贷款　证券投资　中央政府债券　政府机构债券　地方政府债券　风险管理

★★★ 应知考核 ★★★

一、单项选择题

1. 商业银行经营的“三性”原则是指（　　）。

A. 安全性、充足性和效益性　　B. 安全性、流动性和盈利性

C. 公益性、安全性和合法性　　D. 充足性、流动性和趋利性

2. 商业银行资产负债综合管理理论产生的背景是（　　）。

A. 银行面临“脱媒”的危机　　B. 证券市场的发展

C. 利率自由化　　D. 信息技术的冲击

3. 代理业务属于商业银行的(　　)。

A. 负债业务　　B. 资产业务　　C. 投资业务　　D. 中间业务

4. 最早出现的商业银行经营管理理论是(　　)。

A. 资产管理理论　　B. 负债管理理论

C. 资产负债联合管理理论　　D. 资产负债比例管理理论

5. 我国商业银行的资金来源主要是(　　)。

A. 吸收存款　　B. 政府借款

C. 预算拨款　　D. 向国际金融机构借款

6. 商业银行处理转账结算业务体现了其执行(　　)。

A. 信用中介职能　　B. 支付中介职能　　C. 信用创造职能　　D. 金融服务职能

7. 通过资产负债业务融通资金,体现的是商业银行的(　　)。

A. 信用中介职能　　B. 支付中介职能

C. 经纪人职能　　D. 最后贷款人职能

8. 一般来说,商业银行最主要的资产业务是(　　)。

A. 再贷款业务　　B. 贷款业务　　C. 存款业务　　D. 货币发行

9. 商业银行以未到期的政府债券等票据向中央银行融通资金的行为称为(　　)。

A. 贴现　　B. 再贴现　　C. 转贴现　　D. 质押

10. 商业银行最基本的职能是(　　)。

A. 支付中介　　B. 信用中介　　C. 信用中介　　D. 金融服务

二、多项选择题

1. 在以下贷款五级分类中属于不良贷款的有(　　)。

A. 正常　　B. 关注　　C. 次级　　D. 可疑

E. 损失

2. 以下关于商业银行的性质的描述中正确的有(　　)。

A. 商业银行是以获取利润为经营目标,以多种金融资产和金融负债为经营对象,具有综合性服务功能的金融企业

B. 商业银行具备一般企业的基本特征

C. 商业银行是一般的企业

D. 商业银行的活动范围是货币信用领域

E. 商业银行经营对象是货币和货币资本

3. 商业银行作为特殊的金融企业,具有的职能有(　　)。

A. 信用中介　　B. 支付中介　　C. 信用创造　　D. 金融服务

E. 信用控制

4. 商业银行的负债业务包括(　　)。

A. 自有资本　　B. 存款　　C. 借款　　D. 购买国债

E. 代理业务

5. 属于商业银行中间业务的有(　　)。

A. 结算业务　　B. 代理业务　　C. 担保业务　　D. 贷款业务

E. 委托贷款业务

三、填空题

1. 商业银行的________是在信用中介与支付中介职能基础上产生的。
2. 商业银行在日常经营中由各种自然灾害、意外事故等引起的风险称为________。
3. 商业银行的资产可以分为________和________。
4. 在同业拆借市场上，主要的拆借方式有________和________两种。
5. 国家债券是所有证券中风险最低的，因而被投资者誉为"________"。

四、简答题

1. 简述商业银行的性质、职能及其经营原则。
2. 简述商业银行的负债业务。
3. 简述商业银行的资产业务。
4. 简述商业银行的中间业务。
5. 简述商业银行的经营管理理论。

★★★ 应会考核 ★★★

◎ 技能案例

五次降息影响工行 270 亿元利润

2015 年 8 月工行、农行、交行陆续公布了上半年经营数据。其中，工商银行(咨询买卖)今年上半年实现净利润 1 494 亿元，同比增长 0.7%。农业银行(咨询买卖)实现净利润 1 045.64 亿元，同比增长 0.5%。交行实现净利润人民币 373.24 亿元，同比增长 1.50%。

工商银行董事长姜建清表示，这些年中国商业银行盈利的增长在趋缓，这个很明显，特别是最近两年，每年都在比较快速地趋缓。简单地说，整个经济在转型、在调整、"三期叠加"，在此过程中，在市场环境、企业方面，有些企业出现了一些问题，我们称它在去过剩产能、去杠杆、去库存，所以银行在经济的下行期会付出一点成本。此外，这些年在货币信贷政策方面的一些变化，比如说已经连续五次降息，其对工行大概影响 270 亿元的利润。

在不良资产方面，各家银行也有不同程度的上升。交通银行(咨询买卖)研报指出，上半年，企业盈利状况的持续下滑是商业银行不良贷款大幅增加的主要原因之一。1～6 月全国规模以上工业企业利润同比下降 0.7%，一些重点行业的亏损面也有所扩大，企业经营状况的变化对商业银行资产质量产生了直接的影响。同时，2014 年以来商业银行逾期贷款增长较快，且逾期余额大幅超过不良贷款余额，造成以逾期期限认定的不良贷款增加也是推动上半年资产质量快速下滑的重要因素。

截至 2015 年 6 月底，交通银行在报告期内累计减退风险贷款 360 亿元，不良贷款余额 501.5 亿元，比上年末增加 71.36 亿元，不良贷款率为 1.35%，比上年末提升 0.1 个百分点。

工商银行不良贷款率为 1.40%，比上年末上升 0.27 个百分点。上半年共清收处置不良贷款 734 亿元。着力加强对逾期和潜在风险融资的管理，收回风险融资 2 330 亿元。

农行不良贷款 1 595 亿元，比上年末增加 345.7 亿元，不良贷款率 1.83%，比上年末上升 0.29 个百分点。全行拨备覆盖率 238.99%，拨贷比 4.37%，农行表示，通过从严落实不良贷款管控责任，综合运用清收、核销、转让、债务减免等手段，加大不良资产处置力度，风险整体控制在目标以内。

资料来源：证券之星网，http://www. stockstar. com。

【考核要求】

根据上述资料，对此案例进行分析。

★★★ 项目实训 ★★★

【实训内容】

对我国商业银行开展的中间业务与表外业务进行评价分析

【实训目标】

通过对商业银行开展中间业务与表外业务的调研，了解我国商业银行此类业务的开展情况及存在的问题

【实训步骤】

1. 选择两家以上的商业银行，搜集其相关中间业务及表外业务的资料；

2. 对商业银行中间业务及表外业务开展情况进行总结分析，说明拓展中间业务及表外业务的难点与对策。

项目八 中央银行

知识目标

理解：中央银行产生和发展的过程。

熟知：中央银行的类型和组织结构。

掌握：中央银行的性质、特征、职能，中央银行的业务。

能力目标

能够理解中央银行与政府的关系、中央银行的相对独立性。

素质目标

能够认识中央银行在金融机构体系和整个经济中的地位和作用。

任务一 中央银行的产生和发展

一、西方中央银行的产生及发展

（一）建立中央银行的必要性

随着资本主义经济的发展，建立中央银行的必要性逐渐体现，集中表现在以下几个方面：第一，统一发行银行券的需要；第二，集中办理票据交换及清算的需要；第三，为众多商业银行提供最后的资金支持即“最后贷款人”的需要；第四，代表政府监管金融业的需要。

（二）中央银行产生和发展的过程

在谈及中央银行起源时，首先提到瑞典银行和英格兰银行。前者成立于1656年，后者成立于1694年，但它们成立之初并非就是中央银行。瑞典银行初建时是一般私营银行，后于1668年改组为国家银行。实际上，直到1897年它才独占货币发行权。真正最早全面发挥中央银行功能的应属英格兰银行。英格兰银行作为世界上最早的私人股份银行，成立之初就已具有与其他银行不同的特权，比如接受政府存款并向政府提供贷款、在发行银行券上有优势等。但成为中央银行的决定性的第一步，即基本垄断货币发行权，却是其成立150年后的1844年的事情。1844年通过的《英格兰银行条例》，结束了在英国有279家银行都发行银行券的局面。1854年，英格兰银行成为英国银行业的票据交换中心；1872年，它开始对其他银行承担起在困难时提供资金支持即“最后贷款人”的责任，并且由于它在发生金融危机时的特殊作用，使它具有相当程度的全国金融管理机构的色彩。

在整个19世纪到第一次世界大战爆发前这100多年里，出现了成立中央银行的第一次高潮。在此期间,世界上约有29家中央银行相继设立,其中绝大部分是欧洲国家。它们的产生主要是本国客观经济、金融发展的产物,并且除个别例外,都是由普通银行通过逐步集中货币发行和对一般银行提供清算服务及资金支持而演进为中央银行的。

第一次世界大战结束后,面对世界性的金融恐慌和严重的通货膨胀,1920年在布鲁塞尔召开的国际经济会议上,要求尚未设立中央银行的国家应尽快建立中央银行,以共同维持国际货币体系和经济稳定,由此,推动了又一次中央银行成立的高潮。中央银行的三大职能——发行的银行、银行的银行、国家的银行——在这段迅速扩展时期中逐渐完善。第二次世界大战以后,一批经济较落后的国家摆脱了宗主国或殖民者的统治获得独立,它们皆视中央银行的建立为巩固民族独立和国家主权的一大标志,纷纷建立本国的中央银行。目前,世界上只有极少量的殖民地、附属国尚无自己的中央银行。可见,中央银行的建立主要是通过两个途径进行的:一是从众多的商业银行中逐渐分离出一家银行,逐渐演变为中央银行;二是由国家运用行政力量专门建立的中央银行。

(三)国家对中央银行控制的逐步加强

中央银行一经产生就与政府有着密切的联系,经常体现或实现着政府的某些意图,包括在金融管理中承担一定的责任。从这个意义上说,国家从来都在一定程度上控制着中央银行,尽管这种控制程度在不同的国家以及在同一国家的不同时期强弱不一。

既然政府要利用中央银行调控宏观经济,那么,其加强对中央银行的控制就是顺理成章的事情,而且必然会引起中央银行制度发生新的变化。第二次世界大战后,政府对中央银行控制的强化直接表现为:第一,中央银行的国有化。各国中央银行实质上成为政府机构的一部分。第二,制定新的银行法。第二次世界大战后各国纷纷制定新的银行法,明确中央银行的主要职责就是贯彻执行货币金融政策、维持货币金融的稳定,比如日本的新银行法规定,中央银行必须“以谋求发挥全国的经济力量,适应国家政策的需要,调节货币,调整金融及保持并扶植信用制度为目的”。这就从立法上保障了国家对中央银行的控制。

二、我国中央银行的产生及发展

(一)新中国成立前的中央银行

新中国成立前的中央银行萌芽于20世纪初。像中国银行(其前身是清政府于1904年设立的户部银行,1908年更名为大清银行)和交通银行(1908年设立),均由于它们的起始就与政府有着密切的关系并发行作为法偿货币的纸币,从而部分地起着中央银行的作用。国民党政府的中央银行正式成立于1928年11月,初始时,其力量远远不及当时的中国银行和交通银行。后来其实力的逐步雄厚与地位的日益增强,也是伴随着对中国银行、交通银行实行增资改组及各种形式的渗透,从而将它们完全置于政府控制之下达到的。至1942年,中央银行集中了全国的货币发行,取得垄断全国金融的核心地位。1949年,随着新中国的诞生,国民党政府的中央银行及其纸币一同在大陆退出了历史舞台。

(二)新中国的中央银行

新中国的中央银行是中国人民银行。中国人民银行是1948年12月1日在合并解放区的华北银行、北海银行和西北农民银行的基础上于河北省石家庄市组建的,直到改革开放前,其既是行使货币发行和金融管理职能的国家机关,又是从事信贷、储蓄、结算、外汇等业务经营活动的经济组织,其机构遍及全国城乡。这种全国基本上只有中国人民银行一家、集中央银行和一般银行的职能与业务于一身的“大一统”银行体制,是与当时实行高度集中统一的计划经济管理体制相联系的。其间虽也存在过一两家专业银行，但它们也不过是财政部或中国人民银行所属的业务部门。1979年后，伴随着经济体制改革进行的金融体制改革，改变了旧有的“大一统”格局，陆续恢复和分设了一些专业银行，开设了各种其他金融机构以及允许外资、侨资在华设立银行分支机构等。与之同时，融资形式、银行业务种类等方面的改革也取得突破。这些变化就使得金融领域中协调、疏导、管理等问题上升到一个重要的位置。但是，直到1983年，中国人民银行仍然一身兼二任：既担负日趋繁重的金融管理任务，同时还经营占全国银行业务绝大部分的工商信贷与城镇储蓄业务。

在这样的背景下，1983年9月，国务院决定：中国人民银行专门行使中央银行职能，以利于其集中力量研究整个金融工作的方针和政策及有效地进行金融宏观调控与管理；中国人民银行原来承办的工商信贷和城镇储蓄业务则新设中国工商银行来经营。1984年1月1日，这一决定得以实施。中国人民银行完全摆脱具体银行业务这一步骤，标志着我国金融制度变革的重大转折，即中央银行体制的正式建立。1995年3月18日，第八届全国人民代表大会第三次会议通过了《中华人民共和国中国人民银行法》，首次以国家立法形式确立了中国人民银行作为中央银行的地位，标志着中央银行体制走向了法制化、规范化的轨道，是我国中央银行制度建设的重要里程碑。

任务二　中央银行的类型与组织结构

一、中央银行的类型

(一)单一型中央银行制度

单一型中央银行制度是指国家单独建立中央银行机构，使之全面、纯粹行使中央银行职能，并领导全部金融事业的制度。单一的中央银行制度又分如下三种具体情形：

1. 一元式

这种体制是在一个国家内只建立一家统一的中央银行，机构设置一般采取总分行制。目前世界上绝大部分国家的中央银行都实行这种体制，我国也是如此。

1998年以前，我国的中央银行是完全按行政区划和级别设置机构的。中国人民银行在北京设立总行，是国务院下属的一个部级机构，在各省、地(市)、县设立对应的分支机构，中央银行分支行等机构的设置与行政区划的省、市、县重合。这些分支机构在“条条”上归上级行领导，在“块块”上受制于当地政府。

鉴于此，1998年我国改革了这一做法，把按行政区划设置分支机构逐步改为按经济区划设置分支机构。当年撤销了原各省、自治区、直辖市一级分行，在全国设置了九家跨区分行和两家总行营业部。九大跨区分行分别设在沈阳(辖黑龙江、吉林和辽宁)、天津(辖天津、山西、内蒙古和河北)、西安(辖陕西、青海、宁夏、新疆和甘肃)、济南(辖山东、河南)、武汉(辖湖北、湖南和江西)、上海(辖上海、浙江、福建)、南京(辖江苏和安徽)、成都(辖四川、贵州、云南和西藏)和广州(辖广东、广西和海南)。两个总行营业部分别设在北京和重庆。

2. 二元式

这种体制是在一国内建立中央和地方两级相对独立的中央银行机构。地方级中央银行虽然也要受中央级中央银行的监督管理，并执行统一的金融政策，但它们在各自所辖地区内有较大的独立性，与中央级机构并非总分行的关系，德国加入欧洲中央银行之前就实行这种体制。

3. 多元式

这是在一个国家内建立较多的中央银行机构执行中央银行职能和任务。只有美国联邦储备体系是这种格局。美国将全国划分为12个联邦储备区,每个区设立一家联邦储备银行为该地区的中央银行,它们在各自辖区内的一些重要城市设立分行。这些联邦储备银行均不受州政府和地方政府的管辖,它们各有自己的理事会,有权印刷联邦储备券(无发行权)和根据本地区实际情况执行中央银行的特殊信用业务。在国家联邦储备银行之上设联邦储备委员会,进行领导和管理,制定全国的货币信用政策。同时,在联邦储备体系内还设有联邦公开市场委员会和联邦顾问委员会等平行管理机构。联邦储备委员会拥有整个体系的最高决策权,是实际上的美国中央银行总行,直接对国会负责。

(二)复合型中央银行制度

复合型中央银行制度是指一个国家没有设专司中央银行职能的银行,而是由一家大银行集中中央银行职能和一般商业银行的经营职能于一身的中央银行体制。这种类型的中央银行制度主要存在于过去的苏联和东欧等国。我国在1984年以前也一直实行这种中央银行制度。

(三)跨国型中央银行制度

值得特别关注的跨国型中央银行是欧洲中央银行。欧共体(现为欧盟)成员国为适应其内部经济金融一体化进程的要求,于1969年12月正式提出建立欧洲经济与货币联盟,以最终实现统一的欧洲货币、统一的欧洲中央银行、统一的货币与金融政策。1979年3月,自正式开始实施欧洲货币体系建立的计划以后,其进程虽然缓慢且困难重重,但还是在一步一步向前推进。1998年6月1日,欧洲中央银行宣告成立,并于当年7月1日正式运作,并规定1999~2002年为实行欧洲货币——“欧元(EURO)”——的过渡期。1999年1月1日开始在欧元区内为所有国家制定统一的货币政策,并由各成员国中央银行执行,到2002年7月1日,欧元成为唯一的合法货币。

欧洲中央银行的总部设在德国的法兰克福,其基本职责是制定和实施欧洲货币联盟内统一的货币政策,以维持欧元地区内的币值稳定为首要目标。从制度构架上讲,欧洲中央银行由两个层次构成:一是欧洲中央银行本身;二是欧洲中央银行体系,由欧洲中央银行和所有参加欧元区的成员国中央银行组成。前者具备法人身份,后者则没有。

(四)准中央银行型制度

准中央银行是指有些国家或地区只设置类似中央银行的机构,或由政府授权某个或几个商业银行行使部分中央银行职能的体制,新加坡、我国香港属于这种体制。

新加坡设有金融管理局、货币委员会(常设机构为货币局)两个机构来行使中央银行的职能,其中金融管理局负责制定货币政策和金融业的发展政策,执行除货币发行以外的中央银行的一切职能,而货币委员会主要负责发行货币、保管发行准备金和维护新加坡货币的稳定。另外,新加坡还设有投资局和中央公积金局等政府机构,配合金融管理局、货币委员会行使金融管理和货币发行等中央银行的职能。

我国香港在过去很长时期并无一个统一的金融管理机构,中央银行的职能由香港政府、同业公会和商业银行分别承担。1993年4月1日,香港成立了金融管理局,集中了货币政策、金融监管及支付体系管理等中央银行的基本职能,但它又不同于一般中央银行,比如,由汇丰银行、渣打银行和中国银行三家商业银行履行发行钞票货币的职能,票据交换所一直由汇丰银行负责管理,政府的银行这项职能也一直由商业银行执行。

此外,斐济、马尔代夫、利比里亚、莱索托、伯利兹等国,也都实行这种准中央银行体制。

二、中央银行的资本组成类型

(一)资本金全部为国家所有的中央银行

资本金全部属于国家所有的,称国有化中央银行。它们或是直接由国家拨款建立,或由私人商业银行经国家收买了私人股份改组而成。目前,世界上大多数国家的中央银行都是国有资本形式。

(二)资本金为国家和私人混合所有的中央银行

这属于半国家性质的中央银行。其资本金一部分属于国家投入的,一般占到资本总额的50%以上,另一部分属于私人资本家。例如,日本银行由政府认购资本55%,其余45%由私人认购,私股的唯一权利是领取股息;比利时的中央银行中,国家资本占资本总额的50%;墨西哥的中央银行中,国家资本占资本总额的51%;奥地利、土耳其等国的中央银行也属于这种类型。

(三)资本金全部为私人所有中央银行

这是由私人出资的股份制中央银行。这类中央银行,资本全部由私人股东投资,经政府授权,执行中央银行职能。例如,意大利的中央银行就是按股份制组成。

另外,美国联邦储备银行,其资本属于参加联邦储备银行的各会员银行,即各会员银行认购其所参加的联邦储备银行的股票,数额相当于本身实收资本和公积金的6%(实际上缴纳的股款为3%),并享受年息6%的股息。这种形式实质上也是属于私人股份资本的中央银行。

(四)无资本金的中央银行

在这种制度下,中央银行建立时没有资本金,而是根据国家的授权而执行中央银行职能。中央银行运用的资金来源,主要是各金融机构的存款和流通中的货币。韩国的中央银行是目前唯一没有资本金的中央银行。

(五)资本金为多国所有的中央银行

货币联盟中成员国共同组建中央银行的资本金是由各成员国按商定比例认缴的,各国按认缴比例拥有对中央银行的所有权。

中央银行的资本组成,不论是属于国有、半国有,还是私有及中央银行有无资本金,并不是问题的关键所在,关键问题是中央银行受国家的直接控制和监督。中央银行的负责人由国家任命,完成国家赋予的任务。

三、中央银行的组织结构

(一)决策权、执行权合一型

这是将决策、执行两权集于一身的中央银行,其最高权力机构一般是理事会,如英格兰银行理事会、美国联邦储备理事会等。

(二)决策权、执行权分开型

在这种制度下,最高权力机构分为金融决策机构与执行机构,分别行使权力,日本和原联邦德国中央银行——德意志联邦银行等属这种类型。

(三)最高权力机构分为决策机构、执行机构和监督机构

欧洲中央银行成立之前的法国、比利时以及瑞士等国的中央银行的组织结构实行这种形式。

中国人民银行,按2003年12月通过的《中华人民共和国中国人民银行法》(修正)关于中

国人民银行组织结构的主要规定是:中国人民银行设行长一人,副行长若干人。行长由国务院总理提名、全国人民代表大会决定、中华人民共和国主席任免。副行长由国务院总理任命。中国人民银行实行行长负责制,即行长行使最高决策权,行长领导全行工作;副行长协助行长工作。

根据《中国人民银行法》的规定,1997 年设立了货币政策委员会,其职责、组成和工作程序,由国务院规定,报全国人大常委会备案。2003 年修正后的该法进一步明确其应当在国家宏观调控、货币政策制定和调整中发挥重要作用。由于货币政策委员会的性质是咨询议事机构,因此中国人民银行属于决策权、执行权和监督权合一并且权力高度集中的中央银行。货币政策的制定和执行由中国人民银行在国务院领导下进行。

中国人民银行根据履行职责的需要设立分支机构,作为中国人民银行的派出机构。中国人民银行对分支机构实行集中统一领导和管理。可见,分支机构不拥有独立的货币政策决策权。

任务三 中央银行的性质、特征和职能

一、中央银行的性质及特征

(一)中央银行的性质

中央银行的性质是由其在国民经济中的地位决定的,并随政治、经济形势的发展而不断变化。现代中央银行不论是属于政府或国家的权力机关或是否国有化,它们在性质上都是代表国家制定和执行货币政策,并负责管理金融的政府机关。

(二)中央银行的基本特征

由于中央银行是代表国家管理金融的政府机关,因而决定了其所具备的基本特征是:第一,不以盈利为目的;第二,不经营普通银行业务;第三,中央银行处于超然地位。

二、中央银行的主要职能

(一)中央银行是“发行的银行”

所谓发行的银行,就是垄断银行券的发行权,成为全国唯一的现钞发行机构。中央银行独占货币发行权,是中央银行发挥其职能作用的基础。目前,世界上几乎所有国家的现钞都由中央银行发行。一般硬辅币的铸造、发行,有的由中央银行经管,有些国家则是由财政部负责,发行收入归财政,然后由中央银行以信用程序投入流通。货币的发行是中央银行的重要资金来源,为中央银行调节金融活动提供了资金力量。

(二)中央银行是“银行的银行”

中央银行只与商业银行和其他金融机构发生业务往来,不与工商企业和个人发生直接的信用关系。作为“银行的银行”,中央银行集中保管商业银行的存款准备金,并对它们发放贷款,充当“最后贷款者”。中央银行在与商业银行等金融机构进行业务往来时,其主要目的是为了维护金融稳定、调控宏观经济,而不是为了盈利。这一职能具体表现在三个方面:第一,集中存款准备金;第二,最后贷款人;第三,组织全国清算。

(三)中央银行是“国家的银行”

中央银行作为政府宏观经济管理的一个部门,由政府授权对金融业实施监督管理,对宏观

经济进行调控，代表政府参与国际金融事务，并为政府提供融资、国库收支等服务。具体体现在：收受国库存款，代理国库办理各种收付和清算业务；代理政府债券的发行以及还本付息等事项；在法律许可的情况下，采取直接向政府提供短期贷款或购买政府债券等方式向政府提供资金支持；管理、经营国家外汇、黄金储备；代表政府参加国际金融组织和各种国际金融活动；制定和执行货币政策等。

作为我国的中央银行，中国人民银行垄断人民币的发行权，管理人民币流通，是“发行的银行”；依法管理存款准备金、基准利率，对商业银行发放再贷款和再贴现，在金融机构出现风险时，根据情况实施必要的救助，防范和化解系统性金融风险，维护国家金融稳定，是“银行的银行”；依法制定和执行货币政策，持有、管理和经营国家外汇储备和黄金储备，负责监督管理银行间同业拆借市场和银行间债券市场、银行间外汇市场、黄金市场，负责建立和管理全国银行系统的征信系统，代表国家从事有关国际金融活动等，是“国家的银行”。

三、中央银行与政府关系

中央银行是国家机构的组成部分，其职责是为国家利益服务。中央银行的货币政策虽然有着其他经济政策无法替代的地位和作用，但货币政策也不能取代其他经济政策，而需要与其他经济政策紧密配合。因此，中央银行必须接受政府的管理与监督。这种管理与监督主要表现在：

第一，政府拥有中央银行最高权力机构成员和领导人的提名权或任命权。政府通过掌握中央银行最高权力机构成员的任命权或提名权来直接影响中央银行的工作倾向。

第二，法定的责任关系。中央银行的最高权力机构成员和领导人虽然由政府提名甚至任命，但这并不意味着其工作一定向政府负责，也有向国会负责的。目前，世界上大多数国家中央银行是向政府负责的，如英国、日本等国；而在美国等国，其中央银行是向国会负责的。

第三，一些中央银行的最高决策机构内有政府专派代表。中央银行作为货币政策的制定和执行者，中央银行的目标不同于政府其他任何行政部门。中央银行管理一国的货币事务，要保证货币流通的畅通、物价的稳定，并同时兼顾其他宏观经济目标。达到这些目标的手段主要不是行政的手段，而是像法定准备金率、再贴现、公开市场业务等一类的经济手段。因此，中央银行需要很高的专业水平和技巧。

按照《中国人民银行法》的规定，中国人民银行在国务院领导下，依法制定并独立执行货币政策。这就以立法的形式明确了中国人民银行是国务院的一个直属机构。中国人民银行是在国务院领导下的一个部级机构，在组织上享有与国务院其他部级机构平行的独立地位。

任务四　中央银行的业务

一、中央银行的资产负债表

中央银行的业务是履行其三大基本职能的体现。中央银行的业务活动可以通过它在资产负债表上的记载得到概括反映。由于各个国家的金融制度、信用方式等方面存在着差异，各国中央银行的资产负债表并不是统一的，其中的项目多寡及包括的内容颇不一致。这里仅将中央银行最主要的资产负债项目概括成表8－1，旨在概略表明其业务的基本内容。

表 8－1　　　　　　　　　　　　**中央银行资产负债项目**

资　产	负　债
国外资产	流通中通货
再贴现及放款	商业银行等金融机构存款
政府债券和财政借款	国库及公共机构存款
外汇、黄金储备	对外负债
其他资产	其他负债和资本项目
合　计	合　计

中央银行一般是一国通货的唯一发行银行，因此，流通中的通货是中央银行负债的一个主要项目；作为银行的银行，它与商业银行等金融机构间的业务关系，主要是负债方——商业银行等金融机构在中央银行的存款（包括准备金存款）和资产方的贴现及放款；作为国家的银行，它在业务上与政府的关系，主要是列于负债方的接受国库等公共机构的存款和列于资产方的通过持有政府债券融资给政府，以及为国家储备外汇、黄金等项目。

二、中央银行的负债业务

（一）货币发行业务

这是中央银行最重要的负债业务。中央银行通过再贴现、贷款、购买证券、收购金银、外汇等方式，把它们投入市场，形成流通中的货币。每张投入市场的钞票（又称通货）都是中央银行对持有者的负债或说是持有者对中央银行的债权。

在现代不兑现信用货币流通的制度下，货币的发行在客观上要受国民经济发展水平的制约。中央银行的货币发行必须建立在可靠的准备金基础上，而绝不能因外界影响或政治压力滥发纸币，甚至肆意发行。

就我国人民币的发行程序来看，中国人民银行对现金的投放和回笼一直编制现金计划，作为组织执行计划的依据。具体发行是由中国人民银行设置发行基金保管库（简称发行库）来办理的。所谓发行基金，是指中国人民银行保管的已印好而尚未进入流通的人民币票券。其过程如图 8－1 所示。

图 8－1　人民币发行和回笼流程

（二）代理国库业务

如前所述，中央银行作为国家的银行，一般均由政府赋予代理国库的职责，政府财政的收入和支出，都由中央银行代理。同时，那些依靠国家拨给行政经费的行政事业单位的存款，也都由中央银行办理。国库存款、行政事业单位存款在其支出之前在中央银行存放，构成中央银行的负债业务，并成为中央银行重要的资金来源。

（三）集中存款准备金

集中存款准备金是中央银行制度形成的重要原因之一。

三、中央银行的资产业务

(一)再贴现和贷款

这主要是指中央银行对商业银行及其他金融机构进行融资的业务。中央银行有责任对后者提供融资支持。在商业银行等金融机构资金紧迫时，中央银行用再贴现、再抵押方式给予资金融通，目的是保证银行体系的安全性、灵活性和银行业务的顺利进行。

(二)证券买卖业务

各国中央银行都经营证券交易业务。一般来说，中央银行持有优等且有利息的证券是适宜的。对那些随市场变化和经营状况不稳定的证券则不宜大量持有，因为中央银行肩负调节金融的重任，需依据市场银根松紧适时调节资金供应。我国的《中国人民银行法》规定：中国人民银行不得直接认购、包销国债和其他政府债券，但可以在公开市场上买卖这些债券。

(三)金银、外汇储备

这是用于国际支付的国际储备。当代世界各国，在国内市场上并不将金银、外汇作为货币来流通与使用，流通中的货币也不与金银兑换，不少国家均实行程度不同的外汇管制。在国际收支发生逆差时，一般也不直接支付黄金，而采取出售黄金换取外汇来支付的方式。这样，各国的金银、外汇自然就要集中，至少是部分集中到中央银行储存。需要金银外汇者，一般要向中央银行(说到底是向国家)申请购买，中央银行就把买卖金银、外汇当作自己的一项业务。中央银行开展这种业务是为了代表国家集中国际储备、调节资金，稳定金融和促进一国国际贸易及对外交往的顺利进行。

除上述几项主要资产业务外，各国中央银行大多根据具体情况经营其他若干资产业务，如对一些非金融机构部门发放特定贷款等，这里不再一一介绍。

四、中央银行的中间业务

中央银行的中间业务是中央银行为商业银行及其他金融机构和政府办理资金支付清算和其他委托的业务。这里主要介绍它的资金清算业务。作为起点，我们先来看看票据交换所及其清算程序。

(一)票据交换所及其工作程序

随着支票等银行票据的流通，必然引起银行为客户收进的票据办理向出票人开户行索款的业务。由于支票的签发是以客户在银行有存款为前提的，因此，支票授受客户双方的债权债务关系就反映为双方开户银行间的债权债务关系。由此，也就产生了银行间结清这种债权债务关系的问题。

世界上第一家票据交换所于1773年在伦敦成立。此后，纽约于1853年、巴黎于1872年、大阪于1878年、柏林于1887年先后成立了其所在国的第一家票据交换所。中国银行业间最早的票据交换所是于1933年在上海成立的。

新中国成立之初，上海票据交换所曾继续营业，1952年由中国人民银行接办。1986年以后，全国开始试行扩大同城票据交换，大中城市普遍建立起票据交换所。目前，全国各城市和经济较为发达的县城也都建立了票据交换所，大大提高了票据清算效率，加速了资金周转。

最初，票据交换所只是把参与票据清算的各家银行集中起来，由它们自行分别办理票据交换和结清应收应付。这时，每家银行都须与其他银行逐一办理票据交换。比如A银行要与前来参加清算的B、C、D……几家银行分别交换票据，其他银行也如此。但人们很快认识到，任何一家银行的应收款项，一定是其他银行的应付款；任何一家银行的应付款项，又一定是其他银行的应收款；各银行应收差额的总和，一定等于各银行应付差额的总和。因此，两家银行彼此结抵差额的办法就可用这样的办法代替：所有参加交换的银行分别轧出自己对所有其他银行的应收或应付差额并按每个银行最后轧出的应收应付额结清债权债务。

表 8—2　　票据交换所的工作原理

	A银行	B银行	C银行	D银行	应收总额	应付差额
A银行	—	20	10	40	70	—
B银行	30	—	50	20	100	20
C银行	20	80	—	10	110	—
D银行	10	20	40	—	70	—
应付总额	60	120	100	70	350	x
应收差额	10	—	10	—	x	20

入场前，各银行先将应收票据按付款行分别归类整理，并计算出向各付款行分别应收的款项金额及汇总金额，填写交换票据计算表。

入场后，各银行一方面将应收票据分别送交有关付款行，另一方面接收它们交来的本行应付款票据，核对、计算应付各行款项金额及应付总金额，填写交换票据计算表。各银行根据交换票据计算表，比较本行应收、应付款项总金额，计算出应收或应付差额后，填具交换差额报告单，并凭报告单与交换所的总结算员办理最后款项收付。

（二）中央银行组织全国清算的职责

在述及中央银行职能时已经指出：作为银行的银行，现代中央银行负有组织全国银行间清算的职责。尤其是在中央银行制度步入成熟发展阶段以来，商业银行等金融机构都在中银行依法开立有存款准备金账户。这样，各银行之间发生的资金往来或应收、应付款项，通过中央银行划拨转账就是自然而然的事情了。

中央银行组织全国银行清算包括同城或同地区和异地两大类。

★★★ 关键术语 ★★★

一元式　二元式　多元式　单一型中央银行制度　复合型中央银行制度　跨国型中央银行制度　准中央银行型制度

★★★ 应知考核 ★★★

一、单项选择题

1. 中央银行是具有银行特征的（　　）。

A. 特殊企业　　B. 一般企业　　C. 中介机构　　D. 国家机关

2. 下列中央银行的业务和服务中，体现其“银行的银行”的职能的是（　　）。

A. 发行货币　　B. 对政府提供信贷

C. 代理国库　　D. 集中保管商业银行存款准备金

3. 中央银行是国家的银行，它代理国库，集中(　　)。

A. 企业存款　B. 国库存款　C. 个人存款　D. 团体存款

4. 中央银行最重要的负债业务是(　　)。

A. 货币发行　B. 存款业务

C. 政府存款　D. 发行中央银行债券

5. 从货币发行的渠道和程序看，(　　)是货币发行和回笼的中间环节。

A. 发行库　B. 业务库　C. 市场　D. 发行库和市场

6. 中央银行证券买卖业务的主要对象是(　　)。

A. 国库券和国债　B. 股票　C. 公司债券　D. 金融债券

7. 证券买卖业务是中央银行的(　　)。

A. 负债业务　B. 资产业务　C. 中间业务　D. 清算业务

8. 代理国库业务体现的中央银行职能是(　　)。

A. 发行的银行　B. 银行的银行　C. 国家的银行　D. 企业的银行

9. 我国的中央银行是(　　)。

A. 中国银行　B. 中国人民银行

C. 中国工商银行　D. 中国银行业监督管理委员会

10. 中央银行充作最后贷款人提供贷款常用的方式是(　　)。

A. 公开市场业务　B. 集中存款准备金

C. 票据贴现抵押　D. 票据再贴现、再抵押

二、多项选择题

1. 中央银行的资产业务主要有(　　)。

A. 发行货币　B. 集中存款准备金　C. 再贴现和贷款　D. 证券买卖

E. 金银外汇储备

2. 中央银行的主要职能有(　　)。

A. 发行的银行　B. 政策的银行　C. 盈利的银行　D. 银行的银行

E. 国家的银行

3. 中央银行作为国家的银行，其职能体现在(　　)。

A. 制订并监督执行有关金融管理法规　B. 对国家给予信贷支持

C. 代理国家债券的发行　D. 代理国库

E. 保管、买卖、管理外汇和黄金储备

4. 以下属于中央银行负债业务的是(　　)。

A. 货币发行业务　B. 证券买卖业务　C. 集中存款准备金业务　D. 再贴现业务

E. 买卖外汇业务

5. 中央银行的业务对象有(　　)。

A. 工商企业　B. 城乡居民　C. 政府　D. 金融机构

E. 外国政府

三、填空题

1. 中央银行的基本特征：________；________；________。

2. 中央银行是特殊的银行，在一国的经济和金融运行中发挥着"________"、"________"和"________"职能。

3. ________是中央银行的重要资金来源，

4. ________为中央银行调节金融活动提供了资金力量。

5. ________是人民银行保管的已印好而尚未进入流通的人民币票券。

四、简答题

1. 简述中央银行的类型与组织结构。
2. 简述中央银行的资本组成类型。
3. 简述中央银行的性质及特征。
4. 简述中央银行与政府关系。
5. 简述中央银行的业务。

★★★ 应会考核 ★★★

◎ 技能案例

加入SDR的人民币

2015年12月1日，IMF正式公告中国人民币将加入基金组织的特别提款权(SDR)，并将在2016年10月1日生效。加入SDR后的人民币，有以下重要意义：

一是加入SDR会促进中国的金融改革。可以预见，在未来的几年内，金融市场会不断扩大和深化，增强其流动性，可供投资选择的金融产品会大大增加。

二是加入SDR，这也意味着中国将在国际经济事务方面承担更多的责任和义务。从目前来看，重要的是人民币汇率在稳定世界经济中的作用会更加重大。比如，当世界经济发生大的变化，人民币汇率要承担起稳定世界经济和吸收全球经济带来的振动这些责任和义务。

三是加入SDR会对企业和个人产生影响。这会促使中国企业、金融机构和个人进一步了解和学习金融和国际金融方面的知识，掌握防范利率和汇率变动的工具和方法。

四是加入SDR是人民币国际化进程的起点。人民币要进一步国际化，除了要进一步完善发展国内的资本市场和货币市场，还需要进一步对外开放资本市场和货币市场。虽然现在人民币加入SDR，而且中国对外贸易结算中人民币有27%的份额，但人民币国际化和人民币要成为国际储备(即世界上大多国家货币当局愿意在外汇储备中持有人民币标价的金融资产，如人民币债券和存款)还有很长的路要走。

资料来源：邹宏元、张杰："加入SDR的人民币"，《成都日报》，2015年12月9日。

【考核要求】

根据上述资料，对此案例进行分析。

★★★ 项目实训 ★★★

【实训内容】

模拟中央银行的资金清算业务

【实训目标】

通过中央银行资金清算过程的模拟，使同学对该业务有具体的感观认识，便于加强对该业务的理解。

【实训步骤】

1. 将学生分组；
2. 确定中央银行组和商业银行的总行组、分行组；
3. 同城票据交换清算过程的设计及具体模拟；
4. 异地跨行清算过程的设计及具体模拟；
5. 各组总结同城、异地跨行清算的特点，分析其过程。
6. 教师总结中央银行资金清算的过程及作用。

项目九　非银行金融机构

知识目标

理解:保险、信托和信托公司、证券公司的含义。

熟知:保险的基本职和基本原则,信托的构成要素和种类,信托公司的职能,证券公司的职能,其他非银行金融机构。

掌握:保险公司、信托公司、证券公司的主要业务。

能力目标

能够理解非银行金融机构与商业银行的区别,分析非银行金融机构的类别和主要业务。

素质目标

能够具有运用非银行金融机构的金融产品的能力。

任务一　保险公司

一、保险的基础知识

(一)保险的含义

从本质上来讲,保险是运用互助共济(大数法则)的原理,将个体面临的风险通过一定的组织形式、根据合同约定的权利与义务由群体来分担的一种经济行为。《中华人民共和国保险法》中对保险的表述为:"本法所称保险,是指投保人根据合同的约定,向保险人支付保险费,保险人对于合同约定的可能发生的事故因其发生所造成的财产损失承担赔偿保险金责任,或者当被保险人死亡、伤残、疾病或者达到合同约定的年龄、期限时承担给付保险金责任的商业保险行为。"不难看出,《保险法》中的保险仅指商业保险,是一种狭义的保险含义。广义上的保险既包括商业保险,又包括政策性保险。

(二)保险的基本职能

保险的本质决定保险的职能:分散风险、补偿损失是保险的基本职能。

1. 分散风险职能

在经济学中,风险就是损失的不确定性,是引起或者增加损失的可能性,是一种预计损失。对于个别投保人而言,灾害事故的发生是一种偶然和不确定,仅表现为一种风险;但对于全体投保人而言,灾害事故的发生就是必然和确定的,表现为实实在在的损失。从这个意义上来看,分散风险职能即分摊损失职能。保险的基本职能就是分散风险,分摊损失,起到"千家万户保一家”的互助共济的作用。这是保险业区别于其他金融业的根本标志。

2. 补偿损失职能

补偿损失职能就是把全体投保人通过缴纳保险费建立起来的保险基金用于少数投保人因遭遇灾害事故所受损失的经济补偿。按照保险合同对遭受灾害事故的单位和个人进行经济补偿,以保障经济活动的顺利进行以及给予受难者经济帮助是保险的目的,通过收取保险费以分散造成经济损失的风险是保险进行经济补偿的一种手段。

许多人身保险品种具有储蓄性质,人身保险的补偿一般称为给付保险金。

保险的两大基本职能相辅相成,缺一不可。只有分散风险,分摊损失,才能进行经济补偿;没有经济补偿的需要也就无须通过分摊损失以分散风险。

(三)保险的基本原则

1. 保险利益原则

所谓保险利益,是指投保人对投保标的具有法律上承认的利益,它体现了投保人或被保险人与投保标的之间的利害关系。保险利益原则的规定具有以下三方面的意义:

(1)与赌博从本质上划清了界限。如果没有保险利益的规定,保险行为就会扭曲为一种赌博行为。例如,你为他人财产投保,只有他人财产发生损失时,你才能拿到保险赔偿金,这样你会希望他人财产早日发生损失,从而获得额外的收益。保险利益原则的规定则使得被保险人不可能获取额外收益,同时保险基金是通过大数化原则由广大投保人分担,不会造成过重负担。这样,就避免了保险行为成为赌博或者类似赌博的行为。

(2)防止道德风险的产生。保险中的道德风险是指投保人购买保险的目的不是为了获取经济保障,而是为了谋取保险赔款。这种投保人不是主动防止保险事故的发生,反而希望保险事故的发生,甚至促成或者制造保险事故。保险利益原则消除了道德风险产生的隐患,因为投保人对保险标的具有利害关系,保险标的受损,投保人也会蒙受经济损失。投保人制造保险事故使自己蒙受经济损失,这有违常理。尤其是在人寿保险中,保险利益的规定减少以取得保险金为目的谋杀被保险人的风险,是对被保险人的保护。

(3)合理衡量保险补偿的程度。根据保险利益原则,投保人不仅要对保险标的具有保险利益,而且需要衡量投保人对保险标的保险利益有多少。投保人对超过其保险标的实际价值的部分没有保险利益。由此可见,保险利益确定了被保险人获得赔偿的最高标准。

2. 最大诚信原则

最大诚信原则即通常所说的诚实信用原则。最大诚信原则的内容主要包括告知与保证。

(1)告知。告知是指合同订立之前、合同订立时以及在合同有效期内,投保方对已知的或应知的与保险标的有关的实质性重要事实应据实向保险方做口头或者书面申报;保险方也应将与投保方利害相关的实质性重要事实据实通告投保方。

(2)保证。保证是指被保险人在保险合同有效期限内针对某种特定事项,做出做某事或者不做某事的承诺。例如,作为减少保险费的条件,一家百货商场要保证每天 24 小时有 2 名警卫值班。保证一般是明示保证,明示保证是在保险合同内以条款形式载明的保证。但在海上保险中也有若干默示保证,如具有适航能力、不改变航道和航班合法性等。

3. 损失补偿原则

损失补偿原则是指在财产保险中投保人通过购买保险,将其自身原来承担的特定风险转移给保险人来承担,当保险事故发生时,保险人给予被保险人的经济赔偿恰好填补被保险人因遭受保险事故所造成的经济损失。

损失补偿的方法主要有现金、修理、重置、恢复原状四种。在四种方法所需费用一致时，可以由被保险人征得保险人同意后选择其中一种，在大多数的保险实务中，最后都通过货币补偿来解决。

4. 近因原则

保险中的近因是指引发保险事故发生的主要原因，即在保险事故发生过程中起着主导或者支配作用的因素。这是从保险事故产生的因果关系上来讲的，而非字面意义上的时间先后关系。造成保险标的损失的原因各种各样，既有保险责任，也有除外责任，且有时有些原因互为因果，其中有些原因只是引发保险事故的次要原因。近因原则规定，只有当承保风险是损失发生的近因时，保险人才会承担赔偿责任。例如，某轮船投保火灾保险，轮船若遭受损失的起因是火灾，则保险人承担理赔责任，若是其他原因造成的损失，保险人可以拒绝赔偿。因此，近因原则要求从保险事故中找出主要原因，从而确定造成损失的直接原因，进一步确定保险人的赔偿责任。

二、不同类型保险公司的主要业务

保险公司划分为两大类：商业性保险公司和政策性保险公司，下面分别介绍这两大类保险公司的主要业务。

（一）商业性保险公司的主要业务

保险业务通常主要分为两大类：人身保险和财产保险。1995 年《保险法》以法律的形式确立了产、寿险分业经营的原则，因此寿险公司只能以人身保险为主要经营业务，财产保险公司只能以财产保险和责任保险为主要经营业务，再保险公司则以再保险为主要业务。

1. 人寿保险公司

人寿保险公司主要经营人身保险。人身保险是以人的身体或者生命为保险标的的一种保险。根据保障范围的不同，可以区分为人寿保险、意外伤害保险和健康保险。

（1）人寿保险。

人寿保险是人身保险中最基本的人身保险。人寿保险又称为生命保险，以人的寿命为保险标的，当发生保险事故时，保险人对被保险人履行给付保险金的责任。可以说，人寿保险是以人的生存或者死亡作为保险事故的人身保险业务。人寿保险分为死亡保险、生存保险、生死合险。

（2）意外伤害保险。

人身意外伤害保险是指在保险期限内因发生意外事故导致被保险人死亡或者残废，由保险人按照保险合同的规定给付保险金的保险品种。人身意外伤害保险的保障项目包括被保险人因意外伤害导致的死亡给付、残疾给付、医疗给付和收入损失给付。一种意外伤害保险可以提供这四项保障，也可以提供其中任何一项或若干项。该险种可单独办理，也可以附加于其他人身险种作为一种附加险种。它分为两大类：普通意外伤害保险和特种意外伤害保险。前者作为独立险种，专门为被保险人因各种意外事故导致身体伤害而提供保障；后者保障范围仅限于特定原因或特定地点所造成的伤害，如电梯乘客意外伤害保险、旅游意外伤害保险等。

（3）健康保险。

健康保险是以人的身体为对象，当被保险人在保险有效期内因为疾病、分娩而造成的经济损失而由保险人提供经济保障的一种保险。按照损失的种类，健康保险分为三类：一是收入保险，即被保险人由于疾病所致的全部工作能力或者部分工作能力丧失，不能获取正常收入，由保险人分期给付保险金的一类健康保险；二是医疗费用保险，即被保险人由于疾病或分娩所支出的医疗费用，由保险人给予经济保障的一类健康保险；三是死亡和残疾保险，即被保险人由于疾病或分娩导致残疾或死亡，由保险人给付一次性的残疾保险金或死亡保险金的一类健康保险。

2. 财产保险公司

财产保险公司主要经营财产保险业务。我国《保险法》第九十一条把财产保险业务的范围规定为"包括财产损失险、责任保险、信用保证保险等保险业务"。这里的财产保险是广义上的财产保险，基本上把除人身险以外的所有其他各种保险均纳入财产保险范畴。财产保险公司的经营业务范畴是一种广义的财产保险范畴。

(1)财产损失险。

此处的财产损失险即狭义的财产保险，主要是对处在相对静止状态的有形财产的直接损失以及相关间接损失提供补偿的保险业务。该险种主要承保财产自身可能因为火灾、风暴、冰雹、地震、爆炸、航空器及其他运输工具坠落等原因引起的损失，以及财产损失引起的收入损失，例如，出租的房子受损，租金就会丧失；工厂的制成品受损，利润就会丧失等。具体说来，财产损失险的主要内容包括火灾保险、海上保险、汽车保险、航空保险、工程保险、利润损失保险、农业保险等。

(2)责任保险。

责任保险是以被保险人依法应负的民事损害赔偿责任或者经过特别合同约定的合同责任作为保险标的一种保险。责任保险种类繁多，根据承保方式的不同分为两大类：一类是作为各种财产保险的附加险承保的责任保险，包括机动车辆保险第三者责任、船舶碰撞责任、旅客责任、飞机保险的第三者责任、建筑和安装工程保险的第三者责任保险等；第二类是单独承保的责任保险，包括公众责任保险、产品责任保险、雇主责任保险、职业责任保险等。责任保险在当前的全球范围内受到广泛重视，尤其在一些经济发达国家，责任保险已经成为保险公司主要业务种类。

(3)保证保险

保证保险是指被保证人根据权利人的要求，请求保险人担保自己信用的一种保险。保证保险的保险人代替被保证人向权利人提供担保，如果被保证人不履行合同或存在犯罪行为，导致权利人遭受经济损失，由保险人负责赔偿责任。例如，承包商为政府桥梁管理部门承建一座桥梁，如果不能按时完工，保证人要对项目按时完工或者雇佣另一个承包商额外费用负责。保证保险分为忠诚保证保险和确实保证保险两大类。前者承保雇主因雇员的各种不法行为而受到的各种经济损失；后者承保工程所有人因承包人不能按时、按质、按量完成工程所遭受的经济损失。

3. 再保险公司

根据我国《保险法》第二十八条规定，再保险的含义为："保险人将其承担的保险业务，以承保形式，部分转移给保险人的，为再保险。"再保险作为"保险的保险"，对于保障保险市场安全，为直接保险公司分散赔付风险、扩大承保能力和巨灾保障功能并辅助保险市场调控以及强化行业风险管理发挥了重要的作用。

在我国，中国再保险集团通过旗下中国财产再保险股份有限公司、中国人寿再保险股份有限公司及集团国际业务部经营再保险业务，经营范围主要包括财产再保险业务、人寿再保险业务等。财产再保险公司的业务经营主要包括比例合同分保业务、非比例合同分保业务、临时分保业务、国际再保险业务;寿险再保险公司的业务经营主要包括寿险再保险业务、健康险再保险业务、意外伤害险再保险业务、年金再保险业务。

(二)政策性保险公司的主要业务

所谓政策保险,是指政府为实现其政治、经济、社会、伦理等方面的政策目的,利用保险形式实施的措施。目前,政策性保险主要包括出口信用保险和存款保险,分别由出口信用保险公司和存款保险公司经营。

1. 出口信用保险公司

出口信用保险公司的诞生与国际贸易市场上的激烈竞争有着密切联系。出口商为了扩大销售采取各种手段提高竞争力,其中一个重要手段就是向买方提供商业信用,允许买方以非银行信用证的方式付款,甚至延期付款。目前欧美等发达经济体超过 80%采用非信用证方式完成交易,这大大增加了收汇风险。为了保障收汇安全,世界上先后有几十个国家成立了出口信用保险机构。中国人民保险公司在 1998 年成立了出口信用保险部,开始开办出口信用保险业务,并对其进行独立核算。该业务是一项政策性业务,并不以盈利为目的。2001 年 12 月 18 日,中国出口信用保险公司成立。该公司是我国唯一承办政策性信用保险业务的金融机构,资本来源为出口信用保险风险基金,由国家财政预算安排。目前,中国出口信用保险已形成由 14 个分公司、8 个营业管理部和 22 个办事处组成的覆盖全国的服务网络,并在英国伦敦设有代表处。

出口信用保险公司主要经营出口信用保险业务,包括短期出口信用保险和中长期出口信用保险以及其他与对外经济开放相关联的业务,如投资保险。

2. 存款保险公司

存款保险是指由商业银行等金融机构以其依法所吸收的存款为保险标的,向存款保险公司投保并缴付保险费的一种政策性保险。如果商业银行等金融机构发生停业或无法清偿其所收受的存款等情形时,由存款保险公司在保险额度范围内赔付存款人的存款,以保障存款人权益并维护金融稳定。存款保险承保的对象一般是一国依法成立的各种金融机构,包括商业银行、信托投资公司、外国银行分行、信用合作社等。

长期以来,我国实际上实行的是隐性存款保险制度。在经营不善的金融机构退出市场的过程中,往往是由中央银行和地方政府承担个人债务清偿的责任。但随着经济的快速发展和金融体制改革的深化,由各级政府或中央银行"买单"的缺陷和弊端也日益显现出来,这种模式不仅给各级财政带来沉重负担,而且导致中央银行货币政策目标的严重扭曲。因此,建立我国存款保险制度和存款保险公司的呼声越来越强。

三、我国保险公司的改革与发展

1949 年 10 月 20 日,中国人民保险公司在北京成立,标志着新中国保险业的开端。新中国成立初期,登记复业的华商保险公司有 63 家,外商保险公司有 41 家。1958 年以后,由于受"左"的思想的干扰,保险业陷入停顿状态,全国保险系统职工人数锐减至不足 500 人。改革开放后,国家于 1980 年恢复中国人民保险公司,中国的保险事业进入新的发展阶段。

1986 年至 1991 年期间,新疆建设兵团保险公司、平安保险公司、太平洋保险公司等股份制保险公司相继成立。此后,随着中国改革开放的不断深入,华泰财险、泰康人寿、新华人寿、永安财险等一批股份制保险公司又相继设立,促进了市场竞争。同时我国保险业对外开放初步试点,1992 年,美国友邦保险有限公司在上海市设立分公司,经营人寿保险业务和财产保险业务。

1995 年,《保险法》颁布实施。1996 年,中国人民保险公司按照国务院的部署改建成集团公司,下辖三个子公司,即中保财产保险有限公司、中保人寿保险有限公司和中保再保险有限公司。1998 年,上述三家保险公司分别更名为中国人民保险公司、中国人寿保险公司、中国再保险公司。

随着保险公司的发展,保费收入快速增长。2007 年全国累计实现保费收入 7 035.76 亿元,同比增长 25%,是 2002 年的 2.3 倍。保险深度 2.85%,保险密度 533 元。从国际排名看,中国保费收入世界排名第九位,比 2000 年上升了 7 位。截至 2009 年 8 月,保险公司总资产达到 3.6 万亿元,是 2002 年的 5.6 倍。

经过 30 年的改革,中国保险市场体系逐步完善。截至 2007 年年底,全国共有保险机构 110 家,其中保险集团和控股公司 8 家,财产险公司 42 家,人身险公司 54 家,再保险公司 6 家。保险资产管理公司 10 家。从保险公司资本国别属性看,中资保险公司 59 家,外资保险公司 43 家。专业保险中介机构 2 331 家,初步形成了功能相对完善、分工比较合理,公平竞争、共同发展的保险市场体系。

尽管我国保险公司自改革开放以来取得了令世人瞩目的成就,但是我国保险公司自身仍然存在着以下问题:一是风险防范意识不足,化解风险能力不强,如定价风险、公司治理结构不完善风险、内控不严格的风险等;二是呈现粗放型的增长方式,具体表现为高投入、高成本、高消耗、低效率的特点;三是保险产品开发缺乏创新意识,这导致没有适销对路的保险产品来满足众多消费者的保险需求;四是许多保险公司在诚信经营方面存在问题,表现为理赔难、销售误导等,"承保容易理赔难"、诱导投资者等现象没有得到根本改变。

因此,针对保险公司存在的以上种种问题,保险公司应该增强保险业风险的识别、预警、防范和化解能力,尤其需要完善公司治理结构,加强内部控制,同时积极引入创新所需要的人才和技术,最重要的是保险公司始终要坚持诚信经营的理念。

任务二　信托公司

一、信托的含义、特点、构成要素和种类

(一)信托的含义和特点

1. 信托的含义

信托是指委托人基于对受托人的信任,将其财产权转移给受托人,受托人以自己的名义,为受益人的利益或特定目的,管理或处分财产的行为。

2. 信托的特点

(1)信托是一种由他人进行财产管理、运用或处分的财产管理制度。

(2)委托人与受托人之间具有充分的信任关系,是以信任为前提的。受托人对委托人的忠诚可靠成为信托关系产生的基础。

(3)受托人以自己的名义管理、运用、处分信托资产,但信托财产具有独立性,即信托财产与受托人的国有财产、与委托人的其他财产等相互独立。

(4)受托人按照信托文件或者是信托法律的规定,行使对信托财产的管理、运用或处分的权限,并就此承担责任。

(5)受托人因管理、运用或处分信托财产而产生与第三方之间的权利和义务仅归属于受托人,不直接归属于委托人或受益人。

(6)受托人虽然取得信托财产权的名义,但在经济上和实质上,其行使管理、运用或处分权,必须受信托目的的约束,信托财产在实质上归属于委托人和受益人。

(二)信托的基本构成要素

1. 信托关系人

信托关系是指信托活动的参加者即委托人、受托人、受益人之间的权利与义务关系。委托人、受托人和受益人被称为信托关系人,他们是信托关系的主体。

2. 信托行为

信托行为是指进行信托活动时,信托关系人设立的道义上的或法律上的行为,也就是说,信托行为是发生和建立信托关系,为达成一项信托活动所涉及的诸关系人之间,在道义上或法律上就信托财产的目的和要求、信托的类型和数量、信托财产的管理方法等需要履行的手续。

3. 信托目的

信托活动的诸关系人通过信托行为,必须要能达到一定的目的,提出一定的要求。

4. 信托财产

信托财产是信托活动的物质前提,作为信托财产,必须是可以计算价值且能够转移的,否则,就不能成为信托财产。

(三)信托的种类

1. 根据受托人接受信托是否为营业目的,信托可分为民事信托和商事信托

受托人受托管理财产的目的并不是为了营业和盈利的信托是民事信托。受托人受托管理信托事务为商业性目的或者说是为了盈利的,就是商事信托。商事信托又称营业信托、营业性或商业信托。

通常,商事信托的受托人必须依照法律法规取得经营资格或者牌照,并不是随意什么企业或者组织都可以自行开展营业性信托业务的。

商事信托由民事信托发展演变而来。这一演变最早主要是在美国完成的。现代信托业的发展使商事信托占有越来越重要的地位,在发达国家,商业性的信托业务构成金融业重要的经营业务,信托业是地道的金融支柱产业。商事信托在各国主要由拥有信托牌照的商业银行经营,个别国家采取信托与银行分业经营的业态模式,中国目前属于这一类国家。目前,中国的信托投资公司所从事的主营信托业务均为商事信托。

2. 根据信托成立的原因,或者说按照信托成立是否为当事人意思区分,可以将信托分为任意信托与法定信托

任意信托又称为意定信托,是指依信托当事人的意思表示而成立的信托。采取信托合同、遗嘱而设立的信托,均为依信托当事人意思表示而成立的信托。

法定信托是指信托关系的成立并非基于当事人的意思表示,而是依法律规定或者强制,或者法律根据对当事人意思的解释、推定而成立的信托。典型的如"构成信托"(Constractive Trusts)、归复信托(Resulting Trusts)及法院的判定信托。中国的《信托法》没有法定信托的规定。

3. 根据信托设定行为的方式或形态,可分为契约信托、遗嘱信托

契约信托是指依委托人与受托人意思表示的合意并签订信托合同而成立的信托。基于商业性目的而设立的商事信托是典型的契约信托。在这类信托中,信托的成立须以委托人与受

托人协商一致并达成信托合同为条件。信托合同中须明确委托人、受托人、受益人、信托目的、信托财产、受益人取得信托利益的形式与方法等要件，通常还须明确信托期限、信托财产的管理方法、受托人的报酬等事项。

遗嘱信托是指民事法律关系中的当事人，以遗嘱的方式设立的信托。遗嘱信托也必须具备委托人（遗嘱人）、受托人、受益人、信托目的、信托财产、受益人取得信托利益的形式、方法等要件内容。

4. 根据信托利益是否归属于委托人本身，信托可分为自益信托与他益信托

自益信托是指委托人为自己的利益而设立的信托，委托人本身即为受益人，因而信托利益归属于委托人本身。

他益信托是指委托人并非为自己的利益，而是为第三人的利益设定的信托。由于受益人是其他第三人，因而信托利益归属于第三人。

从历史的角度看，最早产生的信托多是他益信托。例如，英国历史上教徒将土地信托不是为了自己的利益，而是为了教会的利益。在各种民事信托中，也多为他益信托。就英美的情况看，他益信托也多于自益信托。各种生前信托，都是为了安排委托人死后的信托利益，多是为了后代或者亲友的利益进行的信托安排。

但是，就中国的情况而言，由于信托是外来的制度，而且引进这个制度的初始目的主要在于规范信托业及发展营业性的商事信托，中国参与信托的社会公众主要是为了自己或者家庭获取信托投资的收益，而且由于信托产品一直没有建立起一个有效运作的流通转让平台，信托受益权转让的情况非常少见，这使得中国的信托绝大部分是自益信托而非他益信托。但是，随着信托观念的普及、信托制度的完善和信托事业的发展，他益信托将越来越常见。

5. 根据是否集合社会公众的财产，信托可分为单一信托和集合信托

单一信托也称为个别信托，是指受托人就单个委托人所信托的特定财产，分别独立地予以管理的信托，其特点在于对受益人利益的保护及信托财产的独立特性。

集合信托又称集团信托，是指受托人受两个以上的多个委托人的信托，集合众多委托人的财产，集中加以管理和运用于确定目的的信托。

由于在财产中资金在物理属性上最适合集合运用，因此集合信托多是集合资金信托。集合信托的管理方法是合并运用各委托人的信托财产，因而事实上也就不可能做到对信托财产的分别管理和分别记账，只能对集合信托的总体信托财产进行管理、运用和记账。

6. 根据受托人的管理权限和信托财产的形态是否变更区分，信托可分为管理方式信托和处分方式信托

管理方式信托也称为管理信托，或者保管信托，其目的在于保护信托财产的物理和化学属性上的完整，维护信托财产的现状，不改变信托财产的原有形态和方式，并收取该信托财产的固有收益和支付必要的费用。这种信托中，受托人只有管理信托财产的权利，但没有处分、支配信托财产的权利。最典型的管理方式信托是出租运用的房产信托。

处分方式信托的目的在于通过使用、支配、处分信托财产，达到使信托财产本身价值增加或使受益人获得信托收益的目的。为达到这个目的，受托人通常必须拥有充分的管理权限，委托人也必须允许受托人变更信托财产的方式和形态。

7. 根据信托文件是否对信托财产管理、运用的方法、范围和对象做出规定，信托可分为指定用途信托和非指定用途信托

指定用途信托是指信托文件对信托财产的管理、运用的方式、范围和对象有明确、具体、特

别规定的信托。

非指定用途信托是指通常是基于委托人对受托人的诚信和管理能力的高度信任而将信托财产交付信托，受托人对信托财产的管理、运用，其方法、范围和对象均由受托人自行确定的信托。

二、信托公司的含义和职能

（一）信托公司的含义

信托公司是以盈利为目的的，并以受托人的身份专门（或主要）从事信托业务经营的经济组织。随着经济的发展，货币成为社会财富的一般表现形式，信托公司受托经营财产管理等事务，自然会使货币资金得以融通，因此，各国一般将信托公司视为非银行金融机构的一种。同时，信托公司办理信托业务的突出特点在于受托从事投资活动，所以，过去相当长一段时期，我国很多信托公司曾取名为信托投资公司。

（二）信托公司的职能

1. 财务管理职能

该职能也称财产事务管理职能是指信托公司受委托人之托，为之经营管理或处理财产的职能，即“受人之托，为人管业，代人理财”，这是信托公司的基本职能。

2. 资财融通职能

信托公司的资财融通职能是指它受托作为信用中介，筹措资金，并对需要资金的单位，给予融通和调剂。信托公司融通资财的职能，主要表现在以货币资金作为信托财产的信托业务经营中。

3. 沟通和协调经济关系的职能

信托公司的、沟通和协调经济关系职能是一种处理与协调经济关系和提供信任与咨询经济事务的职能。

4. 为社会公益事业服务的职能

信托业可以为欲捐款或资助社会公益事业的委托人服务，以实现其特定目的。信托业对公益事业的资金进行运用时，一般采取稳妥而且风险较小的投资方法，如选取政府债券作为投资对象。信托机构开展与公益事业有关的业务时，一般收费较低，有的甚至可不收费，提供无偿服务。

5. 社会投资职能

社会投资职能是指信托业运用信托业务手段参与社会投资活动的功能。信托机构开办投资业务是世界上许多国家的信托机构的普遍做法。信托业的社会投资职能，可以通过信托投资业务和证券投资业务得到体现。

三、我国信托公司的设立与业务经营范围

（一）我国信托公司的设立

设立信托公司，应当具备下列条件：

（1）有符合《中华人民共和国公司法》和中国银行业监督管理委员会规定的公司章程；

（2）有具备中国银行业监督管理委员会规定的入股资格的股东；

（3）具有本办法规定的最低限额的注册资本；

（4）有具备中国银行业监督管理委员会规定任职资格的董事、高级管理人员和与其业务相适应的信托从业人员；

(5)具有健全的组织机构、信托业务操作规程和风险控制制度;

(6)有符合要求的营业场所、安全防范措施和与业务有关的其他设施;

(7)中国银行业监督管理委员会规定的其他条件。

第一,中国银行业监督管理委员会依照法律法规和审慎监管原则对信托公司的设立申请进行审查,做出批准或者不予批准的决定;不予批准的,应说明理由。

第二,信托公司注册资本最低限额为3亿元人民币或等值的可自由兑换货币,注册资本为实缴货币资本。

第三,未经中国银行业监督管理委员会批准,信托公司不得设立或变相设立分支机构。

(二)我国信托公司的业务经营范围

信托公司的经营范围如下:资金信托;动产信托;不动产信托;有价证券信托;其他财产或财产权信托;作为投资基金或者基金管理公司的发起人从事投资基金业务;经营企业资产的重组、并购及项目融资、公司理财、财务顾问等业务;

受托经营国务院有关部门批准的证券承销业务;办理居间、咨询、资信调查等业务;代保管及保管箱业务;法律法规规定或中国银行业监督管理委员会批准的其他业务。

四、我国信托公司的经营管理

目前,我国信托公司经营管理的法律依据主要是2001年4月28日公布并于当年10月1日起实施的《中华人民共和国信托法》、2001年1月出台后经多次修订于2007年3月1日实施的《信托公司管理办法》以及2002年7月颁布的《信托投资公司资金信托业务管理暂行办法》(统称为"一法两规")等。根据现有相关法律法规,我国信托公司经营管理的主要内容包括:

(一)我国信托机构的业务经营方式

《信托公司管理办法》规定,我国的信用公司在开展信托业务,即管理、运用信托财产时,可以依照信托文件的约定,采取投资、出售、存放同业、买入返售、租赁、贷款等方式进行。信托公司不得以卖出回购方式管理运用信托财产。

(二)信托公司经营信托业务的义务

(1)信托公司应当以受益人的最大利益为宗旨处理信托事务,并谨慎管理信托财产。

(2)亲自处理义务,即信托公司应当自己处理信托事务。

(3)分别管理、分别记账义务,即信托公司应当将信托财产与其自有财产分开管理,并将不同客户的信托财产分开管理。信托财产为资金时,可以采取分别记账的方式。

(4)保密义务,即信托公司应当为委托人、受益人以及处理信托事务的情况和资料保密。

(5)赔偿义务,即信托公司违反目的或者因违背管理职责、管理信托事务不当致使信托财产受到损失的,信托公司应当予以补偿、赔偿或恢复原状,在未予补偿、赔偿或恢复原状前,信托公司不得请求给付报酬。

(三)信托公司对信托业务的接受与终止

受托人职责依法终止的,新受托人依照信托文件的约定选任;信托文件未规定的,由委托人选任;委托人不能选任的,由受益人选任;受益人为无民事行为能力人或者限制民事行为能力人的,依法由其监护人代行选任。新受托人未产生前,中国银行业监督管理委员会可以指定临时受托人。

信托公司经营信托业务,有下列情形之一的,信托终止:

(1)信托文件约定的终止事由发生;

(2)信托的存续违反信托目的;

(3)信托目的已经实现或者不能实现;

(4)信托当事人协商同意;

(5)信托期限届满;

(6)信托被解除;

(7)信托被撤销;

(8)全体受益人放弃信托受益权。

信托终止的,信托公司应当依照信托文件的约定作出处理信托事务的清算报告。受益人或者信托财产的权利归属人对清算报告无异议的,信托公司就清算报告所列事项解除责任,但信托公司有不当行为的除外。

任务三　证券公司

一、证券公司的含义和职能

(一)证券公司的含义

证券公司是证券市场上的主体和中介之一,其以灵活的业务形式参与证券市场的资源配置,成为资金供求双方之间重要的联系纽带。由于各国经济发展水平、证券市场完善程度等的不同,证券公司在各国的称谓也不尽相同,美国称为投资银行,英国称为商人银行,日本称为证券公司,我国也称为证券公司。

由于各国证券公司及同一国家或地区的证券公司在不同历史时期的业务不完全一样,因此,对证券公司下精确含义并非易事。在这里,我们将其定义为:证券公司,也称证券商,简称券商,是指由证券主管机关批准设立的,在证券市场上经营证券业务的金融机构。

(二)证券公司的职能

证券公司在证券市场上发挥着重要作用,通过证券公司的业务活动,有助于资金供求双方通过证券市场而实现资金余缺的调剂。

1. 融资中介职能

融资中介是金融机构都具备的职能。证券公司的融资中介职能是指证券公司通过帮助资金需求者发行证券,将证券发售给资金供给者,使资金供求双方联系起来,实现资金融通的职能。在这个过程中,证券公司的作用表现在:一是帮助资金需求者寻找资金来源,同时帮助资金供给者寻找投资机会;二是设计合理的交易方式,通过对证券种类、规模、期限、利率、还本付息方式的选择,使资金供求双方在互惠互利的基础上达成融资协议。

2. 分散证券市场风险的职能

这是指证券公司通过自身的业务经营活动,在一定程度上分散证券市场的风险。证券市场上的融资活动属于直接融资,与以商业银行为中介机构的间接融资活动相比较而言,风险性更大。

二、证券公司的主要业务

(一)证券承销业务

这是指证券公司通过与证券发行人签订证券承销协议,在规定的证券发行有效期内协助证券发行人推销其所发行证券的业务活动。这种业务是证券公司最本源也是最基本的业务。

证券承销的方式大体有三种：①包销，也称全额包销，是指证券公司与证券发行人通过签订承销协议，以议定的价格承诺购买发行人新发行的全部证券，然后销售给投资大众。②助销，也称余额包销，是指证券公司与证券发行人签订承销协议，在规定的时间内按照约定的价格向投资大众销售证券，届时若有剩余，则由证券公司全部买下。③推销，是指证券公司与证券发行人签订承销协议，在规定的时间内按照约定的价格向投资大众销售证券，届时能否销售出去以及销售出去多少，证券公司不承担责任。

上述三种证券承销方式，证券公司一般在承销风险和承销收益之间进行考虑和平衡。显然，对证券公司而言，包销、助销、推销三种证券承销方式的风险依次递减，相应地，收益也依次递减。目前，我国证券公司办理承销业务时，多采用助销，即余额包销方式。

（二）证券经纪业务

这是指证券公司代理客户在证券二级市场上进行证券交易，从中赚取交易佣金的业务活动。

（三）证券自营业务

证券自营业务也称证券交易业务，是指证券公司以自主支配的资金或证券直接以自己的名义参与证券交易活动，并承担证券交易风险的业务活动。证券自营业务可以给证券公司带来价差和股利或利息收入，当然，也可能带来损失。

证券公司的证券自营业务包括做市业务和自营交易业务两种类型。

所谓做市业务，是指证券公司为证券交易制造市场，通过为证券交易报价而替证券市场创造流动性的一项业务。

证券自营交易业务是指证券公司为了实现通过证券价格水平变动获取收益的期望，通过自己的账户，用自有或自筹资金在二级市场上进行交易的行为。

（四）资产管理业务

这是指证券公司作为资产管理人，与资产委托人签订资产管理合同，根据资产委托人的投资意愿进行证券的组合投资，以实现资产收益最大化的行为。

（五）其他业务

其他业务包括财务顾问、咨询服务、代理债券的还本付息、代理股息红利的发放、代保管有价证券等。

三、我国证券公司的设立与业务范围

（一）我国证券公司设立的条件

根据我国现行有关证券法规，设立证券公司，应当具备下列条件：

(1)符合法律、行政法规规定的公司章程；

(2)主要股东具有持续盈利能力，信誉良好，最近3年无重大违法违规记录，净资产不低于人民币2亿元；

(3)有符合《中华人民共和国证券法》法规定的注册资本。具体的注册资本数额根据证券公司的业务范围确定，证券公司的注册资本应当是实缴资本；

(4)董事、监事、高级管理人员具备任职资格，从业人员具有证券从业资格；

(5)有完善的风险管理与内部控制制度；

(6)有合格的经营场所和业务设施。

（二）我国证券公司的业务范围

在我国设立的证券公司，经国务院证券监督管理机构批准，可以经营下列部分或者全部业务：①证券经纪；②证券投资咨询；③与证券交易、证券投资活动有关的财务顾问；④证券承销与保荐；⑤证券自营；⑥证券资产管理；⑦其他证券业务。

任务四　投资银行

一、投资银行的界定

美国著名的金融投资专家罗伯特·库恩（Robert Kuhn）曾根据投资银行业务的发展和趋势对投资银行做出了如下四种含义：

(1)凡是经营华尔街金融业务的银行，都可以被称为投资银行。此含义所包含的金融机构最为广泛，它不仅包括从事证券业务的金融机构，甚至还包括保险公司和各类不动产经营公司。

(2)只有经营部分或全部资本市场业务的金融机构，才能被称为投资银行。这是针对投资银行的第二广泛含义。此处所指的资本市场是指期限在1年以上（包括1年）的中长期资金市场。因此，证券包销与承销、资本金筹集、兼并与收购、各种投资咨询服务、基金管理、风险资本以及证券私募发行都属于投资银行业务，但是不动产经纪、保险、抵押除外。

(3)较为狭义的投资银行业务仅包括部分资本市场业务，如包销业务、兼并与收购，但是基金管理、风险资本、风险管理工具的创新等资本市场业务则被排除在外。

(4)最狭义的含义认为，只有在一级市场承销证券、筹集资金和在二级市场上交易证券的金融机构才是投资银行。该含义显然已经不符合投资银行业务迅猛扩张时代的趋势，排除了过多的当前各国投资银行现实中正在经营的业务。

罗伯特·库恩认为(2)的含义最符合美国投资银行业的现实情况，是目前投资银行的最佳含义。

本任务也以此含义为基准，将投资银行界定为主要从事证券发行、承销、交易、企业重组、兼并与收购、投资分析、风险投资、项目融资等业务的非银行金融机构。依此含义，我国的投资银行还处于发展的初期阶段，大多数的证券公司还仅是经营投资银行最基本的证券承销和交易业务，按罗伯特·库恩的观点，还只能称为“证券公司”。

二、投资银行的基本职能

（一）媒介资金供需，提供直接融资服务

在资本市场上，投资银行通过帮助资金需求者发行股票和债券等直接融资工具，并将其出售给资金供给者，而将资金供需双方连接起来，实现资金的互通有无。在这种直接融资方式下，投资银行是资金供求双方的中介人，虽然自己并不直接与资金的供给者和需求者发生融资契约关系，但通过自己的中介服务，在帮助资金需求者寻找到资金来源的同时，也帮助资金供给者寻找到了投资机会。同时，投资银行通过设计合理的交易方式，通过对期限、利率、还本付息方式等的选择，使资金供求双方在互利互惠的基础上达成协议，互通有无。

（二）构建发达的证券市场

1. 投资银行通过咨询、承销、分销、代销等方式帮助构建证券发行市场证券发行工作较为复杂，证券发行者必须准备各种资料，进行大量宣传工作，提供各种技术条件，办理复杂的手续，因此仅依靠发行者自身的力量发售证券，不仅成本高，而且效果很不理想。因此，大多数的证券发行工作总是要依靠投资银行才能顺利完成。

2. 投资银行以做市商、经纪商和交易商的身份参与证券交易市场活动，发挥重要作用

(1)在证券承销完毕一段时间内，投资银行经常作为做市商参与证券交易活动，收集市场信息，预测市场行情，并因此吞吐大量证券，起到发现市场价格的作用，保证了证券价格的连续性和稳定性。

(2)在证券交易市场中，投资银行以经纪商的身份接受客户的委托，代其进行证券买卖活动，方便了客户买卖证券，活跃了市场的交易，提高了市场交易效率，保障了交易活动的顺利进行。

3. 投资银行在证券市场的业务创新中发挥重要作用

投资银行作为金融领域中最积极、最活跃的力量，本着分散风险、保持合理流动性、追求最大化利润的原则，不断推出创新的金融工具，通过期货、期权、互换等各种衍生性金融工具满足客户的各种需求。

4. 投资银行促进证券市场的信息披露

投资银行在证券市场中通过搜集资料、调查研究、提供咨询、介入交易，极大地促进了各种有关信息在证券市场的披露与传播。

(三)优化资源配置

投资银行作为证券市场上的中介机构，通过对不同企业和不同项目融资的收益与风险的确定，可以起到引导社会资金流向、优化金融资源配置的功能。在证券市场中，那些产业前景好、盈利能力强、发展潜力大的企业更容易通过发行股票、债券方式获取发展所需资金，投资银行通过向投资者推介与承销这些企业发行的股票与债券，使资金流向这些企业，取得更好的资金使用效率。此外，投资银行通过提供并购服务促进优质企业并购劣质企业，使优质企业掌握更多资源，也起到了优化资源配置的功能。

(四)促进产业集中

在经济的发展过程中，生产的高度社会化必然导致产业的集中和垄断，而产业的集中和垄断又反过来促进生产社会化向更高层次发展，推动经济进一步发展。资本市场出现以前，产业集中是通过企业自身价值成长的内在动力以及优胜劣汰的自然规律驱动完成的。资本市场出现以后，其更注重企业未来价值的成长性，从而为资金流向提供一种信号，引导着更多的资金流向优质企业，从而加速产业集中进程。投资银行通过募集资本的投向和并购方案的设计，帮助优质企业获得资金，加快产业集中进程。

三、投资银行的业务

现代投资银行已经突破了传统的证券发行与承销、证券交易与经纪等业务，并购、资产管理、财务顾问与咨询、风险投资等都已经成为投资银行的核心业务。

(一)证券发行与承销业务

证券承销是投资银行最为传统与基础的业务，它是指投资银行帮助证券发行人就发行证券进行策划，并将公开发行的证券出售给投资者以筹集到发行人所需资金的业务活动。时至今日该项业务仍然是投资银行的主营及核心业务之一，在美国，对投资银行的专业能力与实力的排名都是依据其所完成的承销额来评判的。

投资银行承销证券的范围相当广泛，包括本国中央政府、地方政府、政府部门发行的债券，各种企业发行的债券和股票，外国政府和外国公司发行的证券，以及国际金融机构发行的证券，等等。

标准的证券承销包括三大步骤：首先，投资银行就证券发行的时间、条件、方式、种类等向发行人提出建议。投资银行在进行调查研究的基础上，再结合丰富的经验，向证券发行人提出最佳的发行方案，并提示发行方案的利弊和风险等信息。其次，当证券发行方案确定并经证券管理机关批准后，发行人与投资银行签订承销证券协议，投资银行帮助发行人销售证券。最后，双方签订协议之后，进入实质性的证券分销阶段。为了销售证券，投资银行通常组成一个规模庞大的承销团，形成庞大的销售网络，迅速地向投资者推销证券。

（二）证券交易与经纪业务

证券交易与经纪也是投资银行的一项基本业务，它是证券承销业务的延续业务。证券交易所作为场内交易市场，通常规定只有交易所会员才能入场进行交易。普通投资者要想买卖证券交易所内上市证券，必须通过投资银行等经纪商，由其代为买卖证券，这就是证券的经纪业务。在经纪业务中，投资银行与客户是一种委托一代理关系，客户是委托人，投资银行是受托人。投资银行必须严格按照客户的交易指令（包括证券的种类、数量、价格和指令的有效时间等要素）买卖证券，不能擅自更改客户的交易指令。投资银行不承担证券交易中的风险，以向客户收取佣金作为报酬。除了经纪业务，投资银行还会动用自有资金参与证券交易，通过赚取买卖价差而获利，这是投资银行的交易业务。

（三）并购业务

并购业务即兼并与收购业务，对企业的兼并与收购业务已成为投资银行除承销与经纪业务外最为重要的业务种类。

兼并是指由两个或两个以上的企业实体形成新经济单位的交易活动。收购是指两家公司进行产权交易，由一家公司获得另一家公司的大部分或全部股权以达到控制该公司的交易活动。企业的兼并与收购业务是一项专业性极强又十分繁杂的交易活动，投资银行利用其专长为进行此项交易活动的任何一方提供价值评估、策划咨询、设计并购方案、协助融资和反收购等相关专业服务活动，从而获取报酬收入。

在并购业务中，投资银行的业务主要有两大类：一是投资银行充当并购策划和财务顾问，以中介人的身份，为并购交易的主体和目标企业提供顾问、策划和相应的融资业务；二是投资银行是并购的主体，将并购活动作为一种股权投资行为，先买下企业，后进行整体转让，或分拆卖出，或包装上市卖出股权，以进行套现。

（四）资产管理业务

资产管理业务中的“资产”，从理论上来说，涵盖一切形式的资产，包括现金、证券、股权、债权、实物资产等，当然通常是货币、证券等金融资产。本任务主要介绍资产管理业务的两种主要业务：现金管理业务和基金资产管理业务。

1. 现金管理业务

现金管理业务是投资银行为客户提供的现金管理服务，现金管理通常的做法是由投资银行对企业的财务统计数据进行分析和预测，建立数学模型，确立企业日常经营中所需要的最佳现金存量；制订有关的现金收支计划，通过收账、短期借债，对财务进行动态管理，尽可能地增加企业的可用现金，从而为企业构建出一种最佳的现金流动组合。

2. 基金资产管理业务

基金资产管理业务是指在基金投资目标和投资原则的指导下，按照一定的投资规则和程序，把通过发行基金份额募集的资金，分散投资到证券、不动产、实业及实物等资产中去，取得投资收益。投资银行作为基金资产的管理人，其主要职责包括：与投资者签订委托契约，按照约定条款进行投资管理；通过专业的资产管理活动，构造投资组合，实现资产的保值与增值；定期编制并公布基金的相关财务报告；接受投资者和基金监管机构的监督。

（五）财务顾问与咨询业务

投资银行的财务顾问业务是投资银行所承担的对公司尤其是上市公司的一系列证券市场业务的策划和咨询业务的总称，主要是指投资银行在公司的股份制改造、上市、在二级市场再筹资以及发生兼并收购、出售资产等重大交易活动时提供的专业性财务意见。根据内容的不同，投资银行主要提供重组并购顾问、投资咨询、管理咨询等服务。

（六）风险投资业务

风险投资又称创业投资，是指对新兴公司在创业期和拓展期进行的资金融通，表现为风险大、收益高。新兴公司一般是指运用新技术或新发明、生产新产品、具有很大的市场潜力、可以获得远高于平均利润的利润但却充满了极大风险的公司。由于高风险，普通投资者往往不愿涉足，但这类公司又最需要资金的支持，因而为投资银行提供了广阔的市场空间：第一，采用私募的方式为这些公司筹集资本；第二，对于某些潜力巨大的公司进行直接投资，成为其股东；第三，设立“风险基金”或“创业基金”，向这些公司提供资金来源。

【拓展阅读 9—2】

投资银行和商业银行的区别

尽管在名称上都冠有“银行”字样，但实质上投资银行与商业银行之间存在着明显差异：从市场定位上看，银行是货币市场的核心，而投资银行是资本市场的核心；从服务功能上看，商业银行服务于间接融资，而投资银行服务于直接融资；从业务内容上看，商业银行的业务重心是吸收存款和发放贷款，而投资银行既不吸收各种存款，也不向企业发放贷款，业务重心是证券承销、公司并购与资产重组；从收益来源上看，商业银行的收益主要来源于存贷利差，而投资银行的收益主要来源于证券承销、公司并购与资产重组业务中的手续费或佣金。

两者的区别可用下表表示：

项　目	投资银行	商业银行
本源业务	证券承销	存贷款
功能	直接融资，并侧重长期融资	间接融资，并侧重短期融资
业务概貌	无法用资产与负债反映	表内与表外业务
主要利润来源	佣金	存贷款利差
经营方针与原则	在控制风险的前提下更注重开拓	追求收益性、安全性、流动性三者相结合，坚持稳健原则
监管部门	主要是证券管理机构	中央银行
风险特征	一般情况下，投资人面临的风险较大，投资银行风险较小	一般情况下，存款人面临的风险较小，商业银行风险较大

任务五　其他非银行金融机构

一、金融租赁公司

金融租赁于20世纪50年代初兴起于美国，由于其特有的集融资与融物于一体的功能，迅速风靡全世界。相应地，各国也就先后出现了专门或主要以金融租赁活动为主要业务的金融机构，即金融租赁公司。

金融租赁公司的业务流程一般为：金融租赁公司（作为出租人）根据客户（即承租人）的要求筹措资金，提供以"融物"代替"融资"的设备租赁。在租期内，承租人只有租赁物件的使用权，没有所有权，并要按租赁合同规定定期向租赁公司交付租金。租期届满时，承租人或留购（即承租人向租赁公司交付少量的租赁物件的名义货价——相当于残值，双方即可办理租赁物件的产权转移手续）或继续租赁。

我国的金融租赁公司产生于20世纪80年代，大多由银行、其他金融机构以及一些行业主管部门合资创建。1987年成立的中国租赁有限公司是我国首家租赁公司，一直到21世纪之前，从总体上看，我国的金融租赁公司及其业务没有得到发展。按照金融业分业经营与管理的规定，我国的金融租赁公司也已与其所隶属的银行等机构脱钩。到2006年12月28日，中国银行业监督管理委员会颁布《金融租赁公司管理办法》，我国金融租赁公司迎来了新一轮发展高潮。

二、证券投资基金管理公司

这是指对证券投资基金进行运作和管理的一种非银行金融机构。投资基金是一种不同于平常所说的基金，它要以投资盈利为目的。根据投资的主要方向不同，可分为证券投资基金、产业投资基金、风险投资基金等。

证券投资基金管理公司一般由若干发起人（多为企业法人）提出申请，经对口主管机关批准成立；然后，向投资人发行受益凭证或股份募集资金，再以组合方式对证券等各种金融资产进行投资。投资人不参与投资基金的运作和管理，只按与投资基金管理公司之间的契约定期参与投资收益的分配（当然，届时若没有取得收益，则无所谓分配）；而基金管理公司则根据与投资人之间的契约进行投资运作，提取管理费收入。由此可见，投资人与基金管理公司之间本质上讲是一种信托关系。

我国的投资基金管理公司产生于20世纪80年代后期，1987年，中国银行和中国国际信托投资公司推出面向海外投资者的基金。到2008年12月31日，我国共有60家基金管理公司，管理着众多的、投资风格和投资标的各异的封闭式基金和开放式基金。证券投资基金管理公司已成为我国证券市场的重要机构投资。

三、财务公司

财务公司也是一种重要的非银行金融机构。与西方的财务公司不同，我国的财务公司是指由企业集团设立，以加强企业集团资金集中管理和提高企业集团资金使用效率为目的，为企业集团成员单位提供财务管理服务的非银行金融机构。

自1987年我国第一家财务公司——南京中山(电子)集团财务公司成立以来,企业集团财务公司稳步发展。根据2004年9月1日开始实施的中国银行业监督管理委员会制定的《企业集团财务公司管理办法》,我国的财务公司可以经营下列部分或者全部业务:①对成员单位办理财务和融资顾问、信用鉴证及相关的咨询、代理业务;②协助成员单位实现交易款项的收付;③经批准的保险代理业务;④对成员单位提供担保;⑤办理成员单位之间的委托贷款及委托投资;⑥对成员单位办理票据承兑与贴现;⑦办理成员单位之间的内部转账结算及相应的结算、清算方案设计;⑧吸收成员单位的存款;⑨对成员单位办理贷款及融资租赁;⑩从事同业拆借;⑩中国银行业监督管理委员会批准的其他业务。同时还规定,符合条件的财务公司,可以向中国银行业监督管理委员会申请从事下列业务:①经批准发行财务公司债券;②承销成员单位的企业债券;③对金融机构的股权投资;④有价证券投资;⑤成员单位产品的消费信贷、买方信贷及融资租赁。

四、金融资产管理公司

所谓金融资产管理公司,是指为了化解金融风险而成立专门收购、管理和处置金融机构不良资产的非银行金融机构。金融机构在其业务经营过程中,由于主观或客观方面的原因,难免会或多或少产生不良资产。特别是20世纪90年代末东南亚金融危机的爆发,使得一些国家经济遭受沉重打击,甚至诱发了个别国家的政治危机。

1989年,美国为了解决其储蓄贷款协会的大量不良贷款,从联邦存款保险公司中分离出一个专门的机构——重组信托公司,负责接管和处置储贷协会的不良资产。后来的实践证明,这种做法取得了成功,不仅解决了金融机构不良资产引发金融危险的问题,而且还实现了不良资产价值回收最大化的目标。随后,很多国家纷纷仿效,成立各自的金融资产管理公司处置金融机构的不良资产。

20世纪90年代末期,为了改善当时工、农、中、建四家国有独资商业银行的资产质量,降低不良资产比例,化解金融风险,同时,也为了支持国有大中型企业实施债权转股权,帮助其摆脱亏损困境、转换经营机制、完善法人治理结构,我国于1999年3月至10月,由国家投资先后组建了四家金融资产管理公司,即中国信达资产管理公司、中国华融资产管理公司、中国长城资产管理公司、中国东方资产管理公司,分别收购从建、工、农、中四家国有独资商业银行剥离出来的不良资产。其注册资本均为100亿元。此外的资金来源,一是划转中国人民银行发放给国有独资商业银行的部分再贷款;二是由这四家金融资产管理公司向对应的银行发行金融债券。

【拓展阅读9—1】

银行、保险、信托抢私募牌照,私募从业人员月增2.18万人

据中国基金业协会最新披露,截至2015年10月底,基金业协会已登记私募基金管理人21 821家,环比增1 438家;已备案私募基金20 853只,认缴规模4.89万亿元,实缴规模4.04万亿元。其中15 968只是2014年8月21日《私募投资基金监督管理暂行办法》发布实施后新设立基金,认缴规模3.11万亿元,实缴规模2.53万亿元。私募基金管理人按基金总规模划分,管理正在运行的基金规模在20亿元以下的21 388家,20亿元~50亿元的260家,50亿元~100亿元的88家,100亿元以上的85家。值得注意的是,9月底管理规模100亿元以上的私募达75家,一个月时间百亿元级私募基金增加10家。

截至2015年10月底，私募基金从业人员33.92万人。在9月底，私募基金从业人员31.74万人。也就是说，一个月时间，有2.18万人跻身私募业，增幅为6.87%。

《证券日报》记者注意到，近期银行、保险、信托等均积极跨界谋私募基金牌照。

11月4日和11月5日，江苏银行、徽商银行先后完成了私募基金管理人备案登记。中国证券投资基金业协会公示信息显示，近5个月来，包括这两家银行在内，已先后有10家银行拿到了私募基金管理人资格。除了银行，保险资管也不甘落后，不少亦在申请私募基金管理人资格。此外，还有30多家信托公司已备案成为私募基金管理人，自去年10月23日万向信托成为首家备案私募基金管理人的信托公司之后，信托公司中已有近半拿到了私募牌照，中融信托等最近也在申请当中。

资料来源：《证券日报》，2015年11月12日。

★★★ 关键术语 ★★★

保险利益原则　最大诚信原则　损失补偿原则　近因原则　比例再保险　政策保险　证券公司　中长期出口信用保险　信托　民事信托和商事信托　单一信托和集合信托　信托公司　证券承销业务　证券经纪业务　证券自营业务　资产管理业务　投资银行

★★★ 应知考核 ★★★

一、单项选择题

1. 我国对商业银行和信托投资公司进行监管的部门是(　　)。

A. 国家发展改革委员会　　B. 中国证券业监督管理委员会
C. 中国保险业监督管理委员会　　D. 中国银行业监督管理委员会

2. 下列不属于投资银行的业务范围的是(　　)。

A. 对工商企业股票和债券进行直接投资　　B. 对工业公司提供短期贷款
C. 包销和代理发行工商企业新股票和债券　　D. 参与企业的创建和改造活动

3. 我国财务公司的设立者是(　　)。

A. 企业集团　　B. 商业银行　　C. 政府机构　　D. 证券公司

4. 具有分散风险、组织经济补偿职能的金融机构是(　　)。

A. 证券公司　　B. 财务公司　　C. 保险公司　　D. 担保公司

5. 集融资与融物功能为一体的金融业务是(　　)。

A. 证券信托　　B. 银行信贷　　C. 财产保险　　D. 金融租赁

6. 保险活动特有的内在经济功能是(　　)。

A. 保险赔付　　B. 分散危险　　C. 转移支付　　D. 资金融通

7. 保险人对被保险人因保险事故所造成的灾害损失承担直接赔偿责任的保险类型是(　　)。

A. 自愿保险　　B. 原保险　　C. 强制保险　　D. 再保险

8. 中国平安保险股份有限公司是保险主体关系中的(　　)。

A. 保险人　　B. 投保人　　C. 被保险人　　D. 受益人

9.《中国信托投资公司管理办法》规定在中国设立信托投资公司的最低注册资本金不低于人民币(　　)。

A. 1 亿元　　B. 2 亿元　　C. 3 亿元　　D. 4 亿元

10. 信托机构为委托人代为管理货币资金表现为信托的(　　)。

A. 财务管理职能　　B. 资金融通职能　　C. 信用服务职能　　D. 信用创造职能

二、多项选择题

1. 我国证券公司的业务有(　　)。

A. 证券经纪　　B. 证券投资咨询　　C. 证券承销　　D. 证券自营

E. 证券资产管理

2. 在现代社会,保险的职能包括(　　)。

A. 专业理财　　B. 分散风险　　C. 组织经济补偿　　D. 融通资金

E. 集合投资

3. 下列关于信托的表述中正确的有(　　)。

A. 信托机构对信托资产拥有最终处置权　　B. 信托是受人之托、代人管理的行为

C. 信托财产具有独立性　　D. 信托财产本质上属于委托人和受益人

E. 信托财产的管理运用受信托目的的约束

4. 下列属于非银行金融机构的有(　　)。

A. 证券公司　　B. 财务公司

C. 中央银行　　D. 投资基金管理公司

E. 租赁公司

5. 证券公司的业务主要包括(　　)。

A. 抵押业务　　B. 代理业务　　C. 自营业务　　D. 信用业务

E. 咨询业务

三、填空题

1. 保险的本质决定保险的职能,________和________是保险的基本职能。

2. 最大诚信原则的内容主要包括________与________。

3. ________是以盈利为目的的,并以受托人的身份专门(或主要)从事信托业务经营的经济组织。

4. ________是金融机构都具备的职能。

5. 投资人与基金管理公司之间本质上讲是一种________。

四、简答题

1. 简述保险的含义、基本职能和原则。

2. 简述商业性保险公司和政策性保险公司的主要业务。

3. 简述信托的含义、特点、构成要素、职能。

4. 简述证券公司的主要业务。

5. 简述投资银行的基本职能。

★★★ 应会考核 ★★★

◎ **技能案例**

信托资产规模突破10万亿元

中国信托业协会2013年11月5日发布数据显示，截至三季度末，我国67家信托公司管理的信托资产规模为10.13万亿元，突破10万亿元大关，再创历史新高，与去年同期相比增长60.3%。67家信托公司实现利润总额389.84亿元。

从信托财产来源来看，单一资金信托占比达到71.28%，其中，低端客户驱动的银信合作单一信托占比继续下降为21.39%，高端客户驱动的非银信合作单一信托占比提升为49.89%；集合资金信托占比23.28%，中端客户继续成为信托增长的第二动力；管理财产信托占比5.44%。

从9.58万亿元的资金信托投向领域来看，投向基础产业的信托余额2.49万亿元；投向房地产的信托余额8 942.01亿元；投向证券市场（包括股票、基金、债券）的信托余额1.03万亿元；投向金融机构的信托余额1.09万亿元；投向工商企业的信托余额2.83万亿元；投向其他领域的信托余额1.25万亿元。

值得注意的是，截至三季度末，为地方政府融资的信政合作业务规模继续增长，达到8 238.78亿元，较上季度末增长196.9亿元。

资料来源：新华网，http://news.xinhuanet.com。

【考核要求】

根据上述资料，对此案例进行分析。

★★★ 项目实训 ★★★

【实训内容】

非银行金融机构的产品及功能分析。

【实训目标】

熟悉非银行金融机构的产品及功能，并能够在现实中加以应用。

【实训步骤】

1. 学生可选择一类非银行金融机构；
2. 搜集相关产品资料；
3. 根据产品功能进一步分析该类非银行金融机构的功能；
4. 写出每日操作心得；
5. 总结分析结果，得出结论。

项目十　货币供求与通货

知识目标

理解：货币需求的含义与分析角度，货币供给与供给量的含义，货币均衡与失衡的含义，通货膨胀的含义与度量指标，通货紧缩的含义与判断标准。

熟知：现阶段我国货币需求的主要决定与影响因素，货币需求对市场经济发展的影响，货币均衡的实现机制，中国的通货膨胀问题。

掌握：货币需求理论的发展，货币需求量的测算方法，货币需求对市场经济发展的影响，名义货币供给与实际货币供给，货币供给的层次划分，货币均衡与市场均衡间的关系，通货膨胀的影响，通货膨胀的治理，通货紧缩的负面影响和成因与治理。

能力目标

培养能够分析货币供求是否平衡的能力以及针对具体的通货膨胀和通货紧缩现象提出解决对策的能力。

素质目标

能够根据经济运行数据分析货币供求是否均衡并判断通货是否正常。

任务一　货币需求

一、货币需求的含义与分析角度

（一）货币需求的含义

货币需求是指宏观经济运行以及微观经济主体对货币的需求及需求因素的决定及其规律。具体而言，货币需求是指商品流通或商品交换对货币的需求。商品通过市场实现其价值时，需要货币充当流通媒介、支付手段、价值贮存手段。货币需求也是指个人、企业和单位对货币进行流通、支付或价值贮存手段的需求，或购买股票、债券，或以货币形式把价值保存起来以备将来需要时使用的需求。货币需求的实质是市场需求。同时，货币需求是市场体系的重要构成要素。

（二）货币需求分析的宏观与微观视角

理论界对货币需求的分析存在宏观和微观两种视角。

当强调货币的交易媒介职能时，往往从宏观视角对货币需求进行分析。这种视角从一个国家的社会总体出发，在分析市场供求、收入及财富指标变化的基础上，探讨一个国家在一定时期内的经济发展与商品流通所需要的货币量。

当强调货币的资产职能时，通常从微观视角对货币需求进行分析。这种视角从社会经济微观个体出发，分析各经济主体(个人、企业等)的持币动机和持币行为，研究一个经济主体在既定的收入水平、利率水平和其他经济条件下所需要持有的货币量。

(三)名义货币需求与实际货币需求

1. 名义需求

名义需求是实际需求的对称，是指在物价上涨的情况下，同一枚货币单位所能购买的商品和劳务数量。例如，原来100元钱所能购买到的商品，现在因物价上涨1倍，需要200元钱才能买到与原来相同的物品，这200元钱就是名义需求，而实际需求仍然是原来价值100元的东西。

名义货币需求理论的依据是：

(1)认为货币的价值是交换价值，交换价值也就是货币的购买力。所谓货币购买力，就是指可以购买到的商品、劳务的数量，它是物价水平的倒数。

(2)名义货币需求与价格的涨跌是按同比例变动的。可用下列方程式表示：

$$M_d=\frac{PQ}{V}$$

式中：M_d 为名义货币需求；P为在市场上与货币交换的商品和劳务价格的加权平均指数；Q是以货币形式交换的商品、劳务数量；V代表一定时期内每一单位货币周转或流通的次数(速度)；V、Q在正常情况下可假设不变，这样，人们对货币的名义需求与价格正比例变化。

(3)名义货币需求决定于货币供应量。名义货币需求与货币价值按同一比例呈不同方向变动；物价水平又与货币供应量作同一比例、同一方向变动，即货币量增加1倍，物价就上涨1倍，或翻一番。用公式表示：

$$\frac{\Delta M}{M}=\frac{\Delta P}{P}$$

在这里，M为名义货币需求，ΔM为增加的名义货币需求；P为物价，ΔP为物价上涨的部分。名义货币需求与货币价值的变化还可以由图10—1表示。

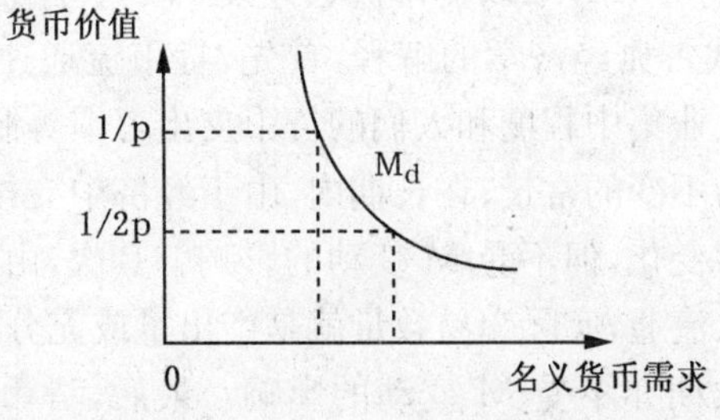

图10—1　名义货币需求与货币价值变化

图10—1中的横轴表示名义货币需求，纵轴为物价水平的倒数(l/P)，表示货币价值，以曲线Md表示名义货币需求。从图10—1中可以看出，名义货币需求与货币价值呈同一比例不同的方向变动，货币价值与物价呈反比；物价水平又与货币供应量作同一比例同一方向变动。因此，货币供应量成为名义货币需求的决定因素，即货币供应量增加，名义货币需求增加。

2. 实际货币需求

实际货币需求是指剔除物价变动的影响，以货币所实际对应的商品和劳务表示的货币需求，也就是指用国民生产总值平减指数后所表示的货币需求量。用公式表示：

$$实际货币需求=\frac{M_d}{P}=KQ$$

式中：M/P 表示实际货币需求；K 表示国民所得以货币形式所拥有的份额；Q 表示生产总值。

上式说明，实际货币需求不受物价变动的影响，而只随 K 和 Q 的变动而变动。

二、货币需求理论的发展

（一）马克思的货币需求理论

马克思的货币必要量公式以完全的金币流通为假设条件，进行了如下论证：首先，商品价格取决于商品的价值和黄金的价值，而商品价值取决于生产过程，所以商品是带着价格进入流通的。其次，商品数量和价格的多少决定了需要多少金币来实现它。最后，商品与货币交换后，商品退出流通，货币却要留在流通中多次媒介商品交换，从而一定数量的货币流通几次，就可相应媒介几倍于它的商品量进行交换。这一论证可以用公式写成：

$$执行流通手段的货币必要量=\frac{商品中价格总额}{同名货币的流通次数}$$

若以 M 表示货币必要量，Q 表示待售商品数量，P 表示商品价格，V 表示货币流通速度，则有：$M=PQ\div V$。

该模型反映了商品流通决定货币流通这一基本原理：在一定时期内执行流通手段职能的货币必要量主要取决于商品价格总额和货币流通速度。

（二）古典学派的货币需求理论：交易方程式和剑桥方程式

1. 交易方程式

美国耶鲁大学经济学家欧文·费雪（Irving Fisher，1867～1947 年）在其 1911 年出版的《货币购买力》一书中提出了交易方程式：

$$MV=PT$$

其含义是流通中的通货存量（M）乘以货币流通速度（V）等于物价水平（P）乘以交易总量（T）。费雪给予了这个方程式古典经济学的解释：首先，货币流通速度 V 是由诸如银行及信用机构的组织结构与效率、工业集中程度和人们的货币支出习惯等制度因素决定的，这些因素变动缓慢，故在短期内可视为不变的常量；在长期内，由于经济中支付机制的变化，流通速度会逐渐地、以可预料的方式发生变化，但不受 M 变动的影响。其次，由于假定供给能够自动创造需求，因而实际产量全部进入流通，实际交易数量就是产出量或充分就业产量，因此在短期内，交易数量也是不变的常量，长期亦不受 M 变动的影响。最后，货币仅是方便交易的工具，因此，所有的货币不是用于消费，就是通过储蓄自动转化为投资，全部进入流通充当交易媒介。这样，费雪交易方程式又可表达为：$P=MV\div T$。在这个表达式中，由于 V、T 是常量，故货币数量的变动直接引起物价水平与之呈正比例变动。因此，费雪交易方程式实质上表述的是一种货币数量与物价水平变动关系的理论。但是，费雪将此交易方程式进行一定的变形，就得到了货币需求方程式：

$$M=PT\div V$$

此公式表明，决定一定时期名义货币需求数量的因素主要是这一时期全社会一定价格水平下的总交易量与同期的货币流通速度。从费雪的交易方程式中也可以看出，他是从宏观分析的角度研究货币需求的，而且仅着眼于货币作为交易媒介的职能。

2. 剑桥方程式

开创微观货币需求分析先河的经济学家是英国剑桥大学的经济学教授阿尔弗雷德?马歇尔(Alfred Marshall，1842～1924 年)和其学生庇古(A. C. Pigou，1877～1959 年)。20 世纪 20 年代，他们创立了"现金余额说"，并用数学方程式的形式予以解释，故又被称为"剑桥方程式"。

现金余额说把分析的重点放在货币的持有方面。马歇尔和庇古认为，人们的财富与收入有三种用途：一是投资以取得利润或利息；二是消费以取得享受；三是持有货币以便利交易和预防意外，从而形成现金余额，即对货币的需求。这三种用途互相排斥，人们究竟在三者之间保持一个什么样的比例，必须权衡其利弊而决定。如果感觉到保持现金余额所得的利益较大而所受的损失较小，则必然增加现金余额；否则就会减少现金余额。用数学方程式表示，便是：

$$M_d = kPY$$

这就是著名的剑桥方程式。式中，Y 代表总收入，P 代表价格水平，k 代表以货币形式保有的收入占名义总收入的比率，M_d 为名义货币需求。

3. 两个方程式的区别

比较费雪方程式和剑桥方程式，可以很容易地发现二者的区别主要体现在两点：一是以收入 Y 代替了交易量 T；二是以个人持有的货币需求对收入的比率 k 代替了货币流通速度 V。这样的变化是自然的。费雪方程式是从宏观角度分析货币需求的产物，它表明要维持价格水平的稳定，在短期内由制度因素决定的货币流通速度可视为常数的情况下，商品交易量是决定货币需求的主要因素。剑桥方程式则是从微观角度分析货币需求的产物，出于种种经济考虑，人们对于持有货币有一个满足程度的问题：持有货币要付出代价，如丧失利息，这个代价是对持有货币数量的制约。微观主体要在两相比较中决定货币需求的多少。显然，剑桥方程式中的货币需求决定因素多于费雪方程式，特别是利率的作用已经成为不容忽视的因素之一，只是在方程式中没有明确地表示出来。

由此可见，剑桥方程式开创了货币需求研究的新视角。它将货币需求与微观经济主体的持币动机联系起来，从货币对其持有者效用的角度研究货币需求，从而使货币需求理论产生质的变化。因为如果仅对货币需求进行宏观分析，那应纳入视野的就只是商品实现的需求，从而所需求的只是充当交易媒介的货币。当开始注重从微观角度考察货币需求后，则显然不只有交易的需求，还有保存财富的需求，这样，所需求的就不只是发挥交易媒介职能的货币，还包括发挥资产职能的货币，于是，在货币需求的影响因素中，就纳入了更加丰富的变量，货币需求理论也被推到了更广博、更精深的层次。后来的西方经济学家正是沿着这样的逻辑思路发展货币需求理论的。

(三)凯恩斯的货币需求理论

作为马歇尔与庇古的学生，凯恩斯继承了两位老师关于权衡利弊而持有货币的观点，并把它发展成一种权衡性的货币需求理论即流动性偏好说。沿着剑桥学派的思路，凯恩斯的货币需求理论从人们持有货币的动机入手。他认为，人们之所以需要持有货币，是因为存在着流动性偏好这种普遍的心理倾向，而人们偏好货币的流动性是出于交易动机、预防动机和投机动机。

1. 交易动机

凯恩斯认为，交易媒介是货币的一个十分重要的功能，因此人们为了应付日常的商品交易而必然需要持有一定数量的货币，这个持币动机就是交易动机。基于交易动机而产生的货币需求，凯恩斯称之为货币的交易需求。这种货币需求与过去的货币需求理论是一脉相承的。

2. 预防动机

凯恩斯对预防动机的解释是人们为了应付不测之需而持有货币的动机。凯恩斯认为，生活中经常会出现一些未曾预料的、不确定的支出和购物机会，为此，人们也需要保持一定量的货币在手中，这类货币需求可称为货币的预防需求。

凯恩斯进而谈到，预防动机引起的货币需求仍然主要作为交易的准备金，只不过是扩大了的准备金，所以，就实质来说，预防动机与交易动机可以归入一个范畴之内，由这两个动机所引起的货币需求与收入水平存在着稳定的关系，是收入的递增函数。用函数式表示，即为：

$$M_1=L_1(Y)$$

其中，M_1 代表满足交易动机和预防动机而需要的货币量，Y 代表收入，L_1 代表 Y 与 M_1 之间的函数关系。

3. 投机动机

投机动机是凯恩斯货币需求理论中最具创新的部分。凯恩斯认为，人们持有货币除了为了交易需求和应付意外支出外，还是为了储存价值或财富。凯恩斯把用于贮藏财富的资产分为两大类：货币和债券。人们持有货币资产，收益为零。持有债券资产，则有两种可能：如果利率上升，债券价格就要下跌；利率下降，债券价格就会上升。显然，人们对现存利率水平的估价就成为人们在货币和债券两种资产间进行选择的关键。如果人们确信现行利率水平高于正常值，这就意味着他们预期利率水平将会下降，从而债券价格将会上升，人们就必然会多持有债券；反之，则会倾向于多持有货币。由此可以得出一个基本原理：投机性货币需求（也称资产性货币需求）最主要受利率影响，是利率的递减函数。

用函数式可表示为：

$$M_2=L_2(i)$$

其中，M_2 代表投机性货币需求量，i 代表利率，L_2 代表 i 与 M_2 之间的函数关系。

由于投机性货币需求与人们对未来利率的预期紧密相关，受心理预期等主观因素的影响较大，而心理的无理性则使得投机性货币需求经常变化莫测，甚至会走向极端，流动性陷阱就是这种极端现象的表现。

所谓流动性陷阱，是指这样一种现象：当一定时期的利率水平降低到不能再低时，人们就会产生利率上升从而债券价格下跌的预期，货币需求弹性变得无限大，即无论增加多少货币供给，都会被人们以货币形式储存起来。

由于货币总需求等于货币交易需求、预防需求和投机需求之和，所以货币总需求的函数式是：

$$M=M_1+M_2=L_1(Y)+L_2(i)=L(Y,i)$$

由此可以看出，凯恩斯把利率视为货币需求函数中与 Y 有同等意义的自变量，这是凯恩斯以前的经济学家所没有达到的。

（四）弗里德曼的货币需求理论

美国经济学家米尔顿·弗里德曼（M. Friedman，1912～2006 年）受马歇尔、庇古现金余额数量说的启发，采纳了凯恩斯对公众货币需求动机和影响因素的分析方法，采用微观经济理论中的消费者选择理论，更加深入、细致地发展了微观货币需求理论。弗里德曼认为，货币也是一种商品，人们对于货币的需求，就像人们对别的商品和劳务的需求一样，因此，对人们货币需求问题的分析，可借助于消费者选择理论来进行。一般消费者在对诸多商品进行选择时，必然要考虑三个因素：总财富水平、持有货币的机会成本、持有货币给人们带来的效用。弗里德曼认为，与消费者对商品的选择一样，人们对货币的需求同样受这三类因素的影响，进而对影响货币需求的这三类因素进行了详细的分析。

1. 总财富水平

弗里德曼将总财富作为决定货币需求量的重要因素。在现实生活中，由于总财富很难估算，所以弗里德曼用收入来代表财富总额，原因在于财富可视为收入的资本化价值。但这个收入不是统计测算的现期收入，而是长期收入，即"永恒收入"(Y)，因为现期收入受年度经济波动的影响，具有明显的缺陷。所谓永恒收入，是指一个人在比较长的一个时期内的过去、现在和今后预期会得到的收入的加权平均数，它具有稳定性的特点。弗里德曼认为，货币需求与永恒性收入呈正比关系，由总财富决定的永恒性收入水平越高，货币需求越大。

弗里德曼进一步把财富分为人力财富和非人力财富两大类。人力财富是指个人获得收入的能力，其大小与接受教育的程度紧密相关；非人力财富是指各种物质性财富，如房屋、生产资料等。这两种财富都能带来收入，但人力财富缺乏流动性，给人们带来的收入是不稳定的；而非人力财富则能够给人们带来较稳定的收入。因此，如果永恒收入主要来自于人力财富，人们就需要持有更多的货币以备不时之需；反之，人们的货币需求就会下降。因此，非人力财富收入在总收入中所占的比重（W）与货币需求呈反比关系。

2. 持有货币的机会成本

持有货币的机会成本是指"其他资产的预期报酬率"。弗里德曼认为，货币的名义报酬率(r_m)可能等于零（手持现金与支票存款），也可能大于零（定期存款和储蓄存款），而其他资产的名义报酬率通常大于零。这样，其他资产的名义报酬率就成为持币的机会成本。其他资产的报酬率主要包括两部分：一部分是目前的收益，如债券的利率(r_b)、股票的收益率(r_e)；另一部分是预期物价变动率($\frac{1}{P}\cdot\frac{dP}{dt}$)。显然，债券的利率、股票的收益率越高，持币的机会成本就越大，货币的需求量就越小；预期的通货膨胀率越高，持币带来的通货贬值损失就越大，对货币的需求就越少。

3. 持有货币给人们带来的效用

持有货币可以给人们带来流动性效用(U)，此效用的大小以及影响此效用的其他因素，如人们的嗜好、兴趣等也是影响货币需求的因素。

由此，可得到财富持有者的货币需求函数：

$$\frac{M}{P}=f(Y,W;r_m,r_b,r_e,\frac{1}{P}\cdot\frac{dP}{dt};U)$$

式中，M/P 为财富持有者对货币的实际需求量，其余符号如上所述。

将 r_m 这个变量纳入函数式，说明弗里德曼货币需求函数中的货币口径大于凯恩斯学派所考察的货币。此外，弗里德曼的货币需求理论还具有一个突出的特点：强调永恒收入对货币需求的重要影响作用，弱化机会成本变量利率对货币需求的影响。永恒收入对货币需求的决定具有最重要的作用，而货币需求对利率的变动不敏感。弗里德曼之所以要强调这一点，是因为他要论证货币需求的相对稳定性：永恒收入自身具有稳定性的特点，利率虽然经常变动，但货币需求对其变动不敏感，因此，货币需求是可测的，且相对稳定。由于货币收入、价格水平等变量都是货币需求和货币供给相互作用的结果，论证了货币需求具有相对稳定的特点，就说明货币对于总体经济的影响主要来自于货币供给方面。据此，弗里德曼提出了以反对通货膨胀、稳定货币供给为主要内容的货币政策主张。

三、货币需求量的测算方法

（一）经验数据法

经验数据法是以商品零售额代表经济发展水平，用正常年份的社会商品零售额与市场现金流通量的比例关系即货币流通次数测算货币流通量，即所谓1∶8的经验。其公式是：

$$货币流通次数=\frac{某年社会商品零售额}{某年流通中的平均现金流}$$

（二）基本公式法

这种方法以经济增长率、物价、货币流通速度三个因素来确定货币需求量增长率。其特点是：①扩大了货币需求的范围，即包括现金和存款货币需求；②从静态观察货币转向动态观察货币；③不以某一年的数据为依据，而是直接计算货币总量，又可以分层次进行测算。

其公式是：

$$货币增长率=\frac{(1+预期经济增长率)\times(1+预期调价幅度)}{1\pm 货币流通速度变化率}$$

根据微积分原理，当各种因素变化比率很小时，这个公式可以进一步简化为：

$$货币增长率=预期经济增长率+预期物价上涨率\pm 货币流通速度变化率$$

（三）回归分析法

回归分析法运用数理统计原理和线性回归分析的方法确定经济增长与货币增长之间的函数关系。在测算时，根据自变量的多少，可以用一元回归方程，也可以用多元方程进行测算。经济增长用社会总产值、工农业总产值、国民收入或国民生产总值来代表，货币增长用现金加全部存款来计算。在此基础上，可以根据历史数据建立一元线性回归方程。

我们用Y表示货币总量（现金加存款），X表示经济总量（国民生产总值），a、b表示待定系数，则回归方程的表达式为：

$$Y=a+bX$$

以因变量Y与自变量X的若干观察值（样本值）来计算a和b，它的估计式为：

$$Y=\bar{a}+\bar{b}X$$

设X、Y的若干样本值为X_i、Y_i，$i=1,2,\cdots,n$。

我们要求所建立的回归方程与变量之间的真实相关关系的误差达到极小值。

以X、Y来表示样本的均值，经过推算：

$$a=\overline{Y}-b\,\overline{X}$$

$$b=\frac{\sum(X_i-\overline{X})(Y_i-\overline{Y})}{\sum(X_i-\overline{X})^2}$$

从上式可以看出，利用a组样本值X_i、Y_i（$i=1,2,\cdots,n$），就可以计算出b，然后，将b值代入$Y=a+bX$中，就可以求出a值。

（四）比例法

比例法根据经济增长与货币增长之间的比例系数直接计算货币需求量。具体方法是根据历史数据求得经济总量（以社会总产值或国民生产总值为指标）每增长1%时货币需求增长多少。对此，我们将在货币供应量的计算方法中做详细讲解。

四、现阶段我国货币需求的主要决定与影响因素

（一）收入

无论从宏观角度还是从微观角度分析货币需求，收入都是决定我国货币需求量大小的重要因素。从宏观视角看，收入的替代指标是总产出。国民收入核算的基本原理告诉我们，国民总产出即为国民总收入，因此，伴随着我国产出的逐年增加和经济的增长，对交易性货币的需求也必然不断增加。从微观角度看，国民总收入即为要素提供者与企业经营者收入之和，经济增长带来的收入增长在市场经济下主要表现为各微观经济主体的货币收入增加，收入增加支出就会相应扩大，也就需要更多的货币量来媒介商品交易，交易性货币需求同样增加。综合起来，更通常的说法是，伴随着一国经济的增长，该国宏观经济运行对执行交易媒介职能的货币产生更多的需求。

（二）物价水平

从理论上说，物价水平的变动对交易性货币需求和资产性货币需求产生不同方向的影响。就交易性货币需求而言，在商品和劳务量既定的条件下，价格水平越高，用于商品和劳务交易的货币需求也必然增多，因此，物价水平和交易性货币需求之间是同方向变动的关系。相反，物价水平与资产性货币需求间则呈反向变动关系，这是因为在物价水平持续上升的情况下，微观经济主体作为资产持有的货币，其价值会伴随着物价水平的上升而不断下降，为了避免损失，理性的经济主体会相应减少资产性的货币需求。

就我国目前状况来说，物价水平的上升更容易引起货币需求总量的增加，原因在于交易性货币需求对物价上升更富有弹性，而资产性货币需求对物价上升不敏感。在目前我国社会保障体制还不完善的情况下，居民部门对未来支出的不确定预期增强，即使在物价不断上涨的通货膨胀时期，也不愿将货币性资产转化为商品性资产，资产性货币需求并不随着物价的上涨而下降，甚至经常出现在通货膨胀时期资产性货币需求增加的情况。

（三）其他金融资产收益率（利率）

除了货币之外，人们还通常持有股票、债券等非货币性金融资产。非货币性金融资产是货币的替代物，当债券、股票等金融资产的收益率上升时，人们往往愿意减少货币的持有数量，而相应增加持有股票债券等非货币性金融资产的数量，此时，资产性货币需求下降。在上面所述的西方货币需求理论中，货币资产的收益率通常被假定为零，利率被视为债券和股票的收益率，因而得出利率与资产性货币需求反方向变动的关系。在现实中，存款性货币的收益率大于零，因此，人们会比较存款利率与债券利率、股票收益率之间的关系，根据自己的风险偏好进行资产组合配置，资产性货币需求发生相应变动。

近几年我国的货币市场和资本市场发展较快，金融工具的种类不断增加，规模逐渐加大，非货币性金融资产对货币资产的替代效应已经逐渐显现。

（四）其他因素

1. 信用的发展状况

一般来说，在一个信用形式比较齐全、信用制度比较健全的社会，经济主体所必需的货币量相对要少一些；反之，对现实的货币需求就大。经过 30 多年的改革与发展，我国的商业信用、国家信用规模逐渐扩大。商业信用的发展使企业间的债权债务关系可以相互抵消，从而减少企业对交易性货币的需求。国家信用主要采取发行国债的方式，这既为微观经济主体提供了可供选择的非货币性金融资产，从而减少了资产性货币需求，同时也解决了政府的融资问

题，避免政府在实施扩张性财政政策的时候通过向中央银行透支而产生的政策性货币需求。

2. 金融机构技术手段的先进程度和服务质量的优劣

先进的金融技术手段和高质量的金融服务往往能提高货币流通速度，减少现实的货币需求；反之，则增加货币需求。近几年我国金融业对金融基础设施建设投入了大量资金，在外资金融机构的竞争压力下金融服务质量有所提高，这些都对我国的货币需求产生了一定的影响。

3. 社会保障体制的健全与完善

目前，我国的社会保障体制还不尽完善，对未来医疗、失业、养老、子女教育费用的担忧和对住房的需求都增加了居民部门对未来支出的不确定预期，从而增加了其预防性货币需求。

五、货币需求对市场经济发展的影响

货币需求及需求量的变化对于市场经济的发展和完善具有举足轻重的影响。这是因为，货币需求最终形成市场供给的需求，而供求双方共同形成市场经济运行的对立统一体，统一是矛盾的主要方面。所谓统一，是指货币流通量与市场商品和劳务供应对货币的需求量基本相适应。在这种情况下，货币需求对市场经济发展发挥积极促进作用。所谓对立，是指货币流通量可能多于或少于市场对货币的需求，在这种情况下，货币需求对市场经济发展产生消极影响。

任务二　货币供给

一、货币供给与供给量的含义

一国一定时期的货币需求，是通过货币供给予以满足的，但货币的供给与供给量不简单地等于货币的需求与需求量，而是一个由客观经济过程所决定的经济变量与主观经济行为决策相结合的、十分复杂的经济过程，是一国货币供应量的形成机制、运行机制和调控机制的总和。供给量是指经济生活中所有货币的集合。在现代经济生活中，货币供给量最初都是通过银行系统向经济领域提供的货币量。

二、名义货币供给与实际货币供给

（一）名义货币供给

名义货币供给，是指一国的货币当局即中央银行根据货币政策的要求提供的货币量。这个量并不是完全以真实商品和劳务表示的货币量，它包括由供给量引起的价格变动的因素。因此，名义货币供给也就是以货币单位（如“元”）来表示的货币量，是现金和存款之和。

名义货币供给可能高于或低于实际货币需求。按照货币数量论说法，商品的价格由实际货币需求与名义货币供给的比例决定。比如，实际需求货币为 100 亿公斤棉花，名义货币供给量为 500 亿元，每公斤棉花售价 5 元。如果实际需求货币的棉花增加到 125 亿公斤，而名义货币供应量不变，那么，每公斤棉花的价格就会下降到 4 元，就是说货币升值 20%；再假如，实际货币需求不变，而名义货币供给量增加到 600 亿元，则每公斤棉花的价格上涨到 6 元，货币贬值 20%。它说明，商品价格的变动是由名义货币供给量决定的。

按照货币价值论的观点，商品的价格由商品的价值与货币代表的价值的比例决定。名义货币供给量超过实际货币供给量，就会引起货币贬值。这样，由贬值的名义货币供给表现出来

的是物价上涨；反之，实际货币需求增加，如果名义货币供给不变，那么，表现出来的是货币升值和物价下降。因此，货币当局的名义货币供给必须与实际货币需求大体相适应，以促进经济协调发展。

（二）实际货币供给

实际货币供给是指一般物价指数平减后所得的货币供给，也就是提出物价上涨因素而表现出来的货币所能购买的商品和劳务总额。用公式表示为：

$$实际货币供给=\frac{M_s}{P_0}$$

式中，Ms 表示名义货币供给；P_0 表示平减后的一般物价指数。

为了保持实际货币供给与实际货币需求相适应或者相平衡，实际货币供给应该与用实物形态表示的国民收入 Y 成一定比例关系，即与 kY 相等，即：

$$\frac{M_1}{P_0}=kY$$

如果左边大于右边，说明货币供给大于实际货币需求，即引起通货膨胀；反之，则会出现投资紧张、消费减少、失业增加、经济不景气。

三、货币供给的外生性与内生性

（一）货币供给的外生性

货币供给的外生性，是指货币供给量不受任何经济因素的制约和中央银行以外的经济部门左右，完全受中央银行控制和操纵，由中央银行根据政府的金融政策和经济形势变化的需要而供应货币。

凯恩斯是货币供给外生性或外生变量的主张者。他认为货币供给是由中央银行控制的变量，其变化影响着经济运行，但自身却不受经济因素的影响和制约。弗里德曼也是货币供给外生论者，他认为，决定货币供给是方程式中的三个主要因素——高能货币 H、存款准备金率 D/R 和存款通货比率 D/C，虽然分别决定于货币当局的希望、商业银行和公众的行为，但中央银行能够直接决定 H，因此，只要控制和变动 H，那么，D/R 与 D/C 必然受到影响，从而决定货币量的变动。因此，货币供给属于外生性。

（二）货币供给的内生性

货币供给的内生性，是指货币供给难以由货币当局直接控制，而主要决定于整个金融体系，包括银行与非银行金融机构在内的社会经济各部门的共同活动。

关于货币供给是内生变量还是外生变量，在西方经济学家中有两种截然不同的观点。进入 20 世纪 80 年代以后，后凯恩斯主义者提出货币供应内生性的观点，其主要代表人物是 J. 托宾。他们认为，货币当局虽然对货币供应有影响，但货币当局无法对货币的供给实行完全的控制。这是因为：①在金融体系高度发达的当代，只要有贷款需求，银行就会提供贷款，相应创造出存款货币，导致货币供应量的增加；②由于金融工具的创新层出不穷，即使中央银行只是部分地提供所需货币，通过金融创新也可以相对地扩大货币供应量；③货币供给的三个变量即高能货币 H、存款通货比率 D/C 和存款准备金比率 D/R 之间会发生交叉影响，特别是存款通货比率和存款准备金比率的变动并不完全决定于金融当局，而往往随经济活动的涨落而变动，所以，货币供给属于内生性，是内生变量。

四、货币供给的综合性

所谓货币供给的综合性，是指货币供给既具有内生性，又具有外生性。

货币供给具有内生性是因为经济决定金融，金融对经济具有重大反作用：①货币供给决定于经济运行体系中的诸多经济因素，而不完全由金融当局所决定；②货币供给决定于货币需求，而货币需求决定于经济规律，包括货币需要量规律；③货币供给来源于银行的负债，而负债的真实来源是国民收入，国民收入的增长规模及速度不完全决定于金融当局；④在金融体系高度发达的当代，即使在发展中国家，货币供给和控制权也往往受其他金融机构和经济部门行为的影响，其效果不尽如人意。

货币供给具有外生性是由于：①在当代货币信用制度下，世界各国流通中的通货均为不兑现的信用货币；②货币供给都是通过银行的资产业务操作实现的，一定时期内金融当局对货币供给量有自主决策权，或货币供应量由金融当局决定；③在市场经济条件下，中央银行都具有金融调控的功能和职责，调节货币供给量是其执行宏观调控职能的重要内容之一。因此，货币供给具有外生性。

正是由于一国的货币供给既具有内生性，也具有外生性，因而片面强调哪一个方面都是不对的，全面认识货币供给的综合性有着重要的现实意义。因此，货币供给既是内生变量，又是外生变量，金融当局既要积极发挥调控功能，发挥货币政策的积极效应，又要看到金融调控、货币政策效应有一定的局限性，而不是万能的。

五、货币供给的层次划分

货币供给量通常是指一个国家在一定时点上流通中的现金与存款货币的总和，它包括企业、个人、政府及各金融机构等的货币总存量。这些货币总存量由哪些种类的货币构成，则根据信用制度发达程度、信用工具或金融资产种类、货币性金融资产的流动性不同而有不同的划分，其中主要以流动性为标准。所谓流动性，就是指金融资产能够以较低的成本迅速转化为现实购买力的性质，也就是变为现实的流通手段和支付手段的能力。由于货币的流动性不同，因而对各种经济活动的影响不同，特别是对货币供求，进而对市场的总供给与总需求会产生不同的影响，所以各国金融当局对货币供给结构的划分和调控十分重视。由于各国所充当货币的金融资产的种类不同，即使是一个国家的金融资产在不同时期也可能发生变化，因而在不同国家，货币层次的划分是不尽相同的。项目一的任务三中对此已有阐述，这里不再赘述。

六、货币供给的创造与计算

（一）货币供给创造的条件

货币供给的创造是指存款货币的创造，同一枚货币能够变成数倍于自己的存款。存款货币创造的主要条件是信用制度的发展和非现金结算的广泛运用。在发达的信用制度下，由于非现金结算的普遍开展和票据的广泛使用，银行发放贷款一般不需要以现金形式支付给借款企业，而是把贷款转入借款企业的存款账户，而后由企业签发票据支付款项，收款单位又将其收入存入银行，银行又用这笔存款发放新的贷款。这样，贷款—存款—存款—贷款可以无限循环下去，只要有一笔原始存款就可以无限制地派生下去。为了防止信用存款的过量创造，一般国家中央银行均规定商业银行的存款中必须有一定比例上缴中央银行作为法定存款准备金，商业银行不得动用。一般国家信用创造的派生存款都在两倍以上。

(二)乘数效应

乘数效应也就是货币供给的倍数效应。在实际经济生活中,银行通过贷款提供的货币并不是一笔贷款只增加一笔存款,而是通过存款、贷款和再贷款的活动,一笔贷款增加数倍存款,即通常所说的派生存款。这种一笔贷款增加数倍存款的效应就是所谓货币乘数效应。以单项货币乘数模型为例:用D表示全部存款,用r表示法定准备金率,用B表示第一次存款(原始存款)。这样:

$$D=B+B(1-r)+B(1-r)^2+B(1-r)^3+\cdots B(1-r)^n$$

当n趋于无限大时,则:

$$D=B\times\frac{1}{r}$$

式中:B是基础货币,即高能货币;$\frac{1}{r}$是货币乘数,即存款扩张的倍数;D-B为派生存款。

(三)存款货币的创造过程

原始存款是银行吸收的客户以现金形式存入商业银行的直接存款以及商业银行对中央银行的负债余额。派生存款是指由银行贷款通过转账创造出来的存款。原始存款是创造派生存款的基础。

创造派生存款的前提条件如下:

(1)部分准备金制度:部分准备金制度是银行将所吸收存款按一定比例作为准备金的制度。在部分准备金制度下,银行可以在保留部分准备金的条件下,将客户存款的其余部分用于发放贷款。

(2)非现金结算:非现金结算是以非现金流通方式进行的结算,即在银行存款的基础上,通过存款货币的转移完成债权债务的清偿,存款被社会当作货币来使用。

为了简化分析,我们做几个假定:整个银行体系由一个中央银行和至少两家商业银行所构成;商业银行只持有法定存款准备金,其余部分全部贷出,超额准备金为零,法定存款准备金率为10%;客户不持有现金,其收入的一切款项均存入银行,形成活期存款,不增加其定期存款和储蓄存款。

【例10—1】 假设第一家银行接受了其客户存入的10 000元现金(原始存款)。在第一家银行原来持有的准备金正好满足中央银行规定的法定存款准备金比率的条件下,根据以上假设,该银行应再提取准备金1 000元,并将剩余准备金9 000元全部用于发放贷款。而取得贷款的客户又将款项用于支付,而收款人又将把这笔款项全部存入开户的另一家银行——第二家银行。第二家银行存款增加了9 000元,并且在不保留超额准备金的假设下,它也将根据中央银行规定的法定存款准备金比率,提取准备金900元,然后,将剩余的8 100元用于贷放。依此类推,随着商业银行存贷机制的不断展开,存款货币派生出来,其派生过程见表10—1。

表10—1　商业银行体系存款货币的派生过程　单位:元

银行名称	存款额	法定准备金	贷款额
第一银行	10 000	1 000	9 000
第二银行	9 000	900	8 100
第三银行	8 100	810	7 290
第四银行	7 290	729	6 561

续表

银行名称	存款额	法定准备金	贷款额
……	……	……	……
合　计	100 000	10 000	90 000

由此可见，在部分准备金制度下，第一家银行最初的10 000元原始存款，通过商业银行贷款业务，使银行系统的存款总额增至100 000元，其中有90 000元是由贷款转化的派生存款。

具体来看，各指标之间的数量关系如下：

银行体系存款扩张的倍数＝1/法定存款准备金比率

银行体系的存款总额＝原始存款/法定存款准备金比率

派生存款＝银行体系的存款总额－原始存款

上述的公式是在前述假定的基础上得出的，而现实的经济生活中，由于存在许多客观制约因素，所以银行的存款扩张能力要小得多。

（四）货币乘数

货币乘数是指货币供给的扩张倍数，它说明由于货币基数变化而引起的货币供应量增减的幅度。货币供应量决定于货币基数和货币乘数，货币基数乘以货币乘数即为货币供应量。以B表示货币基数，m表示货币乘数，货币供应量(Ms)模式为：

$$Ms=B\cdot m$$

货币乘数可分为单项和多项乘数模式。

(1)单项货币乘数模式是指以一种因素影响货币乘数变动所建立的模型。以存款准备金率一种因素影响货币乘数为例，其数值的大小是存款准备金率的倒数，以下列公式表示：

$$m=1/r_d$$

式中，m为货币乘数；r_d为活期存款准备金率，它的大小由中央银行控制。这样，存款准备金率就成为中央银行控制货币供应量的重要工具。

(2)多项货币乘数模型是指以几种因素影响货币乘数变动所建立的模型。其数值大小由一定时期的现金漏损率(提现率)、超额准备金率、定期存款与活期存款的比率等因素决定，是超额储备率之和的倒数，以下列公式表示：

$$m_1=(1+k)/(r_d+e+k+t\cdot r_t)$$

式中：k为现金与活期存款的比率；t为定期存款与活期存款之比；r_t为定期存款法定准备金率；e为超额准备金与活期存款之比。

这就是说，一国影响货币乘数进而影响货币供应量的因素是多项而不是单项的。同时也说明，影响货币乘数的除中央银行所能控制的rt和rd外，公众和商业银行通过k、t、e等因素的变化也能够影响乘数的变化和货币供应量的变动。

（五）基础货币

基础货币也称货币基数，是指商业银行存入中央银行的准备金与社会公众所持有的现金之和。基础货币是中央银行直接控制的变量，也是银行体系的存款扩张、货币供给创造的基础。

在现代信用货币制度下，流通中的货币是由价值符号代替的，纸币和有些信用货币由国家法律规定具有无限法偿能力，属于法定货币。如前所述，信用货币由一国的中央银行供应和调节是通过变动基础货币进行的。当中央银行向商业银行扩大供应基础货币时，商业银行的派生存款创造能力就加强；当中央银行收缩基础货币供给或停止供给时，商业银行的信用创造能力就减弱，所以，基础货币被人们称为高能货币。

（六）货币供给量的测算

测算货币供给量的方法有很多，主要有以下几种：

1. 运用乘数原理测算货币供给量

运用乘数原理计算货币供应量，主要是计算货币乘数，或货币供给的倍增能力。具体可以从中央银行资产负债表的负债方来计算基础货币的量，并相应计算乘数，也可以直接从中央银行资产负债表的资产方计算，然后再计算它创造货币的乘数，因为货币供应量等于基础货币乘以货币乘数，即：

$$M=B\cdot m$$

在现实生活中，影响货币乘数的主要因素有两个：一是法定存款准备金率，准备金率越高，乘数越小；二是现金漏损率或存款提现率，存款提现的比例越大，货币乘数越小，货币创造能力也越小。其公式为：

$$m=\frac{1+k}{r_d+k}$$

【例 10—2】 假定原始存款为 100 万元，准备金率为 20%，现金漏损率为 30%，货币乘数为：

$m=(1+0.3)/(0.2+0.3)=2.6$

即存款倍增为 2.6 倍，这样，存款总额可扩大为 260 万元，即：

$M=100\times2.6=260$（万元）

存款总额确定后，可作为中央银行控制贷款、控制货币供给的依据。因此，这是一种可供借鉴的方法。

2. 系数控制法

这种方法是根据历史数据求出经济增长与货币增长之间的比例系数，确定货币增长幅度，从而确定计划期的货币供给量的一种方法。

经济增长与货币增长之间的比例系数是指社会总产值每增加 1%，需要货币供给量增加百分之几。用代表 Δr 货币供应增长率，Δp 代表社会总产值增长率，k 代表经济增长与货币增长的比例系数。货币供应量增长率是经济增长率与经济增长和货币供应量增长的比例系数 k 的乘积，即：$\Delta r=k\times\Delta p$。

3. 直接估算法

这种方法是根据经济发展计划、上年度货币流通状况和国家宏观经济政策，然后根据银行可以聚集的货币和资金来源及经济增长对货币需求比例，推算出中央银行应发放的货币数额，除以货币乘数，纳入信贷计划。从这个意义上说，信贷计划总额实际上就是货币供给总量，其中大部分以转账形式提供，少部分支付现金。

任务三　货币均衡与市场均衡

一、货币均衡与失衡的含义

所谓货币均衡，是指一国在一定时期内货币供给与货币需求基本相适应的货币流通状态。

与此相反，货币失衡是指一国一定时期内货币供给与货币需求相偏离，两者之间不相适应的货币流通状态。

一国的货币流通，通常是一个由均衡到失衡，再调整恢复到均衡的动态调整过程。均衡是各国货币流通追求的目标，但失衡却是一国货币流通不可避免经常发生的现象。货币失衡有两种表现形态：货币供给大于货币需求与货币供给小于货币需求。如果货币供给持续大于货币需求，物价将会上涨，出现通货膨胀现象；如果货币供给持续小于货币需求，物价将会下跌，出现通货紧缩现象。因此，通货膨胀和通货紧缩是货币失衡的两种外在表现形式。

二、货币均衡与市场均衡间的关系

物价涨跌作为货币失衡的外在表现形式，非常明显地显现了货币均衡与市场供求均衡之间的内在联系。在宏观经济学课程中，市场总需求被含义为经济社会（一个国家或一个地区）对产品和劳务的需求总量，由消费需求、投资需求、政府需求和国外需求构成。在不考虑国外需求的情况下，经济社会的总需求是指在价格、收入等经济变量既定的情况下，居民、企业和政府部门将要支出的数量，因此，总需求衡量的是经济中各种行为主体的总支出，如居民购买的电冰箱、企业购买的卡车、政府购买的办公设备等。与总需求相对应，市场总供给被定义为经济社会的总产量（或总产出），它描述了经济社会的基本资源用于生产时可能有的产量。

明确了市场总供给与总需求的含义，我们就可以分析货币均衡与市场供求均衡之间的关系了。

第一，市场总供给决定货币需求。当一国在一定时期运用其基本资源生产出一定量的商品和劳务后，这些商品和劳务的价值需要实现，此时，货币是必要的交易媒介，由此产生了货币需求。到底需要多少货币量，取决于有多少实际资源需要货币实现其流转并完成包括生产、交换、分配和消费这些相互联系的再生产流程，这是市场总供给决定货币需求的基本理论出发点。

第二，货币需求决定货币供给。要实现货币供求的均衡，中央银行需要依据一定时期货币需求量的多少调控货币供给量。

第三，货币供给形成市场总需求。通过银行体系投放到市场中的货币量一旦被各类经济主体所获得，就会形成实打实的对商品和劳务的购买能力，形成市场总需求。

第四，市场总需求决定市场供给。一定时期各经济主体对商品和劳务有多少需求，决定了该时期商品和劳务的产出水平。如果需求少而产出多，则会出现生产过剩，商品滞销，物价下跌；反之亦然。

如果以 AS 代表市场总供给，AD 代表市场总需求，Ms 代表货币供给，Md 代表货币需求，箭头表示主导性的作用，则货币均衡与市场总供求均衡之间的相互关系如图 10－2 所示。

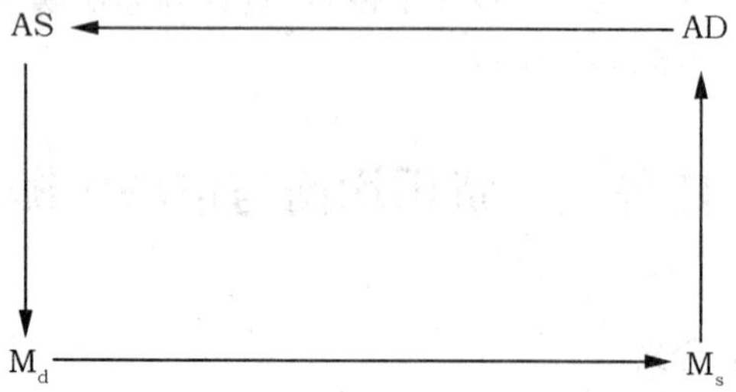

图 10－2　货币均衡与市场总供求均衡的关系

从经济决定金融的基本原理出发，市场均衡决定货币均衡，但与此同时，货币均衡对市场均衡也具有重要的作用。

我们从货币供给 Ms 出发，如果中央银行采取扩张性的货币政策，增加货币供给量，则会形成更多的市场总需求，需求拉动供给，如果此时一国存在大量闲置的生产资源，则会促使企业扩大生产规模，增加产出，市场总供给伴随着总需求的增加而相应增加，市场供求在一个更高的产出水平上达到均衡，不会带来物价水平的上涨。但是，当一国的潜在资源全部被利用且无闲置性生产资源时，如果中央银行增加货币供给，则实际产出水平不会提高，唯一提高的是商品价格水平，通货膨胀发生，市场供求在一个更高的价格水平上达到均衡。前者被称为“货币非中性”，即货币量的变动会对实际产出、就业水平等实际变量产生作用；后者被称为“货币中性”，即货币量的变动只会对价格水平等名义变量产生影响，而不会对实际变量产生任何作用。

三、货币均衡的实现机制

在市场经济条件下，货币均衡的实现离不开利率的调节。

货币供求对利率的决定作用：在货币市场上，货币供给是由政府决定的外生变量，货币需求与利率反方向变动，当货币供给与货币需求相等时，市场达到了均衡，此时的利率水平是均衡的利率水平。假设中央银行为了促进产出而增加了货币供给，则市场利率下降，利率下降增加了居民和企业部门对货币的需求，货币需求相应上升，货币供求在一个新的利率水平上实现了新的均衡。假设中央银行保持货币供给不变，货币需求因某些原因上升，市场利率就会相应上升，通过利率的上升中央银行可以观测到货币需求的变动，相应增加货币供给与货币需求相一致，实现货币均衡。

任务四　通货膨胀

一、通货膨胀的含义与度量指标

（一）通货膨胀的含义

马克思在《资本论》中阐述货币理论时指出，通货膨胀是指纸币发行量超过商品流通中的实际需求量而引起的货币贬值现象。纸币流通规律表明，纸币流通量不能超过它代表的金（银）的流通数量，否则纸币就要贬值，物价就会上涨。通货膨胀只有在纸币流通的条件下才会出现。货币学派的弗里德曼认为：“通货膨胀是货币当局过多印刷货币的后果，其本质是一种货币现象。”

一般来说，理论界对于通货膨胀问题通常定义如下：通货膨胀是指在纸币流通的条件下由于货币供给过多而引发货币贬值、物价全面与持续上涨的货币现象。

（二）通货膨胀的度量指标

1. 居民消费价格指数

居民消费价格指数即我们通常所称的 CPI，又称零售物价指数，它是一种用来测量各个时期内城乡居民所购买的生活消费品价格和服务项目价格平均变化程度的指标。目前我国编制这一指数时选取的商品和服务项目共包括食品、烟酒及饮品、衣着、家庭设备用品及服务、医疗保健及个人用品、交通和通信、娱乐教育文化用品及服务、居住八大类，指数计算采用加权算术平均法，每年根据住户调查调整一次权数。居民消费价格指数作为反映通货膨胀程度的重要指标，被许多国家和地区广泛采用。但由于消费品只是社会最终产品的一部分，不能说明全面的情况，所以用该指数来测定通货膨胀具有一定的局限性，需结合其他指标一起使用。

2. 批发物价指数

这是反映不同时期批发市场上多种商品价格平均变动程度的经济指标。它是包括生产资料和消费品在内的全部商品的批发价格，但不包含劳务价格，这使得该指数反映面较窄，有可能导致信号失真。该指数与产品出厂价格紧密相关，对商业循环较为敏感，因此可以预先判断其对最后进入流通的零售商品价格可能的变动情况。

3. 国民生产总值平减指数

又称"国民生产总值折算价格指数"，是衡量一国经济在不同时期内所生产和提供的最终产品和劳务价格总水平变化程度的经济指标。它等于以当年价格计算的本期国内生产总值和以基期不变价格计算的本期国内生产总值的比率。该指标能够比较准确地反映最终产品和劳务的一般价格水平变动情况，但往往容易受到价格结构的影响，造成信号失真。

（三）通货膨胀的种类

按照不同的标准，可以将通货膨胀进行不同的分类。

1. 按物价上涨程度划分

按照通货膨胀期间物价上涨的程度不同，可以将通货膨胀分为温和的通货膨胀和恶性通货膨胀。温和的通货膨胀通常指物价水平年平均上涨率在3%以上，但尚未达到2位数的通货膨胀。恶性通货膨胀的物价上涨率通常在2位数以上，通货膨胀已经严重地破坏了正常的社会经济生活秩序，甚至会造成社会的严重动荡，若不加控制将导致货币体系和经济的崩溃。

2. 按表现形式划分

按照通货膨胀的表现形式不同，可以将通货膨胀分为公开型的通货膨胀和隐蔽型的通货膨胀。公开型的通货膨胀直接表现为一般物价水平的上涨，而隐蔽型的通货膨胀通常由于价格管制原因不直接表现为物价水平的上升，而是以市场中出现商品普遍短缺、有价无货、凭票证供应、黑市猖獗等现象来表现。在我国计划经济体制时期，由于实行价格管制制度，曾出现隐蔽型通货膨胀。

3. 按产生的原因划分

按照通货膨胀产生的原因，可以将通货膨胀分为需求拉动型通货膨胀、成本推动型通货膨胀、结构型通货膨胀等。

二、通货膨胀的成因

（一）需求拉动说

需求拉动说是从需求角度解释通货膨胀的成因。该理论认为，之所以发生通货膨胀，是因为各国政府采用了扩张性的财政政策和货币政策，刺激了社会总需求。当社会总需求大于社会总供给时，就形成了膨胀性缺口，牵动物价上涨，导致通货膨胀。图10－3常被用来解释需求拉动型的通货膨胀。

在图10－3中，总供给曲线AS起初呈水平状，这表示总产量较低时，社会闲置资源充足，此时实施扩张性的经济政策增加总需求不会引起价格水平的上涨，只会引起产出的增加。当总产量达到y_1以后，继续实施扩张性政策增加社会总需求，由于还有一定的潜在资源可以利用，产出水平还会有一定程度的增加（从y_1增长到y_2和y_f），但与此同时，一些稀缺的资源成

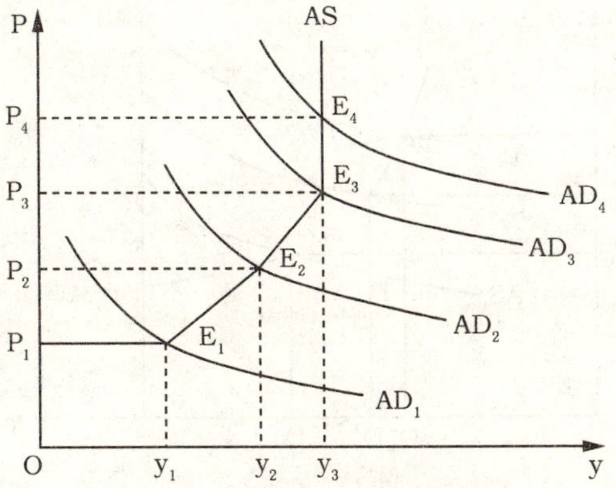

图 10－3　需求拉动型通货膨胀

为“瓶颈”制约,引起物价水平一定幅度的上涨(从 P_1 上涨到 P_2 和 P_3)。当总产量达到最大,即为充分就业的产量 y_f 时,整个社会的经济资源全部得到利用,此时再通过扩张性的经济政策增加社会总需求将不会再带来产出效应,而只会带来物价水平的全面上涨(从 P_3 上涨到 P_4)。由此形成的通货膨胀就是我们通常所说的需求拉动型通货膨胀。

(二)成本推动说

成本推动说是从供给方面解释通货膨胀的成因。这种理论认为,在没有超额需求的情况下,由于供给方面成本的提高也会引起一般价格水平持续和显著的上涨。

成本的提高首先体现为工资成本的提高。在不完全竞争劳动力市场上,由于强大的工会组织的存在,工资不再是竞争性的工资,而是工会和雇主集体议价的工资,且工资的增长率超过劳动生产率增长率。工资提高,导致生产成本提高,从而导致价格水平上升(通胀率＝工资增长率－劳动生产率增长率)。价格水平的上升提高了工人的生活成本,工人通过工会再一次要求提高工资水平,进一步推高价格,形成工资提高和价格上涨相互推动的螺旋式的上升运动,即所谓工资—价格螺旋,引发工资推动型通货膨胀。

成本推动说还从垄断企业获取垄断利润角度解释通货膨胀的成因。这种理论认为,就像不完全竞争的劳动市场是工资推动型通货膨胀形成的前提条件一样,不完全竞争的商品市场是利润推动型通货膨胀形成的前提条件。在完全竞争的商品市场上,价格完全决定于商品的供求,任何企业都不能通过控制产量来改变市场价格。在不完全竞争的商品市场上,垄断企业和寡头企业为了追求更大的利润,可以操纵价格,把产品价格定得很高,致使价格上涨的速度超过成本增长的速度。

在总需求曲线不变的情况下,包括工资推动和利润推动在内的成本推动型通货膨胀可用图 10－4 表示。在表示总需求的曲线 AD 不变的情况下,由于成本上升(工资或利润引起)而引起总供给曲线由 AS_1 上升为 AS_2、AS_3 时,价格分别上升到 P_2、P_3。

(三)结构型通货膨胀理论

所谓结构型通货膨胀,是指在没有需求拉动和成本推动的情况下,由于某些经济结构方面的原因而引发的一般价格水平的持续上涨。经济结构方面的因素主要有:

1. 经济部门结构

不同经济部门的劳动生产率的增长速度是不同的,如开放部门劳动生产率的增长率较高,而非开放部门劳动生产率的增长率较慢,但在国内统一的劳动力市场上,生产率增长较慢的部

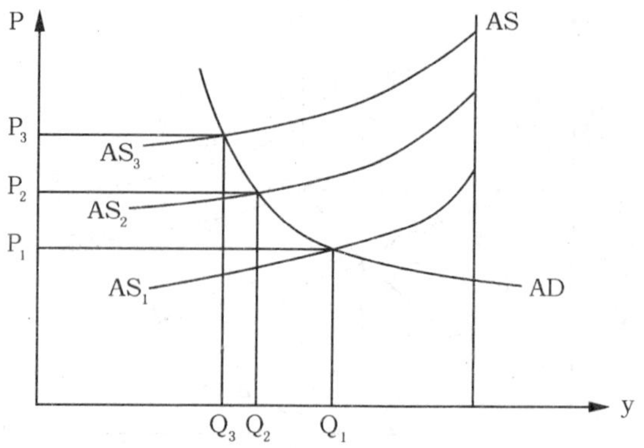

图 10—4 成本推动型通货膨胀

门的工人往往会要求与生产率增长较快部门的工资上涨率看齐，这就使其工资增长速度快于本部门的劳动生产率的增长率，从而引起物价水平的上升。

2. 供需结构

在一些国家的一定时期内，由于经济转型，需求结构升级，或者缺乏有效的资源配置机制等，可能存在供需不对称的矛盾。比如说，随着人们收入水平的提高，人们对商品和服务的需求发生了改变，出现了升级换代，但供给结构的改变有一个滞后性，由此造成供需结构失衡。那些需求增加的行业，价格和工资将上升，但是需求减少的行业，由于价格和工资刚性的存在，却未必会发生价格和工资的下降。其结果是导致了物价的总体上升。再比如说，在一定时期，有些行业生产能力过剩，形成产品积压；而另一些行业则发展滞后，产品短缺。如果短缺产品成为经济发展的“瓶颈”制约，则其价格的上涨就会引起其他部门的连锁反应，推动一般物价水平的相应上升。

三、通货膨胀的影响

（一）通货膨胀对收入分配的影响

通货膨胀可引起收入的再分配。收入再分配的结果必然导致某些社会成员受害而某些成员受益。至于谁受害、谁受益及受害受益程度的大小，主要看通货膨胀使他们得到或失去的收入和财富数量的多少。由于能够正确地估计通货膨胀并能寻找到防止自己遭受损失的社会成员并不多，因而通货膨胀总使大多数社会成员受害，使少数成员受益。

通货膨胀时期，工资收入的增长总是滞后于物价上涨的速度，因而广大工薪阶层的社会成员往往是通货膨胀的受害者，包括企业工人、公司职员、政府雇员、院校教师、部队官兵，等等。那些从利息、租金、稿酬等获得收入的社会成员也将受到通货膨胀的损害，因为这部分收入并没有随同物价上涨而增加。然而，如果能对通货膨胀做出正确的预期估计，并在有关合同条款中加以预防，那么利息、租金、稿酬等的所得者就能避免或减轻通货膨胀的损害。

受通货膨胀损害程度最深的是退休者和老年人。因为他们除了私人养老金或社会保险机构提供的老年社会保险补贴外，没有其他可随物价上涨而增加的收入来源。尽管不少国家对此采取了相应的保护措施，但这个阶层的成员受打击最大的状况依然难以改变。

工资调整的滞后使企业的利润增加，从理论上说，企业是通货膨胀的受益者。但要具体情况具体分析，因为在企业的生产中，除了工资成本，还有原材料成本。对于处于市场需求不足且完全竞争条件下的企业来说，由于其是产品价格的被动接受者，如果原材料价格的上涨速度高于产成品价格上涨的速度，则这类企业会在通货膨胀中遭受损失。对于处于需求旺盛且是不完全竞争条件下的企业来说，由于其是产品价格的主动制定者，其产品价格可以伴随着各种成本的上升而相应上升，甚至高于成本上升的速度，因而，这类企业往往是通货膨胀的受益者。

由于通货膨胀使社会大多数成员受损，因而受到普遍反对。如果一国政府不对通货膨胀及时采取有力措施加以制止，而任由其恶化，轻则激化国内各阶层的矛盾，重则导致社会动荡，甚至经济、社会制度的崩溃。

（二）通货膨胀对经济增长的影响

总体上看，西方经济学界大致形成了三类观点：促进论、促退论和中性论。

1. 促进论

主张政府干预经济的经济学者大都持有这种观点。他们认为，适度的通货膨胀具有正的产出效应，能够促进经济增长，原因在于：第一，通货膨胀中，工人工资的增长速度滞后于物价的上涨速度，因此，通货膨胀是一种有利于资方的国民收入再分配。企业利润的提高刺激了私人投资的积极性，从而有利于促进经济增长。第二，通货膨胀中，人们的名义收入水平伴随着通货膨胀的上升而相应的增加，在实行累进所得税制的情况下，收入水平的增加会使人们按照更高的税率等级缴纳个人所得税，政府税收收入增加，从而有条件增加政府投资，有利于经济增长。第三，在非充分就业状态下，社会上还存在闲置资源，通过增加货币供给量，形成适度的通货膨胀，可以有效刺激需求，使投资增加，进而促进经济增长和就业的增加。

2. 促退论

大多数主张经济自由发展的经济学者坚持这种观点。他们认为，通货膨胀对经济增长有害无益，具有减少产出的效应，主要原因在于：第一，通货膨胀会降低借款成本，诱发过度的资金需求，使金融机构加强信贷配额管理，从而削弱金融体系的运营效率，导致正常融资活动的瘫痪。第二，较长时间的通货膨胀会增加生产性投资的风险和经营成本，从而迫使资金流向生产部门的比重下降，流向非生产部门的比重增加，不利于经济发展。第三，通货膨胀持续一段时间后，市场价格机制将遭到破坏，扰乱价格体系，使价格信号失真，资源配置失调，削弱经济的活力。

3. 中性论

这类观点认为，通货膨胀对经济增长实质上不产生任何影响，两者之间没有必然的联系，主要是因为，公众存在合理预期，在一定时间内他们会对物价上涨做出合理的行为调整，这种调整会抵消通货膨胀产生的各种影响。

我国大部分经济学者认为，通货膨胀对经济的促进作用只是存在于开始阶段的短时间内，并且只有在有效需求不足的情况下。从长期看，通货膨胀对经济发展弊大于利，特别是总供求基本平衡或总需求大于总供给时，通货膨胀的不良影响极大、危害面广，对生产、流通、分配、消费都有破坏性的作用。

四、通货膨胀的治理

持续的通货膨胀对社会经济运行的破坏性使各国政府都非常注重对通货膨胀的治理。引发通货膨胀的原因多种多样，治理通货膨胀的措施也各不相同。

（一）实施紧缩的货币政策

既然通货膨胀归根结底是一种货币现象，是因为货币投放太多而引发的物价上涨，那么，治理通货膨胀最基本的对策就是实行紧缩的货币政策，控制住货币供给的过快增长。具体来说，中央银行可以通过提高法定存款准备金率、提高利率、在公开市场上卖出证券回笼货币等政策操作来减少货币供给量。

（二）实施适当的财政政策

财政政策也是一种需求管理政策。治理需求拉动型通货膨胀，需要实施紧缩的财政政策：缩减政府开支，尤其是减少非生产性的财政支出与转移。缩减政府支出，减少政府购买与投资，本身就是减少社会总需求。除此之外，西方学者尤其主张削减非生产性的财政支出与转移，他们认为，财政赤字可能增加货币发行，引发通货膨胀，但政府开支与可能的通货膨胀之间更多的联系是基于财政支出的非生产性特性。也正基于此，一些学者提出，要解决因供不应求而形成的通货膨胀，除了要从需求入手，采取紧缩性的政策减少社会总需求外，还要从供给方面入手，通过减税政策，刺激企业增加投资，增加产出，从根本上解决供求矛盾，这样才能真正解决通货膨胀问题。

（三）实施适当的收入政策

1. 以指导性为主的限制

这种限制分两种情况：第一，对特定的工资或物价进行“权威性劝说”或施加政府压力，迫使工会和雇主协会让步；第二，对一般性的工资或物价，由政府根据生产率平均增长幅度确定工资和物价增长标准作为工会和雇主协会双方协商的指导线，要求他们自觉遵守政府规定的工资物价增长标准。

2. 以税收为手段的限制

政府以税收作为奖励和处罚的手段来限制工资—物价的增长。如果增长率保持在政府的规定幅度内，政府就以减少个人所得税和企业所得税为奖励；如果超出政府规定的界限，就以增加税收作为惩罚。

3. 强制性限制

即由政府颁布法令对工资和物价实行管制，甚至实行暂时的冻结。收入政策的最大弊端是进行价格管制限制乃至破坏了价格机制调节经济的作用。此外，实施收入政策必须要同时实行控制总需求的政策配合，否则极易引起滞胀。

（四）指数化政策

指数化政策是指按通货膨胀指数来调整有关经济变量的名义价格，而使其在通货膨胀条件下保持实际值不变。具体内容包括：

1. 利率指数化

即根据通货膨胀率来调整名义利率，以保持实际利率不变，使利率可以最优配置资本资源。利率指数化应用较为广泛。

2. 工资指数化

即根据通货膨胀率来调整货币工资，把货币工资增长率与物价上涨率联系在一起，使它们同比例变动，其目的是抵消通货膨胀对人们生活水平和实际收入的影响，使人们的生活水平不至于因通货膨胀而下降，同时可以减少人们对通货膨胀的恐惧心理，促进工资合同的长期化，维持劳动关系的稳定。

3. 税收指数化

即根据通货膨胀率来调整纳税的起征点和税率等级，其最大的好处是抑制政府放纵通货膨胀行为，但该做法较为复杂，同时，政府一般也不愿意采取此种政策来限制自己的行为。

五、中国的通货膨胀问题

1978年改革开放以来，我国的经济运行中出现了数次幅度较大的物价波动：以零售物价总指数表示，1980年上涨6%，1985年上涨8.8%，1988、1989年分别上涨18.5%和17.8%，1993年涨13.2%，1994年则突破20%，达到了21.7%，2008年为5.9%。每一次通货膨胀的发生都会引起我国理论界对通货膨胀成因的探讨。除了与西方类似的成本推动、需求拉动等观点外，许多学者从我国实际情况出发，提出了一些颇具中国特色的通货膨胀成因说。

其一，"体制转轨说"。这种理论认为中国的通货膨胀是由于经济体制的转轨而引起的。在从计划经济体制向市场经济体制的转轨过程中，由于体制不健全，地方政府和企业存在着过旺的投资需求，当中央银行独立性不强和商业银行缺乏信贷控制能力时，会导致货币和信贷的失控，由此引发通货膨胀。

其二，"结构说"。这种理论认为，我国存在着典型的二元经济结构，农业发展明显落后于城市，在改革农业现状过程中，农业大发展使农产品价格上升所引发的通货膨胀在所难免。

其三，"人口说"。这种理论认为我国人口众多，人均资源占用较少，尤以土地资源更为稀缺，资源的缺乏导致价格上升形成通货膨胀。

此外，还有"价格改革说"、"政策失误说"等不一而足。应该说，上述各种理论都具有一定的合理性，都对中国的通货膨胀问题做出了一定的解释，但依然不是很完善，充满争议。理论上的重要分歧和激烈争论说明了我国的通货膨胀是多种因素造成的，对其治理也要从多方入手。既要控制总需求的盲目扩张，更要重视总供给的增长，推进改革，改变经济增长方式，优化经济结构，这样，才能从根本上解决我国的通货膨胀问题。

【拓展阅读10－1】

周小川：需高度警惕通货膨胀

2013年中国央行行长周小川(3月13日)在全国人大新闻发布会上指出，2月通胀水平超出预期表明通胀需要高度警惕，央行或将采取措施以期稳定物价、稳定通胀预期。

周小川指出，央行的四个调控目标(低通货膨胀、促进经济增长、促进就业和保持国际收支平衡)有时候相互之间会存在不一致，需要权衡，但最重视的还是第一个目标，保持物价稳定，在较低通胀前低下实现经济平稳发展。

周小川称，货币政策更主要的是应对总需求，主要是根据像CPI这样的消费物价指数以及生产资料价格指数来调整货币政策。不仅要关注CPI同比、还要留意环比。

他还明确表示，M2(广义货币供应量)增长13%代表已转为中性不再是宽松的货币政策。他指出，虽然中国经济复苏仍显脆弱且不均衡，今年的M2增长13%的目标代表着稳健的货币政策，代表中性不再是宽松的货币政策。

他表示："如果与去年和前年实际实现的数字相比，M2增长13%应该是趋于更紧一点，这表明大家对于保持物价基本稳定的强调。"

任务五 通货紧缩

一、通货紧缩的含义与判断标准

对于如何定义通货紧缩，学术界一直争论不休。在我国，主要有三种观点：一是单要素论，认为通货紧缩就是价格水平普遍的持续地下降；二是双要素论，认为通货紧缩包括价格水平和货币供给量的持续下降；三是三要素论，认为通货紧缩表现为价格水平、货币供给量和经济增长率的持续下降。

多数学者认为，通货紧缩作为与通货膨胀相对应的一种经济现象，应该表述为由于货币供给不足而引起货币升值、物价普遍和持续下跌的货币现象。由此，物价水平的持续下降是判断通货紧缩是否发生的主要标准。

需要说明的是，虽然理论界用价格水平的持续下降来定义通货紧缩几乎已经达成共识，但对“持续”的标准却有不同的看法。已有的看法包括：一是价格水平持续下降半年以上即为通货紧缩；二是价格水平持续下降 2 年以上为通货紧缩；三是通货膨胀由正变负为轻度通货紧缩，由正变负超过 1 年为中度通货紧缩，达到 2 年则为严重通货紧缩；四是通货膨胀率低于 1%即为通货紧缩。

在经济实践中，判断某个时期的物价下跌是否是通货紧缩，一看通货膨胀率是否由正转变为负；二看物价的持续下降是否超过了一定时限。有的国家以 1 年为界，有的国家以半年为界。

二、通货紧缩的负面影响

从表面看，通货紧缩中的物价水平的下跌似乎提高了消费者的购买能力和效用，给其带来一定的好处，但从长远来看，持续的物价下跌将给国民经济带来严重的负面影响。弗里德曼曾肯定地说，没有任何货币数量的下降而又不伴随着严重的经济衰退的。因此，通货紧缩常常被称为经济衰退的加速器。

从投资看，实际利率的提高使企业减少投资。项目三中讲述的名义利率与实际利率的关系表明：实际利率＝名义利率－通货膨胀率。在通货紧缩中，物价持续下跌，通货膨胀率为负，这样，即使市场中名义利率较低，实际利率依然很高。影响企业投资决策和融资成本的是实际利率而不是名义利率。实际利率提高，企业投资的实际成本提高，投资的预期收益下降，企业会减少投资，缩减生产规模，减少雇佣工人，整个社会表现为产出下降、经济萧条、失业增加。

从消费看，物价还会下跌的预期使人们减少即期消费。通货紧缩中，尽管物价的下跌使消费者可以用较低的价格得到同等数量和质量的商品和服务，但是对未来物价还会继续下降的预期促使人们推迟消费，更多地进行储蓄。此外，通货紧缩带来的经济衰退使人们的收入减少，金融资产价格下跌，对未来的预期悲观，这也会让消费者紧缩开支，减少消费。投资需求不足加上消费需求不足，经济运行进一步陷入衰退，陷入恶性循环。

三、通货紧缩的成因与治理

（一）欧文·费雪的债务通货收缩理论

美国经济学家欧文·费雪 1933 年在其论文《大萧条的债务——通货紧缩理论》中用债务

通货收缩理论来解释通货紧缩的形成。这种理论将通货紧缩与债务联系起来,从过度负债和债务清算引起货币信用紧缩来分析通货紧缩的原因。费雪认为,美国经济大萧条时的通货紧缩是由经济中过度负债造成的。由于技术进步、经济制度创新乃至某个政治因素的作用而出现的经济繁荣会形成过度投资和过度负债。为避免债务风险,债权人和债务人会趋向于进行债务清算。由于过度负债,大量的资金被用于支付债务,这导致企业与个人的支付能力下降,企业销售困难,交易量减少,货币流通速度放慢。债务人偿还银行贷款,使银行的存款货币收缩,这削弱了商业银行信用创造的基础。由于债务清算的压力很大,企业被迫低价销售,造成物价下跌。物价下跌又引起实际利率上升,加重债务负担,加上资产价格下降,企业资产净值减少,而企业资产净值下降又加大了其经营风险。企业用资产抵押借款的能力下降,这迫使它进一步降价销售,使得价格水平继续下跌,债务负担更加沉重,"债务人偿债越多,他们就欠得越多",沉重的债务负担使企业亏损,破产加剧,这使实体经济萎缩。银行从自身的安全出发,会增加准备金比例,从而使货币乘数缩小,形成信用萎缩。信用萎缩又使实体经济进一步衰退,从而引起人们的悲观情绪和信心的丧失,最终酿成经济大萧条。

费雪认为治理通货紧缩可以有两种选择:一是采取自由放任政策,听任企业破产还债,从根本上解决导致通货紧缩的过度负债问题。很显然,这种方式会引起社会的动荡。二是在债务清算之初就采取通货再膨胀的方法来防止价格水平下跌或货币价值上升,这样可以缓和债务危机,延缓通货紧缩。但这种方法并没有解决问题,只是将问题的爆发推后,并进一步积累。

(二)弗里德曼等从货币角度解释通货紧缩的成因

作为货币学派的代表人物,弗里德曼将通货紧缩含义为一种货币现象,用货币供应收缩理论来解释通货紧缩的成因。弗里德曼和施瓦茨在《美国货币史(1867～1960)》一书中用大量的史实论证了货币金融因素对20世纪二三十年代西方通货紧缩及经济大萧条的影响。弗里德曼和施瓦茨认为,二三十年代美联储防止银行破产努力的失败和从1930年年底至1933年货币存量的下降,是20年代末和30年代初通货紧缩及经济大萧条的主因,美联储当时错误的货币政策应对此负责。之后,又有其他经济学者提出,银行由于害怕倒闭而收缩贷款会导致通货紧缩,货币流通速度下降也是引发通货紧缩的重要原因。

基于此,治理通货紧缩的最好办法就是增加货币供给量。

(三)波特尔等从供给角度分析通货紧缩的成因

英国学者波特尔在解释20世纪90年代一些国家出现通货紧缩现象时提出,现代科技发展的特点决定了企业的生产组织形式必然趋向于大规模的集中生产,所以第二次世界大战以后西方经济的垄断程度加大,加上工会组织力量强大,价格与工资均缺乏向下调整的弹性。进入90年代以后,西方各国自由主义的经济改革取得较大成功,市场机制的作用重新得到重视,而信息技术的影响又使经济呈现出分权化、自由化的趋势,价格与工资的弹性加大。市场机制在全球范围内的普及又提高了资源配置的效率,使得亚洲国家经济增长强劲,全球经济出现产品过剩的现象,在市场机制的作用下,通货紧缩的压力加大。从这种角度来说,通货紧缩没有必要进行治理。

(四)克鲁格曼从需求角度对通货紧缩成因的分析

美国麻省理工学院经济学教授保罗·克鲁格曼从需求的角度研究日本的通货紧缩问题,在西方经济理论界比较引人注目。克鲁格曼认为供给面的分析不够全面,因为总供给的增加虽然会使价格水平下降,但是这种价格变化对经济增长是有利的。基于对日本经济的研究,克鲁格曼指出仅凭生产能力过剩这一点远不能解释为什么许多国家如日本等难以通过增加基础货币投放、扩大财政支出等手段刺激总需求，从而防止价格水平持续下跌。克鲁格曼认为，通货紧缩的成因是需求不足，而需求不足在不同国家和不同时期有不同的社会、制度根源。他认为，人口老龄化和缺乏完备的社会保障制度是日本国内储蓄增加而消费减少的原因。与此同时，适龄劳动力迅速减少而出现企业预期利润的下降，资本市场的不完全以及商品劳务市场有限的一体化又阻碍储蓄向消费和国内外投资转化，这就使得社会总需求不足。1990年日本泡沫经济的破灭则提前和加剧了社会总供求的矛盾，从而酿成了通货紧缩。克鲁格曼还认为，通货紧缩生成之后，人们对于通货紧缩的预期会使通货紧缩自身加剧，经济一旦进入这种通货紧缩的"死亡螺旋"之中，它就很难从中摆脱出来。

克鲁格曼提出，要使经济走出通货紧缩的"死亡螺旋"，关键是要改变人们的通货紧缩预期。只要中央银行公布一个长期的目标通货膨胀率，使社会公众相信中央银行鼓励一定的通货膨胀，形成通货膨胀预期，通货紧缩就可以解决。

★★★ 关键术语 ★★★

货币需求　名义货币供给　实际货币供给　货币供给量　货币供给的创造　原始存款　派生存款货币乘数　基础货币　货币均衡　通货膨胀　通货紧缩

★★★ 应知考核 ★★★

一、单项选择题

1. 正常情况下，流通中的货币总额(　　)。

A. 与商品价格呈反比关系　B. 与流通中的商品数量呈反比关系

C. 与货币流通速度呈反比关系　D. 是一个稳定的常量

2. 货币供给的真实源泉是(　　)。

A. 中央银行发行的货币　B. 财政部发行的债券

C. 出口增加带来的外汇储备　D. 国民收入及其增量

3. 通货膨胀是指(　　)。

A. 物价的上升　B. 物价的持续上升

C. 物价总水平的上升　D. 物价总水平的持续上升

4. 通货紧缩表明社会总供求关系是(　　)。

A. 有效需求过剩　B. 有效需求不足　C. 货币供给过多　D. 商品供给不足

5. 名义利率、实际利率与通货膨胀率三者的关系是(　　)。

A. 名义利率＝通货膨胀率－实际利率　B. 名义利率＝实际利率－通货膨胀率

C. 实际利率＝名义利率－通货膨胀率　D. 实际利率＝名义利率＋通货膨胀率

6. 货币层次的划分标准为(　　)。

A. 金融资产的保值能力　B. 金融资产的变现能力

C. 金融资产的发行主体　D. 金融资产的风险大小

7. 弗里德曼认为决定货币流通速度相对稳定的主要因素是(　　)。

A. 恒久性收入　B. 名义收入

C. 物价水平　D. 预期通货膨胀率

8. 目前我国划分货币供给层次的依据是(　　)。

A. 收益性　　B. 流动性　　C. 安全性　　D. 风险性

9. 基础货币不包含(　　)。

A. 流通于银行体系之外的现金　　B. 商业银行在中央银行的存款准备金

C. 商业银行的库存现金　　D. 商业银行吸收的企业活期存款

10. 通货膨胀现象反映(　　)。

A. 社会总需求大于社会总供给　　B. 社会总供给大于社会总需求

C. 货币供给量不足　　D. 货币购买力上升

二、多项选择题

1. 凯恩斯认为影响货币需求的因素有(　　)。

A. 收入　　B. 利率　　C. 财富结构　　D. 税率

E. 汇率

2. 经济主体对货币需要量的大小,主要取决于(　　)。

A. 居民一定时期的收入水平　　B. 企业经营规模及货币收支流量

C. 利率高低　　D. 中央银行的货币政策

E. 对未来商品价格的预期

3. 货币需求量的测算方法有(　　)。

A. 基本公式法　　B. 经验数据法　　C. 回归分析法　　D. 比例法

E. 投入产出法

4. 治理通货膨胀一般可采取的货币政策措施有(　　)。

A. 提高法定存款准备金率　　B. 增加再贷款

C. 在公开市场上买进有价证券　　D. 在公开市场上卖出有价证券

E. 提高存贷款利率

5. 马克思认为流通中货币需求量的决定因素主要有(　　)。

A. 待销售的商品数量　　B. 单位商品价格

C. 其他金融资产的收益率　　D. 持有货币的流动性效用

E. 单位货币流通速度

三、填空题

1. 货币需求的实质是________。

2. ________是市场体系的重要构成要素。

3. 在一定时期内执行流通手段职能的货币必要量主要取决于________和________。

4. 货币供应量决定于________和________,货币基数乘以货币乘数即为货币供应量。

5. 弗里德曼认为:治理通货紧缩的最好办法就是________。

四、计算题

1. 某国2012年9月的活期存款的法定准备金率为10%,定期存款比率为30%,定期存款的法定准备金率为5%,超额准备金率为4%,提现率为7%。该国2012年的基础货币为10 000亿元。试计算:(1)该国2012年9月份货币乘数;(2)该国2012年的货币供应量。

2. 设某商业银行吸收1 000万元的原始存款，经过一段时间的派生后，银行体系最终形成存款总额6 000万元。若法定存款准备率与超额存款准备率之和为15%，请计算提现率。

3. 设某国某年公众持有的现金为1 000亿元，商业银行持有的库存现金为400亿元，在中央银行的法定准备金为400亿元，超额准备金为200亿元；该国法定存款准备金率为16%，超额准备金率为6%；现金漏损率为6%；活期存款转为定期存款的比例为20%，为这些定期存款而持有的准备比率是10%。试问：该国基础货币为多少亿元？货币乘数是多少？货币供给量是多少？

五、简答题

1. 简述凯恩斯和弗里德曼的货币需求理论。
2. 简述货币需求量的测算方法。
3. 简述现阶段我国货币需求的主要决定与影响因素。
4. 简述货币均衡与市场均衡间的关系。
5. 简述通货膨胀的影响和治理以及通货紧缩成因与治理。

★★★ 应会考核 ★★★

◎ 技能案例

货币供应充足，金融市场总体稳定

央行2015年11月12日公布的金融统计数据显示，10月末，广义货币(M2)余额136.10万亿元，同比增长13.5%，增速分别比上月末和去年同期高0.4个和0.9个百分点，是2015年以来的最高增速。不少专家向本报记者表示，货币供应充足，金融市场总体稳定，说明货币政策效果已有所显现。

1. 稳健货币政策维持M2高增速

金融研究中心高级金融分析师鄂永健向本报记者表示，从央行前期的多次“双降”政策实施和其他结构性货币政策工具使用情况以及公开市场操作情况可以发现，M2保持13.5%左右的增速实属意料之中。

2014年底以来，央行多次降准降息以及开展公开市场操作，主要目标在于释放信贷投放空间助力稳增长和对冲外汇占款持续减少带来的基础货币缺口。公开市场操作和MLF(中期借贷便利)方面，10月公开市场净回笼850亿元，而MLF增加1 055亿元，PSL(抵押补充贷款)、SLF(常备借贷便利)等工具并未运用。此外，降准在一定程度上改变了货币乘数，提高了货币创造能力。基础货币缺口逐渐填补，加之货币乘数提高，确保了M2增速维持在13%以上。

2. 信贷和社会融资双双缩量

央行12日公布的社会融资规模统计数据显示，2015年10月份，社会融资规模增量为4 767亿元，比上月少8 523亿元，同比减少2 040亿元。新增人民币贷款为5 136亿元，较上月10 504亿元减少一半以上。鄂永健表示，信贷和社会融资季节性回调现象明显，然而社会融资规模缩量也反映出目前经济运行压力依然较大。

鄂永健表示，信贷和社会融资的双双缩量，主要存在以下几方面原因和经济暗示：一是10月份金融数据通常都有一定的季节性现象，主要受节假日效应等因素影响而形成；二是实体经济下行压力依然较大，“双降”所释放的流动性在很大程度上还无法快速与仍不景气的融资需求进行有效对接，导致实际信贷投放缩量；三是短期贷款负增长，票据融资大幅回升，中长期贷款仍占新增贷款的主要部分，约 68.47%。这也说明，目前，稳增长仍主要依靠一些类似基建投资的中长期项目，短期项目尚未完全激活，企业经营压力依然较大。

李建军认为，企业的人民币贷款长期项目增加 1 519 亿元，尽管比 9 月下滑，但也是近几个月来的较高水平，说明一方面企业的长期投资仍在有序进行，长期预期没有发生变化。不过这也说明，信贷支持的着重点仍是一些中长期项目，投资亮点不足，转型和调整的压力还在。

3. 供给端改革释放更多红利

鄂永健表示，当前，经济下行压力依然较大，企业融资需求激活缓慢，稳增长仍需要依靠一些前期计划好的中长期项目实质性落地。

“在经济活力优先的前提下，短期刺激尽管仍显必要，但是转型期间的借贷能力实际上显示出一定的疲态。”李建军表示，现在的首要工作应该还是继续推进各项改革，利用供给端改革红利的释放，提升总体的效率和技术水平，为经济长久持续发展做好扎实工作。

从金融角度来说，尽管各项改革已在稳步推进，但仍有很多工作要做。李建军表示，未来也要从普惠金融的角度，丰富金融业态，对小微企业普及金融知识，提升中小企业借贷意愿，激发企业活力和支持企业创新，促进经济转型升级。

资料来源：和讯债券网，http://bond.hexun.com，转引自《金融时报》。

【考核要求】

根据上述资料，对此案例进行分析。

★★★ 项目实训 ★★★

【实训内容】

分析我国基础货币、货币乘数变化的原因。

【实训目标】

通过分析掌握影响基础货币、货币乘数的因素。

【实训步骤】

1. 将学生分组；
2. 搜集最近几年中国的基础货币、货币乘数的相关数据；
3. 分组讨论中国的基础货币、货币乘数发生变化的原因。

项目十一 宏观均衡

知识目标

理解:国际收支及国际收支平衡、外债、国际储备的含义,外债的种类。

熟知:如何测量国际收支不平衡,国际收支的平衡与均衡,国际信贷的方式,外债与国际收支平衡,外债管理。

掌握:国际收支平衡表的主要内容、国际收支的调节方式、国际储备与国际收支平衡、国际储备与国际收支平衡、国际储备管理、IS—LM—BP模型、内外均衡的关系。

能力目标

能够运用IS—LM—BP模型分析开放经济条件下的宏观经济均衡。

素质目标

具有分析和解决国际金融问题的能力。

任务一 国际收支

一、国际收支与国际收支平衡表

(一)国际收支

国际货币基金组织出版的《国际收支手册》①(第五版)中规定:国际收支(Balance of Payments,BOP)是指一国在一定时期内(通常为1年)全部对外经济往来的系统的货币记录。它包括:①一个经济体与世界其他经济体之间商品、劳务和收益交易;②一个经济体的货币黄金、特别提款权的所有权变动与其他变动,以及这个经济体对世界上其他经济体的债权、债务的变化;③无法转移以及在会计上需要对上述不能相互抵消的交易和变化加以平衡的对应记录。要正确把握这一概念的内涵,可以从以下几个方面进行理解。

1. 国际收支记录的是一国居民与非居民之间的经济交易

居民是一个经济概念,划分居民与非居民的主要依据是居住地和居住时间。区分居住地,并不以国籍或者法律规定为标准,而是以交易者的经济利益中心(Center of Economic Inter-

① 1948年、1950年、1961年、1977年、1995年和2008年,随着国际交易方式的变化,国际货币基金组织分别编撰了六版《国际收支手册》。该手册是国际收支统计概念框架的国际标准,帮助各国在世界范围内系统地收集、组织国际收支的统计数据,提高数据的可比性。

est)所在地，即从事生产、消费等经济活动和交易的所在地作为划分标准，并且从事相关活动的期限需在1年以上。按照该原则，IMF做了如下规定：

(1)企业、非营利机构和政府等法人，属所在国居民。例如，美国通用汽车公司在巴西的子公司属于巴西的居民而非美国的居民。

(2)自然人，无论其国籍如何，只要在所在国从事1年以上的经济活动与交易，即为所在国的居民。例如，逗留期在1年以上的留学生和旅游者属所在国居民。同理，移民属于工作所在国的居民。

(3)外交人员、驻外军事人员永远都是所在国的非居民，而是派出国的居民。

(4)国际机构，如联合国、IMF、世界贸易组织、世界银行等是所有国家的非居民。

2. 国际收支记录的是全部的经济交易

国际收支不是以外汇收支为基础，而是以经济交易为基础，有些交易可能不涉及货币支付，但也要折成货币进行记录。因此，国际收支概念中的经济交易，指的是经济价值从一个经济实体向另一个经济实体的转移。根据转移的内容和方向，经济交易可以分成以下四类：

(1)交换。交换是一个交易者向另一个交易者提供了具有一定经济价值的实际资源，并从对方那里得到价值相等的回报。其主要包括：①商品、服务与商品、服务之间的交换，如易货贸易、补偿贸易等；②金融资产与商品、服务的交换，如进出口贸易等；③金融资产与金融资产的交换，如货币资本借贷、货币或商品的直接投资、有价证券投资及无形资产(如专利权、版权)的转让买卖等。

(2)转移。转移是一个交易者向另一个交易者提供了具有一定经济价值的实际资源、资产，但是没有任何补偿。其主要包括：①商品、服务由一方向另一方无偿转移，如无偿的物资捐赠、技术援助等；②金融资产由一方向另一方无偿转移，如债权国对债务国给予债务注销。

(3)移居。移居是指一个人把住所从一个经济体搬迁到另一个经济体的行为。移居后，其原有的资产与负债关系随之转移，从而使得两个经济体的对外资产、负债关系均发生变化。

(4)根据推论存在的交易。有些居民与非居民之间的交易并没有发生实际资源的流动，但是可以根据推论确定交易的存在，这也需要在国际收支中予以记录。

3. 国际收支是一个流量指标

国际收支概念中的"一定时期"的界定说明国际收支是一个流量指标。流量指标是时期指标，与存量指标不同，存量指标是时点指标。在提及国际收支时要指明属于哪一阶段，记录的是在这一阶段内一国的对外经济交易活动情况。

2008年国际货币基金组织出版的《国际收支和国际投资头寸手册》(第六版)中将国际收支定义为：国际收支是某个时期内居民与非居民之间的交易汇总统计表，组成部分有：货物和服务账户、初次收入账户、二次收入账户、资本账户和金融账户。

(二)国际收支平衡表

国际收支平衡表(BOP Statement)，是指按照一定的编制原则和格式，将一国一定时期国际收支的不同项目进行排列组合和对比，以反映和说明该国的国际收支状况的表式。它是对一个国家某一时期内发生的国际收支行为的具体的、系统的统计与记录。

1. 国际收支平衡表编制原理

国际收支平衡表是采用复式记账原理编制。所有项目都可以归纳为两类：资金占用类科目(或借方科目)和资金来源类科目(或贷方科目)。凡是属于对外国人支付的项目，都属于借方项目，其增加记借方，前面加"－"号，其减少记贷方，前面加"＋"号；凡是属于从外国人那里收入的项目，都属于贷方科目，其增加记贷方，前面加“＋”号，其减少记借方，前面加“－”号。由于有“储备资产变动”和“误差与遗漏”两个平衡项目，国际收支平衡表的借方与贷方的总额总是平衡的，即借方等于贷方。但其中每一具体项目的借方与贷方一般总不平衡，收支相抵总要出现一定差额，称局部差额，如贸易差额、劳务差额等。未用平衡项目平衡之前的各项局部差额合计是国际收支总差额，称为国际收支顺差或逆差。

2. 正确理解国际收支平衡表必须注意的问题

(1)国际收支平衡表表示的是一国在一定时期从国外所得到的资金和对国外所支付的资金，因而它只能是一个流量而不是一个存量，是一定时期的发生额而不是某个时点的持有额。

(2)由于国际收支平衡表表示的是一国在一定时期对外资产和负债的流量而不是存量，因此，国际收支平衡表不是一个国家的资产负债表。

(3)国际收支平衡表只是表现为账面平衡，不等于该国的国际收支是平衡的。

3. 国际收支平衡表的主要内容

国际货币基金组织的《国际收支手册》中提供了一套有关国际收支平衡表的项目分类建议，称为标准组成部分，供各国参考。在实务中，一些国家目前仍沿用《国际收支手册》第四版的规定，一些理论研究也经常采用第四版的规定，所以在介绍国际收支平衡表的标准构成时将《国际收支手册》第五版与第四版的编制规定进行比较(见表 11－1)，以便更好地理解国际收支平衡表。

表 11－1　　IMF 国际收支平衡表的标准构成

《国际收支手册》第五版中的规定	《国际收支手册》第四版中的规定
一、经常账户	一、经常账户
1. 货物	1. 货物
2. 服务	2. 无形贸易(含服务、收入)
3. 收入	3. 单方面转移(含经常转移与资本转移)
4. 经常转移	二、资本账户
二、资本与金融账户 1. 资本账户	1. 长期资本流动(含直接投资、证券投资及其他投资中偿还期限在 1 年以上的部分)
资本转移，非生产、非金融资产的收购与出售 2. 金融账户	2. 短期资本流动(含证券投资、其他投资中偿还期限在 1 年以下的部分)
直接投资	三、储备账户(即官方储备)
证券投资	四、错误与遗漏账户
其他投资	
官方储备	
三、错误与遗漏账户	

通过表 10－1 可以看出，《国际收支手册》第五版将第四版中经常账户的无形贸易账户拆分成服务与收入两个账户；第五版首次将经常转移与资本转移区别开来，这一变化导致对原来国际收支平衡表中的资本账户的重新定义，改称为资本与金融账户；第五版经常账户中的经常转移是第四版单方面转移账户的一部分，而第四版单方面转移账户下的资本转移部分调整到了资本与金融账户的资本账户中。资本账户在第五版和第四版中的含义是不同的，第五版中资本账户包含的内容更广，按照投资标的划分得更详细、更科学，便于实务中应用。第四版中长期资本流动相当于第五版金融账户下的直接投资、证券投资，第四版中短期资本流动相当于

第五版金融账户下的其他投资。同时，第五版将第四版的储备账户调整到金融账户下。

(1)经常项目(Current Account)

经常项目是一国与其他各国交往中经常地、大量地发生的，在国际收支中通常占较大比重的项目，是构成国际收支平衡表的最基本的、最重要的项目。经常项目可再细分为三个子项：货物和服务，收入以及经常转移。表11－2所示的是中国的国际收支平衡表。

表11－2　　中国国际收支平衡表(年度表)　　单位：亿元人民币

项　目	2010年	2011年	2012年	2013年	2014年
一、经常账户差额	16 043	8 736	13 602	9 190	13 510
A. 货物和服务差额	15 057	11 688	14 636	14 552	17 463
a. 货物差额	17 167	15 666	20 303	22 262	29 256
b. 服务差额	－2 109	－3 977	－5 667	－7 710	－11 793
1. 运输差额	－1 966	－2 896	－2 963	－3 509	－3 557
2. 旅游差额	－612	－1 558	－3 281	－4 765	－6 631
3. 通信服务差额	6	35	9	2	－29
4. 建筑服务差额	636	709	545	419	644
5. 保险服务差额	－949	－1 079	－1 090	－1 121	－1 098
6. 金融服务差额	－4	7	－2	－31	－25
7. 计算机和信息服务差额	425	538	670	585	608
8. 专有权利使用费和特许费差额	－826	－902	－1 054	－1 246	－1 347
9. 咨询差额	519	633	848	1 049	1 009
10. 广告、宣传差额	57	80	125	110	71
11. 电影、音像差额	－17	－18	－28	－39	－43
12. 其他商业服务差额	633	495	559	835	－1 335
13. 别处未提及的政府服务差额	－13	－20	－3	2	－60
B. 收益差额	－1 765	－4 547	－1 251	－4 822	－2 095
1. 职工报酬差额	823	965	964	996	1 582
2. 投资收益差额	－2 588	－5 513	－2 215	－5 818	－3 678
C. 经常转移差额	2 751	1 595	217	－540	－1 858
1. 各级政府差额	－100	－216	－196	－193	－180
2. 其他部门差额	2 852	1 810	412	－347	－1 678
二、资本和金融账户差额	19 343	17 337	－2 020	21 417	2 324
A. 资本账户差额	314	352	270	190	－2
B. 金融账户差额	19 030	16 985	－2 289	21 227	2 326
1. 直接投资差额	12 569	14 983	11 122	13 473	12 813
1.1 我国在外直接投资差额	－3 908	－3 115	－4 100	－4 522	－4 942

续表

项　目	2010 年	2011 年	2012 年	2013 年	2014 年
1.2 外国在华直接投资差额	16 477	18 099	15 221	17 996	17 754
2. 证券投资差额	1 605	1 264	3 013	3 267	5 062
2.1 资产差额	−521	398	−406	−335	−665
2.1.1 股本证券差额	−574	71 127	−158	−86	
2.1.2 债务证券差额	52	327	−533	−177	−579
2.1.2.1(中)长期债券差额	125	317	−312	−177	−568
2.1.2.2 货币市场工具差额	−73	10	−221	0	−11
2.2 负债差额	2 126	866	3 419	3 603	5 727
2.2.1 股本证券差额	2 106	350	1 887	2 015	3 189
2.2.2 债务证券差额	20	516	1 531	1 587	2 537
2.2.2.1(中)长期债券差额	20	190	1 092	844	2 512
2.2.2.2 货币市场工具差额	0	327	439	744	25
3. 其他投资差额	4 856	738	−16 424	4 486	−15 549
3.1 资产差额	−7 917	−11 815	−14 617	−8 771	−18 623
3.1.1 贸易信贷差额	−4 196	4 577	−3 901	−3 707	−4 235
长期差额	−294	−92	−78	−74	−85
短期差额	−3 903	−4 486	−3 823	−3 633	−4 150
3.1.2 贷款差额	−1 421	−2 898	−4 126	−1 982	−4 536
长期差额	−1 868	−2 778	−3 584	−2 595	−2 798
短期差额	447	−120	−542	613	−1 738
3.1.3 货币和存款差额	−3 942	−7 415	−6 607	−426	−9 805
3.1.4 其他资产差额	1 642	3 075	16	−2 656	−47
长期差额	0	0	−630	628	0
短期差额	1 642	3 075	646	−3 284	−47
3.2 负债差额	12 773	12 553	−1 807	13 257	3 074
3.2.1 贸易信贷差额	3 387	2 476	2 673	2 784	−121
长期差额	237	42	47	49	−2
短期差额	3 149	2 434	2 626	2 735	−119
3.2.2 贷款差额	5 334	6 811	−1 070	5 789	−2 124
长期差额	680	843	646	1 203	−355
短期差额	4 653	5 968	−1 716	4 586	−1 769
3.2.3 货币和存款差额	4 070	3 196	−3 753	4 686	5 001

续表

项　目	2010 年	2011 年	2012 年	2013 年	2014 年
3.2.4 其他负债差额	−18	69	343	−2 318	
长期差额	−26	−89	295	49 353	
短期差额	8	158	49	−50	−35
三、储备资产变动额	−31 831	−25 231	−6 087	−26 749	−7 209
3.1 货币黄金差额	0	0	0	0	0
3.2 特别提款权差额	−7	30	32	13	4
3.3 在基金组织的储备头寸差额	−141	−226	102	69	60
3.4 外汇储备差额	−31 683	−25 035	−6 221	−26 830	−7 273
3.5 其他债权差额	0	0	0	0	0
四、净误差与遗漏	−3 555	−842	−5 495	−3 859	−8 624

说明:①进出口皆为离岸价。②储备资产增加为“−”。

资料来源:国家外汇管理局网站统计数据。

第一个子项:货物和服务。货物一般包括居民向非居民出口或者从非居民那里进口的大多数可移动货物。服务涵盖的内容十分广泛,包括:运输、旅游、通信服务、建筑服务、保险服务、金融服务(不同于保险公司和退休基金会的服务)、计算机和信息服务、专有权利使用费和特许费、个人和文化及娱乐服务、其他商业服务以及政府服务。

第二个子项:收益,包括职工报酬和投资收益,其中职工报酬是指在我国居住不满一年的外国人从我国获得的收入和我国个人在国外居住不满一年从外国获得的个人收入,包括现金和实物形式的工资、薪金和其他福利。投资收入包括居民因拥有国外金融资产而得到的收入,其中又包括直接投资收入、证券投资收入和其他投资收入三部分。

第三个子项:经常转移指的是不以获取收入或者支出为目的的单方面交易行为,如捐赠、赔偿等。

(2)资本和金融项目(Capital and Financial Account)

资本和金融项目由资本项目和金融项目组成。资本项目的主要组成部分包括资本转移和非生产、非金融资产的收买/放弃。

资本转移包括涉及固定资产所有权转移、同固定资产买进卖出联系在一起或以其为条件的资金转移以及债权人不索取任何回报而取消的债务。非生产、非金融资产的收买/放弃总体来说包括各种无形资产,如注册的单位名称、租赁合同和其他可转让的合同和商誉。

金融项目包括直接投资、证券投资、其他投资和储备资产。直接投资反映某一经济体的居民单位(直接投资者)对另一经济体的居民单位(直接投资企业)的永久权益,它包括直接投资者和直接投资企业之间的所有交易。证券投资包括股票和债券的交易。其他投资包括长短期的贸易信贷、贷款、货币和存款以及其他类型的应收和应付款项。储备资产包括某一经济体的货币当局认为可以用来满足国际收支和在某些情况下满足其他目的的各类资产的交易。涉及的项目包括货币化黄金、特别提款权、在基金组织的储备头寸、外汇资产以及其他债权。

(3)错误与遗漏项目(Errors and Omissions Account)

国际收支平衡表由于其编制原则采用复式记账法,其借方总额与贷方总额相抵之后的总净值应该为零。但实际上,一国国际收支平衡表会不可避免地出现数字金额借贷方不平衡的现象,一般认为这种金额差异是由于统计资料有误差遗漏而形成的。出现错误与遗漏的原因主要有:

第一,编制国际收支平衡表的原始统计资料来自各个方面,在原始资料的形成过程中,不可避免地会出现某些当事人故意改变、伪造某些项目数字的做法,造成了原始资料的失实或不完全,如走私、资本外逃等。

第二,统计数字的重复计算和漏算,原始统计资料来自于四面八方,有的来自海关统计,有的来自银行报表,还有的来自官方主管机构的统计报表,这就难免发生因统计口径不一致而造成重复计算与漏算。例如,一个美国人从墨西哥以现金购买了价值1万美元的大麻(在途中却未能通过海关官员的检查),结果这1万美元落到了墨西哥的银行系统中,并被按惯例计入储备变动项目,但是这笔交易的另外一面却中断了。政府当局怀疑这些货是大麻,但在没有可靠的证据下,它不能记录下这笔交易。

第三,有的统计数字本身就是估算的。有关单位提供的统计数字也不是百分之百的准确无误,有的仅仅是估算数字。

因此,为了使国际收支平衡表的借贷双方实现平衡,便人为地设立了“错误与遗漏”项目。

4. 国际收支平衡表的差额

考察国际收支状况主要注意以下四个差额:

一是贸易收支差额,等于商品出口减商品进口(按绝对额计算),或等于商品出口加商品进口(按国际收支平衡表记账符号计算);

二是商品、服务和收益差额,等于商品交易差额加服务收支差额和收益差额;

三是经常项目差额,等于商品、服务和收益差额加单方转移收支差额;

四是基本国际收支平衡差额,等于经常项目差额加长期资本流动差额。

二、如何测量国际收支不平衡

如上所述,国际收支平衡表是按复式记账的原理编制的。其基本原理为:有借必有贷,有贷必有借,借贷必相等。平衡表上的借贷项目总额总是平衡的,而这种平衡只是形式上的、人为的平衡。至于一国的国际收支实况究竟是逆差、顺差,抑或是绝对平衡,这要从平衡表上各项目的交易性质来分析。

除了误差与遗漏项目外,国际收支平衡表上所列的其余所有项目都涉及外汇的收支,代表实际的交易。所有这些交易活动,根据交易主体和交易目的的不同,可以分为自主性交易和调节性交易。

自主性交易,是指出于经贸关系、信贷关系及其他关系的需要而发生的交易,体现了各经济主体和居民个人的意志,因而具有自发性和分散性的特点。通常,经常项目、长期资本项目以及部分短期资本项目所代表的交易活动属于自主性交易。

调节性交易,是指中央银行或货币当局出于调节国际收支差额、维护国际收支平衡、维持货币汇率稳定等目的而进行的交易,所以又称弥补性交易。它是在自主性交易出现差额时,为弥补或调节这种差额,由政府出面进行的交易活动,体现了一国政府的意志,具有集中性和被动性的特点。一般来说,平衡项目以及部分短期资本项目所代表的交易活动属于调节性交易。

由于调节性交易是货币当局为了弥补自主性交易的缺口,被动进行的一种事后弥补性的对等交易。因此,衡量一国国际收支平衡与否的标准,是看其自主性交易是否达到了平衡。

三、国际收支的平衡与均衡

保持国际收支在某一时点上的平衡，实质上就是保证该时点的对外支付能力，因此，它是考察国际收支状况的重要依据。但是，这种平衡对国民经济的中长期发展和长期稳定有何作用，仅依此还无法得出可靠的结论，例如，对于一个发展中国家而言，经常项目、资本项目都各保平衡就未必是个好的选择。具体问题无疑需要具体分析，但有一点可以肯定，仅仅讨论国际收支在数量上的平衡或是不平衡是不够的。为此，人们提出了国际收支均衡的概念。

国际收支均衡是指国际收支在量和质两个方面都能较好地促进本国经济和社会的发展。对于一个谋求走外向型经济道路的发展中国家而言，国际收支均衡在量上允许一定时期内国际收支经常项目上有较大赤字，以满足经济发展对外资的需要，而在质上要求国际收支的内容能对本国经济的良性发展产生尽可能大的推进力。

四、国际收支的调节方式

鉴于一个国家的国际收支失衡会对该国经济的稳定和发展产生十分重要的影响，因此，各国都采取一定的措施来调节国际收支，使国际收支的结果朝有利于本国经济稳定发展的方向发展。

(一)财政手段

财政手段包括两类：一类是支出政策；另一类是税收政策。前者是通过影响总需求来影响资本流动，从而影响国际收支。在国际收支出现逆差时，政府实行紧缩性的财政政策，抑制公共支出和私人支出，从而抑制总需求的增加，同时抑制对外需求的增加，以改善贸易收支和国际收支；反之，在国际收支出现大量顺差时，政府则实行扩张性财政政策，扩大财政赤字，刺激私人和公共支出，扩大总需求和对外需求，从而产生相反的效果。税收和补贴政策主要包括出口退税、出口免税、进口增税、财政补贴等，主要目的是通过改善出口条件、增强出口竞争能力而达到增加外汇收入、减少逆差、平衡国际收支的目的。

(二)货币手段

货币手段主要有以下几种：

(1)贴现政策。中央银行通过改变贴现率来影响市场利率，或者通过直接改变市场利率，影响国际资本的输入和输出，从而调节国际收支。

(2)改变存款准备金率。中央银行通过调整存款准备金率来影响商业银行的贷款规模，从而影响总需求和国际收支。

(3)建立外汇平准基金。即由中央银行拨出一定数量的外汇储备，作为外汇平准基金，当国际收支发生短期不平衡时，通过中央银行在外汇市场上买卖外汇来调节外汇供求，影响汇率，从而推动出口，增加外汇收入和改善国际收支。

(4)改变汇率。即通过本币的升贬值来影响进出口，进而调节外汇收支，达到改善国际收支的目的。

(三)信用手段

信用手段主要是指利用国际信贷来调节国际收支的失衡。其主要包括：①利用各国政府间的信贷来平衡国际收支，如临时性贷款协定、提供短期贷款支持、签订互换货币协定等。②通过向国际金融市场借款来平衡国际收支。③利用国际金融机构提供的信贷作为平衡国际收支的手段，如国际货币基金组织为成员国提供的短期信贷支持等。信用手段是调节国际收支的直接手段。

任务二 外债管理

一、外债概述

(一)外债含义的界定

根据国际金融组织所下的外债定义,我国在1987年8月27日公布的《外债统计监测暂行规定》第三条明确了我国的外债定义,规定所称外债是指中国境内的机关、团体、企事业单位、金融机构或者其他机构对中国境外的国际金融组织、外国政府、金融机构、企业或者其他机构用外国货币承担的具有契约性偿还义务的全部债务,包括:①国际金融组织贷款;②外国政府贷款;③外国银行和金融机构贷款;④买方信贷;⑤外国企业贷款;⑥发行外币债券;⑦国际金融租赁;⑧延期付款;⑨补偿贸易中直接以现汇偿还的债务;⑩其他形式的对外债务。

从我国对外债所下的定义以及实际操作中可以看到,我国的外债定义,除包含外债的一般特性,即按居民、非居民区分和偿还义务的契约性外,还具有如下特征:①借款形式为货币,换句话说,以实物形式构成的债务不算外债;②由于目前人民币在国际上不能自由兑换,所以规定了外债的币种是外币而非本币,即人民币债务不构成外债;③外汇担保只有在实际履行偿还义务时才构成外债,否则应视为或有债务,不包括在外债统计监测范围内。

(二)外债的种类

按债务期限划分,可分为短期债务和中长期债务。短期和中长期的标准以1年为限。

按债务形式划分,可分为国际商业贷款、外币债券、国际金融租赁、贸易融资、政府和国际金融组织贷款、对外私人借款。

按债务人和其使用情况划分,可分为政府机构借款、金融机构借款、企业单位借款、其他机构借款。

按债权人或其来源情况划分,可分为国际金融组织贷款、外国政府贷款、外国银行和金融机构贷款、外国企业或私人贷款。

按优惠情况划分,可分为硬贷款和软贷款。

按贷款的利率划分,可分为无息贷款、低息贷款和市场利率贷款。

二、外债与国际收支平衡

举借外债是一国对外经济活动的一个主要组成部分,对一国的国际收支状况有重要影响,特别是从发展的角度来看,它影响着一国国际收支发展的前景和趋势。反过来说,国际收支状况也在很大程度上影响着债务活动的周期,表现在贸易顺差可以用来偿还外债的本息。

世界银行把债务周期划分为五个阶段:第一阶段是不成熟的债务人,这个阶段的特点是贸易逆差,利息支付净流出,净资本流入,债务上升;第二阶段是成熟的债务人,这个阶段的特点是贸易逆差下降,债务按递减速度上升;第三阶段是债务减少,贸易出现顺差,利息支付净流出减少,净资本流出,净外债下降;第四阶段是不成熟的债权人,其特点是贸易顺差下降,再转为逆差,利息支付的净流出转为流入,资本流出速度下降,外国资产出现净积累;第五阶段是成熟的债权人,贸易逆差,利息支付净流入,净资本流出量减少,净国外资产的头寸缓慢增长或稳定不变。

第二次世界大战以后，发展中国家也将国际收支平衡作为一项重要的经济目标来实行。但是，大多数发展中国家处于债务周期的第一阶段“不成熟的债务人”，依靠经常项目调整国际收支平衡难度较大，必须借助资本项目顺差来弥补经常项目逆差，以求国际收支总体平衡。借外债就是利用外资的主要形式之一。特别是在经济发展初期，发展中国家需要大量资金进口国外的先进技术和设备，容易造成一定量的贸易逆差。由借外债满足必要的进口需要，可以促进本国经济发展，逐渐转变贸易逆差为顺差，增强还本付息的能力，从而进入第二阶段“成熟的债务人”。

三、外债管理

外债管理主要包括外债的借入和外债的使用两个方面。这两个方面管理好了，就能保证外债到期的偿还。对于“借”，关键是将规模控制在本国经济的承受能力范围之内，保持外债结构的合理；对于“用”，关键是保证借入外债投向的合理和避免外债使用过程中的风险。一国外债的承受能力，可用负债率、债务率、偿债率等各项债务比率指标来衡量。一般来说，一国外债率不超过100%，偿债率不超过20%～25%，其外债规模就没有超过本国经济的承受能力，是不会发生债务危机的。

（一）外债规模管理

外债规模管理是确定一国的中长期和年度合理负债水平。

一般而言，外债规模主要受三个因素影响：一是经济建设对外债的需求量；二是国际资本市场的可供量；三是本国对外债的承受能力。外债的承受能力是确定外债规模最重要的因素。

（二）外债结构管理

外债结构管理具体包括以下内容：

1. 融资结构管理

国际融资有多种形式，包括官方和国际金融机构的贷款、出口信贷、发行债券、国际租赁、补偿贸易等。各种形式具有不同的优势和特点。

官方和国际金融机构贷款带有援助性质，具有期限长、利率低等特点，适于国民经济结构调整和基础产业的发展。发行债券具有筹资金额大、成本低等特点，适于大型项目。出口信贷由于直接与设备引进相互融资，因而受到政府的补贴和担保，具有成本低、风险小的特点，适于成套设备的引进。商业信贷具有使用方便、偿还灵活等特点，适于出口创汇项目。国际租赁特别是杠杆租赁，可以享受税收优惠，进而降低成本，适于大型运输项目的租用和不可购买但可租用的设备。补偿贸易既可以吸收资金，又可以带动出口，因而适于中小型技术改造项目。

2. 期限结构管理

期限结构是指1年期以上的中长期外债和1年期以下（含1年）的短期债务的分布状况。如果不对外债期限加以管理，就有可能出现大批债务期限相同而造成偿债高峰和偿债困难的情况。对外债期限结构的管理，首先，要按照国际惯例，使短期外债占外债总额的比例控制在25%以下；其次，要避免借入大量年限相同的外债，防止还债过于集中；最后，要避免短期外债的增长长时间超过中长期外债的增长，防止债务短期化。

3. 利率结构管理

国际资本市场上存在着固定利率和浮动利率，浮动利率随市场资金的供求而变动。由于政府对本国资本流动的干预，又有优惠利率和非优惠利率之分。对外债的利率结构管理包括以下两个方面：

(1)中长期债务尽可能使用固定利率,以防止国际资本市场变化对一国整体债务成本的影响,同时应尽可能避免单一利率,以享受利率正常变动的益处。

(2) 在不受政治和使用限制的条件下,尽可能争取政府贷款或国际金融机构贷款,以享受优惠利率;同时,降低非优惠利率即国际商业性贷款的比例。

4. 币种结构管理

对外债的币种结构进行管理,源于对汇率风险的认识。当今世界,任何一种货币都无法长期保持坚挺的地位,在借用外债的整个过程——“借、用、收、还”四个环节中,只要发生货币兑换,就存在汇率风险。因此,对外债币种进行管理要做到以下几点:一是从国家整体债务上讲,外债币种要与出口收汇、外汇储备的币种相一致,避免偿债过程中的汇率风险;二是软、硬货币的搭配,防止外债使用过程中的汇率风险;三是在一个具体项目上,要使“借、用、收、还”四个环节币种相一致,避免汇率风险,保证外债按时偿还。

5. 市场与国别结构管理

对外债市场与国别结构进行管理主要在于多元化。负债营运管理是指对外债整个运行过程进行管理,包括外债借入管理、外债使用管理和外债偿还管理。外债偿还管理要落实偿还资金,合理安排偿还时间,避免出现偿债高峰。

(三)外债投向管理

外债资金投向正确的部门、产业并使其产生效益,是外债利用成功的基础,而且外债的投向决定了外债的回收和偿还,关系到能否支持国民经济长期、稳定、协调发展,因此,外债的投向要与国民经济发展战略和产业政策相一致。按照这一要求,对外债的投向管理主要内容有:政府贷款和国际金融组织的贷款主要投向国家重点项目和基础产业以及优化国民经济结构的行业,如能源、交通、电子、通信等;商业贷款主要投向创汇能力强、回收期短的项目,以增强出口创汇能力,增加偿还能力;短期借款只能用于流动资金和临时周转,不能用于长期投资,防止债务短期化;根据不同行业和不同地区确定不同形式的外债投入,使国民经济均衡发展;创汇项目、非创汇项目和社会效益项目要保持适度比例和梯形格局,使国民经济既有发展后劲,又能保证对外偿付的来源。

(四)外债风险管理

具体来讲,外债风险管理的内容有:

(1)非创汇项目年还本付息额≤年外汇调剂供应量,这主要是保证有本币效益的项目,通过外汇调剂市场换取外汇,偿付外债。

(2)社会效益项目年还本付息额≤年外汇储备增加额,这主要是保证国民经济基础产业的发展,并按时还债。

(3)在外债中长期指标分配上,要有一定的机动指标不用于项目投资,而是用于债务结构的调整。随着债务积累增大,机动比例应保持在10%左右,以防止整体债务风险。

(4)在每年出口收入中提取适当的比例建立偿债风险基金。这个比例根据每年逾期本息占应还本息的比例而定,以保证呆账部分和偿付困难部分的还本付息。

(5)采用掉期、期权、远期和即期外汇买卖等金融工具,做好利率、汇率的风险调整,使债务合理化。

任务三 国际信贷

一、国际银行信贷

（一）国际银行信贷的含义

国际银行信贷也称国际商业贷款，主要是指一国贷款银行或国际贷款银团在国际金融市场上向另一国的借款人或国际机构提供的货币贷款。

国际银行信贷是采取货币资本形态的一种信贷关系。目前国际银行信贷所采用的货币，主要是十几种实际上起着世界货币符号作用的货币，比如美元、日元、瑞士法郎、英镑等。这些货币都是在国际经贸往来中经常使用的，它们不仅作为国际计价、结算、支付的货币使用，而且还普遍被世界各国作为外汇储备而持有。

（二）国际银行信贷的特点

(1)银行信贷在资金使用上较为自由，不受贷款银行的限制。

(2)贷款方式灵活，手续简便，资金供应比较充沛，贷款金额、手段等均有选择余地，不必经政府部门的最终批准。

(3)国际银行贷款的利率和费用相对较高，期限则相对不长。

（三）国际银行信贷的方式

1. 国际银行短期信贷

国际银行短期信贷业务是指资金运用期限不超过1年的各种业务，主要有银行短期信贷、短期票据贴现、国际保理业务等。

(1)银行短期信贷可分为银行对银行的信贷和银行对非银行的信贷。

(2)短期票据贴现是银行买入未到付款期限的票据，在取得相当利息之后，将一定数量的资金交与票据持有人。

(3)国际保理是国际保付代理业务的简称，也叫做承购应收账款业务，是指出口商在以赊销方式进行商品交易后，将发票、汇票、货物提单等有关单据卖给国际银行或专业保理公司，立即收回全部或部分货款的国际金融业务。

2. 国际银行中长期信贷

国际银行中长期信贷的期限在1年以上，中期贷款期限通常为1～5年，长期贷款的期限为10年。银行发放中长期贷款，主要有两种方式：双边中期贷款（独家银行贷款）与银团贷款。

(1)双边中期贷款是指某国一家贷款银行向另一国银行、政府、政府部门及公司（企业）提供的贷款。

(2)银团贷款又称为辛迪加贷款，是指由一家贷款银行牵头，由该国或几国的多家贷款银行参加，组成贷款银团，共同向另一国银行、政府或政府机构、公司（企业）以及国际机构提供的贷款。一般地，银团贷款金额较大，约在5亿～10亿美元，也有上百亿美元的贷款；贷款期限较长，多数为3～10年；贷款成本也比双边中期贷款要高一些。

3. 项目融资

项目融资是指以特定项目的资产、预期收益或权益作为抵押，贷款人没有完全追索权的新型融资方式，是适应跨国公司业务发展的需要，在大型项目国际招标基础上，由国际银团贷款发展起来的一种新型国际贷款。项目融资也称为项目贷款，适用于大型基础公用设施项目和大型基础工业项目的建设，如高速公路、桥梁、海港、隧道、大型电站、钢铁企业及石油化工企业等。

由于项目融资下银行只有有限追索权，所以必须要求项目发起人提供相当规模的资本金。按国际惯例，项目股本一般在总投资额的25%～35%之间，如果项目的风险较大，股本比例还会相应提高。项目总投资除去股本以外的部分要依靠融资来满足。

二、出口信贷

（一）出口信贷的概念

为扩大本国机器设备的出口，加强本国产品在国际市场上的竞争能力，由政府对本国商业银行给予利息补贴，并提供出口信贷保险，以鼓励本国商业银行向本国出口商、外国进口商所在国商业银行提供中长期的利率较低的贷款，即是出口信贷。它实际上是专门用于解决外国进口商支付贷款国出口商设备货款需要的贷款，旨在促进本国大量资本商品的出口。

（二）出口信贷的特点

出口信贷的特点有以下四点：

第一，出口信贷利率优惠，贷款利率低于国际资金市场相同条件的贷款利率水平，利差由国家贴补。

第二，贷款指定用途。出口信贷必须联系出口项目，即贷款只能用于购买贷款国出口的资本货物或技术及有关劳务。

第三，部分资金融通。出口信贷的贷款金额只能占合同金额的85%左右，其余的10%～15%要支付现汇。

第四，与信贷保险相结合。通常在出口信贷发放之前，都要求出口商向本国的出口信贷机构投保，以减轻进口商不履行合同的风险损失。西方国家一般都设有国家信贷保险机构，对出口信贷予以担保，风险由国家承担。

（三）出口信贷的种类

1. 卖方信贷

卖方信贷是指在大型设备和成套设备贸易中，出口国政府为了便于出口商以赊销或延期付款的方式出口设备，向出口商提供的中长期贷款。

2. 买方信贷

买方信贷在20世纪60年代中期已日渐普及，目前是较流行的出口信贷方式。买方信贷是指出口国的出口信贷机构或银行向进口商或进口国银行提供的中长期贷款。在买方信贷方式下，出口国信贷机构或银行直接向外国进口商或进口国商业银行提供贷款，而进出口双方则以现汇成交。出口商只收取现汇货价，而利息、保费等在信贷合同中分项规定，因而进口商对这一切都能清楚了解。但进口商需要同时签订两个合同：贸易合同与贷款合同，手续比较繁琐。出口商摆脱了向银行筹资的工作，并能及时收到货款，不承担商业风险、外汇风险，但在报价方面，则不能笼统地附加各种费用，更不能乘机抬价。由于买方信贷克服了卖方信贷的一些重大缺点，进出口双方都比较乐于采用买方信贷方式。

买方信贷与卖方信贷的区别，如图11－1所示。

3. 混合贷款

混合贷款是指由外国政府与商业银行联合起来向借款国提供的贷款，在贷款总额中既有一定比例的政府无息或低息贷款，又有一定比例的出口信贷或银团贷款，贷款资金用于购买贷

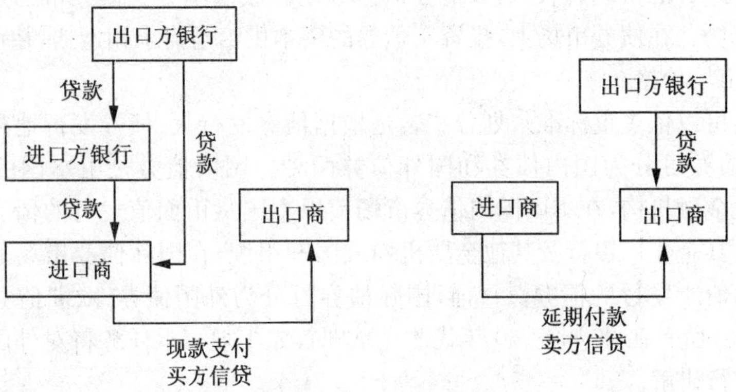

图 11—1　买方信贷与卖方信贷的区别

款国的资本商品和劳务。混合贷款带有援助性质，多用于双边合作。

4. 福费廷业务

福费廷(Forfeiting)又称包买票据业务，产生于 20 世纪 60 年代，属于商业银行大额中长期融资业务，用于进口商以延期付款的方式进口资本货物的交易。

在福费廷业务中，出口商开出以进口商为付款人的中长期汇票，经一流的银行担保和进口商承兑后出售给出口国银行，取得扣除贴息和其他费用后的金额，如果进口商到期不能履行付款责任，贴现银行也不得向汇票的出票人(出口商)行使追索权。由此看来，福费廷业务是一种类似贴现，但又比贴现复杂得多的中长期融资业务。对出口商来说，有利于转让汇票，加速资金周转并减少信贷管理和票据托收费用；对进口商来说，办理该业务的手续简便，但商品价格较高。

(四)出口信贷君子协定

为减缓出口所带来的过度竞争，西方各国政府试图通过高级会谈达成政府间的协议，对出口信贷的各项条件予以适当限制。在此背景之下，1975 年夏，美、英、法、联邦德国、意、日、加七国首脑在巴黎举行七国首脑会议，原则上同意达成一项官方协定。1976 年，经济合作与发展组织成员国达成一项《出口信贷君子协定》；1978 年，该组织又达成一项取代 1976 年协定的新协定，并于 1978 年 4 月 1 日生效。该协定的主要内容如下：

(1)协定适用于政府信贷机构给予担保或给予利率补贴的一切买方、卖方出口信贷。

(2)出口信贷的最高额度不得超过合同金额的 85%，其余应以现汇付给出口商。

(3)统一协调了出口信贷的最低利率与最长期限。

(4)飞机、船舶、地面卫星站、原子能电站和农产品合同的出口信贷，不受君子协定约束。

(5)规定了君子协定在混合出口信贷中的适用标准。

但是，由于君子协定并不完全具有强制性，因而经济合作与发展组织成员国在执行过程中也有突破某些规定的情况发生。

三、国际债券

(一)国际债券的基本分析

债券是有价证券的一种形式，它是投资人(即债权人、债券持有人)将货币资本贷放给政府、公司(企业)、银行及其他金融机构的债权证书。债券投资人根据该债权证书有权定期向债券发行人(即债务人)取得利息收入,并能在债券到期时收回本金。债券市场是从事债券发行和交易的金融市场。在债券市场上,投资于债券的资本供给与需求相遭遇,在市场利率的影响下,形成债券的市场价格。

债券的种类可以依多重标准来划分。若是根据债券发行人、债券发行地和债券面值货币的情况来划分,债券可分为国内债券和国外债券两种。国内债券是由本国的政府、公司(企业)、银行及其他金融机构,在本国国内债券市场上以本国货币面值发行的债券。国际债券是由一国政府、公司(企业)、银行及其他金融机构或国际组织,在国际债券市场上以外国货币面值或境外货币面值所发行的债券。目前,国际债券可分为外国债券、欧洲债券两种。前者在19世纪就已存在,后者在20世纪60年代才在欧洲首先出现。本任务将对外国债券和欧洲债券的基本内容进行讲解。

(二)外国债券

外国债券是指一国的政府、公司(企业)、银行及其他金融机构以及国际组织,在某一外国的债券市场上,以该外国货币为面值货币所发行的债券。

外国债券是传统的国际债券。19世纪时,伦敦是世界最大的金融中心,外国债券的发行集中于伦敦。第二次世界大战之后,国际金融中心逐步转到纽约,于是在纽约发行的外国债券逐步增加。进入20世纪70年代,由于日本对外开放了其长期封闭的资本市场,且国内利率较低,投资不振,因而日元债券得到迅速发展。目前,美国、日本、德国和瑞士是最主要的外国债券市场。其中,日元外国债券称“武士债券”,美元外国债券称“扬基债券”,而英镑外国债券称“猛犬债券”。

(三)欧洲债券

欧洲债券又称离岸债券,是指各国政府、公司(企业)、金融机构和国际组织,在某国境外以该国货币为面值发行的债券。

1. 欧洲债券的特点

(1)债券发行人是某一国家的政府、公司(企业)、金融机构,或者是国际组织(主要是国际金融组织),因而债券的信用等级高。

(2)债券发行地点属于两个外国或更多外国,筹资面较外国债券更广,可以筹集到大额资金。

(3)债券面值货币是某种境外货币,且面值货币可以自由选择,甚至可以用一种货币发行,也可以用两三种货币发行,便于防范外汇风险。

(4)由于同时在几国发行,通常只有跨国银行甚至多家银行组成的跨国银团才能胜任欧洲债券的包销工作,具有完善的高效率的发行机制。

(5)投资人是两个外国或更多外国的居民或非居民(实际上主要投资人是非居民),投资人分布更为广泛。

(6)欧洲债券的发行,不必经过债券市场所在国政府的批准,亦基本上不受有关国家政府金融当局的管理及法规约束,因而债券发行自由、灵活,手续简便。

(7)欧洲债券的融资成本较低,期限长。例如,欧洲美元债券比在美国发行的美元债券成本低大约0.2%,债券的期限以前多为5～12年,现在延长到20～30年,甚至还出现了无偿还期的永久性债券。

(8)欧洲债券的购买者不受利息所得税扣缴的限制,投资人纳税负担较轻,可以获得较多的收益。

(9)欧洲债券是在欧洲货币、欧洲货币市场的基础上产生和发展起来的,其发行和流通构成欧洲债券市场。相对于外国债券,这是一种新型的债券。

2. 欧洲债券的发行程序

(1)由债券发行人选定一家信誉卓著的银行充当牵头银行,并提出发行债券的初步要求。有资格充当牵头经理银行的都是大国跨国银行,目前在欧洲债券市场上,这样的银行仅有几十家。其中较著名的有英国的国际商业银行、密德兰国际银行、洛希里德国际银行,法国的欧洲金融公司,以及德国和瑞士的一些大银行。

(2)由牵头银行提出发行债券的各项条件,并起草债券发行文件和包销文件;由牵头银行组织包销银团,并征求包销集团成员的意见,接到答复后,牵头银行向债券发行人建议并最后确定发行条件;由债券发行人和牵头银行签订认购和包销总合同,牵头银行与各包销银行签订分包销合同。

(3)由牵头银行向包销集团分配债券。

(4)债券发行后,要由一家财务代理机构管理日常事务,由一家支付代理机构管理债券的还本付息工作。

四、政府贷款

(一)政府贷款的含义

政府贷款是一国政府利用本国财政资金向另一国政府提供的优惠性贷款,具有双边经济援助性质,也称双边官方援助贷款。按照国际惯例,衡量一笔贷款是否属于优惠性贷款,应测算其"赠与成分",一定要有25%以上的赠与成分才能算优惠贷款。

政府贷款是以国家政府名义提供和接受的,主要使用国家财政预算收入的资金,通过列入国家财政预算支出的资金进行放款。因此,政府贷款一般由各国的中央政府经由完备的立法手续加以批准,贷款意向书通常由两国政府领导人签署。政府贷款的形成,通常要以良好的政治关系为基础,它是配合外交活动的一种经济手段,通常附带有政治含义。

(二)政府贷款在第二次世界大战后的发展

政府贷款并非自第二次世界大战之后才开始,但以国际援助的形式出现并获得巨大发展则是在第二次世界大战之后。第二次世界大战后初期,遭受战争重创的西欧各国及日本,都急需恢复国民经济,但它们都十分缺乏恢复经济所必需的资金和设备,美国则以"马歇尔计划"向西欧提供巨额的经济技术援助;同时,也以占领地区救济基金、占领地区经济复兴基金方式向日本提供大量经济技术援助。美国的目的,除了为其资本输出和商品输出开辟道路之外,还带有很强的政治性,既是为了恢复西欧、日本经济从而巩固资本主义制度,又是为了与当时形成的社会主义阵营相抗衡。

第二次世界大战结束之后,广大殖民地地区的民族解放运动发展很快,新兴独立的发展中国家在发展民族经济的过程中,正需要大量的国际经济援助。西方发达国家为增强其资本输出、商品输出,并谋求获取发展中国家的经济资源,有条件地满足了发展中国家的部分资金需要。

目前在国际上,政府贷款大多由经济发达国家向发展中国家提供。提供政府贷款的国家可分为两种类型:①西方发达国家(主要是经合组织中发展援助委员会的成员国);②石油输出国组织成员国。

从发展趋势来看,纯粹的政府贷款已越来越少,代之而起的是混合贷款。

(三)政府贷款的机构和条件

1. 政府贷款的机构

政府贷款是利用国家财政资金所进行的借贷,一般由政府的财政部主管或者通过财政部由政府设立的专门机构办理。例如,美国政府国务院之下设有"国际开发署"(Agency for International Development, AID)、日本政府经济企划厅之下设有"海外经济协力基金"(Overseas Economic Corporation Fund, OECF)以及科威特政府设有"阿拉伯经济发展基金"等,都是办理政府间双边贷款事宜的专门机构。

2. 政府贷款的期限与利息率

政府贷款的期限是比较长的,一般为10年、20年甚至40年。利率较低,年利率一般在1%~3%。

3. 政府贷款的使用

政府贷款一般都规定有用途,专款专用,不得移作他用。按照政府贷款是否指定用途区分,可以分项目贷款、规划性贷款两种。

4. 影响政府贷款供给规模的因素

(1)贷款国的财政收支状况。在一国财政收支状况良好的情况下,该国政府所能提供的政府贷款可能多一些;反之,可能提供的贷款就会少一些。目前,世界上几乎没有财政收支存在节余的国家,发达国家也都连年发生巨额财政赤字,积累了天文数字般的政府债务。因此,政府贷款的供给规模并没有与世界经济同步增长。

(2)贷款国的国际收支状况。其影响与财政收支类似。

五、国际金融机构贷款

(一)国际货币基金组织的贷款

1. 国际货币基金组织的贷款形式

IMF向成员国提供的贷款主要有以下几种:

(1)普通贷款(Normal Credit Tranches)。普通贷款是基金组织最早设立的也是最基本的一种贷款形式。它主要是用于解决成员国一般国际收支逆差的短期资金需要。此项贷款实行按不同限度区别对待的政策,把会员国可借用的贷款分为两部分,即将普通贷款分成储备部分贷款和信贷部分贷款两部分。①储备部分贷款(Reserve Tranche)是指申请的贷款不超过份额25%的贷款,原来称为黄金份额贷款。因为会员国缴纳的份额中规定25%以黄金、外汇和SDRs缴纳,所以这部分贷款是有十足保证的,经申请可自动提用,贷款是无条件的。②信贷部分贷款是相当于份额100%的那部分贷款,分为四档,每档相当于25%。第一档信贷部分贷款即超过储备部分贷款,但超出额又在25%以内的部分。高档信贷部分贷款(第二档~第四档),IMF掌握贷款条件较严,而且随着档次上升,贷款条件越来越严。

(2)中期贷款。中期贷款用于解决成员国较长期的国际收支逆差的资金需要,这是基金组织于1974年9月设定的一种贷款。中期贷款的期限相对普通贷款要长一些,一般贷款期限在10年。另外,中期贷款的每笔贷款额也较大,成员国借用中期贷款的累计最高限额可相当于该国所缴份额的140%。

(3)出口波动补偿贷款(Compensatory Financing of Export Fluctuation)。此项贷款创设于1963年2月,它是对初级产品出口国家因出口收入暂时下降、国际收支困难时提供的追加贷款。贷款条件为:出口收入的下降必须是短期的,而且是会员国本身能力所不能控制的原因造成的；成员国借用此项贷款的最高额相当于份额的100%。

(4)缓冲库存贷款(Buffer Stock Financing Facility)。此项贷款设立于1969年6月，它是对初级产品出口国的一种贷款，目的在于帮助这些国家解决为稳定国际市场初级产品价格而建立国际缓冲库存的资金需要。

(5)补充贷款(Supplementary Financing Facility)。该项贷款专门用于解决成员国巨额和持续的国际收支逆差问题，以补充普通贷款和中期贷款之不足。

(6)扩大资金贷款(Enlarged Access Policy)。设立于1981年。它是在补充贷款承诺完毕后，以同样的条件提供的一项贷款。

(7)信托基金贷款(Trust Fund Facility)。设置于1976年1月。它是基金组织运用信托基金，以较优惠条件向国际收支出现困难的、较穷的发展中国家提供的贷款。该项贷款在1981年3月已取消。

(8)石油贷款(Oil Facility)。该项贷款是专门为解决中东战争后石油涨价而引起的国际收支困难的资金需要而设立的一种临时性贷款。

2. 国际货币基金组织贷款的特点

(1)贷款对象：IMF只向成员国的政府提供贷款，而不向成员国的私营公司(企业)、银行等单位贷款。

(2)贷款用途：只能用于解决成员国国际收支上暂时出现的不平衡，用于贸易和非贸易的经常项目支付。

(3)贷款期限：以短期性贷款为主，期限为5年，后来也提供中期贷款，期限为10年。

(4)贷款额度：成员国的借款额度依据的是该国所缴纳份额的多寡。

(5)贷款方式：贷款不论使用哪种货币，均按特别提款权(SDRs)计值。

(6)贷款种类：最初只有普通贷款一种，后逐渐发展成多种。

(二)国际复兴开发银行的贷款

1. 国际复兴开发银行贷款的种类

国际复兴开发银行即世界银行。世界银行的贷款大致有以下几类：(1)具体投资贷款；(2)部门投资和维持贷款；(3)金融中间人贷款；(4)部门调整贷款；(5)结构调整贷款；(6)技术援助贷款；(7)紧急重建贷款。

2. 国际复兴开发银行贷款的特点

从操作角度来看，世界银行的贷款都具有如下特点：(1)手续严密，审查严格；(2)贷款利率参照资本市场利率，一般低于市场利率；(3)贷款必须如期归还，不能拖欠或改变还款日期；(4)汇价风险要由借款国来承担；

(5)贷款期限较长，一般为10～20年，宽限期为4年。

世界银行的贷款条件不如国际开发协会的贷款条件优惠，因而称为硬贷款。

3. 国际复兴开发银行的贷款政策

(1)只有世界银行的成员国才有资格向其申请贷款；(2)如果成员国能从国际金融市场上按正常条件获得贷款，则世界银行不予贷款；(3)成员国在申请贷款时，必须提交工程项目计划，并经世界银行实地调查认可；(4)世界银行贷款要专款专用。

(三)国际开发协会与国际金融公司的贷款

1. 国际开发协会的开发信贷

1960年成立的国际开发协会(International Development Association，IDA)，向会员国

中的低收入发展中国家提供长期优惠贷款,称为开发贷款。期限长达50年,实际上带有援助性质,整个贷款期限内免收利息,只收少量手续费。

国际开发协会有80%的贷款给予人均GNP低于410美元的国家,这类贷款称软贷款;人均GNP在806美元以上的国家,只能得到硬贷款,即要支付浮动利率和手续费;人均GNP介于410~806美元的国家,可以得到部分软贷款和部分硬贷款,称为混合贷款。

2. 国际金融公司的贷款

国际金融公司(International Finance Corporation ,IFC)的主要任务是,与私人投资者联合,对会员国特别是发展中国家的私人企业的新建、改建和扩建项目提供资金、技术援助和管理经验。

任务四 国际储备

一、国际储备概述

(一)国际储备的含义

国际储备(International Reserves)是指一国货币当局为弥补国际收支逆差、维持本国货币汇率的稳定以及应付各种紧急支付而持有的、为世界各国所普遍接受的资产。

(二)国际储备的特征

一个国家用于国际储备的资产,通常被称作国际储备资产。国际储备资产一般应该具备的特征有:①公认性;②流动性;③稳定性;④适应性。

(三)国际储备的构成

1. 黄金储备

黄金储备是一国国际储备的重要部分,具体指一国中央银行或财政部集中保管的金块与金币。在不同的货币本位制度下,黄金储备的作用也存在区别。金本位制阶段,黄金储备的作用表现为:(1)作为国际支付的准备金;(2)作为兑换银行券和支付存款的准备金;(3)作为国内货币流通的准备金。金本位制崩溃以后,黄金的职能范围缩小,难以充当兑换银行券和调节国内货币流通的准备金,黄金储备主要作为国际支付的准备。第二次世界大战结束后和布雷顿森林体系形成后,官方储备资产除黄金储备外还有外汇储备及国际货币基金组织发行的特别提款权。

2. 外汇储备

外汇储备是一国货币当局持有的国际储备货币。外汇储备是当今国际储备的主体,因为就金额而言,它超过所有其他类型的储备。充当国际储备资产的货币必须具备下列条件:①能自由兑换成其他储备货币;②在国际货币体系中占据重要地位;③其购买力必须具有稳定性。

第二次世界大战后,由于美国的力量空前膨胀,英国势力削弱,美元就取代了英镑成为最重要的国际储备货币。从20世纪70年代开始,随着固定汇率制的崩溃,外汇储备开始走向多元化。目前充当外汇储备的主要货币有美元、日元、欧元等。

3. 储备头寸

储备头寸就是指该国在国际货币基金组织的储备档头寸加上债权头寸。储备档头寸又称"储备部分贷款",是指成员国以储备资产(黄金、外汇、特别提款权)向国际货币基金组织认缴的那部分资金,其额度占基金组织分配给该国配额的25%。债权头寸又称"超黄金档贷款",

是指基金组织因将某一成员国的货币贷给其他成员国使用而导致其对该国货币的持有量下降到不足该国本币份额的75％的差额部分以及成员国在国际货币基金组织超过份额的贷款部分(最高为份额的125％)。

4. 特别提款权

特别提款权是国际货币基金组织为了解决国际储备不足问题，于1969年在基金组织第24届年会上创设的新的国际储备资产，实质上是补充原有储备资产的一种国际流通手段。它是国际货币基金组织分配给成员国的在原有的一般提款权以外的一种资金使用权利。它是按一篮子主要国际货币计价，并为基金组织及多个国际组织作为记账单位。基金组织每5年就对一篮子货币进行调整，确保所包含的货币具有代表性，是国际交易中常用的主要货币。特别提款权的价值每日计算，并且以美元列示。计算方法是根据美元、欧元、日元及英镑这四种货币与每日中午在伦敦市场所报汇率计算等值美元总额，所得即为特别提款权的价值。

二、国际储备与国际收支平衡

国际储备是一个国家经济实力的重要标志之一。各国保持国际储备有各种各样的出发点，但就国际储备的基本作用而言，主要有以下几点：

第一，国际储备可以维持一国的国际支付能力，调节临时性的国际收支不平衡。这是持有国际储备的首要作用。

第二，干预外汇市场，维持本国汇率稳定。

第三，国际储备是一国向外举债和偿债能力的保证。

三、国际储备管理

(一)国际储备的规模管理

一个国家究竟应该持有多少国际储备，这不仅对该国的对外贸易、国内的经济发展有重大的影响，而且对国际金融秩序的稳定和世界经济的发展也有一定的影响。如果一个国家的国际储备过低，不能满足其对外贸易及其他经济往来的需要，而且该国又不能及时地以可接受的成本从国外获取所需数额的资金，势必会降低其贸易和对外经济交往的水平，轻者会引起国际支付危机，重者会引起国内经济失衡，经济活动无法正常进行。

但是过多的国际储备虽然有较强的平衡国际收支的能力和抑制外汇市场波动的能力，但国际储备是财富和购买力的代表，它可以被用于进行生产活动，加速经济发展，所以获取和持有国际储备是有机会成本的。持有过多的国际储备也说明了资金没有得到充分的利用。

国际储备的适度规模，必须满足以下两个条件：①一国一定时期国际储备的水平，即现有储备量及由各种因素决定的国际储备的供给，足以满足该国一定时期对国际储备的需求。②一国一定时期国际储备的水平，即现有储备量及由各种因素决定的国际储备的供给，必须与各种因素决定的储备的需求水平相适应。

IMF还采用以下三个指标来确定储备的适度规模：①一国过去的实际储备趋势；②一国过去储备对进口的比率；③一国过去储备对国际收支总差额趋势的比率。确定国际储备适度规模的数量指标如表11－3所示。

表 11－3　　确定国际储备适度规模的数量指标

数量指标(在一国范围内)	反映内容
国际储备额与国民生产总值的比率	一国的国民经济程度
国际储备额与外债总额的比率	一国的对外清偿能力和债信
国际储备额与其一定时期(1年)平均进口额的比率	国际储备与进口之间的关系。通常认为不得低于25%
国际储备额与国际收支差额的比率	一国国际收支不平衡的调节与国际储备间的关系
影响国际收支状况的各种突发事件发生的频率	一国临时性国际收支和紧急国际支付与国际储备之间的关系
持有国际储备的成本与收益的比较	这种比较主要表现为以下五种指标:资本—产出率、储备收益率、资本缺乏程度、投资的边际效用以及国际储备调节国际收支不平衡的比较效用

世界上大多数国家则根据其进口额来确定外汇储备的水平,一般以满足3个月的进口需要为准。

(二)国际储备的结构管理

1. 结构管理的原则

国际储备本质上是一种随时用于对外支付的准备金,在一国国际收支不平衡时用于弥补逆差。国际储备的这一特点决定了它必须具备以下三个性质:①流动性。作为国际储备的资产必须能够随时兑现并用于支付。②安全性。作为国际储备的资产必须有效可靠、价值稳定。③盈利性。储备资产必须能够增值创利。

国际储备的四个构成部分:黄金储备、外汇储备、SDRs、在货币基金组织的储备头寸,它们的流动性、安全性、盈利性都是不同的。同时,不同的国家,在不同的时期,由于不同的经济发展目标,对这三方面也会提出不同的要求,而一国货币当局进行国际储备结构管理的目的就在于:针对不同储备资产各自的安全性、流动性、盈利性,根据扬长避短的原则不断调整四种不同形式的储备资产的数量组合,实现结构上的最优化,使其发挥最大的效能。

2. 黄金储备管理

黄金储备数额和比重的控制主要取决于黄金的性质。

(1)黄金的安全性。黄金由于其内在价值相对稳定且具有相对独立性,因而具有较高的安全性。

(2)黄金的流动性。自20世纪70年代起,黄金日渐成为一种缺乏流动性的储备资产。兑现能力较差。

(3)黄金的盈利性。与外汇相比,黄金的盈利性较差,因为其本身不能增值。因此,鉴于黄金的安全性特点,在国际储备中保持适量的黄金储备是必要的,但是又由于其缺乏流动性和盈利性,储备数量一般不宜过多。

3. 外汇储备管理

外汇储备管理是国际储备结构管理以及整个国际储备管理中最重要的内容。原因在于其在盈利性和流动性方面的优势和在储备中的高比例。其管理主要涉及以下四个方面:

(1)外汇储备数量及其在储备总额中的比重的控制。一般来说,在正常情况下,大多数国家选择将其外汇储备数额维持在3个月的进口量左右。从比重上看,发达国家的黄金储备所占比重和外汇储备所占的比重基本相仿，但在发展中国家，黄金储备的比重却远远低于外汇储备的比重。

(2)外汇储备的结构安排，包括储备货币的币种选择及其在储备中所占比重的确定。选择何种货币作为储备货币主要取决于以下因素：一国对外贸易和其他金融性支付所使用的币种；一国外债的币种构成；国际货币体系中各主要储备货币的地位，其市场的深度、广度和弹性；对各种储备货币汇率走势的判断；储备货币利率与汇率的比较，汇率与收益率的比较以及有关国家的货币政策；一国的经济发展目标和经济政策的要求。

(3)储备资产的投资决策。按变现能力划分，储备资产可分为以下三类：①一级储备或流动储备资产：指流动性非常高的资产，包括活期存款和短期票据、短期国库券等。这类储备的流动性最高，收益最低，风险基本上为零。②二级储备：指收益率高于一级储备，而流动性低于一级储备但仍然很高的储备，如中期债券，风险较大。③三级储备：指各种长期投资工具，收益率高但流动性低，如长期公债和其他信誉良好的债券，风险最大。

(4)对外借款的管理。对于用于归还对外借款的储备资产，一般是根据借款期限的长短，把储备资 产分别安排在适当期限的投资工具上，从而保证到期贷款的归还。记为每一笔 借款安排一笔存款准备，以减少避免由于储备不足而进行临时性融资抵补所可能带来的利率上升的风险。在储备资产的结构管理中，应注意：兼顾安全性、流动性、盈利性，在保证安全性、流动性的基础上考虑盈利性。

【拓展阅读 11－1】

花旗：中国和黄金都无法拯救委内瑞拉

委内瑞拉正面临现今枯竭的危险，但花旗(citi)指出，不要指望黄金或来自中国的现金能够弥补石油收入的下降。

花旗分析师认为，委内瑞拉可能会在第 3 季度动用来自中国的带附加条件的现金支援，但这些资金更可能用于需要获得审批的项目，而不是用来还债，而且现在并不能保证这笔资金一定会在第 3 季度到位。

委内瑞拉还可以动用其黄金储备，售油协议也可以提供帮助。但花旗分析师 Munir Jalil 和 Esteban Tamayo 分析了委内瑞拉资本流入和流出之间的缺口可能对国际储备造成的影响。他们的结论是，委内瑞拉今年具有流动性的国际储备将会继续下降，“明年几乎不可避免地要对黄金储备做出操作”。

他们进而指出：“委内瑞拉对出口实施严格的配给制，但没有对相对价格做出改变或采取其他有效的经济调整手段。这种做法被证明是缺乏效率的，造成国际储备下滑，压力可能还将继续加大。”

此外，根据花旗对原油价格的悲观预测，对于严重依赖石油出口、没有其他可以动用的资产而融资需求巨大的委内瑞拉而言，无异于雪上加霜。

因此，委内瑞拉面临非常艰难的选择，要么耗尽大部分现有国际储备、暂停正常的债务服务(即债务还本付息)，要么实施更严格的进口限制，迫使委内瑞拉经济忍受进一步的通胀、衰退和物品稀缺，花旗报告如是称。

资料来源：新浪财经，2015 年 7 月 30 日。

任务五 宏观经济均衡

开放条件下政策当局所追求的宏观经济均衡，涉及内部均衡和外部均衡两个方面。根据宏观经济学的一般均衡思想不难推论，为了达成内外均衡的目标，必须要求经济中的产品市场、货币市场和外汇市场同时实现均衡。于是，在我们的讨论从封闭经济过渡到开放经济的同时，用于宏观分析的一般均衡模型也自然地从 IS－LM 扩展为 IS－LM－BP。

一、IS－LM－BP 模型

目前广泛用于宏观经济分析的 IS－LM 模型，最早由希克斯(J. R. Hicks)创建。曲线的命名源自其经济含义。试想一个没有政府部门和国外部门的简单经济模型，预期总支出 Y＝C＋I，实际总收入 Y＝C＋S，在均衡状态下必然有 I＝S，于是就用 IS 表示产品市场均衡。同理，希克斯在分析中将货币需求称为期望流动性，用 L 表示；又以 M 代表中央银行发行的货币量，于是这条满足货币市场供求均衡的曲线就称为 LM。至于开放经济一般均衡模型中新增的 BP 曲线，显然是因为代表“Balance of Payments”才得以命名。

IS－LM－BP 模型是开放经济宏观均衡分析的常用工具。该模型的价值在于，既可以给出我们关于内外均衡的直观解释，也在宏观经济政策运用方面有很高的价值。本节介绍模型中曲线的推导与含义。

(一)IS 曲线

IS 曲线，代表产品市场供求均衡。一般地，开放经济条件下实现均衡的条件是：

$$C+I+G+X=C+S+T+M$$

[illegible] C 为私人部门消费；I 为私人投资；G 为政府支出；X 为出口；S 为私人储蓄；T 为政[illegible]为进口。

等号左边代表各部门的预期支出总额，形成市场上的需求；等号右边代表本国实际总收入，构成市场上的供给。所谓均衡，就是本国家庭、企业、政府及国外部门对国内商品和服务的预期总支出等于本国的实际总收入。

为了推导 IS 曲线，可将均衡条件式重新写作：

$$I(i)+G+X=S(Y)+T(Y)+M(Y) \qquad (11.1)$$

式中：i 为名义利率；Y 为实际国民收入。

当预期通货膨胀率给定时，名义利率上升导致预期收益下降，从而减少预期实际投资。因此，投资是利率的减函数。政府支出可视为外生变量。出口是国外部门对本国产品的需求，取决于外国收入水平 r^* 以及考虑了汇率因素的国内外物价对比 ep^*/p，于是，当假定国内外相对物价及汇率不变时，出口也可视为外生变量。无论私人储蓄 S 还是政府储蓄 T，都可直接理解为 Y 的增函数。至于进口(国外部门的供给)，在假定国内外相对物价及汇率不变时，当然也可以简化为 Y 的增函数。因此，开放经济的 IS 曲线，其实就是能够满足公式(11.1)的实际国民收入与名义利率组合的轨迹。运用四象限图解法画出 IS 曲线(见图 11－2)。

由图 11－2 可知，IS 曲线向右下方倾斜，线上任何一点都代表产品市场供求均衡。曲线右上方任意一点，代表产品市场处于供过于求的失衡状态，存在失业；曲线左下方任意一点，代表供不应求的失衡状态，经济状态为通货膨胀。进一步推理，其他条件不变时，如果任何原因

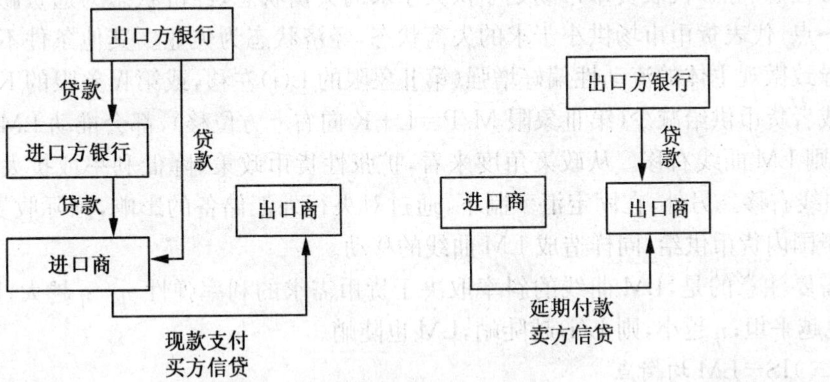

图 11－2　开放经济的 IS 曲线

导致第Ⅱ象限的 I(i)＋G＋X 向左移动，或者第Ⅳ象限的 S＋T＋M 向右上方偏转，就会推动 IS 曲线向右移动；反之，则 IS 曲线左移。从政策角度来看，扩张性财政政策（增支或减税）、奖出限入的贸易政策或汇率政策都会推动 IS 曲线右移。

（二）LM 曲线

LM 曲线代表货币市场供求均衡。根据凯恩斯的货币理论，货币供给 Ms 是由中央银行决定的外生变量，货币需求 Md 则是 Y 和 i 的函数：

$$\frac{M_d}{p}=L(i)+K(Y)$$

容易知道，货币需求与收入 Y 正相关，与利率 i 负相关。假定国内外相对物价和汇率固定不变，这意味着即使在自由可兑换的情况下，本国居民也没有动机以外币替代手中持有的本币。于是，要实现货币市场均衡，就要求外生决定的货币供给等于货币需求：

$$\frac{M_s}{p}=L(i)+K(Y)$$

换言之，LM 曲线由一系列可以实现货币市场均衡的实际收入和名义利率的组合点确定。同样，运用四象限图解法画出 LM 曲线（见图 11－3）。

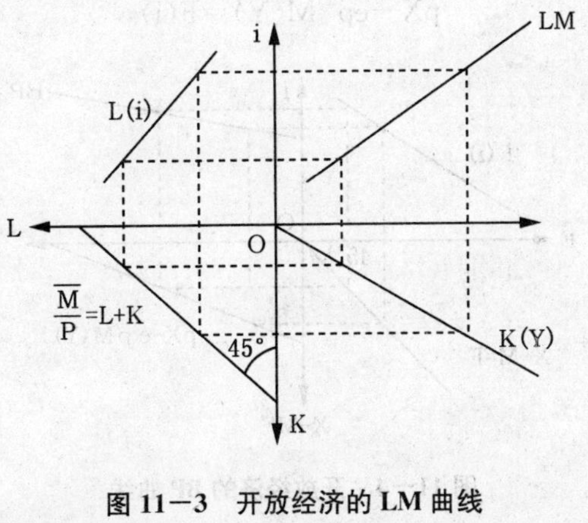

图 11－3　开放经济的 LM 曲线

由图 11－3 可知，LM 曲线向右上方倾斜，线上任何一点都代表货币市场供求均衡。曲线左上方任意一点，代表货币市场处于供大于求的失衡状态，经济状态为通货膨胀；曲线右下方任意一点，代表货币市场供小于求的失衡状态，经济状态为失业。其他条件不变时，如果任何原因导致微观主体的流动性偏好增强（第Ⅱ象限的L(i)左移，或第Ⅳ象限的K(y)向左下方偏转），或者货币供给减少（第Ⅲ象限 $\overline{M}/P=L+K$ 向右上方位移），都会推动LM曲线向左移动；反之，则LM曲线右移。从政策角度来看，扩张性货币政策（降低利率或扩大货币供给）推动LM曲线右移。另外，在固定汇率制下，通过对央行外汇储备的影响，国际收支差额可以直接作用于国内货币供给，同样造成LM曲线的移动。

需要注意的是，LM曲线的斜率取决于货币需求的利率弹性 η。η 越大，即L(i)越平坦，LM也越平坦；η 越小，则L(i)越陡峭，LM也陡峭。

（三）IS—LM均衡点

IS—LM均衡点上的实际收入——名义利率组合可以保证实现产品市场和货币市场的一般均衡。以上两条曲线虽然是在开放经济条件下推导出来的，但无论曲线轨迹还是位移因素都与封闭经济的IS—LM模型相差不大。

（四）BP曲线

BP曲线，代表国际收支平衡。简单地，由于大部分对外经济联系最终总要反映为外汇市场的交易行为，也可以认为BP曲线代表了外汇市场供求均衡。如果我们把国际收支平衡理解为经常账户差额与资本和金融账户差额之和为零，那么就不难推论一国的国际收支平衡也是由实际收入和名义利率共同决定的。因为实际收入水平决定着本国的进口支出，从而对于贸易平衡乃至经常账户差额都有着重要影响；同时，在预期汇率不变的情况下，利率差异往往是决定国际资本流动的关键因素，所以名义利率水平对资本和金融账户差额的意义重大。

为简化起见，令经常账户差额T等于以本币表示的进出口差额：

$$T=pX(Y^*, ep^*/p)-ep^*M(Y, ep^*/p)$$

当假定国内外相对物价和汇率不变时，X可视为外生变量，从而得到：

$$T=pX-ep^*M(Y)$$

容易知道，资本净流出额F与名义利率负相关，可以写作F=F(i)。根据国际收支差额B=T−F，可知当国际收支平衡时，必然满足：

$$pX-ep^*M(Y)=F(i) \tag{11.2}$$

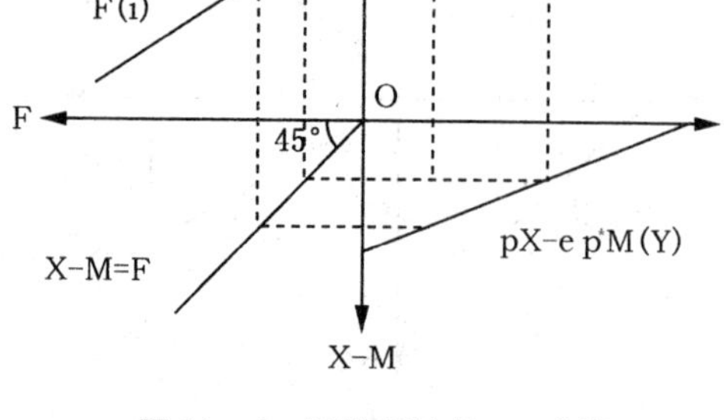

图11—4 开放经济的BP曲线

由图11—4可知，BP曲线向右上方倾斜，线上任何一点都代表外汇市场供求均衡。曲线左上方任意一点，表示贸易盈余大于资本流出净额，外汇市场供过于求，国际收支顺差；曲线右下方任意一点，表示贸易盈余小于资本流出净额，外汇市场供小于求，国际收支逆差。

其他条件不变时，如果任何原因导致资本净流出增加（即第Ⅱ象限的 F(i)左移），或者贸易盈余减少（出口减少或进口增加，从而推动第Ⅳ象限的 $pX-ep^{*}M(Y)$ 向左上方偏转），都会推动 BP 曲线向左移动；反之，则 BP 曲线右移。从政策角度来看，倾向于放松外汇管制、刺激资本流动的贸易政策将会推动 BP 曲线右移。当然，本币贬值的汇率政策也会因为奖出限入而推动 BP 曲线向右移动。

另外，BP 曲线的斜率取决于资本流动的利率弹性，利率弹性越大，则 F(i)越平坦，BP 也越平坦。由此不难推论，若国际资本流动的利率弹性为零（比如资本和金融账户严格管制），则 BP 为一垂直于横轴的曲线；若国际资本流动的利率弹性无限大（即资本在国际上可完全自由流动），则 BP 为水平曲线。由于 LM 与 BP 的斜率都为正（名义利率与实际收入正相关），所以两条曲线的相对位置将由国内外资金对利率的敏感程度决定。即：若资本流动的利率弹性大于货币需求的利率弹性，则 BP 较之 LM 更加平坦（见图 11－5）；反之，则 BP 较之 LM 更加陡峭。通常情况下，国际资本流动的利率敏感性要高于国内资金供求，所以前一种情形出现的频率更高。

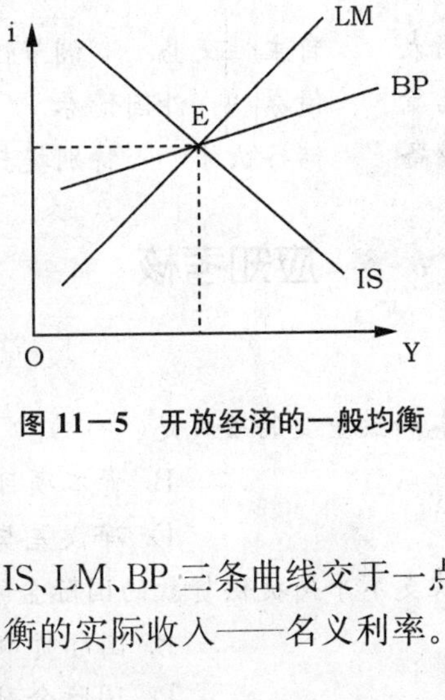

图 11－5　开放经济的一般均衡

（五）IS－LM－BP 均衡点

IS－LM－BP 均衡点是指 IS、LM、BP 三条曲线交于一点，从而确立了可以实现产品市场、货币市场和外汇市场同时均衡的实际收入——名义利率。在 E 点，整个开放经济处于一般均衡状态（见图 11－5）。

二、内外均衡的关系

开放经济下，政府的宏观经济政策目标既包括内部均衡也包括外部均衡。正如封闭经济的几大政策目标之间存在现实冲突一样，内外均衡目标也并不总是一致的。这意味着为追求某一均衡目标而采取的政策措施，既有可能同时有利于开放经济另一均衡目标的实现，也有可能对另一均衡目标的实现形成干扰甚至破坏。前一种情况称为内外均衡的一致，后一种情况称为内外均衡的冲突。

具体地，可以从两个角度来考察开放经济内外均衡的相互影响。一方面，外部不均衡会影响国内宏观经济运行。国际收支失衡若不及时调整，会直接影响当事国的对外交往能力和货币信誉，并对国内经济发展不利。国际收支出现逆差时，对外汇的需求提高，本币有贬值倾向。如果要维持固定汇率，中央银行需在外汇市场买入本币卖出外币，于是直接影响国内的货币供给；如果是在浮动汇率制下，则可能在短期资本外流的同时有利于出口而不利于进口，从而对本国的实际总收入产生影响。如果国际收支出现顺差，外汇市场上对本币需求提高，则本币面临升值压力。若要维持固定汇率不变，中央银行必须卖出本币买入外汇，于是迅速增加的基础货币投放必然对内形成通货膨胀压力；如果是浮动汇率制度，则本币升值不仅不利于出口而有利于进口并从而抑制国民收入增长，还有可能吸引更多的短期资本流入，致使本币进一步升值，对国内经济发展更加不利。长期以来，我国的国际收支一直处于双顺差状态，直接影响了内部均衡目标的顺利实现。

另一方面，内部不均衡也会影响外部均衡目标的实现。严格地讲，即使开放经济处于一般均衡状态，在产品市场、货币市场和外汇市场同时达到均衡（如图 11—5），却未必说明内外均衡目标均已实现。因为如果这时的均衡产出（实际收入）水平尚未达到充分就业的产出水平，则意味着点 E 虽然实现了外部均衡目标，但却没有实现真正意义上的内部均衡，而任何追求内部均衡的宏观经济政策都有可能破坏现有的外部均衡条件，从而造成国际收支逆差或是顺差。

★★★ 关键术语 ★★★

国际收支　国际收支平衡表　自主性交易　调节性交易　国际收支均衡　外债　国际银行信贷　出口信贷　债券　外国债券　欧洲债券　政府贷款　国际储备　黄金储备　外汇储备　储备头寸　特别提款权　国际储备管理

★★★ 应知考核 ★★★

一、单项选择题

1. 国际收支平衡表中最基本和最重要的项目是（　　）。

A. 经常项目　　B. 资本项目

C. 金融项目　　D. 净误差与遗漏项目

2. 有义务对成员国的国际收支不平衡提供贷款的国际金融机构是（　　）。

A. 国际复兴开发银行　　B. 国际货币基金组织

C. 国际开发协会　　D. 国际金融公司

3. 在国际贸易中，买方信贷的资金提供方是（　　）。

A. 出口方银行　　B. 出口商　　C. 进口方银行　　D. 进口商

4. 下列有关国际收支平衡表的表述中正确的是（　　）。

A. 国际收支平衡表反映的是存量资金状况

B. 国际收支平衡表是一个国家的资产负债表

C. 国际收支平衡表的编制采用复式记账原理

D. 国际收支平衡表经常会出现失衡

5. 国际货币基金组织的贷款对象是（　　）。

A. 成员国的企业　　B. 成员国的政府　　C. 成员国的银行　　D. 成员国的家庭

6. 1969 年，国际货币基金组织创立的新的国际储备资产是（　　）。

A. 特别提款权　　B. 欧元　　C. 储备头寸　　D. 欧洲货币单位

7. 由出口方的银行贷给进口方商人或进口方银行，用以支付进口货款的贷款形式，称为（　　）。

A. 买方信贷　　B. 卖方信贷　　C. 消费信贷　　D. 长期信贷

8. 下列机构中，向低收入发展中国家提供长期优惠贷款的是（　　）。

A. 国际开发协会　　B. 国际金融公司　　C. 欧洲中央银行　　D. 国际清算银行

9. 对成员国的国际收支不平衡提供贷款支持的国际金融机构是（　　）。

A. 国际开发协会　　B. 国际金融公司

C. 国际复兴开发银行　　D. 国际货币基金组织

10. 国际收支平衡表中，记入贷方的是（　　）。

A. 对外资产的净增加　　B. 对外负债净增加

C. 官方储备的增加　　D. 出口贸易的减少

二、多项选择题

1. 国际收支平衡表的主要项目包括（　　）。

A. 经常项目　　B. 资本和金融项目

C. 外汇收支平衡项目　　D. 外汇储备项目

E. 误差与遗漏项目

2. 出口信贷的特点有（　　）。

A. 利率优惠　　B. 指定贷款用途

C. 全部资金融通　　D. 与信贷保险相结合

E. 部分资金融通

3. 衡量一国外债承受能力的指标一般有（　　）。

A. 负债率　　B. 速度比率　　C. 资本充足率　　D. 债务率

E. 偿债率

3. 国际收支平衡表中的经常项目包括（　　）。

A. 货物　　B. 服务　　C. 收益　　D. 经常转移

E. 直接投资

4. 属于自主性交易的国际收支项目有（　　）。

A. 贸易收支　　B. 转移收支　　C. 外汇储备　　D. 长期资本

E. 服务收支

5. 国际货币基金组织的资金来源包括（　　）。

A. 国际债券　　B. 成员国缴纳的份额

C. 各类借款　　D. 信托基金

E. 实收股本

三、填空题

1. 国际货币基金组织编制的国际收支平衡表通常包括以下三大项目：________、________以及________。

2. 经常项目之下可以分为三个子项目：________、________以及________。

3. 国际收支平衡表是按照________的原理编制的。

4. 按贷款的利率划分，可分为________、________和________。
5. 银团贷款的成本由________和________两部分构成。

四、简答题

1. 简述如何正确理解国际收支的内涵。
2. 简述国际收支的调节方式。
3. 简述外债管理。
4. 简述国际银行信贷的概念、特点。
5. 简述出口信贷的概念、特点和种类。

★★★ 应会考核 ★★★

◎ 技能案例

国际收支继续呈现“一顺一逆”格局

国家外汇管理局今天公布的数据显示，2015 年前三季度，我国经常账户顺差 13 075 亿元人民币，资本和金融账户（含当季净误差与遗漏）逆差 7 548 亿元人民币，其中，非储备性质的金融账户逆差 21 734 亿元人民币，储备资产减少 14 169 亿元人民币。

我国近期国际收支表现为经常账户顺差、资本和金融账户逆差。国家外汇管理局副局长王小奕曾表示，当前我国国际收支结构出现这种调整很正常。日本、德国多年来就呈现国际收支“一顺一逆”的状况，我国也不例外。

王小奕认为，当前的资本流出与恐慌性资本外逃存在本质区别。当前资本流出主要是藏汇于民，也就是企业和个人更愿意持有外汇或者对外投资。同时，银行为应对今年以来远期结售汇逆差的需求，也购入了大量的外汇头寸。此外，在“一带一路”建设等推进下，国内企业对外投资意愿明显增强，“走出去”步伐加快。今年前三季度，非金融类对外直接投资累计 873 亿美元，同比增长 16%。最后，部分外汇流出反映为企业主动减持了一部分对外债务，降低了自身的高杠杆经营风险。“总的来说，当前的变化都是正常的，不属于资本外逃。”王小奕说。

外汇局公布的数据还显示，今年第三季度，我国经常账户顺差 3 967 亿元人民币，资本和金融账户逆差 3 967 亿元人民币，其中，非储备性质的金融账户逆差 14 012 亿元人民币，储备资产减少 10 046 亿元人民币。

资料来源：《经济日报》，2015 年 11 月 12 日。

【考核要求】

根据上述资料，对此案例进行分析。

★★★ 项目实训 ★★★

【实训内容】

分析中国的国际收支平衡表。

【实训目标】

通过对国际收支平衡表的分析，了解我国国际收支的状况，分析我国国际收支双顺差对我国经济产生的影响。

【实训步骤】

1. 查找最近几年的中国国际收支平衡表；

2. 分组进行数据整理，分析国际收支双顺差的原因；

3. 汇报分析结果。

项目十二　货币政策

知识目标

理解:货币政策的含义与特点。

熟知:货币政策的最终目标,货币政策诸目标间的关系,中国货币政策目标的选择。

掌握:货币政策工具及其运用,货币政策的操作指标与中介指标,货币政策与其他宏观经济政策的协调与配合。

能力目标

能够区别各类货币政策工具,并熟练分析各类货币政策工具的运用对货币供给产生的影响。

素质目标

能运用货币政策理论解决现实金融问题,并能够进行一定的分析。

任务一　货币政策与货币政策目标

一、货币政策的含义与特点

(一)货币政策的含义

货币政策是指中央银行为实现特定的经济目标,运用各种政策工具调控货币供给量和利率所采取的方针和措施的总称。中央银行通常为一国货币政策的制定者和执行者。中央银行在国家法律授权的范围内制定货币政策,并运用其拥有的货币发行特权和各种政策工具组织货币政策的实施。

货币政策主要包括四个方面的内容,即政策目标、政策工具、操作指标与中介指标、政策传导机制。图12—1显示了货币政策四个内容之间的关系:中央银行运用货币政策工具,作用于货币政策的操作指标与中介指标,进而通过中介指标的变化实现货币政策的最终目标。这个过程实际上也是货币政策的传导过程。

(二)货币政策的特点

1. 货币政策是宏观经济政策

货币政策是指通过调节和控制全社会的货币供给来影响宏观经济运行,进而达到某一特定的宏观经济目标的经济政策,因而货币政策一般涉及的是整个国民经济运行中的经济增长、物价稳定、充分就业、国际收支等宏观总量以及与此相关的货币供给量、信用量、利率、汇率等

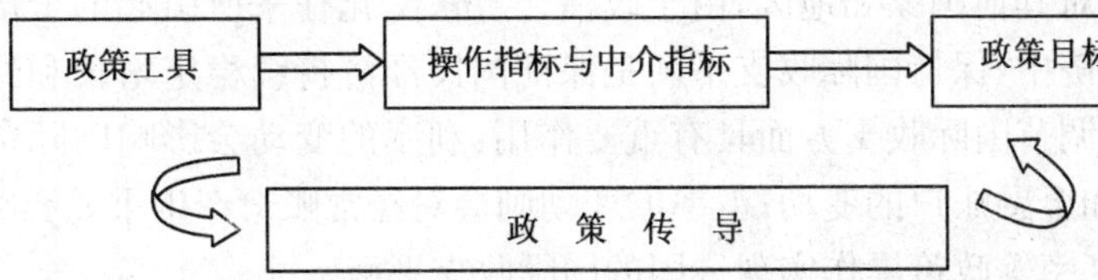

图 12—1　中央银行货币政策的基本内容

变量，而不是银行或企业金融行为中的资产、负债、销售收入、利润等微观个量问题。

2. 货币政策是调节社会总需求的政策

任何现实的社会总需求，都是指有货币支付能力的总需求。货币政策正是通过货币的供给来调节社会总需求中的投资需求、消费需求等，并间接地影响社会总供给的变动，从而促进社会总需求与总供给的平衡。

二、货币政策的最终目标

制定和实施货币政策，首先必须明确货币政策最终要达到的目的，即货币政策的最终目标。作为一国的宏观经济政策，货币政策的最终目标与一国的宏观经济目标相一致，一般包括稳定物价、经济增长、充分就业和国际收支平衡四大目标。

（一）稳定物价

稳定物价是指一般物价水平在短期内相对稳定，不发生显著的或剧烈的波动。需要指出的是，这里所说的物价水平是指物价总水平，而不是个别或部分商品价格的波动，因为在市场经济条件下，个别或部分商品价格的变动是相对价格体系的变动，属正常现象。此外，稳定物价并不意味着中央银行要将物价保持静止不变，而是指将物价控制在一个合理的水平上，既不能过高，防止出现通货膨胀，也不能持续过低，防止出现通货紧缩。

（二）充分就业

充分就业是指凡有工作能力的且愿意工作的人都可以在较为合理的条件下找到工作，通常以失业人数与愿意就业的劳动力之比——失业率的高低，作为考察是否实现充分就业的衡量指标，但充分就业并不是指失业率为零。经济理论认为，失业主要有三种存在形式：一种是摩擦性失业，即由于劳动力流动、劳动力供给结构与需求结构不对称所造成的失业；一种是周期性失业，即由于整个社会的总需求不足所造成的失业；一种是自愿性失业，即劳动者不愿意接受现有的工资水平而自愿放弃工作所造成的失业。一般认为，如果不存在周期性失业，则可认为实现了充分就业。中央银行可以通过增加货币供给量，增加社会总需求，提供工作岗位和就业机会以增大就业量。

（三）经济增长

经济增长是指在一定时期内一国所生产的商品和劳务总量的增加，通常用国内生产总值(GDP)的变化或人均 GDP 的增长率来衡量一国经济增长的情况。促进经济增长的要素一般归结为劳动力、投资的增加和技术的进步等，其中，增加投资是促进经济增长简单而又见效快的方法。然而，过高的投资会引起通货膨胀预期，所以货币政策要调节货币供给，保持适度的货币供给量，适度的投资增长，以促进经济增长。

（四）国际收支平衡

国际收支是一国对外经济活动的综合反映。基于此，国际收支平衡就是指在一定时期内

(通常指1年)一国对其他国家和地区,由于政治、经济、文化往来所引起的全部货币收支大体平衡。在开放型经济中,保持国际收支平衡是保证国民经济持续稳定增长和经济安全的重要条件。货币政策在调节国际收支方面具有重要作用:利率的变动会影响国际资本的流入或流出,进而影响资本和金融账户的变动;汇率的变动则会对经常账户产生重要影响。中央银行可以通过调节利率、汇率等政策操作实现一国的国际收支平衡。

三、货币政策诸目标间的关系

(一)稳定物价和充分就业

稳定物价与充分就业两个目标之间经常发生冲突。英国经济学家菲利普斯的实证研究证明了这一点。1958年,菲利普斯通过考察1861年至1975年间英国的失业率与工资物价变动率之间的关系后,得出这样一个基本结论:失业率和物价上涨率之间存在着此消彼长的替代关系。

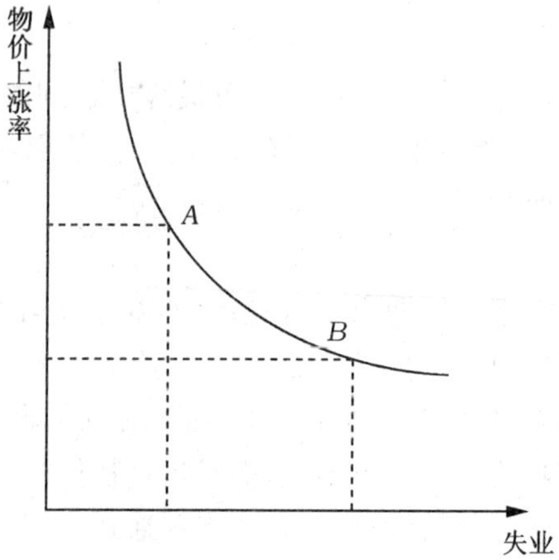

图12—2 菲利普斯曲线

菲利普斯曲线如图12—2所示:失业率高,物价上涨率低;失业率低,物价上涨率高。其基本原理在于:货币政策要实现充分就业的目标(即B点左移至A点),只能通过扩张信用和增加货币供给量来刺激投资需求和消费需求,以此扩大生产规模,增加就业人数,但社会总需求的增加必然在一定程度上引起一般物价水平的上涨。因此,中央银行只能以牺牲稳定物价的政策目标为代价来实现充分就业的目标;反之则反是。

面对物价稳定与充分就业之间的矛盾,中央银行可有三种选择:一是失业率较高的物价稳定;二是通货膨胀率较高的充分就业;三是在失业率和物价上涨率之间相机抉择。在具体操作中,中央银行只能根据具体的社会经济条件相机抉择,寻求物价上涨率和失业率之间某一适当的组合点。

(二)经济增长与充分就业

经济增长与充分就业两个目标间具有一致性,奥肯定律论证了这种一致性。美国经济学家奥肯于1962年提出了关于经济增长率与失业率关系的“奥肯定律”:失业率与经济增长率具有反向的变动关系。那么,作为失业率的对立面,充分就业就与经济增长具有同向的变动关系。也就是说,经济增长有助于增加就业,降低失业率。其基本原理是:中央银行通过增加货币供给量使利率水平降低,刺激企业增加投资,扩张生产规模,生产规模的扩大伴随就业的增加，进而带来产出的增加和经济的增长。

（三）稳定物价和经济增长

稳定物价与经济增长两个目标间具有矛盾性。由菲利普斯曲线推导可知，物价上涨率与经济增长率之间呈同向变动关系，则稳定物价与经济增长两个目标反向变动，存在矛盾性。现代市场经济条件下各国的经济运行实践也显示，经济的增长一般都伴随着物价水平一定程度的上涨，这是因为经济的增长必然要求投资需求和消费需求的增长，进而要求增加货币供给量，而货币供给量的增加将导致物价水平一定程度的上涨。

（四）稳定物价和国际收支平衡

稳定物价有利于实现国际收支平衡。通常来说，在各国贸易结构不变的条件下，如果各国都保持本国的物价稳定，则物价稳定与国际收支平衡目标能够同时实现。但如果一国保持物价稳定，而其他国家出现了通货膨胀，则会使本国出口商品价格相对较低，出口增加，进口减少，国际收支发生顺差；反之则反是。同样的道理，如果本国国际收支出现逆差，为了平衡国际收支采取本币对外贬值的措施，则在促进出口增加的同时，可能会导致国内通货膨胀加剧，因为商品出口的增加减少了对国内市场商品的供给，进口商品的价格因本币对外贬值而提高，两方面因素共同推高本国的物价水平。

（五）经济增长和国际收支平衡

一般来说，经济增长通常会增加对进口商品的需求，同时由于国民收入的增加带来货币支付能力的增加，会导致对一部分本来是用于出口的商品转向内销。两方面作用的结果是进口的增长高于出口的增长，导致贸易逆差。为了平衡国际收支，消除贸易逆差，中央银行需要紧缩信用，减少货币供给，以抑制国内的有效需求，但是生产规模也会相应缩减，从而导致经济增长速度放慢。因此，经济增长与国际收支平衡二者之间也存在矛盾，难以同时兼得。

正是由于货币政策诸目标之间存在矛盾，所以货币政策几乎不可能同时实现这些目标，于是就出现了货币政策目标的选择问题。在货币政策实践中，不同的国家在不同的时期，总是根据具体的经济情况来选择货币政策的最终目标或侧重于某一方面。例如，德国一直把稳定货币作为货币政策的唯一目标，奉行"单一目标论"；而美国则奉行"多目标论"，将稳定物价、充分就业、经济增长和国际收支平衡都作为货币政策的最终目标，只是在不同的经济背景下，货币政策的最终目标有所侧重。在经济萧条时期，保持经济增长和充分就业是货币政策目标的相对重点；而在经济高涨时期，物价稳定则会成为货币政策的首要目标。

四、中国货币政策目标的选择

在 1984 年中国人民银行单独行使中央银行职能之前，我国没有严格意义上的货币政策目标。1995 年 3 月颁布实施的《中国人民银行法》对"双重目标"进行了修正，确定货币政策的最终目标是"保持货币币值的稳定，并以此促进经济增长"。

确定该项货币政策目标的意义在于：

（一）它克服了"稳定货币"单一目标的片面性和局限性

我国货币政策目标既规定了"稳定货币"的第一属性，又明确了"稳定货币"的最终目的是"经济增长"。单一论者强调"稳定货币"的单一性和第一性而忽略"经济增长"，导致"稳定货币"的目的不明确。为了稳定而稳定，甚至于不惜牺牲经济发展来稳定货币只是一种消极、片面、僵化的做法，况且从较长时期来看，经济的停滞不前是不能做到真正意义上的货币稳定的，这在中外历史上都曾有过惨痛的教训。

（二）它防止了“发展经济、稳定货币”双重目标的相互冲突

虽然在理论上讲“发展经济、稳定货币”的双重目标论具有可行性，但在实践中却存在较为严重的冲突和对抗，很难两全。在我国实施“发展经济、稳定货币”双重目标的近十年中，由于强调了发展经济的第一性，再加上政府自觉或不自觉地干预，在这种双重目标中常常是牺牲稳定货币来求得经济发展，最终结果是货币难以实现稳定，经济也没有得到高质量的发展。在“保持货币币值的稳定，并以此促进经济增长”的政策目标中，既充分肯定了“稳定货币”是第一性的，又明确了最终目的是“经济增长”，这样就可以在具体执行过程中有效避免畸轻畸重和以破坏货币稳定来求得经济增长的现象。

（三）它适应了我国现阶段的经济状况

现阶段，我国经济正处于经济起飞时期，必须大力发展社会主义市场经济，缩小差距，使我国早日进入发达国家行列，这是我国政府的长期目标，也是我国货币政策最终目标的落脚点。要保持经济持续、稳定、健康的发展，必须有保持货币币值稳定这一前提条件，只有在稳定货币币值的基础上，才可能使我国经济的发展进入良性循环，达到高质量的增长。

任务二　货币政策工具及其运用

一、一般性货币政策工具

一般性货币政策工具是指中央银行经常使用的且能对社会的货币信用总量进行调节的工具，主要包括法定存款准备金率、再贴现政策和公开市场业务三大政策工具，俗称中央银行的“三大法宝”。

（一）法定存款准备金率

1. 法定存款准备金率的作用机理

法定存款准备金率的作用机理是：中央银行通过调高或调低法定存款准备金率，影响商业银行的存款派生能力，从而达到调节市场货币供给量的目的。具体来说，当中央银行调低法定存款准备金率时，商业银行需要上缴中央银行的法定准备金数量减少，可自主运用的超额准备金增加，商业银行可用资金增加，在其他情况不变的条件下，商业银行增加贷款或投资，引起存款的数倍扩张，市场中货币供给量增加。相反，当中央银行提高法定存款准备金率时，商业银行需要上缴中央银行的法定准备金数量增加，可自主运用的超额准备金减少，商业银行可用资金减少，在其他情况不变的条件下，商业银行减少贷款或投资，引起存款的数倍紧缩，市场中货币供给量减少。

2. 法定存款准备金率的优点和缺点

法定存款准备金率的优点主要有：第一，中央银行是法定存款准备金率的制定者和施行者，中央银行掌握着主动权。第二，法定存款准备金率通过影响货币乘数作用于货币供给，作用迅速、有力，见效快。

法定存款准备金率也具有缺点：第一，缺乏弹性，有固定化倾向。由于作用于货币乘数，即使准备金率较小幅度的调整，可能也会引起货币供给量的巨大波动，因此法定存款准备金率通常被认为是中央银行最猛烈的货币政策工具之一，调控效果较为强烈，不宜作为中央银行调控货币供给的日常性工具，这致使它有了固定化的倾向。第二，为了体现公平性，各国的法定存款准备金率对各类存款机构基本都一样，“一刀切”式的法定存款准备金率提高，可能使超额存

三、其他货币政策工具

(一)直接信用控制

直接信用控制是指中央银行以行政命令或其他方式,直接对金融机构尤其是商业银行的信用活动所进行的控制。其手段包括信用配额、直接干预、流动性比率、利率最高限等。

1. 信用配额

信用配额是指中央银行根据金融市场状况及客观经济需要,权衡轻重缓急,分别对商业银行的信用规模加以合理分配、限制其最高数量。

2. 直接干预

直接干预也被称为直接行动,是指中央银行直接对商业银行的信贷范围施以干预。中央银行直接干预的方式有:直接限制放款的额度;对业务经营不当的商业银行可拒绝再贴现,或采取高于一般利率的惩罚性利率;明确规定各家银行的放款或投资的范围、放款的方针;等等。

3. 流动性比率

流动性比率是中央银行为了限制商业银行扩张信用,规定流动资产对存款的比重。一般说来,流动性比率与收益率呈反比。为保持中央银行规定的流动性比率,商业银行必须采取缩减长期放款、扩大短期放款和增加易于变现的资产的持有量等措施。

4. 利率最高限

利率最高限是指规定商业银行的定期及储蓄存款所能支付的最高利率。

(二)间接信用指导

间接信用指导是指中央银行采用各种间接的措施对商业银行的信用创造施以影响。其主要措施有道义劝告、窗口指导等。

1. 道义劝告

道义劝告是指中央银行利用其在金融体系中的特殊地位和威望,通过对商业银行及其他金融机构发出通告、指示或与各金融机构的负责人举行面谈的方式,以影响其放款的数量和投资的方向,从而达到控制和调节信用的目的。

2. 窗口指导

窗口指导是指中央银行根据产业行情、物价趋势和金融市场的动向,规定商业银行每季度贷款的增减额,并要求其执行,虽然窗口指导没有法律约束力,但是其作用有时候也很大。

四、中国货币政策工具的选用

(一)法定存款准备金率

1984 年中国人民银行专门行使中央银行职能后,即建立起我国的存款准备金制度。在 1998 年存款准备金制度改革之前,中央银行对法定存款准备金率的调整次数较少。1998 年中国人民银行对存款准备金制度进行改革,将原各金融机构在中国人民银行的“准备金存款”和“备付金存款”两个账户合并,并将法定存款准备金率从 13%下调到 8%。此后,存款准备金率不断调整,特别是 2007 年以后,法定存款准备金率调整频繁,成为我国中央银行经常使用的货币政策工具之一。

(二)公开市场业务

我国的公开市场业务包括人民币公开市场业务和外汇公开市场业务两部分。外汇公开市场业务 1994 年 3 月启动,人民币公开市场业务 1998 年 5 月 26 日恢复交易,规模逐步扩大。

1999 年以来，公开市场业务已成为中国人民银行货币政策日常操作的重要工具，对于调控货币供给量、调节商业银行流动性水平、引导货币市场利率走势发挥了积极的作用。

中国人民银行从 1998 年开始建立公开市场业务一级交易商制度，选择了一批能够承担大额债券交易的商业银行作为公开市场业务的交易对象，目前公开市场业务一级交易商包括 40 余家商业银行。这些交易商可以运用国债、政策性金融债券等作为交易工具与中国人民银行开展公开市场业务。从交易品种看，中国人民银行公开市场业务债券交易主要包括回购交易、现券交易和发行中央银行票据。

回购交易分为正回购和逆回购两种，正回购为中国人民银行向一级交易商卖出有价证券，并约定在未来特定日期买回有价证券的交易行为，正回购为人民银行从市场收回流动性的操作，正回购到期则为人民银行向市场投放流动性的操作；逆回购为中国人民银行向一级交易商购买有价证券，并约定在未来特定日期将有价证券卖给一级交易商的交易行为，逆回购为人民银行向市场上投放流动性的操作，逆回购到期则为人民银行从市场收回流动性的操作。

现券交易分为现券买断和现券卖断两种，前者为人民银行直接从二级市场买入债券，一次性地投放基础货币；后者为人民银行直接卖出持有的债券，一次性地回笼基础货币。

中央银行票据即中国人民银行发行的短期债券，人民银行通过发行央行票据可以回笼基础货币，央行票据到期则体现为人民银行投放基础货币。

（三）再贴现与再贷款政策

自 1984 年中国人民银行专门行使中央银行职能以来，再贷款作为一项重要的货币政策工具，在我国的宏观调控中发挥了重要作用。中国人民银行于 1986 年正式开展对商业银行贴现票据的再贴现业务。但由于我国商业信用不发达，票据市场发展滞后，在一个较长时期内致使票据贴现和再贴现的总量很小，加上再贴现利率与其他贷款利率一样由国家统一规定，其政策效果小到可以忽略不计。1994 年以后，中国人民银行加大了开展再贴现业务的力度，出台了相应的法规，全国再贴现业务发展较快，再贴现政策的效果比较明显。但 2002 年以来，由于再贴现利率的确定存在一定的问题，再贴现业务日益萎缩，难以发挥货币政策工具的作用。

（四）利率政策

利率政策是中央银行为实现货币政策目标，对利率所采取的方针、政策和措施的总称。在我国，利率政策一直是我国货币政策的重要组成部分，也是我国货币政策实施的主要手段之一。

目前，中国人民银行采用的利率工具主要有：一是调整中央银行基准利率，包括再贷款利率、再贴现利率、存款准备金利率和超额存款准备金利率；二是调整金融机构法定存贷款利率；三是制定金融机构存贷款利率的浮动范围；四是制定相关政策对各类利率结构和档次进行调整等。

随着利率市场化改革的逐步推进，作为货币政策主要手段之一的利率政策将逐步从对利率的直接调控向间接调控转化。利率作为重要的经济杠杆，在国家宏观调控体系中将发挥更加重要的作用。

（五）信贷政策

我国目前的信贷政策大致包含四方面内容：一是与货币信贷总量扩张有关的政策措施，能够影响货币乘数；二是配合国家产业政策，通过贷款贴息等多种手段，引导信贷资金向国家政策需要鼓励和扶持的地区及行业流动，以扶持这些地区和行业的经济发展；三是限制性的信贷政策，通过“窗口指导”或引导商业银行通过调整授信额度、调整信贷风险评级和风险溢价等方式，限制信贷资金向某些产业、行业及地区过度投放，体现“扶优限劣”原则；四是制定信贷法律法规，引导、规范和促进金融创新，防范信贷风险。

近几年来，中国人民银行按照宏观调控的需要，不断加强和改进对商业银行的“窗口指导”和信贷政策引导，引导金融机构优化信贷投向。具体体现在：第一，引导金融机构合理配置信贷资金在产业部门之间的分布，适当增加对第一产业、第三产业的信贷投入。第二，引导金融机构合理配置信贷资金在生产领域和消费领域的分布，适当增加对消费领域的贷款投入。第三，引导金融机构合理配置信贷资金在大、中、小企业间的分布，增加中小企业贷款。第四，引导金融机构合理配置信贷资金在东、西部地区的分布，适当增加中、西部地区的贷款投入。

（六）汇率政策

汇率政策已经成为中国人民银行调节宏观经济的一项重要手段。

目前，我国汇率政策主要包括三方面内容：一是继续保持人民币汇率基本稳定。中国是一个发展中的大国，需要一个相对稳定的国际国内金融环境，中国经济的稳定发展对亚洲和世界具有积极意义。二是探索和完善人民币汇率形成机制。由于人民币还不是完全可兑换货币，中国目前的外汇交易还受到一定的限制，外汇市场的状况还不能完全反映真实的供求关系，汇率在资源配置中的积极作用有待进一步增强。因此，中国将继续按照改革开放的整体部署，完全从中国的实际出发，积极培育外汇市场，稳步推进人民币可兑换进程，进一步理顺供求关系，不断提高汇率形成的市场化程度。三是采取多种措施促进国际收支平衡。中国长期坚持的方针是，充分利用国际国内两个市场、两种资源，实现国际收支基本平衡、略有节余。中国将在继续扩大内需、加快结构调整的同时，积极采取措施，努力改善国际收支平衡状况，促进经济内外协调发展。

任务三　货币政策的操作指标、中介指标和传导机制

一、操作指标和中介指标的作用与选择标准

（一）操作指标和中介指标的作用

中央银行要想实现诸如物价稳定、充分就业等货币政策最终目标，中央银行在货币政策工具与最终目标之间设置中间性指标。中间性指标包括操作指标和中介指标两个层次。

操作指标是中央银行通过货币政策工具操作能够有效准确实现的政策变量，如准备金、基础货币等指标。对货币政策工具反应灵敏和处于货币政策工具的控制范围之中是货币政策操作指标的主要特征。

中介指标处于最终目标和操作指标之间，是中央银行通过货币政策操作和传导后能够以一定的精确度达到的政策变量，主要有市场利率、货币供给量等指标。中介指标离政策工具较远，但离最终目标较近，与货币政策的最终目标具有紧密的相关关系。

中央银行的货币政策操作就是通过政策工具直接作用于操作指标，进而引起中介指标的调整，最终实现期望的货币政策最终目标。

（二）操作指标和中介指标的选择标准

要充分发挥操作指标和中介指标的作用，通常认为它们的选取要符合以下几项标准：

1. 可测性

可测性是指作为货币政策操作目标和中介目标的金融变量必须具有明确的内涵和外延，

使中央银行能够迅速而准确地收集到有关指标的数据资料，以便进行观察、分析和监测。

2. 可控性

可控性是指中央银行通过货币政策工具的运用，能对其所选择的金融变量有效地进行调控，能够准确地控制金融变量的变动状况及其变动趋势。

3. 相关性

相关性是指作为货币政策操作指标的金融变量必须与中介指标密切相关，作为中介指标的金融变量必须与货币政策的最终目标密切相关，中央银行通过对操作指标和中介指标的调控，能够促使货币政策最终目标的实现。

4. 抗干扰性

货币政策在实施过程中经常会受到许多外来因素或非政策因素的干扰，所以只有选择那些抗干扰能力比较强的操作指标和中介指标，才能确保货币政策达到预期的效果。

二、可作为操作指标的金融变量

各国中央银行使用的操作指标主要有存款准备金和基础货币。

（一）存款准备金

存款准备金由商业银行的库存现金和在中央银行的准备金存款组成。在存款准备金总额中，由于法定存款准备金是商业银行必须保有的准备金，不能随意动用，因此，对商业银行的资产业务规模起直接决定作用的是商业银行可自主动用的超额准备金，也正因为此，许多国家将超额准备金选作货币政策的操作指标。超额准备金的高低，反映了商业银行的资金紧缺程度，与货币供给量紧密相关，具有很好的相关性。例如，如果商业银行持有的超额准备金过高，说明商业银行资金宽松，已提供的货币供给量偏多，中央银行便应采取紧缩措施，通过提高法定准备金率、公开市场卖出证券、收紧再贴现和再贷款等工具，使商业银行的超额准备金保持在理想的水平上；反之亦然。尽管中央银行可以运用各种政策工具对商业银行的超额准备金进行调节，但商业银行持有多少超额准备金最终取决于商业银行的意愿和财务状况，受经济运行周期和信贷风险的影响，难以完全为中央银行所掌握。

（二）基础货币

基础货币是流通中的通货和商业银行等金融机构在中央银行的存款准备金之和。基础货币作为操作指标的主要优点有：一是可测性强。基础货币直接表现在中央银行资产负债表的负债方，中央银行可随时准确地获得基础货币的数额。二是可控性强、抗干扰性。中央银行对基础货币具有很强的控制能力，通过再贴现、再贷款以及公开市场业务操作等，中央银行可以直接调控基础货币的数量。三是相关性强。作为货币供给量的两个决定因素之一，中央银行基础货币投放的增减，可以直接扩张或紧缩整个社会的货币供给量，进而影响总需求。正是基于基础货币的这些优点，很多国家的中央银行把基础货币作为较为理想的操作指标。

三、可作为中介指标的金融变量

市场经济国家通常选用的货币政策中介指标主要是利率和货币供给量，也有一些国家选择汇率指标。利率、货币供给量等金融变量作为货币政策中介指标，各有其优缺点。

（一）利率

20 世纪 70 年代以前，西方各国的中央银行大多以利率作为中介指标。利率作为中介指标的优点有：一是可测性强。中央银行在任何时候都能观察到市场利率水平及结构，可随时对收集的资料进行分析判断。二是可控性强。中央银行作为“最后贷款人”可直接控制对金融机构融资的利率。中央银行还可通过公开市场业务和再贴现率政策，调节市场利率的走向。三是相关性强。中央银行通过利率变动引导投资和储蓄，从而调节社会总供给和总需求。但利率作为中介指标也有不足之处，其抗干扰性较差，主要表现在：利率本身是一个内生变量，利率变动是与经济循环相一致的。经济繁荣时，利率因资金需求增加而上升；经济萧条时，利率因资金需求减少而下降。利率作为政策变量时，其变动也与经济循环相一致。经济过热时为抑制需求而提高利率，经济疲软时为刺激需求而降低利率。于是，当市场利率发生变动时，中央银行很难确定是内生变量发生作用还是政策变量发生作用，因而也便难以确定货币政策是否达到了应有的效果。

（二）货币供给量

20 世纪 70 年代以后，西方各国的中央银行大多以货币供给量作为中介指标。货币供给量作为中介指标的优点有：一是可测性强。货币供给量中的 M0、M1、M2 都反映在中央银行或商业银行及其他金融机构的资产负债表上，便于测算和分析。二是可控性强。通货由中央银行发行并注入流通，通过控制基础货币，中央银行也能有效地控制 M1 和 M2。三是抗干扰性强。货币供给量作为内生变量是顺循环的，即经济繁荣时，货币供给量会相应的增加以满足经济发展对货币的需求；而货币供给量作为外生变量是逆循环的，即经济过热时，应该实行紧缩的货币政策，减少货币供给量，防止由于经济过热而引发通货膨胀。然而，理论界对于货币供给量指标应该选择哪一层次的货币看法不一。争论的焦点在于 M1、M2 哪个指标和最终政策目标之间的相关性更强。

20 世纪 90 年代以来，一些发达国家又先后放弃货币供给量指标而采用利率指标，这是因为 80 年代末以来的金融创新、金融放松管制和全球金融市场一体化的发展，使得各层次货币供给量的界限更加不易确定，从而导致基础货币的扩张系数失去了以往的稳定性，货币总量同最终目标的关系更加难以把握，结果使得中央银行失去了对货币供给量的强有力的控制。

（三）其他指标

有些经济、金融开放程度比较高的国家和地区，还选择汇率作为货币政策的中介指标。这些国家的货币当局确定其本币同另一个经济实力较强国家货币的汇率水平，通过货币政策操作，盯住这一汇率水平，以此实现最终目标。

四、我国货币政策的中介指标与操作指标

从 1994 年 10 月起，中国人民银行开始定期向社会公布货币供给量统计，把货币供给量作为货币政策最主要的中介指标。经过两次修订后，现阶段我国的货币供给量分为 M0、M1 和 M2 三个层次：M0 为流通中现金；M1 为 M0 加上企事业单位活期存款，称为狭义货币供给量；M2 为 M1 加上企事业单位定期存款、居民储蓄存款和证券公司客户保证金，称为广义货币供给量。在这三个层次的货币供给量中，M0 与消费物价变动密切相关，是最活跃的货币；M1 反映居民和企业资金松紧变化，是经济周期波动的先行指标，流动性仅次于 M0；M2 流动性偏弱，但反映的是社会总需求的变化和未来通货膨胀的压力状况。通常所说的货币供给量，主要是指 M2。除了货币供给量之外，中国人民银行还关注贷款规模变量，一是因为贷款规模与货币供给量紧密相关；二是因为在国际收支双顺差的背景下，中国人民银行为了稳定人民币汇率水平，通过国外资产渠道被动投放了大量的基础货币，有可能引起商业银行资金过于宽裕，信贷规模过度增长，进而引起货币供给量的过度增加，影响货币政策最终目标的实现。

目前,我国的利率还没有完全市场化,在这种情况下,利率还不适宜充当货币政策的中介指标。随着我国金融改革的不断推进和利率市场化的逐渐完成,利率有可能成为未来我国的货币政策中介指标。

与货币供给量作为中介指标相对应,目前我国货币政策的操作指标主要是基础货币。中国人民银行资产负债表中负债栏中的储备货币即为我国的基础货币,中国人民银行可通过公开市场业务、再贴现与再贷款政策对基础货币进行调控,依据基础货币与货币供给量之间的相关关系,对货币供给量进行相应调节,以实现政策目标。

2007 年,我国培育的上海银行间同业拆放利率(Shibor)正式运行,当市场利率纳入我国货币政策的中介指标体系后,上海银行间同业拆放利率也将会成为我国货币政策的操作指标之一。

五、我国货币政策传导机制

(一)货币政策传导机制

货币政策传导机制是指运用货币政策手段或工具影响中介指标进而实现最终目标的途径和过程的机能。

至于采用哪些政策手段更有利于实现货币政策最终目标以及其过程和机制的有效性如何,在西方有不同的理论和立场,主要有凯恩斯学派和货币学派的传导机制理论。

1. 凯恩斯学派传导机制理论

凯恩斯学派主张传导过程中的主要机制或主要环节是利率,认为货币供应量的变动或调整必须首先影响利率的升降,然后才能使投资及总支出发生变化,进而影响总收入的变化。用符号可以表示为:

$$M \rightarrow r \rightarrow I \rightarrow E \rightarrow Y$$

式中:M 表示货币量;r 表示利率;I 表示投资;E 表示总支出;Y 表示总收入。其中,特别强调利率的变化通过资本边际效率的影响使投资 I 以乘数方式增减,最后影响社会总收支的变化。

2. 货币学派传导机制理论

货币学派认为利率在货币传导机制中并不起重要作用,强调货币供应量在整个传导机制上具有真实效果。

这种主张认为,增加货币供应量在开始时会降低利率,但不久会因货币收入增加和物价上涨而使名义利率上升,而实际利率则有可能回到并稳定在原先的水平上。他们认为,货币政策的传导机制主要不是通过利率间接地影响投资和收入,而是通过货币实际余额的变动直接影响支出和收入,用符号表示:

$$M \rightarrow E \rightarrow Y$$

可见,用哪些政策工具作为传导机制,理论界存在疑义,在实际运用中各个国家也不尽相同。

(二)货币政策的作用过程

在西方国家,货币政策的作用过程一般由以下三个基本环节构成:

(1)从中央银行至各金融机构和金融市场,即中央银行通过法定存款准备金、贴现率和公开市场业务等各种货币政策工具,调节各金融机构的超额准备金量和金融市场融资条件(包括利率),以控制各金融机构的贷款能力和金融市场的资金融通。

(2)从各金融机构和金融市场至企业和个人的投资与消费，即中央银行通过货币政策的实施，如提高或降低利息率，扩张或紧缩货币供应量，使各金融机构和企业、个人调整自己的投资和消费，从而使社会的投资和消费发生变化。

(3)从企业、个人的投资、消费至产量、物价和就业的变动。个人投资消费行为的变化，必然会引起产量、物价和就业的变动，最终影响经济发展、物价稳定、就业增加、国际收支平衡等的实现。

(三)货币政策时滞

货币政策时滞又称货币政策时差，是指货币政策的实施影响重要经济变量所需要的时间。货币政策时滞的存在，是因为货币政策的最终目标是实现经济增长、充分就业、稳定物价和国际收支平衡，但货币政策本身并不直接作用于最终目标，而是通过货币政策的中介目标，即政策手段发挥的效果或作用，才能对最终目标产生影响。这种产生影响的时间，即称为政策时滞。货币政策时滞有长有短。

我国货币政策传导过程一般经过三个阶段：第一个阶段是从中央银行至金融机构和金融市场；第二个阶段是从各金融机构和金融市场至企业和个人的投资与消费；第三个阶段是影响企业、个人的投资消费乃至产量、物价和就业的变动。总之，货币政策的运用到产生政策效果，经过三个过程，这三个阶段总括为货币政策的传导过程(见图 12－3)。

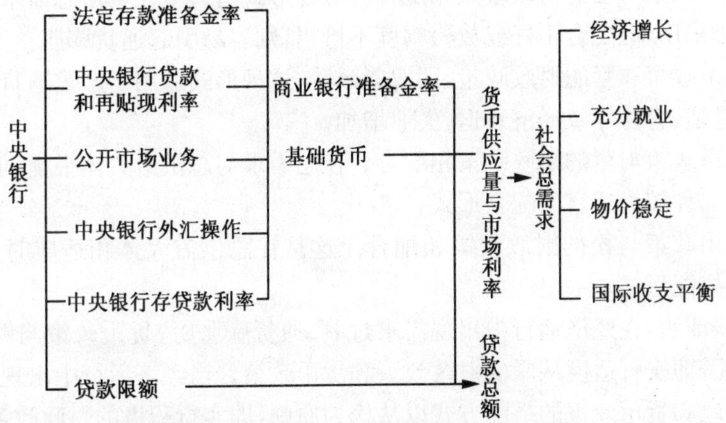

图 12－3　我国货币政策传导过程

任务四　货币政策与其他宏观经济政策的协调与配合

一、货币政策与财政政策的协调配合

货币政策和财政政策成为现代国家共同运用的宏观经济政策，即大多数国家都在运用货币政策和财政政策对宏观经济运行、货币供给与需求进行控制和调节。

货币政策与财政政策之间存在统一性。一是两大政策的调控目标是统一的，即都属于实现宏观经济目标可采取的政策。二是两者都是需求管理政策：货币政策管理货币供应量，而在商品货币经济条件下，货币供应量的变动是社会总需求变动的象征；财政政策管理财政收支，其执行结果无论是赤字还是大体平衡，最终对社会总需求都有重大影响。三是从经济运行的统一性来看，财政、信贷和货币发行同处于社会再生产资金循环或运行过程之中，社会资金的统一性、货币流通的统一性和货币资金各部分之间的相互流动性，使财政、信贷和货币发行三者有着不可分割的内在联系，任何一方的变化都会引起其他方面的变化，最终引起社会总需求与总供给的变化。因此，两个政策目标如果不统一和协调，必然造成政策效应的相悖，造成宏观经济运行的失控。

货币政策与财政政策的不同点是：①政策工具不同。货币政策工具主要是存款准备金率、再贴现率、公开市场业务、贷款限额、中央银行存贷款利率等；财政政策工具主要是税种、税率、预算收支、公债、补贴、贴息等。②调节范围不同。货币政策的调节基本上限于经济领域，其他领域处于次要地位；而财政政策调节的范围不仅限于经济领域，还包括非经济领域。③政策时滞不同，即财政货币政策影响重要经济变量所需时间不同。货币政策工具使用较为简便，而财政政策工具从确定到实施，过程比较复杂，因而货币政策内部时滞较短，而财政政策则长些。相反，货币政策外部时滞较长，因为货币政策手段发挥作用要经过三个环节，间接对经济起作用；财政政策的外部时滞较短，因为财政政策作用较直接，如决定调节税率，企业的收支就会立即发生变化。

正因为货币政策与财政政策存在着差别与矛盾，所以需要两者之间协调配合。其配合有以下四种选择：

(1)松的货币政策与松的财政政策相配合。这种形式适宜于在货币总需求严重不足、生产能力严重闲置时采用，但配合不好或放松幅度不恰当，则容易引起通货膨胀。

(2)紧的货币政策和紧的财政政策，即双紧政策，这种形式适用于严重通货膨胀时期，但如果控制的力度过猛，容易导致经济衰退，失业增加。

(3)松的货币政策与紧的财政政策相配合。在总需求与总供给大体平衡，但消费偏低而投资不足时，这是一种较为适宜的配合形式。

(4)紧的货币政策与松的财政政策相配合。这是在总供需大体相适应时，为解决投资过旺、消费不足的搭配形式。

我国的实践证明，在经济运行中出现需求过剩、通货膨胀时，货币政策与财政政策以适度从紧的方式搭配，即实行适度从紧的财政政策和货币政策。当经济运行中出现需求不足、通货紧缩现象时，财政和货币政策的搭配方式以从松为原则，即实行积极的财政政策和稳健的货币政策，从而实现总供给与总需求基本相适应，促进国民经济快速和协调发展。

二、货币政策与产业政策的协调配合

产业政策是指政府为了促进国民经济稳定协调地发展，对产业结构和产业组织构成进行某种形式干预的政策。

一国的产业政策在宏观经济政策中往往起重要作用。货币政策受产业政策的制约，又反作用于产业政策。具体表现为产业结构决定信贷资金分配结构，已经形成的产业结构需要相应的货币信贷资金供应结构。信贷资金分配又有相对独立性，特别是在市场经济条件下，银行的资金配置以盈利性、安全性、流动性为原则；而产业政策偏重于社会效益，它是一国经济发展战略意图的体现，这中间有可能产生矛盾。这就需要处理好两种政策的配置问题。

(1)产业政策对货币政策具有导向作用。这是因为产业政策作为经济发展战略意图

的体现，具有长期性和相对稳定性。其政策实施效果，需要各短期宏观经济政策来完成，所以它对短期经济政策包括货币政策加以引导，借以实现政策目标。

(2)产业政策作为供给管理政策,以增加供给来引导有效需求。货币政策主要是需求管理政策,产业政策直接调节供给结构,通过资源优化配置,在现有资源条件下增加供给。供给的实现,又依赖于货币政策手段通过从紧或从松的货币供给,抑制或增加货币需求来启动。

(3)产业政策作为一种结构性调整政策,为货币政策的实现提供保证,即为经济、金融、物价的长期稳定打下坚实基础。

(4)货币政策对产业政策的失误具有矫正作用。产业政策也存在正负效应问题,如超高速发展或结构扭曲的产业政策,有可能引起通货膨胀。货币政策作为需求管理政策,通过紧缩政策来抑制经济超高速发展,通过货币供给结构倾斜,对失衡的经济结构加以矫正。

三、货币政策与收入政策的协调配合

收入政策在西方被定义为影响或控制价格、货币工资和其他收入增长率而采取的货币和财政措施以外的政府行动。它是政府为了降低一般价格水平上升的速度而采取的强制性或非强制性限制货币工资和价格的政策。

收入政策对货币稳定的重要性、与货币政策相配合的必要性在于:

(1)货币稳定问题是一个社会总供给与总需求平衡的问题,收入分配和社会总供给与总需求之间有着极为密切的内在联系。社会产品实现以后,必须通过分配和再分配环节,最后形成消费基金和积累基金。积累基金要与生产要素相对应,消费基金要与消费品相对应。两者相适应,意味着总供给与总需求相适应,物价才能保持稳定。

(2)在不兑现信用货币流通条件下,价值形态的国民收入可能出现超分配。超分配可能是价值形态的国民收入总量大于实物形态的国民收入总量,一般由政府、企业、个人收入总量过多引起,这会由于需求膨胀导致通货膨胀;也可能是分配比例不合理,引起供给与需求结构失衡,而结构失衡容易引起结构性通货膨胀。

【拓展阅读 12－1】

央行:继续实施稳健货币政策 注重松紧适度

证券时报网 2015 年 09 月 25 日讯,中国人民银行货币政策委员会 2015 年第三季度例会日前在北京召开。

会议分析了当前国内外经济金融形势。会议认为,当前我国经济金融运行总体平稳,但形势的错综复杂不可低估。世界经济仍处于国际金融危机后的深度调整期。主要经济体经济走势进一步分化,美国积极迹象继续增多,欧元区复苏基础尚待巩固,日本经济温和复苏但仍面临通缩风险,部分新兴经济体实体经济面临较多困难。国际金融市场和大宗商品价格波动性上升,跨市场、跨地区相互影响,风险隐患增多。

会议强调,要认真贯彻落实党的十八大、十八届三中与四中全会和中央经济工作会议精神。密切关注国际国内经济金融最新动向和国际资本流动的变化,坚持稳中求进、改革创新,继续实施稳健的货币政策,更加注重松紧适度,灵活运用多种货币政策工具,保持适度流动性,实现货币信贷及社会融资规模合理增长。改善和优化融资结构和信贷结构。提高直接融资比重,降低社会融资成本。继续深化金融体制改革,增强金融运行效率和服务实体经济能力,加强和完善风险管理。进一步推进利率市场化和人民币汇率形成机制改革,保持人民币汇率在合理均衡水平上的基本稳定。

★★★ 关键术语 ★★★

货币政策　稳定物价　充分就业　经济增长　国际收支平衡　一般性货币政策工具　再贴现　公开市场业务　消费者信用控制　证券市场信用控制　不动产信用控制　优惠利率　窗口指导　预缴进口保证金　直接信用控制　信用配额　直接干预　流动性比率　利率最高限额　道义劝告

★★★ 应知考核 ★★★

一、单项选择题

1. 我国制定货币政策的银行是(　　)。
A. 中国银行　B. 中国建设银行　C. 中国工商银行　D. 中国人民银行
2. 当前我国货币政策的最终目标是(　　)。
A. 经济增长、充分就业、国际收支平衡、物价稳定
B. 保持货币币值的稳定,并以此促进经济增长
C. 经济增长
D. 物价稳定
3. 目前我国货币政策的中介指标是(　　)。
A. 利率　B. 汇率　C. 股票价格指数　D. 货币供给量
4. 既可调节货币总量,又可调节信贷结构的货币政策工具是(　　)。
A. 法定存款准备金率　B. 再贴现政策　C. 公开市场业务　D. 流动性比率
5. 在社会总需求严重小于总供给的情况下应采取的货币政策是(　　)。
A. 均衡性货币政策　B. 扩张性货币政策　C. 紧缩性货币政策　D. 中性货币政策
6. 调整证券保证金比率的货币政策措施属于(　　)。
A. 一般性调控工具　B. 直接信用控制工具
C. 选择性调控工具　D. 价格型调控工具
7. 充分就业就是(　　)。
A. 人人都有工作
B. 充分就业是指社会劳动力100%的就业
C. 有排除自愿失业和摩擦性失业两种情况就不是充分就业
D. 非自愿失业主要是由于有效需求不足造成的,是可以通过货币政策的调节而得以实现的
8. 下列货币政策操作中,引起货币供应量增加的是(　　)。
A. 提高法定存款准备率　B. 提高再贴现率
C. 降低再贴现率　D. 中央银行卖出债券
9. 以下关于稳定物价的说法中正确的有(　　)。
A. 稳定物价就是通货膨胀率越低越好
B. 稳定物价就是通货膨胀率为零
C. 稳定物价是指保持一般物价水平的绝对稳定,以控制通货膨胀和通货紧缩

D. 稳定物价就是稳定币值

10. 菲利普斯曲线反映(　　)之间此消彼长的关系。

A. 失业率与失业率　　B. 经济增长与失业率

C. 通货紧缩与经济增长　　D. 通货膨胀与经济增长

二、多项选择题

1. 货币政策的中介目标是(　　)。

A. 指中央银行为实现其货币政策的最终目标而设置的可供观察和调整的指标

B. 短期的、数量化的、能用于日常操纵的指标

C. 作为实现货币政策最终目标的中介或桥梁

D. 基础货币、存款准备金、利率和货币供应量

E. 以上都对

2. 货币政策时滞有(　　)。

A. 内在时滞

B. 中间时滞

C. 外在时滞

D. 如果货币政策执行得好可以立即发生效果,不存在时滞

E. 以上都对

3.“紧”的货币政策是指(　　)。

A. 提高利率　　B. 降低利率　　C. 放松信贷　　D. 收紧信贷

E. 增加货币供应量

4. 公开市场业务的优点是(　　)。

A. 调控效果猛烈　　B. 主动性强　　C. 灵活性高　　D. 影响范围广

E. 容易对经济产生副作用

5. 在货币政策诸目标中,更多表现为矛盾与冲突的有(　　)。

A. 充分就业与经济增长　　B. 充分就业与物价稳定

C. 稳定物价与经济增长　　D. 经济增长与国际收支平衡

E. 物价稳定与国际收支平衡

三、填空题

1. 货币政策通常由________来制定和实施。

2. 货币政策的最终目标与整个国家的宏观经济目标是一致的,主要包括稳定物价、________、________和________。

3. 一般性货币政策一般包括________、________、________三大工具,通常被人们称为三大传统法宝。

4. 货币政策是指中央银行为实现特定的________,运用各种政策工具调节货币供应量和利率,进而影响宏观经济的方针和措施的总和。

5. 货币政策工具是中央银行为实现货币政策最终目标而使用的政策手段,可分为________及其他货币政策工具。

四、分析题

1. 某国央行公告指出，该国央行10月在公开市场操作中买进100亿元政府债券，试分析该国货币政策及对该国经济的影响。

2. 央行公告指出，中国人民银行决定上调存款类金融机构人民币法定存款准备金率1个百分点，于2008年6月15日和25日分别按0.5个百分点缴款，这是央行今年以来第五次运用该货币政策工具，调后存款类金融机构人民币存款准备金率将达到17.5%的历史高位。试结合我国现状分析该货币政策对我国经济的影响。

五、简答题

1. 简述货币政策的含义与特点。
2. 简述货币政策诸目标间的关系。
3. 简述一般性货币政策工具。
4. 简述选择性货币政策工具。
5. 如何理解货币政策与财政政策的协调配合？

★★★ 应会考核 ★★★

◎ 技能案例

货币政策与宏观调控应主动适应新常态

今年是“十三五”规划编制的关键之年。“十三五”时期，我国经济面临哪些挑战和变化？宏观调控和货币政策又该如何作为？

“未来5年，我国都将在新常态下。新常态下，我国宏观经济运行将越来越依赖改革红利，如何通过宏观调控将改革红利释放出来，主动适应和引领经济发展新常态，将是今后调控的重点。”本报专家委员会委员、中行国际金融研究所副所长宗良表示。

有关专家认为，从目前至2017年以“三期叠加”为核心特征，称之为“新常态第一阶段”。产能过剩、房地产泡沫、地方政府债务是这一阶段最为突出的影响因素。“三期叠加”后的2017年至2020年，继续全面深化改革，可以称之为“新常态第二阶段”。

那么，“十三五”时期，中国宏观调控如何适应经济新常态？“保持定力、稳定政策”；“主动作为、预调微调”；“预调微调要远近结合”；“改革创新完善调控方式，使财政政策、货币政策更加有效地发挥作用”；“更加注重市场化调控手段”……采访中，多位专家和学者纷纷表达了对未来5年宏观调控的预计。

宗良表示，为实现“十三五”时期经济社会的主要发展目标，首先要继续坚持稳增长，实现对新的发展驱动力的培育。要思考面对国际新一轮科技和产业革命的大趋势，如何抓住这一历史机遇，推动国家创新驱动战略实现；针对“十三五”时期可能面临的最重要制约因素，做好政策应对，着力化解产能过剩压力，加强逆周期宏观审慎监管，防范系统性金融风险，进一步释放改革动力，推进资金资源配置更优化，更好地发挥市场的作用。

接受采访的专家认为，“十三五”时期，宏观调控首先要继续坚持多目标制的货币政策。一方面，保持经济运行在合理区间内，政策上保持定力；另一方面，要主动作为、预调微调，适度、有序、有针对性地根据经济的变化采取适度措施。在保持政策连续性的同时，加强政策的前瞻性。

其次,宏观调控要不断改革创新,完善方式,寓改革于宏观调控之中。进入新的发展阶段以后,既有的政策可用空间在进一步缩小,要不断通过改革创新,配合经济发展新阶段的要求。具体看,要通过深化财税体制改革来增强财政政策的作用,释放市场活力。货币政策要继续推进利率市场化,放宽市场准入,建立存款保险制度并使其充分发挥作用。通过改革创新完善调控方式,使财政政策、货币政策更加有效地发挥作用。

再次,宏观调控要更好体现灵活性,做到远近结合,既要着眼于当下矛盾,实施定向调控;也要着力构建有利于长远发展的金融体系,从根基入手。

"尽管目前我们对'十三五'规划中金融改革和货币政策方面将会有哪些具体表述尚不清楚,但建立健全中央银行的利率调控框架、加强对市场预期的引导、强化价格型调控和传导机制、进一步完善人民币汇率形成机制、加快发展外汇市场、支持人民币在跨境贸易和投资中的使用、加强对国内外风险的有效监控、继续深化金融改革等内容,都是可预期的,相信这些都会成为未来金融改革和发展的重要内容。"宗良称。

资料来源:《金融时报》,2015 年 3 月 16 日。

【考核要求】

根据上述资料,对此案例进行分析。

★★★ 项目实训 ★★★

【实训内容】

我国的货币政策。

【实训目标】

理解现行的货币政策,预测未来货币政策的走向。

【实训步骤】

1. 进行分组,查找资料;
2. 各组讨论,分析现行货币政策宏观调控的过程和结果;
3. 各组分别写出对货币政策的实施和预测报告。

项目十三　金融危机与金融监管

知识目标

理解：金融危机的含义及特征、危害，金融监管理论和金融监管的必要性。

熟知：巴塞尔资本协议的基本理念及内容。

掌握：金融监管的目标、原则、内容和方法。

能力目标

能够结合金融危机的实际情况分析金融监管的必要性和当前金融监管存在的问题与对策。

素质目标

把握金融监管的发展态势，具有分析和解决实际问题的能力。

任务一　金融危机

一、金融危机的含义

金融危机是伴随着金融业的发展而逐步形成的含义。金融危机是指起源于一国或一地区及至整个国际金融市场或金融系统的动荡超出金融监管部门的控制能力，造成金融制度混乱的现象。金融危机主要表现为所有或绝大部分金融指标在短期内急剧的超周期变化，其结果是金融市场不能有效地提供资金向最佳投资机会转移的渠道，从而对整个经济造成严重破坏。

二、金融危机的特征与危害

（一）金融危机的特征

金融危机的特征是人们基于经济未来将更加悲观的预期，整个区域内货币币值出现较大幅度的贬值，经济总量与经济规模出现较大幅度的缩减，经济增长受到打击，往往伴随着企业大量倒闭的现象，失业率提高，社会普遍经济萧条，有时候甚至伴随着社会动荡或国家政治层面的动荡。

（二）金融危机的危害

金融危机对经济的冲击会涉及方方面面，社会总会为之付出高昂的代价。不论是发展中国家，还是发达国家，都屡受其害。拉美债务危机使拉美国家“失去了发展的十年”；亚洲金融危机则使一向欣欣向荣的亚洲经济倒退五六年，“东亚奇迹”黯然失色；美国的储贷协会危机让纳税人直接付出了1 800多亿美元的拯救代价,加深了美国在20世纪80年代末90年代初的衰退;欧洲货币体系危机曾迫使西欧若干主要国家退出欧洲货币体系;2007年美联储连续十几次加息,房地产市场降温,评级机构调低次贷衍生品评级,投行抛售次贷,次贷危机开始集中爆发,尤其是2008年9月份,美国三大投行的倒下以及保险等金融机构资本结构迅速恶化,引发全面金融危机。从不同视角看,金融危机的危害主要有以下几个方面:使金融机构陷入经营困境、财政负担加重、降低货币政策效率、金融危机的诸多不利影响最终都将打击经济增长。

三、金融危机的防范及治理

金融全球化时代的危机与实体经济之间的联系日益曲折迂回,危机成因与表现形式日趋复杂,治理危机的对策也趋于多样化。各国在危机尚未爆发之前,应当未雨绸缪,提早采取对策。治理金融危机主要可以从以下几个方面进行:

第一,进一步完善金融监管体系,建立危机预警系统。

第二,稳定金融市场,稳定金融市场的主要手段有三个:动用外汇储备干预外汇市场、提高利率,增加借用本币资金成本、动用财政资金,稳定股市。

第三,强化国际货币基金组织(IMF)的监督管理与协调清偿债务职能。

第四,管理国际资本流动。

第五,重组和改革金融部门,银行业的重组和改革被置于核心地位,主要有以下几个方面措施:(1)确立金融部门重组和改革的规划及其执行机构;(2)多渠道分离和处置不良资产;(3)多途径充实银行资本金;(4)允许或吸引外资参与重振国内金融业;(5)加强金融机构的公司治理;(6)合并、重组有问题的金融机构。

任务二　金融监管

一、金融监管的含义

金融监管有狭义与广义的区别。狭义的金融监管是指金融监管当局依据国家法律法规的授权对整个金融业实施的监督管理。广义的金融监管是指在上述监管之外,还包括了金融机构的内部控制与稽核,同业自律性组织的监管,社会中介组织的监管。

二、金融监管理论

影响较大的金融监管理论大致有以下几种:

(一)社会利益论

该理论认为自由竞争和市场机制不能实现资源最优配置,甚至形成资源的浪费和损失,因此,市场经济是有缺陷的,这就要求代表全社会利益的政府在一定程度上介入经济生活,通过管制来消除或纠正市场的缺陷。

20世纪30年代美国发生经济危机,人们对存款机构和货币失去了信心,要求政府通过金融监管恢复金融稳定,提高对金融的信心和效率,因此,社会利益论或公共利益论应运而生。该理论认为,社会并不存在纯粹的市场,社会利益或公共利益要求政府对经济活动进行必要干预,主要内容有以下三点:

1. 自然垄断

该理论认为，竞争是发挥机制的前提，但竞争又会形成垄断，出现垄断价格，损害公共利益。因此，政府的职责之一就是反对垄断，消除价格歧视，保护公众利益，使其价格维持在社会平均成本的水平。

2. 外面效应

外部效应是指非经济主体原因而对生产、消费带来的效应。外部效应有正效应和负效应。例如，上游环境治理使下游得益，上游环境恶化而使下游受损等。这就要求国家监管、平衡损益关系或趋利避险。

3. 信息不完全

信息不完全即信息不对称。在自由竞争和市场机制条件下，信息不对称是普遍存在的。有些人掌握信息较多、较早、较全面，而有的则较小、较慢、较片面。对此，必须加强政府监督及各种管理。

（二）社会选择论

由于市场经济的缺陷，社会公众（如企业等）要求在一些方面需要政府管制，以保护自身的利益，管理的内容和方式根据公共需求来定，但管理者对管理什么、如何管理有自己的认识和利益选择。社会选择论实际包含着社会公众要求和政府政策的矛盾斗争和统一。

（三）金融监管新论

该理论认为管制决定于需求与供给两方面。以需求方来说，管制可以使生产者和消费者双方得益。以供给方来说，政府可以获得更多的政绩。这种理论认为管制者偏向于生产者利益，而对消费者利益只有小的影响。对加强管理和放松管理处于一种矛盾的心理状态。除了上述理论外，还有特殊利益论和追逐论。特殊利益论认为政府监督是为一个或几个利益集体服务的，有的认为管制者根本不关心消费者利益。

上述理论都是指资本主义政府的监管，理论上符合资本主义的状况，但有一定片面性。社会主义社会对市场经济的缺陷认识较深刻，纠正措施比较强而有力，代表大多数公众利益这是毫无疑问的，通过管理可起到消除重复建设、重复投资、降低成本等多方面的作用。

三、金融监管的必要性

根据经济理论，无论具体论述有何差别，但都承认市场经济有一定缺陷，需要一定的监督与管理。金融监管的必要性具体表现在如下几个方面：

（一）为了强化公共利益必须进行金融监管

现代经济表现为货币信用经济，即金融经济。金融活动遍及整个社会经济各行各业、各个部门、各企业和各种经营活动，个人收支、个人生活与投资等。如果金融运行出了问题，就会危及整个经济、整个社会和公众利益。

（二）防止金融脆弱性，减少金融风险

经济学普遍认为，金融对经济有强大的杠杆作用和强大的推动作用。但同时也存在金融风险或脆弱性，促进经济不良运行、加重经济危机的可能性。金融的脆弱性来源于其高负债经营，容易形成运行失败和破产，造成金融危机，同时，也来源于金融机构和金融市场融资中的风险积累。金融脆弱性的严重发展首先造成金融危机，进一步发挥就可能引起整个经济危机。金融监管就要克服金融脆弱性，防范和化解金融风险，使金融机构和金融市场活动稳定进行。

（三）金融创新需要金融监管

金融创新主要表现在金融理论的变化、金融制度创新、金融业务创新、金融工具创新等。

1. 金融理论的变迁

国家干预主义和经济自由主义是经济界长期争论的焦点。20世纪30年代，随着资本主义经济大危机的爆发，国家干预经济、管理经济的国家干预主义在经济金融理论上占了上风。到了20世纪50年代，随着经济发展和相对稳定，国家的干预和严格管理束缚了经济金融发展，为了回避国家管理而不断创造新的金融业务、新的金融机构和新的管理模式，金融自由主义占了上风，许多创新获得了国家和社会的承认，于是形成系统制度体制的变革与改革，形成新的金融体制和金融制度。

2. 金融制度和体制创新

首先，直接金融的发展为股份金融、债券金融等的发展开辟了道路，改变了银行一统天下的金融格局。其次，随着经济全球化、一体化，金融业在世界范围相互往来日益增加，金融业相互渗透，我中有你，你中有我。最后，金融结构的新格局形成。

3. 金融业务创新

随着微电子和计算机的广泛应用，在金融业务上也发生了革命性的转变。首先，传统业务包括银行的存放汇业、证券买卖、市场分析乃至金融机构的内部管理，都用计算机处理，还用电子网络进行结算和资金调拨，处理国际金融业务。电子业务终端可以到达各部门、各企业、各家庭，从国内伸向国外。其次，新业务与新市场通过电子网络可以把经济主体包括部门的、企业的、公共团体的、家庭的或个人的货币和资金都投入到金融之中。金融业务范围、规模、形式的发展已达到超出人们想象的程度。

4. 金融工具的创新

目前，国际金融市场广泛使用的金融工具大体可划分为三种类别：①为套期保值、减少或转移利率或汇率波动风险而创新的金融工具，如浮动利率债券、浮动利率贷款、利率上下限保险、远期利率协议、金融期货、期权与期权合约交易、股票价格指数交易、利率调换等等。②为增加金融资产的流动性、降低融资成本而创新的金融工具，如贷款股权对换交易、股权贷款等。③为扩大投资者进行产业投资的机会而创新的金融工具，如可转换为股票的贷款、可转换为股票的债券等。金融工具的创新，使金融业内部原有的分工界限进一步模糊，商业银行和其他金融机构的业务逐渐走向综合化、一体化；同时也导致金融业的竞争全面激化，金融业改组、兼并的过程大大加快，银行资本的集中趋势日益明显。金融工具的创新，迫使金融管理当局放松管制并革新其管理方法，同时各国的货币政策也面临着新的挑战。

5. 金融市场创新

金融业务创新和金融工具创新与金融市场创新紧密联系，相互促进。

(1)借贷市场范围的扩展。随着金融越来越开放，银行借贷市场、企业拆借将高利贷排除在市场之外，个人资金融通逐渐展开，借贷市场范围扩大，价格也越来越向市场利率倾斜。

(2)除了股市、债市、本币市场以外，还发展期货、期权、价格指数市场以及衍生金融市场和衍生金融工具。

(3)金融市场由国内发展到国外，股票、债券等可以跨国发行，跨国交易。许多国家已经形成国际金融中心，发展了国际货币市场和资本市场。

金融创新，一方面对经济发展、人民生活水平的提高和广泛吸收资金用于经济建设等产生积极作用；另一方面，金融创新也有一定的消极作用，如引起金融投机，使某些管理金融的人员产生腐败现象，但总的说来利大于弊。

金融创新的原因基本有两条：一是随着新生产力的发展，经济内容、经济关系、经济形式发生了革命性变化，客观上要求打破金融旧格局、旧形式、旧体制的束缚，以适应新经济形式的需求；二是回避国家监管，忽视更多的单位利益、个人利益或微观利益，与宏观利益相对立。对于既有利又有弊的创新则去其弊，取其利，进行适当的改革或改变。

我国经济体制改革还远未达标，金融体制极不完善，国家监管仍处在进一步发展过程中，管得过多或管得过少同时存在，监管法律、规章、制度仍很不健全，故金融监管和金融创新的结合较不理想，要在金融体制进一步改革中解决。

四、金融监管的目标和原则

（一）金融监管的目标

金融监管目标是实现有效监管的目标与依据。监管的政策、任务、措施和手段都包含在实现监管目标的过程之中，是实现监管目标的保证。

监管目标有一般目标（或总目标）和具体目标之分。世界各国都认为一般目标是建立和维护金融稳定、建立和健全高效的金融体系、保证金融机构和金融市场的健康发展、推动金融和经济的发展。

具体监管目标由于各国金融管理体制及其发展过程各异，各国有所差异，但在基本点上大体是相同的，如公认三大目标体系：①维护金融业安全与稳定；②保护公众利益；③维护金融业的运作秩序和公平竞争。

我国现阶段金融监管目标分为一般目标和具体目标：

（1）一般目际：防范和化解金融风险；维护金融体系的稳定与安全；维护公平竞争和金融效率的提高；保证金融业的稳健运行和货币政策的有效实施。

（2）具体目标：保持金融稳定，减少金融风险；在保持金融稳定，防止风险的前提下，开展金融业之间的竞争；保护公众利益，特别是广大存款者的利益和广大金融投资者的利益。

（二）金融监管的原则

为实现监管目标，必须建立监管原则。由于各国金融发展的历史不同、环境不同、条件不同，监管原则有若干差异，但基本原则大致相同。金融监管的原则包括：监管主体独立性原则；依法监管原则；“内控”与“外控”相结合的原则；稳健经营和风险预防原则；本国监管与国际监管相结合的原则。

五、金融监管体制和监管内容

（一）金融监管体制类型

金融监管是指有金融监管的制度安排，涉及监管机制和组织结构。由于各国政治体制、行政体制、历史和文化条件的不同，各国金融监管体制各有千秋，但由于监管内容大同小异，金融监管的类型基本上有两种，即统一或集中监管和分业监管或多头监管。

1. 统一或集中监管

统一或集中监管是指在一个国家只设立一家金融监管机关对金融实施监管，其他机关没有这个权力和职能。实行集中监管和统一监管体制的，目前有英国、意大利、瑞典、瑞士等。一般集中监管机关由中央银行承担，但也有些国家设有单独监管机构。如英国金融监管一直由中央银行即英格兰银行承担，1997 年英国成立金融服务局，实施对银行业、证券业和投资基金等机构的管理，英格兰银行监管职责从此结束。日本传统金融监管由大藏省负责。日本银行负责执行货币政策，对从中央银行再贷款的银行进行监管。而日本银行（中央银行）又属于大藏省领导。

2. 分业监管体制或多头监管

实行分业监管或多头监管体制，对不同金融机构或金融业务分别成立专门监管机构进行监管。这些监管机关直属政府领导，直接对政府负责。分业的监管机构除中央银行外，还有专门的证券监管机构、保险监管机构、银行监管机构。我国属于分业监管体制。

3. 我国金融监管体制

我国监管机构历史上发生过多次变化。在中华人民共和国成立之初，中央银行作为金融当局，直接对各金融机构实行集中统一的领导与管理。

在对私人金融业改造以后，国营金融业成为唯一的金融机构，实行高度集中经营，人民银行既是金融经营者，又是监督者；主要是上级对下级进行管理监督，以及对社会金融活动进行监督，如反对高利贷者、进行外汇管理等，这种状况一直维持到改革开放前。

中国共产党十一届三中全会以后，我国开始进入改革开放时期，从中国人民银行中很快独立出中国银行、中国农业银行、中国建设银行，1983 年，中国工商银行从中国人民银行中独立出来，形成实力强大的四大专业银行。继四大专业银行以后又成立了中国交通银行、中信实业银行以及几家政策性银行和若干地方银行、股份制银行以及保险公司等非银行金融机构，这些银行和非银行金融机构也都由中国人民银行监管。1992 年之后，我国金融机构不断增多，证券市场迅速扩张，信托机构在起伏中发展，银行业、保险业间竞争加剧，尤其是出现了局部宏观金融失控和金融秩序混乱的状况，金融监管的重要性逐渐凸显出来，金融监管体制逐渐进入了一个由混业监管向分业监管过渡的新阶段。

分业监管相对各家机构来说任务比较单纯，监管比较深入、细致，有利于被监管机构改善经营管理，更好地发挥金融资本的效能。一句话，对加强微观金融监管有利。俗话说有利必有弊，分业监管各自独立、各行其是，极易形成权力分散、资金分割，为金融宏观调控增加困难。

4. 我国各家金融监管机构的职能

中国人民银行的监管职能：(1)严格管理现金发行，对破坏现金发行和流通的金融机构和社会成员进行监督与管理。(2)掌握基础货币，对接受中国人民银行基础货币的金融机构进行监管，控制基础货币的派生能力，必要时调整金融机构存款准备金。(3)对信用流通工具和网络货币进行监督与管理。

中国银行业监督管理委员会(简称中国银监会)执行原中国人民银行对存款货币银行即商业银行、信托投资机构的监管。其监管任务主要有以下几个方面：(1)市场准入监管。(2)规定各商业银行的经营业务范围。(3)监督银行遵守业务原则、法规规范和道德规范。(4)通过稽核检查制度对银行进行监管。

中国证券监督管理委员会(简称中国证监会)是我国证券市场的管理机关。根据《中华人民共和国证券法》规定，负责对证券市场实行监督与管理，其具体职责如下：(1)制定证券市场监督管理规章、规则，并依法行使审批或核准权。(2)依法对证券的发行、交易、登记、托管、结算进行监督与管理。(3)依法对证券发行人、上市公司、证券交易所、证券公司、证券登记结算机构、证券投资基金管理机构、证券投资咨询机构、资信评估机构以及从事证券业务的律师事务所、会计师事务所、资产评估机构的证券业务活动进行监督管理。(4)依法制定从事证券业务人员的资格标准并监督实施。(5)依法监督检查证券发行和交易信息的公开情况。(6)依法对证券协会的活动进行指导和监督。(7)依法对违反证券市场监督管理法律、行政法律的行为进行查处。(8)法律和法规规定的其他职责。

中国保险监督管理委员会(简称中国保监会)是我国保险市场的监管机构。根据《中华人民共和国保险法》,保监会的监管职责如下:

(1)保险准入监管。(2)依法对保险业务的监督。(3)对保险公司所应遵守的基本原则及行为准则的监管。(4)建立健全保险公司偿付能力监管指标体系等。(5)依法检查保险公司、保险代理人及保险经纪人的业务状况、财务状况及资金运用状况,有权要求他们在规定的时间期限内提供有关书面报告和资料。(6)审批关系公众利益的保险险种,依法实行强制保险的险种和新开发的人寿保险等的保险条款和保险费率,制定审批范围和具体办法。

六、金融监管手段和形式

为了保证金融监管顺利实现,促进金融、经济资源优化配置,维护良性经济秩序和经济发展,在确立监管原则和监管内容之后,还必须采取有效手段和形式。监管手段和形式概括起来有以下几个方面:法律手段、行政手段、经济手段、稽核征信手段、外部管理和内部管理相结合、全面管理和重点管理相结合。

七、金融监管的国际合作:巴塞尔资本协议

巴塞尔银行监管委员会(BCBS, Basel Committee on Banking Supervision),简称巴塞尔委员会,是由美国、英国、法国、德国、意大利、日本、荷兰、加拿大、比利时、瑞典 10 大工业国的中央银行于 1974 年年底共同成立的,作为国际清算银行的一个正式机构,以各国中央银行官员和银行监管当局为代表,总部在瑞士的巴塞尔。巴塞尔委员会的主要宗旨在于交换各国监管安排方面的信息、改善国际银行业务监管技术的有效性、建立资本充足率的最低标准及研究在其他领域确立标准的有效性。

(一)巴塞尔资本协议的发展回顾

旧巴塞尔资本协议是 1988 年颁布的,在 1998 年开始制定新协议以前,该资本协议有过多次修订与补充,其中最重要的补充是 1996 年的“关于将市场风险纳入资本协议框架的补充规定”。

巴塞尔委员会 1988 年出台资本协议的背景有两个基本因素:一是国际竞争导致银行资本充足率不断下降;二是国际性银行在拉丁美洲的债务危机中遭受惨重损失。相应地,1988 年资本协议确立了两个基本目标:一是促进国际银行体系的稳健与安全;二是维护平等竞争的国际环境。巴塞尔资本协议实现这两个目标的机制安排是,将银行应该具备的资本(监管资本)与银行在业务扩张中承担的风险(1988 年考虑的主要是信用风险)联系起来,在对银行资产进行风险加权的基础上,要求各国银行的资本达到风险加权资产 8%的统一国际标准。

针对 1988 年制定的资本协议中只考虑银行资产的信用风险,市场风险没有被纳入资本充足监管框架的缺陷,尤其是 20 世纪 90 年代以巴林银行为代表因市场风险而倒闭的案例的不断出现,巴塞尔委员会最终认识到,忽略市场风险以及不对其提出资本要求是不恰当的。在这种背景下,巴塞尔委员会在 1996 年颁布了著名的“将市场风险纳入资本协议的补充规定”,其目标在于要求银行持有明确的资本以抵御银行头寸面临的价格风险,尤其是那些产生于市场交易活动的头寸。

从 1988 年到 2006 年的 20 多年来,尤其在其实施的初期,1988 年资本协议(包括 1996 年补充规定)作为国际金融领域最重要的监管文件,对全球金融体系的健康与稳定起到了很大的促进作用。然而,这 20 多年也是全球金融体系经历了巨大变化的时期,全球化、金融创新和技

术进步的发展重新塑造了整个金融体系。作为金融的核心成分——风险,也已经发生了重大变化。相对简单的1988年资本协议难以适应这些变化,这使得监管资本计量失去了对银行风险的敏感性,不能准确反映各银行客观承担的风险水平,因而已经无法保障其目标的实现。

(二)巴塞尔新资本协议

1. 巴塞尔新资本协调的基本框架

巴塞尔新资本协议首次发布于2004年,其最主要特征是三个支柱构建的体系框架:一是最低资本规定;二是监管当局的监督检查;三是市场约束。覆盖的风险范围包括信用风险、市场风险和操作风险。

(1)第一支柱:最低资本规定

巴塞尔委员会关于最低资本规定的方案是在1988年协议基本内容的基础上继续使用统一的资本含义和资本对风险加权资产的最低比率,但新协议对银行风险的评估更精细、更全面,除信用风险外,还将市场风险及操作风险纳入其中。这样,总资本比率的分母就由三部分组成:所有风险加权资产、12.5倍的市场风险和12.5倍的操作风险。因此,如何更加合理地计量银行风险是新协议主要解决的问题。

(2)第二支柱:监管当局的监督检查

新协议强调,监管当局的监督检查是最低资本规定和市场纪律的重要补充。监管当局要进行有效的监督检查,以确保各家银行建立起有效的内部程序,进一步评估银行在认真分析风险基础上设定的资本充足率。为此,新协议明确了监管当局监督检查的四项重要原则:①银行应具备与其风险状况相适应的评估总量资本的一整套程序,以及维持资本水平的战略;②监管当局应检查和评价银行内部资本充足率的评估及其战略,以及银行监测和确保满足监管资本比率的能力。若对最终结果不满足,监管当局应采取适当的监管措施;③监管当局应希望银行的资本高于最低监管资本率,并应有能力要求银行持有高于最低标准的资本;④监管当局应争取及早干预,从而避免银行的资本低于抵御风险所需的最低水平,如果资本得不到保护或恢复,则需迅速采取补救措施。除了上面的四项原则以外,新协议还规定了监管当局的透明度和责任,要求监管当局必须以高度透明和负责方式履行公务。

(3)第三支柱:市场约束

新协议强调,市场约束具有强化资本监管、帮助监管当局提高金融体系安全、稳健的潜在作用。根据2000年公布的六项建议,新协议在四个领域制定了更为具体的定量及定性的信息披露内容:适用范围、资本构成、风险暴露的评估和管理程序以及资本充足率。新协议强调了有关风险和资本关系的综合信息披露,监管机构要对银行的披露体系进行评估,为此委员会致力于推出具有统一标准的披露框架。根据重要性原则,信息披露可分为核心信息披露和补充信息披露两种情况。关于信息披露的频率,新协议指出一年披露一次是不够的,因为在这种情况下市场参与者只能对滞后几个月且不能反映银行真实风险状况的信息做出反应,因此最好是每半年一次。对于过时失去意义的披露信息,如风险暴露,最好每季度一次。

2. 巴塞尔新资本协议的特点

与1988年协议相比,新协议具有以下几个方面的主要特点:

第一,新协议覆盖了商业银行所面临的主要风险,反映了国际金融领域全面风险管理发展的需要。

第二,新协议对银行的风险管理和资本金监管要求体现了定量方法和定性方法的结合。尽管在过去漫长的修订和咨询过程中新协议以其第一支柱中复杂而先进的风险量化方法吸引了人们大部分注意力，但是，新协议一开始就确立了定量和定性方法相结合来促进银行加强风险管理基本框架。这主要表现在两个方面：一是新协议沿用1996年补充规定中对市场风险的资本计量，同时提出了定性和定量要求的做法，在第一支柱中对信用风险和操作风险较高级的计量方法的采用提出了严格的技术标准和制度标准；二是第二支柱和第三支柱都反映了定性方法的使用，对资本充足的监管检查关注的是银行内部风险计量和管理过程，而市场约束关注的是风险和资本信息的披露。

第三，新协议为银行量化监管资本提供了灵活性和多样选择。新协议在第一支柱中无论是对修订的信用风险还是新增的操作风险都为银行提供了计量方法的多项选择。这使得不同规模和复杂程度的银行可以根据自身的情况进行选择，以提高风险计量的准确性和监管资本对风险的敏感度。

第四，新协议旨在提高监管资本要求对银行风险的敏感度和提供加强风险管理的良好激励。巴塞尔委员会相信通过扩大监管资本要求的风险范围和向银行提供适应多种情况的风险计量选择，使得新协议下资本要求对风险的敏感性将比老协议有很大提高。

第五，新协议反映了国际金融市场上的创新、风险量化和管理技术方面的最新发展。

（三）巴塞尔新资本协议对我国的影响和启示

1. 巴塞尔新资本协议对我国的影响

新协议给我国带来的积极影响主要在于两个方面：一是新协议为我们的银行改革带来了压力和动力；二是新协议为我们的银行改革提供了重要而有益的参考和借鉴，尤其是在资本金的作用和银行风险管理等方面。

然而，新协议也为我国的金融发展和开放带来了新的风险和挑战。这主要表现在以下几个方面：

第一，巴塞尔新资本协议作为国际金融领域最重要的游戏规则，我国在是否接受新协议方面面临国家声誉风险。巴塞尔新资本协议显然代表了市场经济发展的方向，代表了成熟市场经济国家对金融市场规则的最新诠释。是否接受新协议，是否按照新协议指出的方向（风险管理和风险监管）去发展本国金融体系无疑将成为由西方发达国家主导的国际社会评判一国市场经济发展方向和程度的重要依据。我国目前正在争取西方国家对我国市场经济国家地位的认同，面对国际金融市场最重要的游戏规则的变化，是接受还是拒绝，这无疑将会影响到西方国家对我国市场经济发展的看法。

第二，我国面临西方发达国家主导形成的巴塞尔新资本协议中客观存在的金融服务贸易技术壁垒的风险。巴塞尔新资本协议的确反映了现代金融和市场经济的基本规律，也反映了全球化和国际金融活动的游戏规则。然而，我们也必须看到问题的另外一面，即客观上它也是发达国家在国际金融活动和竞争中给发展中国家设置的技术壁垒，有利于西方大国和大银行。这也是全球化进程中大国优势的又一个表现。由于发展中国家的银行业无论是资本金还是风险管理水平都大大落后于发达国家，并且很难在短时间内通过政策或法规的调整赶上来，风险敏感的监管资本要求无疑将增大发展中国家的融资难度，从而限制发展中国家银行的业务拓展能力，因此，实际上新协议为发展中国家的银行在国际金融大舞台上设置了更高的技术壁垒，因而技术上的合理性和公平目标并不能带来现实的合理与公平。

第三，我国面临巴塞尔新资本协议在西方国家实施后对我国经济和金融在开放条件下运行产生不利影响的风险。虽然早在巴塞尔新资本协议颁布之前的2003年7月31日，银监会主席刘明康就致信巴塞尔银行监管委员会主席卡如纳先生，我国暂不实施新协议，但新协议毕竟是国际金融市场上重要的游戏规则，只要我们继续参与经济全球化进程和国际竞争，就不可避免地要受到它的影响，甚至制约。

第四，我国在借鉴新协议过程中面临学习风险。如前所述，新协议反映了西方先进银行和监管者在风险管理和金融监管方面的现代理念和"最佳做法"，为我们的银行改革提供了有益而重要的参考和借鉴。然而，在学习和借鉴新协议的过程中，我们必须首先认识到，新协议是在与我国市场经济发展阶段完全不同的发达国家之间谈判达成的，它所反映的问题和"最佳做法"都是以发达市场经济为背景的，因此，它所关注的问题对我国而言不一定是最急迫的问题，而我国银行在资本监管方面面临的重要问题在新协议中却难以找到答案。

2. 巴塞尔新资本协议对我国的重要启示

建立在西方金融最佳实践基础上的巴塞尔新资本协议全面地反映了现代金融发展的基本规律，可谓集现代商业银行风险管理和监管之大成，因而给予我们的启示也是多方面的、丰富的。在技术方面，内部评级和信用风险量化模型、操作风险数据库及其量化模型、风险缓释技术的应用和 VAR 风险量化技术等早已成为我国介绍巴塞尔新资本协议的热点。针对我国当前金融发展的实际情况，新协议所蕴含的现代风险管理和监管的理念和制度方面的启示将对我国金融改革，尤其是对银行业改革更加具有现实指导意义。

(四)巴塞尔新资本协议下我国银行业面临的挑战

1. 银行资本金不足

在我国经济转型时期，银行资本金不足已成为我国银行业改革中的一个令人瞩目的话题。如果根据巴塞尔新资本协议的资本金要敏感地反映银行资产风险水平的精神，并应用其第一支柱中的风险量化方法，我国银行资本金不足的问题将更加突出。但是，我国转型经济的特点决定了银行的不良资产不仅仅是银行业本身的问题，它涉及我国的整个经济体系。国有企业的性质、政府主导的借贷以及其他外部因素都促成了不良资产的积累。按照市场经济运作的规则，有两种办法可用来解决此类问题：一是减少风险资产与业务；二是通过银行内部利润转移或外部资金注入增加银行资本金。

2. 缺乏适当的内部控制体系

在新协议的第一支柱中，操作风险第一次被引入资本要求框架，同时，在第二支柱和第三支柱中，也制定了与银行内控制度相关的内容。这表明对银行内控制度的重视程度在世界范围内提到了更高的水平。与此同时，由于种种复杂的原因，我国的银行要达到现代银行的内控标准，还有很长的路要走。

3. 缺乏风险管理技术

从国际金融的角度分析，风险管理已经从过去只注重定性分析和内部解决的传统模型，向定性与定量分析相结合、精确衡量风险、运用金融衍生工具向市场转移风险为特征的现代风险管理技术发展。巴塞尔委员会在新协议中融入了风险管理技术的最新成果，并通过制定资本金要求鼓励银行运用先进的风险管理技术。与国际最佳实践相比，我国无疑在风险管理领域有着极大的差距。

4. 监管部门与业界都缺乏优秀的专业人才

鉴于巴塞尔新协议所反映出的现代风险管理和监管技术及其体系的复杂性，合格专业人才的缺乏无论是在监管部门还是在实务界都成为一个日益令人关注的问题。对于银行内部风险经理还是外部风险监管官员，必须很好地掌握现代金融和风险管理的理论以及相应的数理统计方法以从事风险评估和资本配置。

5. 数据与信息系统问题

巴塞尔新协议的有效实施需要以银行业充足的数据以及先进的信息系统为基础。西方国家的银行在这方面已经有了多年的积累，处于领先地位，这使得他们在技术方面比较容易满足新协议的要求，而我国的银行则缺乏足够的有效数据并在信息技术方面处于落后地位。要达到资本要求的国际标准，我国的银行需要在技术方面加大投入。

【拓展阅读 13－1】

金融国际化、金融危机与金融监管

习近平主席在《制定十三五建议的说明》中指出，加强统筹协调，改革并完善适应现代金融市场发展的金融监管框架。金融是现代经济的核心，在很大程度上影响甚至决定着经济健康发展。现代金融发展呈现出机构种类多、综合经营规模大、产品结构复杂、交易频率高、跨境流动快、风险传递快、影响范围广等特点。国际金融危机爆发后，主要国家均加大了金融监管体系改革力度，核心是提高监管标准、形成互为补充的监管合力和风险处置能力。

近年来，我国金融业发展明显加快，形成了多样化的金融机构体系、复杂的产品结构体系、信息化的交易体系、更加开放的金融市场，特别是综合经营趋势明显。这对现行的分业监管体制带来重大挑战。党的十八届三中全会就加强金融监管提出了完善监管协调机制的改革任务。近来频繁显露的局部风险特别是近期资本市场的剧烈波动说明，现行监管框架存在着不适应我国金融业发展的体制性矛盾，也再次提醒我们必须通过改革保障金融安全，有效防范系统性风险。要坚持市场化改革方向，加快建立符合现代金融特点、统筹协调监管、有力有效的现代金融监管框架，坚守住不发生系统性风险的底线。

国际金融危机发生以来，主要经济体都对其金融监管体制进行了重大改革。主要做法是统筹监管系统重要金融机构和金融控股公司，尤其是负责对这些金融机构的审慎管理；统筹监管重要金融基础设施，包括重要的支付系统、清算机构、金融资产登记托管机构等，维护金融基础设施稳健高效运行；统筹负责金融业综合统计，通过金融业全覆盖的数据收集，加强和改善金融宏观调控，维护金融稳定。这些做法都值得我们研究和借鉴。

★★★ 关键术语 ★★★

金融危机　　货币危机　　银行业危机　　系统金融危机　　外债危机　　金融监管

★★★ 应知考核 ★★★

一、单项选择题

1. 我国在金融监管体制上属于(　　)。

A. 统一监管　　B. 分业监管　　C. 职能监管　　D. 机构监管

2. 金融监管的最基本出发点是(　　)。

A. 维护社会公众利益　　B. 维护国家利益

C. 维护金融机构利益　　D. 控制金融机构经营规模

3. 由于市场有效运行功能的削弱导致的金融系统的严重破坏，进而对实体经济部门产生重大影响，是指(　　)。

A. 货币危机　　B. 银行业危机　　C. 系统金融危机　　D. 外债危机

4. 实际包含着社会公众要求和政府政策的矛盾斗争和统一的理论为(　　)。

A. 社会利益论　　B. 社会共享论　　C. 金融监管新论　　D. 社会选择论

5. 以下不属于我国现阶段金融监管目标的是(　　)。

A. 防范和化解金融风险　　B. 维护金融体系的稳定与安全

C. 维护公平竞争和金融效率的提高　　D. 保持金融稳定,减少金融风险

二、多项选择题

1. 金融监管的必要性体现在(　　)。

A. 防止金融脆弱性,减少金融风险　　B. 金融创新的需要

C. 媒介资金余缺的需要　　D. 分业经营的需要

E. 强化公共利益的需要

2. 金融监管的原则包括(　　)。

A. 监管主体独立性原则　　B. 依法监管原则

C. 内控与外控相结合原则　　D. 稳健经营和风险预防原则

E. 本国监管与国际监管相结合的原则

3. 以下关于我国金融监管的陈述中正确的有(　　)。

A. 中国银监会执行对商业银行、信托投资机构的监管

B. 中国证监会负责对证券市场实施监督和管理

C. 中国保监会是我国保险市场的监督机构

D. 我国实行的是分业监管体制

E. 为鼓励金融创新,我国不对金融创新活动实施监管

4. 金融监管的意义表现为(　　)。

A. 维护信用、支付体系稳定　　B. 稳定商品价格

C. 确保市场信息公开化　　D. 约束金融机构依法经营

E. 调节国家、企业和个人三方关系

5. 我国金融体系中的金融监管机构是(　　)。

A. 中国保监会　　B. 中国人民银行　　C. 金融资产管理公司　　D. 国家开发银行

E. 中国证监会

三、填空题

1. 根据国际货币基金组织(IMF)对金融危机的含义,金融危机可以分为________、________、________、________。

2. 一般来讲,________与________是金融危机的两种主要形态。

3. ________是指非经济主体原因而对生产、消费带来的效应。

4. ________理论认为管制决定于需求与供给两方面。

5. 新的金融创新主要表现在:________、________、________、________。

四、简答题

1. 简述金融危机的含义、特征与危害。

2. 简述金融危机的防范及治理。
3. 简述金融监管的含义及其金融监管理论。
4. 简述金融监管的目标和原则。
5. 简述巴塞尔新资本协议的特点。

★★★ 应会考核 ★★★

◎ 技能案例

风险集聚有隐忧，互联网金融监管起步

2013 年，对于互联网金融业而言，注定是个机遇、火爆、风险、泪水交织在一起的复杂年份。

这个新的掘金蓝海，交叉、跨界、融合成为行业的突出特征。余额宝、百度百发、人人贷、京宝贝……各种金融创新产品层出不穷，因此，互联网金融也被人们称为颠覆已有产业的“革命性力量”。

但如同狂欢过后的狼藉，野蛮生长背后，游走在灰色地带的创新模式层出不穷，风险接二连三地暴露给狂欢的人们敲响了警钟。特别是 P2P 网贷，近几年大案频出，倒闭不断，一直险象环生，10 月以来几乎每天都有数家平台开张或倒闭。

8 月 13 日，央行副行长刘士余出席互联网大会时强调：“互联网金融有两个底线是不能碰的：一个是非法吸收公共存款，一个是非法集资。”这表明了监管层对互联网金融风险的态度，也从侧面说明，一些不法分子利用 P2P 网络借贷平台的经营行为尚缺乏有效监管的状况，以开展 P2P 网络借贷业务为名实施非法集资的风险已经日趋严重。

“P2P 平台的快速倒闭，以及监管层对 P2P 贷款的态度，充分印证了仅依赖于与银行类似的风控模式，来做银行不愿意放贷的客户群，现有的 P2P 贷款模式十分脆弱。”东方证券分析师金麟表示，由于无法基于大数据实现信用风险控制，P2P 贷款的运营成本明显偏高，且在风险的识别能力上存在瑕疵。

“对于互联网金融企业来说，风险暴露的背后正是由于其对风险的识别和管理能力不足。”业内专家称。

“不难看出，监管部门对于互联网金融的态度已经有所转变，开始着手推动针对互联网金融的监管进程。”赛迪投资顾问有限公司创新金融事业部总经理江晶晶博士表示，有了有效的监控和立法，互联网金融未来将迎来长期有序的发展。

资料来源：《金融时报》，2013 年 12 月 11 日。

【考核要求】

根据上述资料，对此案例进行分析。

★★★ 项目实训 ★★★

【实训内容】

讨论金融监管的发展趋势。

【实训目标】

通过讨论金融监管的必要性，判断金融监管的发展趋势，提高学生分析问题和解决问题的能力。

【实训步骤】

1. 查找金融危机后各国金融监管的改革方案；

2. 分组进行讨论；

3. 汇报讨论结果。

参考文献

[1]李贺,冯晓玲,赵昂．国际金融——理论·实务·案例·实训[M]．上海:上海财经大学出版社,2015.

[2]蒋先玲．货币银行学[M]．北京:对外经济贸易大学出版社,2012.

[3]陈雨露．货币银行学[M]．北京:中国财政经济出版社,2013.

[4]贾玉革．金融理论与实务[M]．北京:中国财政经济出版社,2010.

[5]黄达．金融学[M]．北京:中国人民大学出版社,2012.

[6]钱婷婷．货币银行学[M]．北京:人民邮电出版社,2013.

[7]李亚丽．货币银行学[M]．上海:上海财经大学出版社,2013.

[8]李春,曾冬白．金融学基础[M]．大连:大连出版社,2014.

[9]钱水土．货币银行学[M]．北京:北京机械出版社,2013.

[10]艾洪德,范立夫．货币银行学[M]．大连:东北财经大学出版社,2011.

[11]戴国强．商业银行经营学[M]．第3版．北京:高等教育出版社,2007.

[12]朱疆．货币银行学[M]．北京:清华大学出版社,2005.

[13]郭晓晶,丁辉关．金融学[M]．北京:清华大学出版社,2007.

[14]李小丽．金融理论与实务[M]．北京:北京理工大学出版社,2010.

[15]佘明龙．国际金融[M]．北京:科学出版社,2004.

[16]黄达．货币银行学[M]．北京:中国人民大学出版社,2000.

[17]张晓华．金融基础[M]．北京:机械工业出版社,2012.

[18]张亦春,郑振龙,林海．金融市场学[M]．第3版．北京:高等教育出版社,2008.

[19]罗剑朝．货币银行学[M]．北京:清华大学出版社,2007.

[20]张丽华．货币银行学[M]．北京:清华大学出版社,2011.

[21]杜放,朱疆．货币银行学[M]．北京:清华大学出版社,2015.

[22]王晓光,张兴东．货币银行学[M]．北京:清华大学出版社,2015.

[23]刘智英,刘福波．货币银行学[M]．北京:清华大学出版社,2014.

[24]张华,戴瑞姣,刘林．货币银行学[M]．北京:清华大学出版社,2015.

[25]安烨．货币银行学[M]．上海:上海财经大学出版社,2010.

[26]李绍昆,曾红燕．货币银行学[M]．北京:中国人民大学出版社,2013.

[27]钱晔．货币银行学[M]．大连:东北财经大学出版社,2014.

[28]出头网网校,http://www.chutou.net.

[29]李贺,赵昂．国际汇兑与结算[M]．成都:西南财经大学出版社,2015.